大连
开埠建市

蒋耀辉 著

大连出版社
DALIAN PUBLISHING HOUSE

图书在版编目（CIP）数据

大连开埠建市 / 蒋耀辉著. —大连：大连出版社，2013.7(2019.1重印)
ISBN 978-7-5505-0487-5

Ⅰ.①大… Ⅱ.①蒋… Ⅲ.①商业史—大连市—近代
Ⅳ.①F729.5

中国版本图书馆CIP数据核字(2013)第131684号

出 版 人：刘明辉
策划编辑：卢　锋　于凤英
责任编辑：卢　锋　杨　钟
封面设计：盛　泉
责任校对：金　琦
责任印制：曹荣跃

出版发行者：大连出版社
地　　址：大连市高新园区亿阳路6号三丰大厦A座18层
邮　　编：116023
电　　话：0411-83620490　0411-83620941
传　　真：0411-83610391
http:// www.dlmpm.com
E-mail: lf@dlmpm.com
印 刷 者：大连金华光彩色印刷有限公司
经 销 者：各地新华书店

幅面尺寸：170 mm×230 mm
印　　张：22.75
字　　数：400千字
出版时间：2013年7月第1版
印刷时间：2019年1月第2次印刷
书　　号：ISBN 978-7-5505-0487-5
定　　价：98.00元

你从哪里来（代序）

我是谁？我从哪里来，要到哪里去？这常常被认为是思想家、哲学家探究的古老课题。其实不然，它与每个人都息息相关。搞清了自己的身世，了解了自己家族的荣辱兴衰，也许在自己今后的人生旅途上会走得更踏实、更从容。

一座城市也是如此。为什么要建这座城市，怎样建的这座城市，要建成什么样的城市，是生活在这座城市的每个人都关注的话题。搞清了城市的“身世”，揭开了城市诞生之时的DNA图谱，这座城市也许会在今后的发展征途上走得更坚定、更顺坦，其生命的密码也许会点亮一个更加辉煌的未来。

这，就是人类文明传承不息的原因之一吧。而担当这一伟大使命的就是真实记录了生命中每一个瞬间的原始档案。读懂了档案，也就读懂了历史，自然为读懂现在积蓄了力量，亦为读懂未来奠定了殷殷之基。

多少人、多少次试图打开大连这座现代城市的档案，欲在字里行间寻觅这座城市行进的足迹，并进而为这座城市的发展倾其全力，结果却大多令人失望：我们生活的这座城市，110多年前诞生之时的原始档案几乎是空白，即使我们遍寻国内各大档案馆，往往也是空手而归。

一个严肃的问题摆在了我们和所有热爱这座城市的人们面前：这座活力四射、中国北方最开放的城市之一，许许多多海内外游客、商贾、名流向往的城市，仅仅走过了110多个春秋的城市，竟然没有自己诞生之初的原始记录，致使其历史只能靠传说和故事推定，往往众说纷纭，莫衷一是，甚至讹误时现，谬传频出。这不能不说是一个极大的遗憾！

没有档案的历史，是缺乏说服力的，甚至是苍白的。

每每深思这座城市，既感熟悉又觉陌生。那日夜忙碌的大连港、那穿城而过的有轨电车、那聚散大街小巷的圆形广场、那造型别致的洋房小楼……不仅诠释着这座城市的繁荣，也静静地诉说着这座城市的往昔，更似乎在焦急地期待着揭开她“身世”之谜的一瞬。

蓦然之间，我们将寻找这座城市档案的目光转向了她那酸楚而又跌宕起伏的过去，投向了与她有着无限纠结的异国。

近代以来，在中国的历史上，很少有哪座城市像大连一样，从诞生之始，就遭受了刀光剑影、血雨腥风。先是两次鸦片战争之时，英国人的军舰打破了半岛的宁静；继而在甲午之年，日本人凭着海战取胜的淫威在这片土地上大肆杀戮；再继而是沙皇俄国的军舰打着保护大清国利益的幌子，于1897年的冬天闯入旅顺口，并强凭零租金的条约在大连湾开埠建市；接着在1904年，日本殖民者发动日俄战争赶走俄国人，统治大连地区40年；最后是1945年8月苏联红军解放大连，直至1955年5月撤离。

从硝烟与战火中一路走来的大连，从侵略者、统治者野心勃勃的欲望中一路走来的大连，在隐隐的阵痛中饮尝着你方唱罢我登场的苦涩，就连自己用屈辱和血泪写就的档案也被裹挟而去，给生活在这座城市的主人留下了无限的惆怅。

沉寂了鼓角铮鸣，远去了烽火边城。世事沧桑，岁月悠悠，一切皆成过眼烟云，唯有档案留下了这座城市无尽的诉说……

于是，一种巨大的责任感驱使我们于2009年深秋的一个早晨，首次登上飞往俄罗斯的航班，跨越亚欧大陆，去寻找一个多世纪前大连诞生之时的原始印记。之后的四年多时光里，又多次踏上前往俄罗斯的征集之路；2011年11月，层林尽染的时节，首次东渡日本，搜寻大连失去的记忆。

辛苦奔波，终获硕果。随着寻找回来的那一幅幅陈旧的地图、一页页泛黄的文件、一张张黑白照片、一段段电影胶片被一一打开，一个多世纪前那个叫做“达里尼”的城市的真容显露出来，一个远东自由港和世界贸易中心的规划跃然纸上，并在工程师和建设者的手里已露端倪。那热火朝天的建设场面、紧张忙碌的港口贸易、车水马龙的繁华市景仿佛就在昨天。尽管为永久霸占这块美丽的土地，殖民者也曾费尽心机地“打扮”她，尽管那些精心的设计和规划归根结底服务于入侵者的别有用心，但来自异乡的规划师和建设者们运用那个时代世界先进的规划理念设计和建造这座港口和城市，并将港口、城市、铁路连为一体，横跨欧亚大陆，贯通大西洋和太平洋，将其纳入全球化视野之中，这在客观上造就了100多年来这座城市的基本走向。

如今，每天穿梭于这座城市的大街小巷，历史好像早已逝去，但历史却从未走远，而是如影随形。当年闻一多先生的《七子之歌》犹在耳畔回响，“暴徒脚下的两团烂泥”遭“两个强邻来回蹴蹋”的屈辱早已被荡涤。以史为鉴，而非历史虚无，奋起直追，才能真正记取“落后就要挨打”的铁训。时下已经成为世界第二大经济体的中国，正阔步行进在实现伟大中国梦的宽广征途上，我们拥有足够的自信，以更加理性、更加思辨、更加深邃的目光审视这段饱经沧桑的城市历史。

诚然，一座城市的岁月留痕，总是历史长河中纵横坐标交互冲刷的结果。在与同类的横向比较中理清思路，定格前行的方位，走向未来；在对往昔的纵向回望中，汲取感同身受的力量，延续城市肌理，累积城市文脉，一路抛洒下让后人品读不尽的岁月感怀。时光荏苒间，这种横向打磨的短暂一瞬似乎仅仅是为了纵向的深刻雕琢，而后者则显得更有价值、更为久远、更耐人寻味。

由此，《大连开埠建市》一书，将寻找回来的历史印记和曾经演绎过的故事，进行认真的梳理、分析、挖掘、解读，穿越时空，构建起大连港口和城市从无到有、从小到大历史演变的清晰脉络，全面再现110多年前大连从一个小渔村向远东自由港和世界贸易中心推进的曲折历程，深刻揭示人们一直以来关心的这座城市因何而建、为何建成这般模样等对大连建设和发展至关重要的基础性问题，为今天和未来城市化之路提供一份可资借鉴的参考，也为工作生活在这座城市、关心这座城市的人们提供一个深入了解大连真实往昔的机缘。

作者

2013年5月5日

目　　录

第一章

十九世纪末俄罗斯的远东战略

位于俄罗斯叶卡捷琳堡市郊的乌拉尔山脉欧亚大陆分界线（作者摄于2012年7月）。

俄罗斯的历史在某种程度上说就是不断地寻找和占领出海口，坚定地走向海洋、迈入世界的历史。对大海的向往一直是俄罗斯国家战略决策的重要出发点。彼得大帝通过与瑞典的艰苦作战，终于打开了沙俄北方通向波罗的海的出海口，叶卡捷琳娜二世则如愿夺取了沙俄南方通向黑海的出海口。

1840年，鸦片战争爆发。在列强坚船利炮的撞击下，大清王朝的国门轰然洞开，开埠、通商、修铁路，成为列强巩固势力范围、加速劫掠的主要方式和惯用手法。历史演进到了19世纪末，为最终实现控制远东的战略图谋，沙俄通过一个个不平等条约，一步步鲸吞蚕食了中国东北太平洋沿岸的大片沃土，寻觅远东优良出海口的脚步一刻未停。从黑龙江入海口的庙街，到海参崴，再到辽东半岛，一路侵袭而来，当其贪婪的目光最终落在旅顺口和大连湾之时，这平静的天然不冻港湾就再也无法平静了。

由此，大连开埠建市的历史大幕也即将徐徐拉开。

俄罗斯作为一个统一国家的历史是从16世纪初开始的。1547年，莫斯科大公伊凡四世抛弃大公的称号，第一个登上沙皇的宝座。加冕典礼在克里姆林宫举行完毕，沙皇俄国军队的铁骑就越过乌拉尔山脉，迅速向东扩张，侵入人烟罕至的西伯利亚，国家版图急剧扩大，成为横跨欧亚大陆、地域面积最为广阔的国家。此后的几百年里，历代沙皇开疆拓土的野心依然没有收拢，直到20世纪初才停止了前进的脚步。

然而，在沙皇彼得一世登上皇位之前，横跨欧亚大陆、领土面积世界第一的大国俄罗斯，基本上是一个封闭的内陆国家。周边的北冰洋和太平洋常年严寒冰冻，难以航行，南下通往黑海的道路由土耳其把守，北上进出波罗的海的通道被瑞典占据。沙俄的手脚几乎被困住，不仅缺少与海洋的直接联系，更无从阔步走向世界。

1697年1月，从小就对海洋充满无限向往的彼得一世，为了打开俄罗斯南出黑海的通道，亲率大军攻打土耳其。因为没有海军，此次远征兵败。1697年8月，为了从世界航海强国取得走向海洋的真经，这位25岁的年轻君主乔装打扮，以普通人的身份，带领250人的学习团队，首先来到荷兰赞丹镇的古老船厂，如饥似渴地学习掌握建造军舰、驾船远航的技术；之后，他们又前往瑞典、普鲁士、奥地利、英国等国家，潜心研究欧洲出现的一切先进事物，对走向海洋、走向世界，使国家迅速强大起来的治国之道尤为关注。学成归国之后的彼得一世，在对国家进行彻底改革、创立强大海军的同时，于1700年发起了与北欧雄狮瑞典长达21年的战争，历经反反复复的惨烈厮杀，最终征服了这个北欧强国，夺取了涅瓦河边、芬兰湾畔的大片土地，如愿打开了通往波罗的海的大门。俄罗斯伟大诗人普希金说，彼得大帝打开了通向欧洲的窗口。俄罗斯从此开始了走向海洋、走向欧洲、走向世界的强国之旅。

图1—1
彼得大帝纪念碑，又名青铜骑士像，位于圣彼得堡市伊萨基辅大教堂与涅瓦河之间的十二月党人广场。高5米，重20吨，坐落于一块重达1600吨的天然巨石之上。系1782年叶卡捷琳娜二世为纪念彼得大帝而修建，已成为圣彼得堡市的标志性建筑之一。这座雕像也将沙俄历史上两位伟大的“大帝”——彼得大帝和叶卡捷琳娜二世联系了起来。
（作者摄于2009年10月）

正如1721年俄罗斯枢密院赞贺的那样，使俄罗斯“由混沌无知的黑暗时代，走上了光明的世界舞台”的彼得大帝，为具有勃勃雄心的后世沙皇树立了典范，激励其继续为牢牢掌握和扩大海洋时代国家经济的命脉——出海口，攻城略地，纵横征战。1768年至1779年、1787年至1791年，彼得大帝事业的忠实继承者叶卡捷琳娜二世，对土耳其发动了两次战争，在苏沃洛夫、库图佐夫等一批名将的鼎力帮助下，终于完成了彼得大帝的未竟心愿，从土耳其手中夺取了整个黑海北岸，打通了俄罗斯的南部出海口。18世纪80年代，叶卡捷琳娜二世宣布：北美洲的阿拉斯加和太平洋上的阿留申群岛归属俄国版图。至此，俄罗斯成为横跨欧、亚、美三洲的超级大帝国。此时的俄罗斯，东西最长距离约15,000公里，拥有世界六分之一的土地。当远东的白令海峡刚刚迎来黎明，欧洲大陆波罗的海之滨的圣彼得堡则已夜幕降临。

也许是地域太过宽广，人迹罕至；也许是钟情于欧洲事务，无暇东顾；也许是技术条件所限，难以企及这一蛮荒地带，19世纪中叶以前，尽管沙皇俄国已占领了北太平洋地区的大片土地，早已控制了鄂霍次克海、白令海等北太平洋海域，但是始终未能在太平洋沿岸寻找到一个合适的远东出海口。这些海域冬季时常受到狂风暴雪的袭击，长时间冰冻封海，夏季其绵长的海岸又常常受到恐怖流冰的威胁，故而素来就满足不了航海的需求。

因此，在太平洋沿岸寻找到一个理想的远东出海口，对沙俄来说只是迟早的事情了。

图1—2
竖立在俄罗斯叶卡捷琳堡市郊外、乌拉尔山脉欧亚大陆分界线处的指示牌。上面的指示牌标明距“符拉迪沃斯托克7300公里”，下面的指示牌标明距“北京7000公里”。
（作者摄于2012年7月）

1. 掠夺海参崴，获取远东出海口

图1—3
沙俄国徽上的双头鹰既时刻窥视着西方，也觊觎着东方。

17世纪上半叶，沙俄哥萨克势力到达兴安岭以北地区和贝加尔湖，扩张到了中国边境。这个被恩格斯称之为“有多大本领就能干出多大伤天害理的事情”[1]的沙皇俄国，在中国的黑龙江流域抢夺地盘，烧杀劫掠，无恶不作。大清康熙王朝政府通过两次雅克萨战争，驱逐入侵者，收复失地，遏制了沙俄侵略的步伐，取得了重大战略胜利。面对当时强大的中国，沙俄政府被迫与清朝谈判。1689年9月7日（康熙二十八年七月十四日），中俄签订了《尼布楚条约》，确定了两国之间沿格尔必齐河、外兴安岭至海的东段边界，从法律上肯定了黑龙江和乌苏里江流域的广大地区是中国领土，黑龙江是中国的内河。沙俄则“合法”地占有了整个西伯利亚，包括外兴安岭以北的土地及鄂霍次克海。而外兴安岭以南，包括库页岛及日本海沿岸的大片土地仍属中国。此后，中俄两国大体保持了一个半世纪的和平交往。

19世纪后，清朝政府闭关锁国，国力逐渐衰弱。1840年鸦片战争后，沙皇尼古拉一世开始强力推进侵占中国黑龙江流域的计划。1849年沙俄军队多次入侵中国黑龙江、松花江、乌苏里江流域，1853年侵占库页岛。1858年迫使黑龙江将军奕山签订了《中俄瑷珲条约》，割占了外兴安岭以南、黑龙江以北的60多万平方公里的中国领土。中国的黑龙江由内河变成了中俄之间的界河。黑龙江流入沙俄境内的部分被改称“阿穆尔河”，向北流入鄂霍次克海

1《马克思恩格斯全集》，第22卷，17页。

图1—4
沙俄割占中国东部领土示意图。

的出海口被沙俄霸占。距该出海口80公里的内河港口城市庙街被改称“尼古拉耶夫斯克”，以纪念沙皇尼古拉一世，沙俄太平洋舰队驻扎于此。但是，庙街港口因冬、春冰封严重，且水浅，又不通铁路，这一河运与海运的转运港口并不是沙俄舰队的理想驻地。

1860年（咸丰十年）7月，沙俄占领海参崴。第二次鸦片战争爆发后，沙俄趁火打劫，借调停为名，以武力相威胁，迫使清政府签订《中俄北京条约》，把乌苏里江以东至海、包括海参崴在内的40万平方公里领土划归俄国。

至此，沙俄侵占了黑龙江以北、乌苏里江以东的100多万平方公里的中国领土，中国沿日本海地区的所有领土全部丧失，也就丧失了进出日本海的出海口。沙俄掠夺了中国的海参崴，如愿获得了通向日本海和太平洋的远东出海口。

沙俄侵占海参崴后，将其改名为“符拉迪沃斯托克”，意即“控制东方”。1872年沙俄在此建设军港，将太平洋舰队驻地从尼古拉耶夫斯克迁至此处。1875年在此设镇，1880年升格为市，1888年成为俄滨海省行政中心，系沙俄在远东地区第一大城市和太平洋沿岸的最大港口，与日本和朝鲜隔海相望，是沙俄进入太平洋的门户，战略地位异常重要。

◆**符拉迪沃斯托克**（海参崴，下同）：位于太平洋沿岸穆拉维约夫—阿穆尔半岛的南端，临日本海。北部为高地，东、南、西分别濒乌苏里湾、大彼得湾和阿穆尔湾。城市及港区位于阿穆尔半岛顶端的金角湾沿岸。金角湾自西南向东北伸入内地，长约7公里，入口处宽约2,000米，水深20～30米；湾内宽不足1,000米，水深10～20米。金角湾南侧隔东博斯普鲁斯海峡，有俄罗斯岛作天然屏障。海湾四周为低山、丘陵环抱，形势险要。每年12月上旬至翌年3月中下旬，海参崴进入长达100天至110天的冬季结冰期，而夏秋两季则多雾，其中6月至8月平均有雾日一个半月，这些都对航船进出港湾有很大影响。

图1—5
1904年沙俄绘制的符拉迪沃斯托克地图，其右下角为港口图。

2.借地修铁路，逐步侵入中国东北

图1-6
19世纪末、20世纪初跨西伯利亚铁路线路示意图。
《中俄密约》约定的穿越中国东北的东清铁路（满洲里—哈尔滨—绥芬河）及《旅大租地条约》约定的其南部支线（哈尔滨—大连）于1898年6月9日正式开建，1903年7月14日全线通车。日俄战争后，1908年，沙俄开始修建远东铁路原设计线路：赤塔—哈巴罗夫斯克—符拉迪沃斯托克。

1891年，沙皇亚历山大三世决定修建西起莫斯科、东达符拉迪沃斯托克的横贯欧亚两大洲的西伯利亚大铁路。1894年，铁路修到了外贝加尔地区。原计划其铁路在贝加尔湖以东的赤塔附近向东北方向修建，再沿中俄两国的界河黑龙江俄国一侧向东一直到与乌苏里江的交会地哈巴罗夫斯克（伯力），然后折返南下，沿乌苏里江俄国一侧直到符拉迪沃斯托克，此段铁路的规划线路呈“n”字形（见图1-6）。

按照这样的设计方案，其沿途地质状况极为复杂，不仅要跨越江河沼泽，还要穿山越岭，既费力耗材，也费时，特别是搞不好就会错过“战略机遇期”，失去梦寐以求的控制远东的机会。因此，经过深思熟虑，沙俄竭力想

取道中国东北修建该段铁路直到符拉迪沃斯托克，这既可大大减少成本，使“n”字形路线变为一条直线，缩短路程940多公里，又可将其势力伸延到中国东北，并进而控制远东，实现沙皇尼古拉二世确定的，从新疆中俄边境的乔戈里峰直到海参崴划一条直线，将此以北的土地全都划归俄国的“黄俄罗斯计划”。

1895年，清政府甲午战败。就在中日《马关条约》签订之际，为了确保远东战略利益的实现，沙俄迫不及待地多次暗示日本不得侵占中国东北。但日本绝不会轻易让出“到嘴的肥肉”，执意要求清政府割让辽东半岛。4月17日，中日签订了《马关条约》，其中，第一条规定中国承认朝鲜的“自主独立”并不再是其宗主国 ；第二条规定中国割让辽东半岛给日本。这就使沙俄欲在远东的“满洲”与朝鲜建立势力范围并最终实现控制远东的战略构想，和日本极力推行的“大陆政策”迎头相撞，其利益受到直接威胁，令沙俄深感危机。

于是，沙俄联合“各怀鬼胎”的法国、德国极力“干涉还辽”，以最终迫使日本放弃对辽东半岛的侵占。

1895年4月23日，俄、法、德三国政府向日本政府发出通知：“今日本国割占辽东，既有危害中国之首都（北京）之虞，也让朝鲜国之独立有名无实，有碍维持远东之和平，故今劝谕贵国确认放弃占领辽东半岛。”明确要求日本打消割占中国辽东半岛的欲望，并限定在15日之内答复。三国甚至准备派出海军舰队前往中国东北。此时，日本虽然战胜了中国，但是，甲午一战，清朝的北洋水师也使日本海军损失不少，日本的国力消耗也已经到了极限。以日本当时的实力，根本无法与三国抗衡。日本为了尽力保住条约所得，退而求之，于4月30日提出只占领旅顺口与大连湾两个海港，加上一些赔款，以换取三国放手。但三国依然态度强硬，毫不退让。因为，辽东半岛以至整个东北地区的利益关键点就在大连湾和旅顺口不冻港，各方岂能轻易放弃？特别是沙俄政府更不会罢手。日本希望英国提供支持，但英国也只是建议日本接受三国的“劝谕”。在如此的外交压力之下，加上签署条约的日方代表伊藤博文是主和派，最终，日本在5月5日表示放弃对辽东半岛的永久占领。1895年9月22日，李鸿章代表清政府与日本签订了《中日辽南条约》，清政府付出3,000万两白银作为日本的军费补偿。10月19日，日本与俄、法、德三国达成协议：日本归还辽东半岛。11月16日，日本军队撤出了辽东半岛，清政府恢复了在辽东半岛的驻军。

1895年秋，就在三国“干涉还辽”尘埃落定之时，沙俄未经中国清政府同意，便迫不及待地派人到中国东北进行勘察，为修建穿越中国东北境内的铁路做准备。1896年，沙俄利用其“还辽”之“功”，以及清政府急于与其结盟对付日本的策略，把“借地筑路”作为先决条件，展开了一系列“动作”。1896年4月18日，沙俄驻华公使喀西尼向清政府总理衙门正式提出“借地筑路”要求，遭到断然拒绝。5月，沙皇尼古拉二世加冕典礼在莫斯科举行，沙俄别有用心地邀请清政府特使李鸿章参加典礼，并以国家元首之礼相待。此间，沙皇尼古拉二世特命财政大臣维特、外交大臣罗拔诺夫与李鸿章进行秘密谈判，利用中国在中日甲午战争中战败的困境，借口“共同防御”日本，诱迫李鸿章于1896年6月3日（光绪二十二年四月二十二日）在莫斯科签订了《御敌互相援助条约》，又称《防御同盟条约》，一般称为《中俄密约》。1900年，八国联军侵华，打进北京城的沙俄军队从已逃跑的慈禧太后的寝室保险柜中抢走了《中俄密约》的原件。

《中俄密约》共六条：第一条，日本如侵占俄国远东或中国以及朝鲜土地，中俄两国应以全部海、陆军互相援助抗敌；第二条，非两国共商，缔约国一方不得单独与敌方议和；第三条，开战时，中国所有口岸均准俄国兵船驶入；第四条，为使俄国便于运输部队，中国允许于黑龙江、吉林地方接造铁路，以达海参崴，该事交由华俄道胜银行承办经理；第五条，无论战时或平时，俄国都可通过该路运送军队和军需品；第六条，本条约自清朝批准第四条规定之日起生效。根据“密约”第四条，同年9月8日由中国驻德、俄公使许景澄与华俄道胜银行代表在柏林签订了《中俄合办东省铁路公司合同章程》。该合同规定成立中国东省铁路公司，其章程按照俄国铁路公司规定办理。

《中俄密约》的签订，标志着沙俄获得了使其西伯利亚大铁路穿过中国东北领土直达符拉迪沃斯托克的特权，而“开战时，中国所有口岸均准俄国兵船驶入”，也使沙俄日后进入中国沿海港口和寻找不冻港出海口，有了冠冕堂皇的借口。密约的签订和筑路权的攫取，为沙俄侵略势力进一步深入和控制中国东北三省提供了各种方便，大大加强了沙俄在远东争夺霸权的力量。

◆ **东清铁路**：即大清东省铁路，简称“东清铁路”，1912年民国建立后改称“中国东省铁路”，简称“中东铁路”、“中东路”。第二次世界大战之后苏联控制该铁路，称为“中国长春铁路”，简称“中长铁路”。

东清铁路是沙俄修筑的，从俄国赤塔经中国满洲里、哈尔滨、绥芬河到达符拉迪沃斯托克的远东铁路在中国境内的一段。

1896年6月3日签订的《中俄密约》约定，沙俄可以穿越中国东北借地筑路。经过成立中国东省铁路公司、制定公司章程、确定具体路线等诸多准备工作之后，1897年8月28日，在小绥芬河右岸三岔口举行了东清铁路开工典礼。之后，沙俄当局并未全面施工，而是对铁路的具体走向进一步勘定，曾试图将原定线路南移数百里，以便更加深入中国东北腹地。但是，经过勘探发现地形复杂，难度更大，遂放弃此奢望，又回到了原设想上来。此时，没有全线开工的另一个原因，就是沙俄当局正在急切地等待占领辽东半岛尤其是旅顺口的机会，准备将东清铁路修到旅顺，从而达到控制辽东半岛，最终控制整个中国东北、建立远东霸权的目的。沙俄外交大臣穆拉维约夫早在俄国提出要在中国东北借地筑路时就说过："只有在旅顺口牢牢地站稳脚跟，并通过铁路支线使之与俄国连接起来以后，才能在远东事务中坚定地贯彻我们的意志，必要时就用武力予以支持。"[1]1898年3月27日，中俄《旅大租地条约》签署，其第八款约定，东清铁路公司可修一支线铁路至大连湾。至此，沙俄借地筑路的目的"圆满"达到。于是，1898年6月9日，分东、西、南三线，由六处同时开始相向施工。1901年全线试运营，开始运输旅客和货物。1903年7月14日，全线正式通车。

东清铁路以哈尔滨为中心，呈"丁"字形，西起满洲里，东抵绥芬河，南至旅顺和大连，全长2,489公里。其中哈尔滨经长春到大连的线路（南满铁路）长940多公里。

图1–7 2012年12月1日通行的哈大高铁，风驰电掣，仿佛穿越时空，瞬间将百年前建成的东清铁路抛进了历史的隧道里。

1《中俄密约与东清铁路》，15～16页。

3.寻找不冻港，实现控制远东战略

沙俄虽然侵占了远东的出海口海参崴，但是，对这一出海口的使用却要受到诸多限制。其一，海参崴每年12月上旬到次年3月下旬处于100多天的冰冻期，这样，沙俄太平洋舰队就不得不租借日本的长崎港越冬；同时，每年收获季节之后，大量的谷物等无法通过该港口运出，港口贸易处于停滞状态。其二，海参崴位于日本海之北岸，而日本海在某种程度上较为封闭，主要通过北部的间宫海峡（鞑靼海峡）、中部的宗谷海峡和南部的朝鲜海峡三个海峡与鄂霍次克海和太平洋相通。从海参崴出发，沙俄太平洋舰队几乎不可能向北进入不适合航海的鄂霍次克海，只有南下，而要南下进出太平洋，就必须经过朝鲜海峡，其要道对马海峡正在日本的控制之内，这对沙俄舰队构成致命威胁。这样，就大大限制了沙俄远东军事、经济、政治战略利益的实现（见图1-8）。对此，俄罗斯国内上

图1－8
日本海海域港口、海峡分布图。

至沙皇，下至许多“有识之士”均心急如焚。正如后来达里尼（今大连市）的规划师斯科里莫夫斯基所说：“古代文明集聚于地中海沿岸，而后来大西洋成了决定世界格局的大舞台。同样，太平洋这个昔日‘太平’的海洋，由于坐拥亚洲、美洲和澳大利亚的财富，在日后的人类历史中必将起到世界性的作用。俄国要想在世界舞台和商业贸易中占据应有的地位，就必须要拥有一个开放的不冻港兼工商业中心。”[1]1897年11月23日，沙俄外交大臣向沙皇尼古拉二世汇报：“1895年，远东地区形势趋于复杂，我海事部门不得不考虑在太平洋寻觅一处可供海军舰队长期使用的基地。目前，海军舰队一直只能使用日本的口岸进行冬季休息、临时停靠和其他必要之用。”[2]形势的发展“将越来越明显地要求俄国务必准备应对一切不利的突发事件。要实现这一目的，我们就得在太平洋拥有相当强大的舰队，并全权拥有一个舒适的冬季停靠站和设备齐全、装备精良的港口”。[3]“既然我们自己的海岸上没有这样的港口，那么（这个港口）是在朝鲜的东部或西部海岸，还是在中国的沿海？”[4]

因此，在计划修建远东铁路的同时，在远东寻找一个不冻港就成为19世纪末俄罗斯十分紧迫的战略任务。

起初，沙俄将寻找不冻港的目光投向了朝鲜半岛。首先进入其视野的是位于朝鲜半岛东南端的天然良港釜山港。釜山港与南面的日本隔海相望，扼守朝鲜海峡和对马海峡，紧锁日本海进出西太平洋之咽喉，战略地位十分重要。沙俄的海军部门甚至已经“请求外交部签署关于海军在釜山港争取一块土地、建设一个仓库和供我舰船使用之码头的协议”，[5]但遭到了沙俄外交部的坚决反对，最终还是放弃了这一打算。其主要原因有三点：

一是中日甲午战争之后签订的《马关条约》，其第一条规定中国承认不再是朝鲜的宗主国，朝鲜“自由独立”。此时，“釜山港与汉城通过由日本军队把守的电报线相连接。釜山早已是日本觊觎已久的目标。中日甲午战争之前，朝鲜国王答应由日本承租商享有汉城至釜山的铁路建筑权。东京政府目前在尽一切努力，以期实现这项对日本有战略关系的大事。鉴于存在这些情况，我们应该警惕，获得一片土地之后，我们任何想在釜山站稳脚跟的尝

1斯科里莫夫斯基：《论达里尼市规划图的设计》，载《建筑师》，1904（12）。

2俄罗斯联邦国家档案馆（全宗号568－目录号1－档案号127）：《俄国外交大臣给沙皇尼古拉二世的信（1897年11月11日）》。

注：以下引用的俄罗斯各档案馆的档案“全宗号—目录号—档案号”仅以其数字顺序标注。

3、4、5同上。

试不仅会遭到日本政府的敌视，而且很容易引起与日本的严重冲突。”[1]

二是“釜山港与日本影响之下的陆海军势力范围是那么接近，反之，它却和我国西伯利亚大铁路这一远东极东地区未来主要经济动脉完全隔绝，所以它不可能成为我国太平洋舰队的坚实支撑点”。[2]

三是“万一我们和日本谈判破裂，日本自然会立即占领釜山港并封锁朝鲜海峡，如果我们只在朝鲜东海岸拥有一个支撑点，那么我国海军船只就会被完全封锁在日本海的范围内，与主要作战基地完全隔绝”。[3]实践证明，沙俄当年的这一判断完全正确。1905年日俄战争进行到最后的关键阶段，日本封锁了朝鲜海峡，以逸待劳，于5月27日、28日在对马海峡一举摧毁了远道而来的俄国波罗的海舰队，使俄国的海军力量几乎损失殆尽，最终赢得了日俄战争的胜利。

除了釜山港外，朝鲜半岛还有位于其东北的元山港、西南部的济州港和西部的仁川港，但由于以上一种或几种原因，都不是沙俄舰队理想的选港之所。“由于朝鲜此外再没有一个临近我作战基地的港口，看来我们只能把目光转向中国沿海地区，在那里为我国舰队找寻一个支撑点。”[4]

于是，沙俄的目光转向了我国的山东半岛。“虽然胶州是个不开放的港口，不允许外国船只长时间停泊，但是，我们长期谈判后终于达到了预想目的：胶州当地政府已获得总理衙门批准，有权自由放行俄国舰队入港，并向所有船员提供一切便利。”[5]而此时，德皇威廉二世的目光也在紧盯着适于建港的胶州湾。1896年年初，德国政府一方面要大幅扩充其太平洋舰队，另一方面又要巩固德国在清朝的贸易地位，于是，就想在中国沿海地区寻求一个优良的军港和通商港口。最初其注意到了胶州湾，但德国驻北京公使后来公开承认，他就这一问题向沙俄驻北京公使喀西尼伯爵进行解释之后，喀西尼相当清楚地告诉他，俄国对胶州湾港拥有特权。于是，德国放弃了占领胶州湾的企图。尔后，德国政府认为，获得中国南部省份的港口更为合适，转而盯上了厦门湾入口处的金门岛。但是，甲午战争之后，台湾、福建沿海一带已沦为日本的势力范围。同时，德国人发现，俄国人提交开放胶州湾的请求得到了清朝总理衙门的优惠保证后，其太平洋舰队只是“以备万一之需，只

1俄罗斯联邦国家档案馆（568—1—127）：《俄国外交大臣给沙皇尼古拉二世的信（1897年11月11日）》。

2、3、4、5同上。

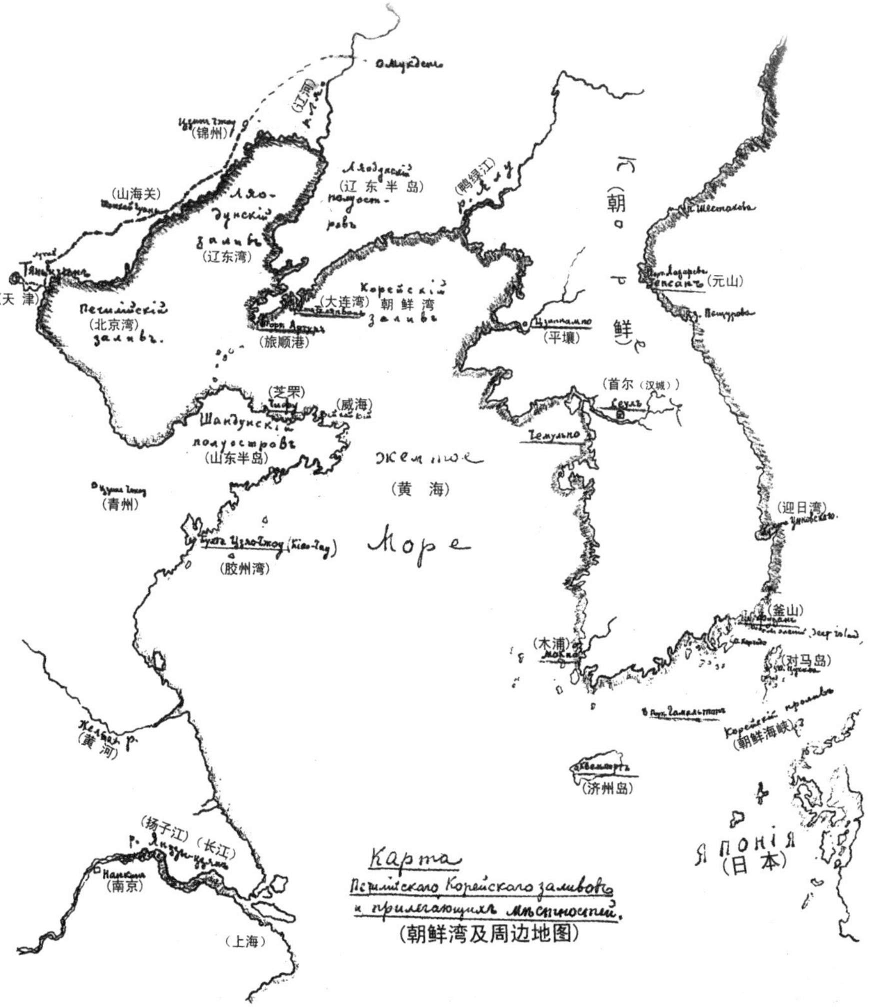

图1—9

1897年11月11日，沙俄外交大臣给沙皇尼古拉二世的信所附的朝鲜湾及周边地图。（中文为翻译所加）

打算派一艘舰船入港，而且只待几天”，[1]并没有长期占领胶州湾的打算，而是仍然使用日本港口。于是，德国军队便又回到了最初的想法。1897年11月14日，德军借“曹州教案”之机一举占领了胶州湾。

其实，沙俄最终放弃山东半岛胶州湾的真正原因，主

[1]俄罗斯联邦国家档案馆（568—1—127）：《俄国外交大臣给沙皇尼古拉二世的信（1897年11月11日）》。

要是其远离沙俄的远东地区，西伯利亚大铁路又无法将其与远东连接起来，很难实现沙俄控制远东的战略图谋。因此，“即使我们能永远占领胶州湾，无论是从它远离符拉迪沃斯托克来说，还是从它完全隔断于俄罗斯来看，它都不适合建设成我们的港口。”[1]

最终，沙俄寻找优良出海口的目光落到了辽东半岛的最南端——旅顺、大连。“毫无疑问，与朝鲜东部海岸的任何港口相比，大连湾都具备若干战略优点。”[2]其理由如下：

一是根据沙俄驻芝罘（今烟台）领事的详细报告，在辽东半岛东南岸，广阔的大连湾海域中有四个单独的良好港湾：Victoria Bay（维多利亚湾，今大连港港区，下同）、Yunk Bay（约克湾，今和尚岛西港区，下同）、Hand Bay（汉德湾，今和尚岛东港区，下同）及Odin Cove（奥德湾，今大孤山半岛西港区，下同）。上述四个港湾都宜于停泊吃水约7.3米，甚至吃水更深的船只，而且Yunk Bay、Hand Bay、Odin Cove在冬季尤其适宜停泊，而冬季直隶湾（即渤海湾）却有强烈的北风。Victoria Bay在夏季有南风时是个可靠的停泊处。“依据我国领事在当地所搜集的情报，大连湾是从来不冻的。其他一些内行人士也发来情报，表达了大连湾的上述方便及其较旅顺口——旅顺很易被大连控制——的优越之处。”[3]在这里，沙俄对大连湾表现出了无法抑制的浓厚兴趣，也指出了旅顺口存在的天然缺陷。事实的确如此，近代以来，发生在辽东半岛的两场战争，即甲午战争和日俄战争，日军没能从海上攻入旅顺口，最后都是从大连方向的陆地攻破了旅顺要塞，取得了战争的胜利。

二是“如果在辽东半岛拥有一个港口的话，那么在对日本同样的敌对行动中，我国海军舰船从黄海出去的出口却仍然是完全敞开的”。[4]这一点就和釜山港及其位于日本海的符拉迪沃斯托克港等形成鲜明的对比。

三是“不能忽视另一点，那就是如果考虑建设特别的铁路支线，把西伯利亚大铁路连接至吉林和沈阳，那么，与朝鲜的港口相比，大连湾离我国西伯利亚大铁路相对更近一些”。[5]在那个以铁路为工业文明标志的时代，铁路就似一只力量无比的巨手，它修到哪里，列强的势力就延伸到哪里，经营的范围则更为广阔，侵淫的能量则更为强大。如果铁路和港口相连，陆地和海洋就会紧紧相拥，融为一体，相得益彰，呈现出无限的发展前景。这正是19

1俄罗斯联邦国家档案馆(568—1—127)：《俄国外交大臣给沙皇尼古拉二世的信（1897年11月11日）》。

2、3、4、5同上。

世纪列强在瓜分殖民地的狂潮中孜孜以求的理想选择，也是其惯用的伎俩。沙俄这个后来居上、贪欲更大的“北极熊”也不例外。

拥有优良出海口——天然不冻港；坐拥完全敞开的不被封锁、易守难攻之地；享有港口、铁路联运带来的快速便捷交通之利，背靠广袤的东北平原腹地，一下拉近了与俄国远东的距离……这些得天独厚的优越条件，使大连赫然成为沙俄梦寐以求的最佳出海口。至此，沙皇俄国最终决定将辽东半岛的大连作为其远东战略的重要支点，以占领远东不冻港为手段，达到控制远东的终极目的。

由此，大连开埠建市的历史大幕也即将被徐徐掀开。

辽东半岛与山东半岛隔海相望，形成钳形拱卫之势，共扼渤海海峡之咽喉，战略地位十分重要，历来为兵家必争之地。位于辽东半岛南端的旅顺口，系京津之门户，东北之窗口。早在明朝初年，政府就在此屯兵设防，清初也于此设立了水师营。重要的战略地位，加之其天然不冻港的条件，近代以来旅顺口更成为列强垂涎之地。

19世纪末，沙俄将大连湾作为其远东不冻港的最理想选择，不会不考虑旅顺口的战略地位。

此时的旅顺口，尽管甲午战败，但威名犹在，丝毫不影响其作为远东军事要冲的战略地位，反而更显其重要性。事实证明，在签署租地条约、港口功能定位、东清铁路南部支线修建，以及日俄战争中，沙俄都是将辽东半岛的大连湾和旅顺口作为一个战略整体进行统一布局，互为支撑，分头建设，共同防御。

辽东半岛的大连地区被外强侵袭的历史，还要追溯到两次鸦片战争时期。1840年八九月间，进犯天津的英国侵略者的军舰为了进行补给，先后停泊复州长兴岛、小平岛、青泥洼、棒棰岛海域，汲取了足够的淡水，抢夺了牛羊鸡鸭，并获得了有关复州湾产煤的情报。1860年第二次鸦片战争时，英舰故伎重施，于2月下旬侵入大连地区（见图1-10）。其舰只达122只之多，停泊大连湾和尚岛、大孤山、青泥洼等海域，“约计水陆迤连三百余里，以上各海口，处处俱可登陆。今岸上已有夷人三千余名，马六百余匹，占据民房十余处，添搭帐房三百余架，且夷兵演阵并演马队，其心实属叵测”。[1]同时，英舰还“驶入旅顺口一只，羊头洼四只，登岸抢掠食物。该二处乡民聚众二三千人，持械喊逐，该夷惊窜回船，即刻驶出口外，不敢登岸”。[2]英国

[1]贾祯等：《筹办夷务始末（咸丰朝）》，第6册，2005～2006页。
[2]同上。

图1—10
1860年6月初，英国军队在大连湾登陆，将其作为临时驻军基地，准备再次进攻天津、北京。（1860年10月13日，《伦敦新闻画报》）

军队侵入大连后着手陆地测量、海图制作，将屈指可数的要塞都赋予了所谓有“纪念”意义的名称。大连湾被以英国女皇的名字命名为“维多利亚湾”，旅顺口港则以英国女皇的丈夫亚瑟亲王的名字命名为“亚瑟港”，普兰店湾以当时提督的名字命名为“阿达姆斯湾”，小孤山湾（今大窑湾）改为“基尔湾”，大孤山湾（今大孤山半岛西港区）改为“奥达姆湾”，金州大黑山以《圣经》里巨人的名字而起名为“大力士山”，长山列岛改称为“大不列颠群岛”。除此之外，大连附近的大小岛屿也均以英国人名进行了命名改称。可见，自那时起，英国就想将辽东半岛的大连地区纳入自己的势力范围。

两次鸦片战争时英国军队的入侵，引起了清王朝的警觉。当时，直隶总督李鸿章上书中央政府，陈述旅顺战略地位的重要性，力求将旅顺建成军港。1880年北洋水师聘请德国人巴内茨进行设计，耗费了巨大的人力和物力，将因港湾水浅、不能靠泊大型舰船的旅顺东港加以疏浚，使之能够停靠诸如镇远、定远那样的巨型战舰。同时，建造了旅顺船坞，使其成为亚洲第一军港。因东港的水面颇为狭窄，不能同时锚泊多艘舰船，清政府打算疏浚、扩展西港，但还未来得及实施，就开始建造防御港湾的岸上炮台。清政府决定把这里定为北洋水师基地，尽管当时海陆驻军不足2万，但随着驻军的增加，普通商户、民众也移居于此，1894年年初人口已达2万。按照列宁对近代城市的定义，满足了人口超过2万、有街道及路灯、为殖民地（有贸易活动）三个条件，就成为城市了。显然，旅顺已是堂堂的近代港口城市了。

然而，1894年甲午战争的炮火，使李鸿章苦心经营长达15年的北洋水师基地旅顺惨遭涂炭。

真可谓“一个旅顺口，半部近代史”。继中日甲午战争之后，旅大地区又经历了日俄战争的蹂躏，先后被沙俄侵占7年、日本殖民40年。在长达半个多世纪的任人摆布的苦难中，列强们你方唱罢我登场，实质上争夺的都是对旅顺、大连不冻港出海口的控制权。

谁拥有了旅顺、大连，谁就拥有了掌控远东的主动权。

1945年2月，第二次世界大战进入关键阶段，在研究战后世界秩序安排的雅尔塔会议上，美国总统罗斯福和英国首相丘吉尔希望苏联出兵中国东北，打击日军。斯大林以恢复沙俄时期俄国在中国东北的权益为条件，即苏联战后要拥有远东的不冻港旅顺口和大连，以及东清铁路的经营权，答应出兵远东，对日作战。出于尽快结束战争的大局考虑，美、英两国首脑答应了斯大林的要求。1945年8月9日，150万苏联红军分东、北、西三面出兵中国东北。斯大林对此感慨地说：“我们这些老一辈的人等待这一天，已经等了40年。”1945年8月14日，在日本宣布投降的前一天，斯大林迫使国民党政府签订了《中苏友好同盟条约》，规定“中苏共管长春铁路三十年，旅顺为共享海军基地三十年，大连港为自由港，中苏共同经营中长铁路和南满铁路”。1945年8月22日，苏联红军解放旅大，苏军军管和驻防旅顺、大连长达10年，自然拥有了这个天然不冻港的支配权，以实现其经营和控制远东的战略意图。

1949年10月，新中国刚刚成立，站起来了的中国人民自然要收回属于自己的旅顺和大连。1949年12月6日，毛泽东远赴莫斯科，借为斯大林庆祝七十大寿之机，通过艰苦曲折的谈判，硬是坚定地迫使苏联人签订了《中苏友好同盟互助条约》，归还了中国的旅顺、大连以及中长铁路等主权。然而，迫于二战后冷战形势的大局，失去了旅顺、大连不冻港的苏联，就等于失去了太平洋上的优良出海口，失去了亚洲地区安全战略的核心据点。这让企图恢复沙俄当年在中国东北的势力范围，进而永久控制远东的斯大林的战略图谋遭受沉重打击，也迫使其不得不在远东寻找新的，可替代旅顺、大连不冻港的太平洋海军基地。1991年，苏联解体后，其解密档案显示，当年，正是斯大林欲通过扶持亲苏的政府控制朝鲜半岛，以便在该半岛建立太平洋舰队的远东不冻港替代基地，进而实现苏联在远东的战略利益，而与急切想统一朝鲜半岛的金日成达成默契，致其于1950年6月25日发动了朝鲜战争。

以上事实说明，大连、旅顺不冻港出海口在远东太平洋国际战略中的地位之重要。

大连、旅顺不冻港的成因

大连位于辽东半岛的最南端，三面环海，西北濒临渤海，东南面向黄海，有大小岛屿260个，海岸线长2,211公里。每年冬季12月到次年的2月底最寒冷之时，渤海海域和大连金石滩以北的黄海海域均有结冰，严重影响航运业和水产养殖业，而唯独面向黄海的大窑湾到旅顺一线没有冰冻（见图1—11）。

大连、旅顺不冻港形成的主要原因：一是受北黄海暖流的影响，对马暖流分出的黄海暖流进入北黄海后形成一个逆时针方向的环流，稳定的环流源源不断地为北黄海沿岸带来了温度较高的海水（见图1—12）；

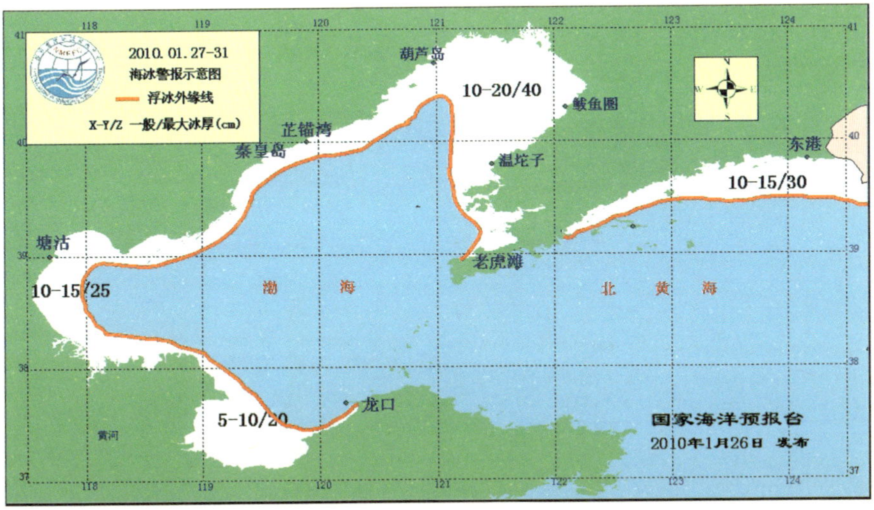

图1—11
渤海、北黄海海冰警报示意图（国家海洋预报台2010年1月26日发布）。白色为结冰区域，辽东湾、渤海湾、莱州湾及北黄海均结冰，最大冰厚40厘米，唯有旅顺、大连湾一带未结冰。

二是大连、旅顺港区位于北纬38° 20′ 至39° 25′ 之间，纬度比较低，属于具有海洋性特点的暖温带大陆性季风气候，冬无严寒，夏无酷暑，四季分明；三是濒临黄海，海水深，不容易结冰；四是大连地形以丘陵山地为主，北高南低，北宽南窄，地势由中央轴部向东南和西北两侧的黄海、渤海倾斜，面向黄海一侧长而缓，阻挡了南下的寒流；五是大连港位于冬季风（或西北季风）的背风岸，海水温度较高；六是海水流动性好；七是周边少淡水河流入，海水盐度高，不容易结冰。

上述因素的共同作用，才成就了大连、旅顺一线面向黄海一侧冬季海水不冻的优越条件，使旅顺口港、大连湾港成为中国北方乃至世界著名的天然不冻港。

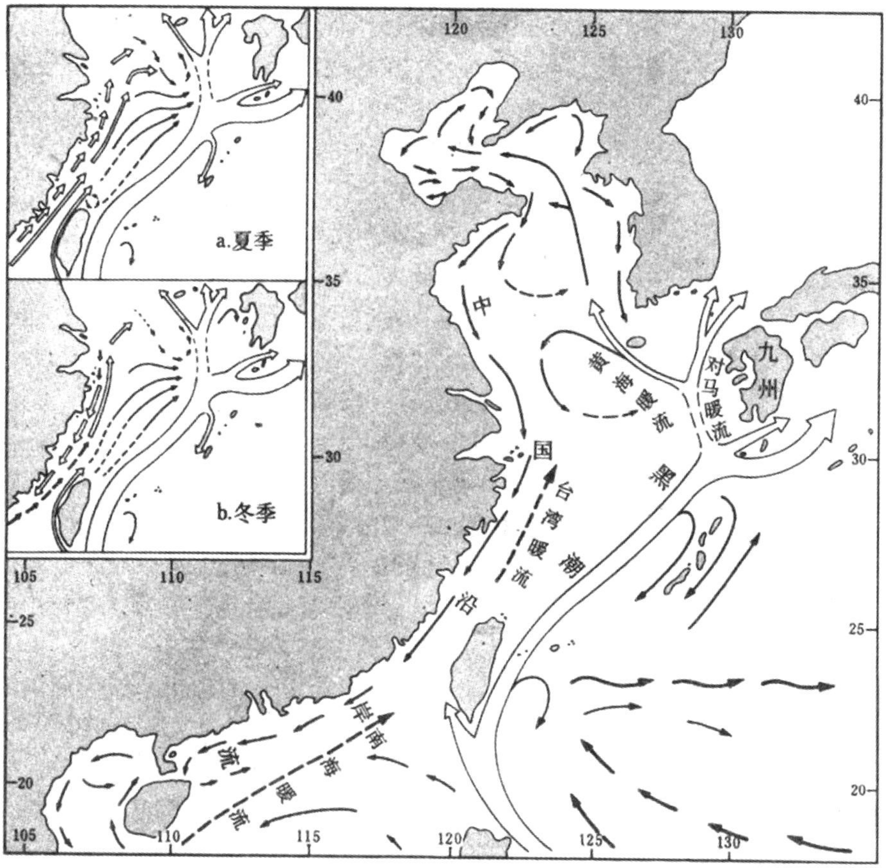

图1—12

黄、渤、东海及南海北部冬季主要流系

第二章

沙俄租借辽东半岛

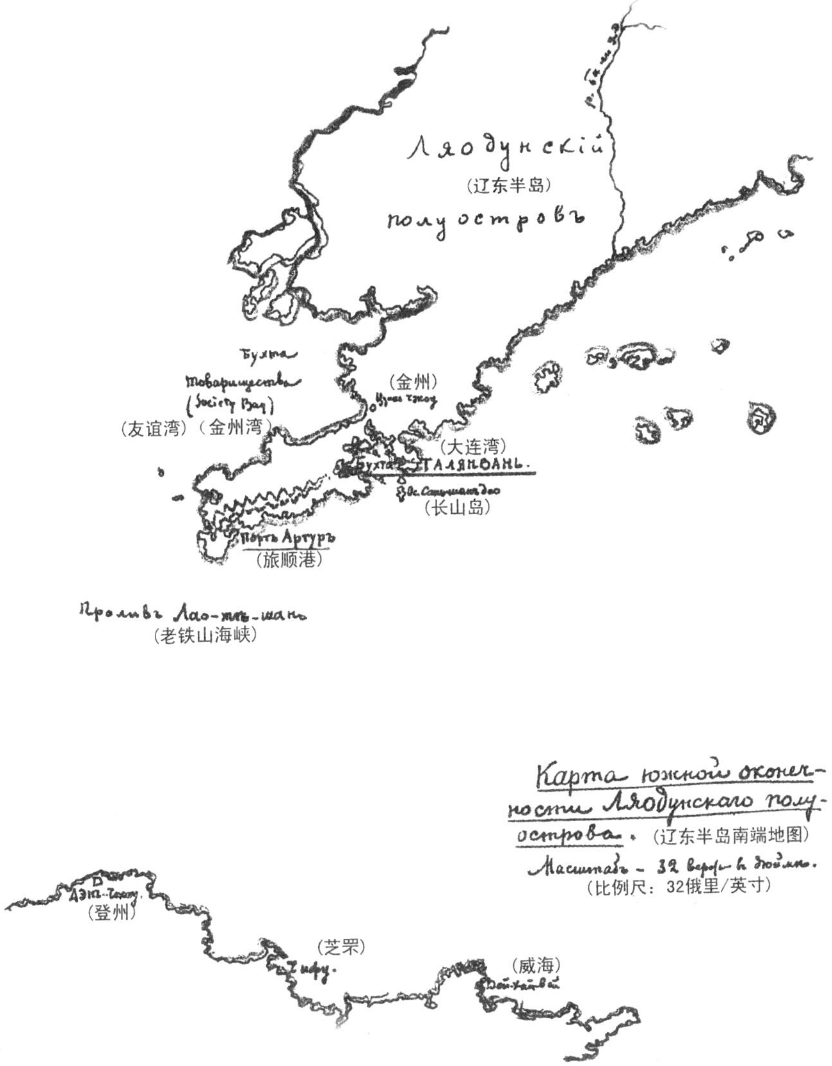

《俄国外交大臣给沙皇尼古拉二世的信（1897年11月11日）》所附的辽东半岛南端地图。（中文为翻译所加）

在确定了辽东半岛的大连湾和旅顺口作为不冻港的目标之后，沙俄就积极准备，处心积虑地伺机占领之。1897年12月15日，借口德国强占胶州湾而大清国需要保护，沙俄太平洋舰队进入旅顺口。1898年3月27日，中俄签订《旅大租地条约》，是日，沙俄军队占领旅顺；翌日，占领大连湾。1898年5月7日，中俄签订《旅大租地续约》。通过两个不平等条约，沙俄获得了梦寐以求的在辽东半岛开港、建市、修建铁路等特权。

大连开埠建市的历史篇章由此翻开。

1.沙俄军舰进入旅顺口

1897年11月1日，两名德国传教士在山东巨野被杀，史称“巨野教案”，又称“曹州教案”。11月14日，德国军队借机强行占领了胶州湾。这给沙俄军队趁机占领辽东半岛提供了千载难逢的机遇。

于是，沙俄外交大臣穆拉维约夫紧急上奏沙皇尼古拉二世：“看来我们应该特别参照山东半岛事件，不失时机，派我舰队占领大连湾或海军部指示的其他港口。”[1]并认为沙俄军队已经具备了执行侵占大连湾任务的强大实力，一方面能够实现预定目标，另一方面又能防止局势严重恶化。其强调：“据外交部所掌握的情报，大连湾目前优势明显。”[2]可见，在其心目中占领大连湾是首要选项，沙俄海军部意欲占领辽东半岛上的其他港口的意见可以先不考虑。穆拉维约夫同时给出了占领大连湾的“冠冕堂皇”的理由：“依照七等文官巴甫洛夫（沙俄驻北京公使）发回的电报消息，中国政府对于德国在胶州的强硬行动感到惶惑不安，请求我们保护。因此，我们在北京很容易把占领大连湾解释为为我国舰队获取一个坚固的基地，以防备太平洋上再次发生对中国不利的事件。”[3]同时，也露出了西方列强惯用的强盗逻辑和野蛮嘴脸：“历史经验告诉我们，东方民族最尊重武力和强势，对这些民族的统治者滥用建议和忠告，是达不到目的的。中国政府最近一段时间的行为最能印证历史的指示。”[4]“所有这些情况显然已清楚地表明，我们不能、也不应该再信任中国朝廷的友好保证了。七等文官巴甫洛夫最近发回的一份电报说明，中国朝廷对强势总督和巡抚的专横束手无策。如果我们徒劳无益、漫无目的地花时间对总理衙门进行交涉、

1俄罗斯联邦国家档案馆(568—1—127)：《俄国外交大臣给沙皇尼古拉二世的信（1897年11月11日）》。
2、3、4同上。

规劝，满足于中国大臣废话连篇的承诺，那么欧洲列强会用德国在山东半岛南部成功为自己船只获得港口的那种方法实现自己的既定目标。”[1]沙皇尼古拉二世在此报告上批示“完全同意”，并进一步指出：“看完这份陈述，我完全同意它的最终结论。我认为，不能再浪费时间。我一直以为，我们日后的自由港应选在辽东半岛或朝鲜湾东北一隅。”[2]

1897年12月11日凌晨2时2刻，沙俄海军代理大臣推尔托夫从海军总部向驻扎在日本长崎港的沙俄海军上将杜巴索夫发出第4240号绝密电报：“中国政府已同意我国舰队驶入这个原本不对外国人开放的港口，并在必要时可使用其兵工厂。因此，根据我国皇帝陛下的圣意，接此命令后，请速选派巡洋舰等共三艘舰船前往旅顺列乌诺夫（沙俄军队驻旅顺代表）处。而且，巡洋舰应符合旅顺港的水深，能顺利进港。舰队应抓紧时间，抵港后即在该港抛锚停留，直至接到新的命令。此命令请严格保密，甚至不得告诉船长们，只有你和列乌诺夫有权知情。你可表面上安排该船队去其他岛屿。舰队其他船只应保持完全待命状态。”[3]

因为没有与中国清朝政府签订公开协议，为防止其他国家的军舰驶入，12月14日，沙俄海军代理大臣推尔托夫发电报给驻京公使巴甫洛夫：“希望我国舰船抵达旅顺后并不占领它，而是在港内停泊，使其他外国舰船完全无法在此停靠。不宜马上要求征用兵工厂。如果在旅顺事务方面被英国或日本领先，那么我国的舰队司令可以向中国人抗议。但无论如何不可采取威胁或其他敌对行动。”[4]

1897年12月15日，沙俄军舰进入旅顺口港。沙俄海军上将列乌诺夫将其三艘战舰抵达旅顺口之事即刻发电禀报沙皇，沙皇“龙颜大悦”，在来电上亲笔题写御批：“谢天谢地！我认为，有必要趁英国人还没有占领大连湾之前，将我国的两艘领航舰派往此处。请将此决定告知杜巴索夫。如果能占领这两个港口，以后我对东方事务就能安心了。”[5]于是，1897年12月15日凌晨3时，沙俄海军代理大臣推尔托夫按照沙皇的旨意，给杜巴索夫上将发去一封加密快电，命令其派遣太平洋舰队三艘舰船前往大连湾。

1俄罗斯联邦国家档案馆（568—1—127）：《俄国外交大臣给沙皇尼古拉二世的信（1897年11月11日）》。

2同上。

3俄罗斯联邦国家档案馆（568—1—127）：《海军代理大臣推尔托夫发往长崎给杜巴索夫的绝密电报》。

4俄罗斯联邦国家档案馆（568—1—127）：《杜巴索夫从长崎发回的第774号电报》。

5同3。

甲午战争之后，日本军队在清政府3,000万两白银赎回辽东半岛的条件下，于1896年11月撤离辽东半岛，清军重新驻防旅顺、大连。但是，此时的清朝海军已无海上防守之力。当沙俄“舰队抵达旅顺港后，发现该港是自由港”。[1]就在沙俄舰队进入旅顺的第三天，英国舰船驶入了旅顺口。于是，1897年12月17日晚9时45分，沙俄海军太平洋舰队司令杜巴索夫从日本的长崎港向俄外交部发回电报：“请我国驻北京使馆奏请（中国政府）给旅顺的中国当地政府施压，强烈抗议英国船只进入和滞留旅顺港。”[2]12月19日，沙俄海军上将列乌诺夫从旅顺发回第92号电报：“大连湾没有英国船只。”[3]

至此，沙俄舰队在清政府的默许下进入旅顺口港，并极力排除其他国家染指辽东半岛特别是旅顺和大连的企图。

曾经的大连湾，几多风平浪静，渔船往来其间，还是一片未开垦的处女地。此时，李鸿章于19世纪80年代修建的几个把守大连湾的炮台，也因甲午战败而黯然失色，早已被日本军队拆卸一空。大连湾内供帆船停靠的、被称为“李鸿章栈桥”的码头，似乎正孤寂地等待命运的裁决。不久，大连湾就和旅顺口港被一纸不平等的契约租借给了沙皇俄国，开始了被殖民、被奴役的屈辱历史。

图2-1　沙俄侵占前的大连湾内景。（1898年1月8日，《伦敦新闻画报副刊》）

1俄罗斯联邦国家档案馆（568-1-127）：《杜巴索夫从长崎发回的第774号电报》。

2同上。

3俄罗斯联邦国家档案馆（568-1-127）：《列乌诺夫上将从旅顺发来的第92号电报》。

2.中俄签订《旅大租地条约》和《旅大租地续约》

1897年12月15日，沙俄舰队进入旅顺口之时，沙俄外交部门就加紧了租借辽东半岛的步伐，紧锣密鼓地采取了一系列手段，软硬兼施，迫使清政府一步步走进其预设的圈套。

1898年（清光绪二十四年）3月3日，沙俄驻北京公使巴甫洛夫正式向清政府提出租借旅顺、大连和建筑东清铁路南部支线的要求，并“限五日照复”。清政府决定派驻德公使许景澄为头等钦差大臣，赴圣彼得堡与沙俄政府举行谈判。而此时，清政府代表李鸿章、翁同龢在北京正与德国驻中国公使海靖就德国强租胶州湾进行交涉。1898年3月6日，德国强迫清政府签订了《胶澳租界条约》，主要内容包括德国租借胶澳（青岛）及其周边地区99年，取得修筑胶济铁路及开发沿线两侧30里以内矿藏等特权。由此，胶州湾变为德国的殖民地，山东成为德国的势力范围。德国的所作所为加速了沙俄强租旅大的步伐。

1898年3月12日，中俄开始会谈。沙俄外交大臣穆拉维约夫说：“胶事已定，英已得长江利益，法亦有索件，故俄必须租得不冻港口，为水师屯地。”许景澄告诉俄方，中国如答应俄国条件，其他大国必然仿照而来，有损远东的和平。但俄方不予理会。许景澄在随后向沙皇尼古拉二世递交国书时再次表明不能租让旅大的理由，尼古拉二世说俄方条件“早经筹定，实难改动”，中国政府应“早日允办”。此后沙俄政府竟拒绝与许景澄谈判。20日，俄驻北京公使巴甫洛夫到清总理衙门，提出了俄方拟订的租借旅大条约草案。此时，清政府朝廷内外群情激愤，总理衙门不敢接受俄国的要求。沙俄曾欲命令已进入旅顺口的俄舰上的海军陆战队强行登陆，但在获悉清政府任命李鸿章、张荫桓为谈判的全权代表之后，又改变了主意，决定故伎重施，效法1896年诱使李鸿章签订《中俄密约》之手段，再次使用重金贿赂以达到目的。于是，巴甫洛夫等人秘密会见李、张二人，并向其保证：“如果旅顺口和大连湾港之事按照我们指定的期限并无须我们采取非常手段而办理成功”，每人酬银50万两。李、张二人见利忘义，同意了这笔肮脏交易，又去说服慈禧和光绪同意俄方的要求。

在沙俄软硬兼施的胁迫下，1898年3月27日，按照俄方指定的期限，由李鸿章和张荫桓代表清政府与沙俄驻京公使巴甫洛夫在北京签订了《中俄条约》，又称《旅大租地条约》。

图2—2
1904年，沙俄绘制的旅顺、大连租借区地图。

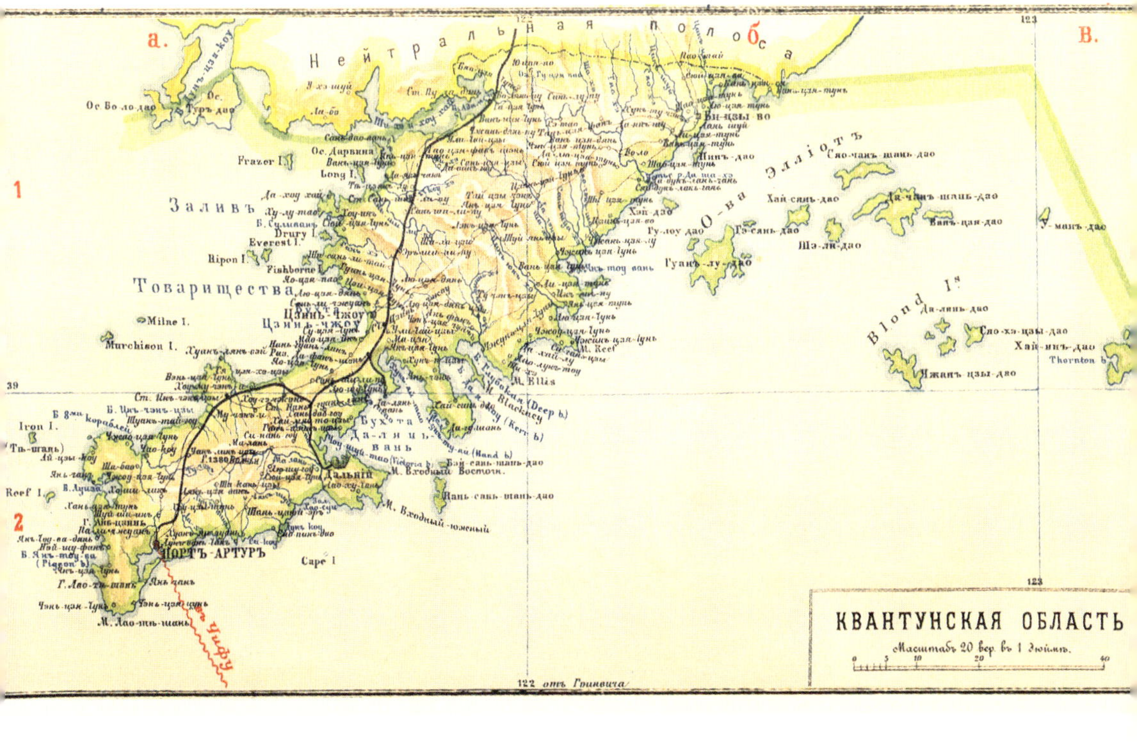

《旅大租地条约》共九款，其主要内容为：旅顺、大连及其附近水域租与俄国，为期25年，到期可以商延；俄国在租界内享有治理地方和调度水陆各军等全权，清政府无权驻军；租界以北划出一中立区（几乎包括了整个辽东半岛），即隙地，吏治归中国，未经俄方许可，中国军队不得进入；中国同意俄国从东清铁路修一支线到旅顺、大连（后称南满铁路）；旅顺口港和大连湾港一处设为军港，专为俄、中两国使用，其余地方作为通商口岸，各国商船任便可到（见图2-2）。

《旅大租地条约》的签订，使沙俄终于霸占了辽东半岛，如愿获得了梦寐以求的远东不冻港，建立了更为优良的海军基地，进一步打开了通向太平洋的出海口；允许将东清铁路穿越东北腹地修建到旅顺、大连，使太平洋沿岸的这个军港同遥远的沙俄本土连接起来，中国东北三省迅速变成了沙俄的势力范围，这样，沙俄在远东的战略地位得到了前所未有的加强和提升。

根据《旅大租地条约》第二款之约定，中国清朝政府全权代表许景澄、驻俄公使杨儒在圣彼得堡与沙俄外交部代表继续谈判，于1898年5月7日签订了《补充条约》，又称《租地条款专条》、《旅大租地续约》。

《旅大租地续约》共五款，主要内容为：确定租界的具体范围、中立区的北部边界、租赁地区周边的附属海域及其所有的海岛，双方政府委任特别行政长官到现场确认租赁地区的更为准确的边界线；明确旅顺口港和大连湾港为西伯利亚铁路南满线路的末端，在所规划的铁路线沿途，应该全部设有维护设施；租界内的金州地区为自治区，需要驻扎一定数量的市区警卫人员，但不允许中国军队驻扎而只准俄国军队进驻；在中立区内，非经俄方同意不得转让其土地给外国人；不开放中立区内东西海岸的任何港口与外国通商；未经俄国政府同意，在任何情况下，在中立区内不允许外国人修建铁路、采掘矿产、开办一切工业（见图2-3）。其第四款之所以将金州地区确定为自治区，是因为金州为清政府的县衙所在地，沙俄只是表面上看似尊重大清皇帝的尊严，掩人耳目而已，其实质是一切仍然在沙俄的掌控之下，只待时机成熟，便可使名存实亡的金州自治区立马消失。

《旅大租地续约》划定的租借地具体范围为东经120° 48′ 至123° 13′ 、北纬38° 20′ 至39° 25′ ，面积达3,168.2平方公里，包括乌莽、哈仙、光鹿、长山列岛、凤鸣岛等总面积达364.2平方公里的岛屿（见图2-2）。

在进行中立区北部边界划界时，起初该边界从辽东湾的辽河入海口营口起始，一条直线划到北黄海的大洋河口止，即图2-4中隐约可见的虚线。但是，这条边界线最终确定躲开营口，从其南边的盖州河入海口起始，一条直线到大洋河的上游，再沿大洋河而下到其入黄海口止，即图中红色虚线。两者画线所圈地面积几乎相当，为什么要改变初衷呢？

营口，俗称营子、没沟营，位于辽河入海口的左岸。道光中期以后，营口逐渐取代田庄台、牛庄，成为辽河入

图2—3
1904年，沙俄绘制的《旅大租地续约》中立区地图。

海口新崛起的商业重镇。营口扼辽南之咽喉，因其地理位置重要，引起了西方列强的觊觎。1858年第二次鸦片战争时，战败的清政府被迫签订了中英《天津条约》，增开牛庄等9个通商口岸。牛庄，即今辽宁海城市牛庄镇，距营口约45公里，是当时东三省远近闻名的港口古镇。1861年5月23日，英国首任驻牛庄领事托马斯·泰勒·密迪乐考察营口和牛庄后，发现营口的自然条件优于牛庄，便强行把通商口岸从牛庄改为营口，后来开埠时条约上的牛庄口岸便设在了营口，并于1861年（咸丰十一年）6月30日正式开港。中国东北的门户被打开，营口成为东北地区唯一

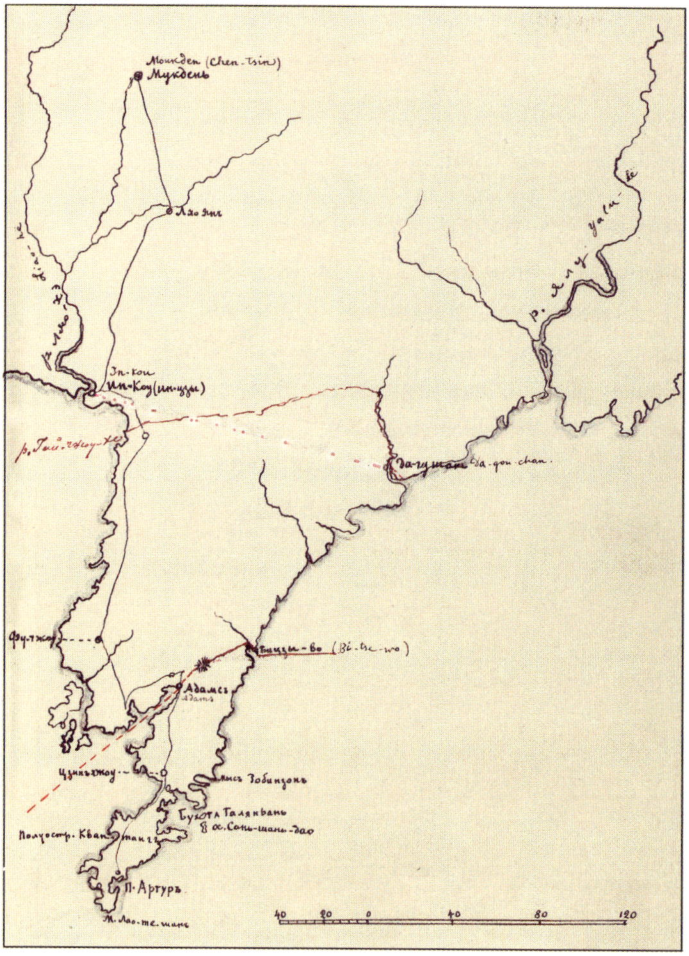

图2—4
沙俄外交大臣提交给沙皇的《旅大租地续约》的附图。上边的红色虚线为盖州河口至大洋河口的中立区边界线，抹去的虚线为营口至大洋河口的原中立区界线；下边的红色虚线为租借地边界线。

的开埠口岸。一时间，到营口通商的就有美国、英国、德国、法国、俄国、丹麦、荷兰、挪威、瑞典等20多个国家。列强既把东北当成倾销商品的市场，又把东北当成掠夺原料的基地。驶入营口港的外国船只迅速增多，3年就扩大了10倍。列强并不满足于海上运输盈利，他们还通过在营口开设领事馆，强化政治渗透；开办洋行，坐地进行贸易；传播宗教，进一步实施文化侵略，把东北进一步变为他们的殖民地。当时外国在营口开办的洋行就有17家。凭借优越的地理位置、便利的航运条件，营口一跃成为东北沿海的贸易中心。据记载，夏季贸易最盛时，辽河上的帆船最多达2万艘以上，冬季每日进入营口的马车达2,000余辆。一时间，海外商品、本地的土特产，通过水陆交通，纷纷汇聚于此。国内外贸易的持续发展，使得营口在1890年就已成为东北地区最大的物资集散中心。

显然，到1898年时，经过了37年的发展，营口港已成为中国东北最大的贸易港，也成为列强垂涎的一块肥肉，沙俄不会不想独吞这块肥肉。但是，鱼和熊掌不可兼得。为了实现自己拥有远东不冻港的战略梦想（营口港为冬季结冰港），避免引起英国等列强的不满（在此之前，为了平息英国、日本等国对俄国租借旅大的不满，沙俄已经在利益方面对其做了让步），沙俄在划定中立区北边界线时，就改变了原来的初衷。今天，看到这张原始划界图，我们既感慨沙俄的处心积虑，更体会到领土任人宰割的屈辱和愤慨。这，也正是档案的魅力所在。

1898年，可谓旧中国又一个灾难之年。继德国强迫清政府签订了租期99年的《胶澳租界条约》，将山东纳入其势力范围之后，中俄《旅大租地条约》和《旅大租地续约》的签订，为沙俄日后独霸中国东北做了铺垫，这也刺激了其他列强，他们纷纷效仿沙俄，掀起了瓜分中国的新一轮狂潮。就在中俄《旅大租地条约》签订的第二天，英国政府即电令驻华公使窦纳乐，向清政府提出租借威海卫的照会，并于1898年7月1日强迫清政府签订了《订租威海卫专条》，租期仿照俄国租借旅大的期限，亦为25年。当年6月9日，英国强迫清政府签订了《展拓香港界址专条》，租九龙半岛99年。法国也不甘落后，于当年11月16日强迫清政府签订了《广州湾租界条约》，租期99年。这一个个不平等条约的签订，使积贫积弱的旧中国更加陷入水深火热之中。

3.沙俄军队占领旅顺、大连

沙俄租借旅顺、大连，是继德国强占胶州湾后的又一重大事件，进一步改变了列强在远东、尤其是在中国的利益格局，必然引起强烈反响。

早在《旅大租地条约》签订之前的1898年3月7日，英国《泰晤士报》就以“列强与中国：俄国的要求”为题，率先报道了俄国要求租借旅顺和大连的消息，引起一片哗然。英国的军舰游弋在大连、旅顺海域，要求确保其利益不得受损。日本则深感“愤懑”。因此，为了平衡列强的利益，尽量照顾其“情绪”，沙俄极力营造和平相处、利益共沾的氛围。

就在1898年3月27日，《旅大租地条约》签订的当天，沙俄外交大臣向俄驻外机构发出通电：“俄历3月15日（公历3月27日），俄国代表与（中国）总理衙门全权代理人员签约规定：中国政府将旅顺港和大连湾及其附属领域借予沙俄政府使用。兹请你们将上述事宜通报所驻国家政府，并请补充说明，我圣主皇帝陛下的部队将立即占领上述港口和区域。占领区内，除了悬挂中国国旗之外，还将升起俄国国旗。同时，你们可知会所在国的外交大臣：大连湾港口将开放通商，所有各友好国家的船只抵达后将受到最热烈的欢迎。”[1]并在条约签订后的第三天，即3月29日沙俄《政府公报》第60期中通告：

“此次签约是两个幅员辽阔、毗邻而居的帝国之间友好关系自然而然（发展）的直接结果。两国都竭尽所能保障广大边境地区的安宁和稳定，以造福两国人民。

俄国海军根据协议的内容，于3月15日顺利地和平占领友国的这一港口和领土，这充分说明：清政府完全明白双方所签协议的重要意义。

1俄罗斯国家历史档案馆（323—1—1163）：《俄国外交大臣致俄驻外机构的通电》。

该协议确保了中国的最高利益神圣不受侵犯，满足了与其相邻的海上强国俄国的根本需求，同时也绝对没有损害任何其他国家的利益。

相反，这一协议可使世界各国在不久的将来有机会进入黄海之滨这一闭塞之地：向所有外国商业船只开放大连湾港口，可借助于经中俄两国友好协商、将旧世界的两个大陆连接起来的西伯利亚大铁路，在太平洋为各国工商企业建立一个新的商业圈。

因此，北京条约（《旅大租地条约》）对俄国有着深远的历史意义，也理应受到珍视世界和平及各国友好交往的人士的热烈欢迎。”[1]

这份欺世盗名的通告，充分体现了沙俄做贼心虚的心态，也赤裸裸地暴露了侵略者厚颜无耻的嘴脸。

1898年3月27日，《旅大租地条约》签订的当天，沙俄军队便迫不及待地开始了占领旅顺、大连湾的交接行动。3月28日，沙俄太平洋舰队驻旅顺分舰队司令杜巴索夫向远在圣彼得堡的沙俄海军代理大臣推尔托夫发去了电报，汇报了占领时的情景：“已占领旅顺和大连湾。诸事顺利。中国军队3月15日（公历3月27日）开始退出，到晚上12点多最后一支部队撤出。有两个军营因为当时中国部队撤出而发生抢劫，这迫使我占领剩余军事设施，从15日（公历27日）傍晚开始就肃清中国人员。3月16日（公历3月28日）早晨6时，所有陆军和海军陆战队全部登陆，之后迅速占领城市及指定地点。早晨7时许，所有部队都已到位。早晨8时，黄金山炮台上的俄、华两面军旗就已与舰尾旗一同徐徐升起，舰队鸣放了21响礼炮表示致敬。之后，炮台向我旗帜鸣放礼炮致敬，要塞对其回放礼炮表示敬意。早晨9时，海军陆战队从‘德米特里•顿斯科伊’号巡洋舰和‘朝鲜人’号舰船下船，占领大连湾，中国人撤出后我方旗帜就立即升起。到处秩序井然。”[2]沙皇则在此电报上手写批语：“顺利登陆并占领太平洋上的不冻港，我对此甚感欣慰。”[3]侵略者的得意之情溢于言表。

从此，沙俄开始了对辽东半岛长达7年的统治，大连地区开始了被殖民被奴役的历史。沙俄军队占领旅顺、大连湾之时，原本担心的老百姓大规模反抗的情形并未出现。对此，1911年4月，满铁调查课所作的《沙俄占领前后的大连和旅顺》一书作了记述：登陆的时候，沙俄军队的陆战队员都穿着华美的制服，严肃而又威仪堂堂，在伴随着朗朗的乐曲登陆以后，当地居民

1俄罗斯国家历史档案馆（323—1—1163）：《政府公报》第60期摘录，1898年3月17日。
2俄罗斯联邦国家档案馆（601—1—716）：《杜巴索夫少将从旅顺发来的电报》。
3同上。

图2—5
1898年3月28日（俄历3月16日），旅顺黄金山第一次升起沙俄军队的要塞旗帜。

不仅没有反抗，而且完全赤手空拳地眺望着他们的行军行列。但是，为了预防万一，清朝当地衙门还是贴出公告，一方面声称俄国军队受雇于清国政府，是为了帮助当地军民加强防御战胜日本人；另一方面向众人宣传，讲明对俄国人要加强防范。清朝当地官府做出的这种姿态，是对当地民众可能存在的不满情绪的一种安抚策略。1898年4月8日，发生了驻守金州城的清朝士兵向城外的沙俄巡逻兵开枪射击的事件。当沙俄太平洋舰队杜巴索夫少将得知此举是由清廷官吏“煽动”的真相后，立即向大连湾派遣了东西伯利亚方面军第四大队的两个中队，希望攻下金州城。但是，驻清廷的俄国公使巴甫洛夫从国际关系方面考虑，对杜巴索夫进行了劝说和安慰。虽然俄方终止了对金州城的攻击行为，但清朝方面官吏仍命令守城士兵不断地向俄国人射击。随后俄清两国官员就此事件进行了谈判。沙俄军队参谋沙莫伊洛夫大尉在当时的日记中写道：“我们占领远东以来虽已过了9个月，但居民尚不知道已被占领……我相信当地民众只认为我们是为防御日本人而来的，他们并不知道日本人以外的外国人。”对此，满铁调查课认为："这说明，当时的辽东半岛租借地，除了旅顺、大连外，其余地方实际上还是在金州厅的管辖之下。"

1900年，爆发了"扶清灭洋"的义和团运动，中国东北的义和团对侵入的沙俄军队进行袭击，驱逐俄国人，对其正在修建的东清铁路、桥梁等进行捣毁，并一度迫使东清铁路停建。

沙俄急忙从旅顺驻军抽调4,000名士兵加入八国联军，侵入北京城镇压。同年10月，沙俄抓住"难得机遇"，借剿灭义和团之名，在"保护东清铁路"的口号下，派兵占领东清铁路及其沿线地区和东北各省的省城，几乎侵占了中国东北全境。在《旅大租地续约》第四款中确定的仅保留维护秩序的警察而已撤出军队的清政府衙门所在地——"金州自治区"，于1900年7月27日，被沙俄军队借口金州城内有义和团活动而侵占，并将金州副都统阎福升、金州海防同知马宗武等人逮捕，将其作为人质流放到萨哈林岛（原中国库页岛）服重刑，直到1901年9月7日《辛丑条约》签订后才释放。这样，被侵占的辽东半岛成为沙俄的纯粹租借地而再无"杂音"了。

1898年8月，中俄双方成立了租借地边界委员会，由俄方奥噶茨库大校与中方金州旗军大校高玉明担任委员长，着手落实条约中第一款规定的租借地边界的具体划分事宜。然而，这项工作并非一帆风顺。它首先受到清朝内部不满自己的土地被迫出租的官员的抵制，其次，受到了租借地人民的反抗。根据南满洲铁道株式会社调查课1911年4月在《沙俄占领前后的大连和旅顺》中的记述，中俄租地边界委员会中方负责人高玉明反对该租借案，经常制造借口使谈判无法进行。俄方向清廷作了报告，结果高玉明被免职，而由金州厅海防同知涂景涛接替。涂景涛采取了更加"阴险狡黠"的手段，清廷只好又任命花翎道员、候补知府福培为委员长以监督涂景涛。10月22日，委员们抵达"阿达姆斯湾"（即普兰店湾），在那儿召开委员会议，在俄方威胁下，清朝政府终于屈服，同意了俄方的意见，即租借地边界线定在了阿达姆斯湾的北岸。10月28日建立了A号的第一边界标。自此以后两国委员经常争执，特别是到了貔子窝边界段时，中方委员主张依据5月8日的条约规定，将边界线定在貔子窝海湾的东面，而俄方委员坚持必须定在海湾的北面。于是又是一番激烈的争吵，甚至一度中止了设立边界的谈判。11月25日，按照清朝政府的命令，中方委员服从了俄方要求。11月28日，建立了界标。至此，从普兰店湾的北端到貔子窝湾北岬，即朝阳寺附近，然后几乎沿北纬39° 30′ 向东到城子坦附近，最后折返南下，沿碧流河一线入海。在长达58.67公里的租借地边界线上，用俄中两国文字记载的31个石柱与8个距离标确立了下来。在设定边界线的工作期间，中方人员由于不满俄方的压迫与威胁，经常“煽动”居民妨碍设界活动，并欲使俄国人退出这一工作，但因惧怕俄国军队，仅有的几起反抗，也悉数被平定了下来，沙俄最终达到了设定边界的目的。

1899年2月14日（清光绪二十五年一月十七日），中俄双方边界委员会成员在旅顺编写完成《俄罗斯在辽东半岛租借范围的划界议定书》，并分别上报沙俄驻北京公使、清政府外交部。1899年4月25日（清光绪二十五年三月二十八日），双方代表正式签字。议定书共八章：第一章详细记录了中俄双方边界委员会实地确定的沙俄租借辽东半岛地域的界线，“并用俄罗斯字母A－Э的31块界标以及1～8数字的过渡标记做出了标识。”[1]第二章确定了划界出现问题的协商解决机制。第三章和第四章提出了沙俄在辽东半岛租借的中立区北部陆地边界的范围和边界走向。第五章和第六章确定了租借地辽东半岛东西水域的所有岛屿均划归俄罗斯使用。第七章规定“位于辽东半岛南部的庙岛群岛不划入俄罗斯租借范围，中国政府有权不出让该岛全部或部分、长期或临时给任何国家或外国人使用；不开放这些岛屿与其他国家的贸易往来；不允许外国人在此岛建设铁路、开矿及其他任何性质的贸易工业生产。”[2]第八章确定每隔3年定期检查根据本议定书设立的边界标识。

1899年3月9日至31日，俄中两国官员乘坐俄罗斯炮舰“朝鲜人”号，考察了沙俄租借辽东半岛东西水域的全部岛屿，并对其归属作了进一步确定。1899年3月31日（清光绪二十五年三月三日），在该舰上签署了协议，作为此前编写的议定书的补充，一并提交双方政府代表签订。

1俄罗斯联邦国家档案馆（818—1—21）：《俄国在辽东半岛租借区域划界议定书》。
2同上。

第三章

沙俄建设大连湾商港

1901年，正在建设中的大连湾商港。

大连海岸线漫长，要具体选择一处各种条件俱佳的优良港湾作为不冻港，并非易事。经过激烈的争论和综合比对，沙俄最终选定大连湾内的维多利亚湾，即现今的大连港大港区位置为大连商港建造之所。沙俄殖民当局将商港定位为自由港，目标是将其打造成全世界的重要贸易中心。经过紧锣密鼓的规划、施工建设，到1902年底，大连湾商港一期工程基本完成，主要建筑两座凸堤码头、一座顺岸码头，并有港区铁路专用线、仓库等配套设施，初具商港规模，并正式开港。一期工程设计年货物通过能力82万～98万吨。

1903年，大连湾商港及其配套设施进一步完善。7月14日，东清铁路全线通车，通过西伯利亚大铁路，将大连港与中国东北腹地、沙俄远东地区以及欧洲大陆连接起来，贯通太平洋和大西洋，形成横跨欧亚的海铁联运大动脉。大连不冻港的区位优势凸显，战略地位陡然提升。

从此，大连港作为国际性港口，被纳入到世界经济、政治、军事格局之中。

1.商港（城市）选址

几乎就在《旅大租地条约》签订的同时，沙俄当局就迫不及待地开始了辽东半岛不冻商港、城市的选址工作。

当时，大连海岸线绵延1,906公里，其间港湾众多，但是要寻找到一处各方面条件相对满意的商业港口，沙俄当局也是颇费心思。这次选址，就是在沙俄驻芝罘（今烟台）副领事所提的建议的基础上，好中选优，最终确定维多利亚湾西南岸为商港最佳位置（见图3-1）。

1898年6月4日，沙俄负责建港的东清铁路公司副董事长盖尔别茨和尤科维奇从旅顺口向远在圣彼得堡的俄财政大臣维特发去电报："昨天，由杜巴索夫上将（沙俄太平洋舰队旅顺分舰队司令）带队，本州军事总督及各级政府部门一起考察了大连湾，并选取了商业港口和欧式城市的建设地点。大家一致同意选用维多利亚湾西南岸Horse Anchorage（马场）附近作为港口。未来城市建设用地有2,000多俄亩（2,180公顷），地理位置优越，远处有防御工事。"[1]

其实，当年沙俄当局为大连湾商港和城市选址时，有着众多不同的意见。

尽管早在1898年3月27日签订的《旅大租地条约》中第六款已明确"大连湾为各国通商口岸"，第八款亦确定"从东清铁路干线某站点起到大连湾修建一支线"，同年5月7日签订的《旅大租地续约》第三款明确"俄罗斯政府同意，为旅顺口港和大连湾港服务，辽东半岛的铁路末端的站点应该和西伯利亚铁路相连接，而不是其他在所标注半岛海岸的站点"，但是，围绕辽东半岛租借地商业港口以及东清铁路支线终点的选址并未消停。

1俄罗斯国家历史档案馆（323—1—1163）：《盖尔别茨工程师和尤科维奇从旅顺发回的密码电报》。

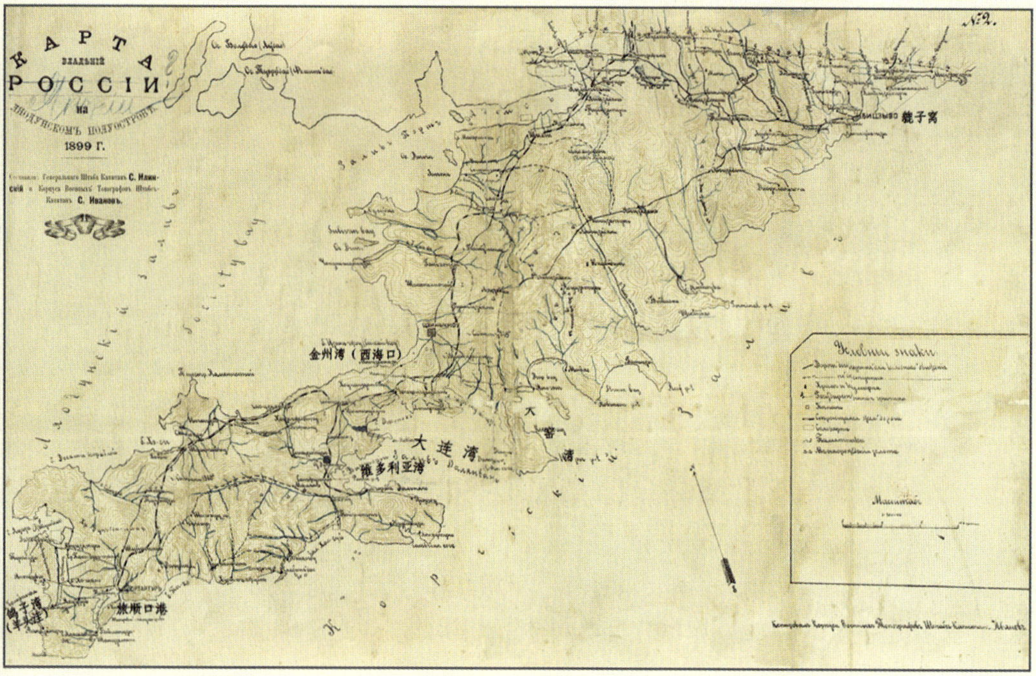

图3—1
1899年，俄罗斯在辽东半岛控制区地图。（俄罗斯军事出版总社印制，中文为翻译所加）

1898年4月22日，东清铁路公司副董事长盖尔别茨在哈巴罗夫斯克时，就被指示“前往貔子窝（今皮口，下同），那里将来可能成为敌人登陆和港口建设的地点。州长认为应该把貔子窝纳入我们的范围”。[1]（见图3-1）

1898年5月8日，格罗杰科夫中将从哈巴罗夫斯克给沙俄远东军总司令部指挥官发去第775号电报：“貔子窝湾非常不错，深深地吸引了东清铁路建设者们的注意力，认为在这里安置辽东半岛的主要港口，并且不要把大连湾作为贸易终端，而是貔子窝。阿尔图尔港（今旅顺港，下同）支线方向打算避开大连湾通向貔子窝，从那里穿过山岭到营口。根据这个情况，我给在南满洲出差的总司令部两位军官和工程师盖尔别茨、尤科维奇下达了指令。由于貔子窝具有相当的意义，因此必须完整地把这个港湾纳

1俄罗斯国家历史档案馆（560—28—104）：《1898年，外交部关于在貔子窝湾、大连湾建港的往来电报》。

入我们的使用范围，否则可能发生其他国家占领它并修建港口，在那里利用和平时期集中一切可能力量，发生战争时来反对我们，并成为我们大连湾的竞争对手。为了事实上占领貔子窝，在那里可以派遣一小股部队。”[1]并且，“根据给陛下的这个报告，陛下恩准采取措施，在貔子窝附近占领必要的土地划入我们的租借区。”[2]

对于沙俄远东军总司令部欲将貔子窝作为辽东半岛商港及南满铁路终点的意见，甚至在沙皇尼古拉二世已经恩准采取措施“占领必要的土地”的情况下，沙俄外交部表示了强烈反对。1898年5月26日，其在给沙俄财政大臣维特的电报中指出：“毋庸置疑，您清楚4月25日我们同中国全权代表签署的补充纪要（即《旅大租地续约》）的所有条件，第三款规定我们必须对中国政府承诺，连接西伯利亚和辽东半岛的干线铁路终点，应该是大连湾和阿尔图尔港，而不是半岛沿岸其他的地点。因此，我们在4月25日的纪要里很清楚地表述了我们修建铁路终点的责任，恐怕目前不能和北京政府联络关于这条铁路修到貔子窝的问题，况且从军部指挥官的信函中看得出，他已经下令不仅占领貔子窝湾，而且包括它周围的土地，包括不属于我们租借范围内的部分，违反了占领区和中立区界线纪要的第一条款和第二条款的规定。”[3]沙俄外交部以警告性的口吻提醒维特这样做的严重后果：“最后我不能不说这个危险性，如果我们不能准确地执行和北京政府签订的条约，可能破坏中国人对我们的信任，很大程度上加大我们今后同他们处理很多其他问题的外交关系的难度。不顾签订的合约，用军事力量强占中立区的领土，使其划入租界区，这样会引起其他列强采取同样措施对待中国，当然，给远东地区不可能不带来相当危险而且绝不愿意看到的麻烦。”[4]

1898年5月28日，沙俄派哥萨克骑兵连占领了貔子窝。对此，东清铁路公司负责大连湾港口建设的副董事长盖尔别茨5月29日、6月10日两次发密电给沙俄财政大臣维特，说明“当地政权设在貔子窝完全不适合”，并认为“辽东当地政权从自己的角度出发，指给我们离阿尔图尔港11俄里（1俄里=1.0668公里，下同）的鸽子湾（今旅顺羊头洼）作为商业港。我们自己考察了阿尔图尔港、大连湾和鸽子湾后，认为最好是大连湾的维多利亚湾作为商业港——虽然建港需要资金1,200万。鸽子湾很不适合作为商港。我们命令工程师详细地考察了大连湾”[5]。 据此，维特发电给沙皇在远东的代表

1俄罗斯国家历史档案馆（560—28—104）：《1898年，外交部关于在貔子窝湾、大连湾建港的往来电报》。
2、3、4、5同上。

阿列克谢•尼古拉耶维奇伯爵："东清铁路建设者盖尔别茨和尤科维奇工程师没有通知任何人关于将貔子窝建成主要港口，并作为东清铁路南满支线的终点。而且相反，他们申请说，根据地方政权的看法，该港湾不完全适合，并且他们设计的铁路线走向绕过上述港湾，因此他们甚至没去考察。"[1]

至此，沙俄远东军总司令指挥部欲将辽东半岛租借地商业港口和南满铁路终点建在貔子窝的意见没有被采纳。

当然，沙俄负责辽东半岛商港选址的东清铁路公司副董事长盖尔别茨等人反对在貔子窝建港的另一个主要理由，就是貔子窝冬天是冰冻的，不属于不冻港，每年冬天北黄海从今天的金石滩直到丹东港均被海冰封冻，这与沙俄要寻找远东不冻港的目标显然不符。

然而，就在大连湾商港的选址早已尘埃落定，开始了轰轰烈烈的筑港建设之时，1901年4月26日，沙俄海军部满洲铁路事务负责人、上校工程师谢尔致信关东州驻军司令阿列克谢耶夫大将，就大连湾商港选址"维多利亚湾"（今大连港，下同）提出严重质疑：

一是该港口选址决策太过匆忙，没有经过深入的调查和时间的检验。谢尔认为："在这一大型项目开始之前，必须要对可能影响选址和方案制订的一切情况有精确的了解。当时，需要了解风向和风力、海浪、水流、冲积土、淤泥沉积、土质、降水、温度、冰冻程度等信息。这些信息需要花很长时间去收集。这是因为，例外现象并不是常常出现，远非每年都有，但它们却都影响着对该地区的评价，影响到方案的制订，甚至会让港口不能使用。"[2]他举例指出，曾有一个港口由于先前对冲积土的调查不够而被迫改建。这是因为初步调查不到位，港口的入口建成后，天气寒冷时轮船无法入港。

谢尔强调，开始在达里尼（今大连市，下同）工作之前，这些港口建设的基础资料几乎都还没有，现在在两年半的时间内就认为收集好了这些资料，这是完全不够的。这么急着建造达里尼港，让人感到遗憾。他指出："可以建造这一港口的地方，即使在附近区域里也并不是唯一的选择。在它北方25俄里的地方有一个kerr bay（基尔湾，今大窑湾，下同），在离旅顺8俄里的地方有个鸽子湾（今旅顺羊头洼，下同）。鸽子湾非常重要，因为它处于旅顺要塞的保护之下。"[3]（见图3-1）

1俄罗斯国家历史档案馆（560—28—104）：《1898年，外交部关于在貔子窝湾、大连湾建港的往来电报》。

2俄罗斯国家海军档案馆（125—1—32）：《海军部满洲铁路事务负责人谢尔向关东军司令阿列克谢耶夫的汇报》。

3同上。

二是港口选址“维多利亚湾”并不具备最佳条件。谢尔认为，港口的选址通常因其港湾、停泊场、冲积土、周边地区环境等条件优越而确定，但达里尼丝毫不具备这些条件。达里尼港口不是建在港湾内，而是建在呈直线形延伸、距离为8.53公里的海岸上。这是建设海港最复杂、最费钱的情况之一。开阔海面上的海浪从两条途径进入大连湾：东边有两条通道——一条宽3.73公里，一条宽2.67公里，南边有一条宽9.6公里的通道。所有通道的深度几乎一样，为25.56～31.95米。辽东半岛夏天吹南风，而建成的港口吹不进南风；冬天基本是北风、东风和东北风，港口却很难避开这些风。当然，开阔海面上的海浪通过两个通道进来以后，会有所减弱，但这些通道太宽太深，所以大连湾里仍会有相当大的风浪，尤其会形成碎浪和回浪。冬天，停泊场很不方便停泊。海港的海湾，除一块不大的区域被防波堤挡住了以外，其他部分都完全暴露无遗。北风和东北风对于港口尤其危险，因为北风和东北风是直接把海湾的海洋赶进港口，海浪锋面达10.67～14.94公里宽，风还会把整个港湾里以及港湾北岸的冰块冲入港口，可能会损坏港口。

谢尔工程师举例说明，曾有帆船被海风和冰块甩到海岸上去的情况发生。1898年3月初，“留里克”号巡洋舰停靠在大连湾，龙骨下是4.27米深的水，巡洋舰急剧摇摆，因担心船只撞上海底，只好撤到更深的水域。1898年12月，阿穆尔州驻军司令和随同的军官们从海岸上到海湾里停靠的大船时差一点葬身大海。当时，风浪极大，快艇曾无法接近大船，快艇船底因撞上了大船的螺旋桨而损毁，这些人被人用绳子拖上大船。1899年，在该地区，工程部一艘快艇的螺旋桨因撞上冰块而损毁。谢尔亲自询问过一个中国的船长，大连湾和达里尼哪儿停靠更好一些，这名中国人回答说，达里尼经常起大风浪，而大连湾的海浪要小许多。

关于在达里尼港内建设防波堤，谢尔工程师指出：“我曾偶尔听说，达里尼港之所以很少冰冻，是因为风浪原因。建了防波堤以后，封冻的可能会增大。因为整个海湾里的所有港湾都封冻，港口就会封冻。”[1]

三是就萨哈洛夫关于达里尼商港未来的通邮、通商、贸易、煤炭交易和市场控制、城市用煤油的运输等设想，在分别与远东铁路、营口、香港、上海、符拉迪沃斯托克、长崎、美国的宾夕法尼亚以及俄国的黑海沿岸城市敖德萨等铁路、港口运输和贸易一一做了详细比较之后，谢尔工程师历数达里尼商港的缺陷，认为“达里尼这个城市的作用还很不明确，还不能说它日后

1俄罗斯国家海军档案馆（125—1—32）：《海军部满洲铁路事务负责人谢尔向关东军司令阿列克谢耶夫的汇报》。

会是一个顶级港口，要按这个要求来建设它，是操之过急。对各种条件不能用蛮力和杜撰，应让达里尼全然自然地经历所有阶段——全球几乎所有大型港口都是这样经历过来的。”[1]

四是认为资金投入不清晰，投资规模过大，许多设计不合理，造成投资浪费。谢尔工程师仔细算账：“盖尔别茨工程师说，达里尼需要花费2,500万卢布。从已经拟订的方案和各项拟执行的工作来看，可以断定，这只是初期投入，这些钱不够用。达里尼港口项目——不包括达里尼市内项目——约需要3,000万卢布。该港口条件非常不适宜，要直接建在海岸上。城市的费用要用于建设街道、各种宗教信仰的教堂、政府机关、宾馆、职工大楼、剧院、银行、议会、俱乐部、各类中小学、医院、供水、照明、排水系统、公园等。总工程师预计，他们向私人卖地能获得大笔资金。表面看上去，似乎是等这笔资金到位了，就可以用于上述建设，而不用花费国家资金。但要考虑的一点是，该企业（负责达里尼港口和城市建设的东清铁路公司）在该市的建设方面绝对不会这么忠诚于俄国，为俄国利益着想。”[2]

针对达里尼港建设船坞之事，谢尔在与附近的旅顺港、远处的上海港、长崎港、敖德萨港等比较后，指出：“没有说明立即在达里尼建设大型船坞的需要。只有确认大型船坞有必要时才能建设。现在还不知道什么时候才会有这种必要。从总规划图上可以看出，北风和东北风可以从大船坞和造船湿船坞的入口直灌而入。从小港湾筑设防波堤一点可以看出，人们很担心北风和东北风。其实，大船坞和造船湿坞前应当风平浪静，以避免发生事故以及船坞使用时的不安全因素。”[3]

基于以上原因，谢尔工程师得出结论：“现在建设港口的地区还未得到充分调查，而达里尼的作用不明确。因此，预定在该地区开展的许多工作还过于超前。”[4]

就连大连湾商港和城市规划建设的总工程师萨哈洛夫当初也对大连湾商港选址“维多利亚湾”提出了异议，认为“基尔湾靠近大连湾，比维多利亚湾更适合建设商业港口。优势有如下几点：一是自身海湾深度较深，港口建设成本较低。二是地脚更好，因为北面有山，南面朝向大海。维多利亚湾相反，而且在拐角处有一条臭水河，按照中国人翻译这个湾叫‘臭水湾’，退潮时隔很远就裸露出腐烂的淤泥。所有这些自然条件不是很好，而且不得不

1俄罗斯国家海军档案馆（125—1—32）：《海军部满洲铁路事务负责人谢尔向关东军司令阿列克谢耶夫的汇报》。
2、3、4同上。

考虑这些因素。在其海底发现了疟疾、痢疾、霍乱病原，而且在那里执行测量的‘德米特里——顿河’号巡洋舰全体人员相继得病。三是在基尔湾附近有一块大约8俄里的长条形地块，在维多利亚湾才有3～4俄里。和基尔湾并排还有一个相当深的海湾弗拉斯图湾（今小窑湾，下同），单独的半岛，可以作为将来港口扩展的储备。”[1]

但是，最后萨哈洛夫还是认同了东清铁路公司董事会议的决定，因为“港口地点的选择可能取决于其他的一些技术和经济意图，可能有超过我的想法及我不知道的意图。而这种意图决定了维多利亚湾更适合建设商业港”。[2]

海岸线地质结构一般有三种类型：一为基岩岸，适合建设海港；一为沙粒岸，适合建海水浴场、旅游；一为淤泥岸，适合海水养殖。的确，单就水深而言，基尔湾即今大窑湾水深达8.5米，有利于大型船舶停泊，是建设商业港口比较合适的选择。但是，综合当时的技术条件和依港建城的思路，沙俄当局最终放弃了在大窑湾建港和在大孤山半岛建城的选项。这在沙俄的档案中有明确记载：“大连湾附近的各海湾中水深最合适的是基尔湾，如果依托这一海湾建设城市，那么城市就坐落在山的南坡上。但是，此处缺水，铺设铁路有技术难度，缺乏城市所需的海岸地段，所以，只能选择维多利亚湾。”[3]

最终，沙俄当局选择了维多利亚湾，即当时的东青泥洼海域、今天的大连港所在海域作为商业港口建设之所。

1899年5月，东清铁路公司董事会召开的大连湾商港和城市规划草案审查特别会议通过了由萨哈洛夫起草的方案,会议认为：“选择维多利亚湾建设商业港，是一个正确的决定，这是因为该港湾比大连湾其他港湾都大，能避风浪，而且其港口规模日后可为港口设施提供最大的发展空间，港湾毗邻区域完全可以建设一个大型港口城市。距离规划中港口位置10俄里远处有马栏河河谷和一个超过100平方俄里（1平方俄里=1.138平方公里，下同）大小的水域，可以为港口和城市提供相当丰富的水资源。最后一点，只要建设一

1俄罗斯国家海军档案馆（125—1—32）：《海军部满洲铁路事务负责人谢尔向关东军司令阿列克谢耶夫的汇报》。

2俄罗斯国家历史档案馆（323—1—1164）：《萨哈洛夫关于在大连湾建设商业港口的评述》。

3俄罗斯国家历史档案馆（350—18—72）：《1899年4月22—24日，大连湾商业港和城市规划草案审查特别会议纪要》。

条15俄里长的铁路支线，规划中的这一港口就可轻松与东清铁路南满洲支线连通。”[1]

沙俄殖民当局之所以选定今天大连港所在地为商港，有其众多原因。归纳起来主要为：其一，湾阔水深，面积数百平方公里，平均水深6.7米，最深处8.5米，适于大型船舶停泊；其二，湾口朝向东南，湾口处有三山岛，陆地南部亦有山阻挡，减轻了太平洋季风的影响；其三，海湾三面陆地环绕，呈半封闭状，可避风；其四，毗邻陆地广阔，沿岸地带依山势而下的缓坡绵延数十里，有利于大型港口和城市建设；其五，海湾北岸663米高的大黑山阻挡了冬季西伯利亚强北风的直接侵袭；其六，湾内无较大的内陆河流流入，盐度稀释有限，泥沙来源无多，不冻不淤；其七，距马栏河水源地仅10.67公里，可解决港口和城市供水；其八，建港地带海底多为黏土层和泥沙，便于扫浅挖淤，建港区域水深适宜，便于填海和水下施工；其九，连接南满铁路便利，仅16公里，有利于港、城、铁路一体规划建设；其十，远处有防御工事，以备发生战争时应急之需。

一直以来，关于沙俄当年大连湾商港选址有种说法，认为最初选址旅顺口港，因其地处军港要地，遭到了沙俄军方反对，又因当时主管大连湾商港事务的沙俄财政大臣维特与沙俄太平洋舰队旅顺分舰队司令杜巴索夫有个人恩怨，所以一气之下远离旅顺，选择了今天的大连港作为商业港口。近年来，从俄罗斯征集的档案资料证明，商港建设之初确实存在是否选址旅顺口的争论，而个人恩怨的说法是没有事实依据的，甚至是根据传说主观臆断的结果。

大连湾和旅顺口相比较，其一，沙俄当局认为大连湾比旅顺口相对安全。早在1897年沙俄驻芝罘（今烟台）副领事对大连湾侦察后写给沙俄外交部的报告中，就明确指出大连湾内有四个天然良港，而且，“其他一些内行人士也发来情报，表达了大连湾的上述方便及其较旅顺口——旅顺很易被大连控制——的优越之处。”[2]之前的甲午战争和后来的日俄战争都证明，旅顺口均未被从海上攻破，而是从大连湾的陆地方向攻破并占领。可见，沙俄当局在未踏足辽东半岛之前，从一开始选港，就对大连湾情有独钟，把其作为首选之港，而旅顺口港则不在其选择之列。另外，沙俄驻芝罘副领事的报告

1俄罗斯国家历史档案馆（350—18—72）：《1899年4月22—24日，大连湾商业港和城市规划草案审查特别会议纪要》。

2俄罗斯联邦国家档案馆（568—1—127）：《1897年11月11日，俄国外交大臣给沙皇尼古拉二世的信》。

中，只字未提占领旅顺口港一事，也可说明旅顺口港不被看中的理由，至于后来先占领旅顺口港，再占领大连湾，则是从战略全局考虑的结果。

其次，旅顺口港面积的局限，作为军港都不够其用，更不可能作为商港之用。“阿尔图尔港湾（今旅顺口港，下同）过于窄小，入口处涨落潮很大；同时作为军事港口和要塞最好不同商业港相连。最后决定在大连湾修建商业港。”[1]“如今，旅顺港比俄罗斯其他许多港口都要好，这是因为它遵循协调一致的主导思想，而且法国设计师的布局缜密合理。该港口的主要不足之处是它面积太小，与我舰队规模并不匹配。以前曾有设计师提出过要进一步改造港口设施，但后来因日本军队的行动（即甲午战争）而受阻。如果上述提及的各大设施都能顺利建成，那么旅顺将毫无争议地成为当代最好的军港之一。”[2]在裁决东省铁路公司与沙俄军队就旅顺口港码头沿岸地段划分问题的争论时，沙皇尼古拉二世宣布：“旅顺主要是一个军事港口，所以东省铁路公司的需求应符合军事和海军部门的利益；东省铁路公司已受准对大连独家管辖，不宜再对临近的旅顺口港提出其他要求，其中包括不宜索要旅顺海岸的一大块地段。”[3]但是，“从旅顺市政府自身利益出发，为增加城市财政收入，可对过往商船收取码头使用费。鉴此，沙皇陛下今年（即1901年）5月19日命令：海岸地区及其军港所至的所有码头对外公用。”[4]这里，“过往商船”停靠旅顺被指定的“对外公用”码头，并非商港意义上的对外开放码头。

其三，旅顺被“法定”为军港。在1898年3月27日签订的《旅大租地条约》第六款规定：“旅顺一口既专为武备之口，独准华、俄船只享用，而于各国兵、商船只，以为不开之口。至于大连湾，除口内一港亦照旅顺口之例，专为华、俄兵舰之用，其余地方作为通商口岸，各国商船任便可到。”可见，沙俄在确保旅顺口和大连湾首先为其军事之用的前提下，大连湾较之旅顺口在其决策之初就被确定为商港。

关于沙俄军方反对将商港建在旅顺口之事，档案中也有直接记载。1907年，盖尔别茨给财政大臣维特的报告中说：“我携第一批工程师抵达旅顺

1俄罗斯联邦国家档案馆（560—28—104）：《达里尼港口和城市建设报告（1898—1904年）》。
2俄罗斯国家历史档案馆（321—1—2756）：《1898年6月5日，盖尔别茨从北京发给东清铁路公司董事会的电报》。
3俄罗斯国家历史档案馆（323—1—2756）《1901年6月16日，海事部工程总局局长迈耶尔致财政大臣维特的信》。
4同上。

后，最初的想法是：军港和商业港口都建在旅顺港内”[1]。并且，还做出了在旅顺港内对军港和商港进行具体安排的计划。但是，“该草案转呈太平洋舰队时任总司令杜巴索夫少将审核后，军政当局表示反对将商业港口和军港放在一起，并指出，这样拼接在一起，会不太方便，且空间狭小。那么，就只好为商业港口另行选址。”[2]

至于维特与杜巴索夫的个人恩怨影响大连湾商港选址之说不合逻辑事实。国之重大决策，很难想象财政大臣与旅顺驻地司令因个人恩怨而负气远离旅顺、选址大连湾为商港的儿戏说法。恰恰相反，在1898年6月4日选址大连湾商港时，由沙俄太平洋舰队旅顺分舰队司令杜巴索夫上将带队，关东州军事总督及各级政府部门一起考察了大连湾，大家一致同意选用维多利亚湾一带作为商业港口和欧式居民点的建设地点。之后，由东清铁路公司副董事长盖尔别茨等将选址结果发电报给沙俄财政大臣维特，请其决策，并最终由沙皇决定。更何况，俄罗斯馆藏的大量档案显示，沙俄的每次重大决策，均召开有外交大臣、财政大臣、海军大臣、交通大臣等参加的最高国务会议研究决定，最终报沙皇批准，而不是单独某个人的决策行为。

而之所以出现维特与杜巴索夫的个人恩怨之说，与曾经从一开始就参与沙俄时期达里尼建设，一直留守至日俄战争最后才撤离，后又在日本满铁调查课任职的俄国学者古梅诺夫有关。1922年1月16日，古梅诺夫在其所著的《沙俄统治时期的大连回忆录》中指出，那时军官们非常希望把旅顺作为军港兼商港来建设。为了达到这个目的，他们想出了所有的办法。首先，必须与大连的规划者们争辩此事。然而，大连湾商港的最高管理者、沙俄财政大臣维特伯爵早就悉知军民共同生活的弊端，尤其是军港与商港建在一起的时候，陆、海军部门总想把港市最重要的部分纳入自己的掌管之中，将最不便利的地方分配给商港。根据以往的历史，任何人都很清楚这点。因此，维特坚决支持将商港建在大连湾。对此，沙俄远东军司令阿列克塞耶夫及其同党向沙皇尼古拉二世施加了相当大的压力，渗透了他们的意愿。然而，维特伯爵坚持自己的主张，不肯把商港建在旅顺。最终，以维特伯爵为首的赞成商港建在大连湾的一派取得了胜利。古梅诺夫在回忆录中记述：“前述的大连、旅顺的问题暂时解决后，阿列克塞耶夫不知何原因不断地对大连挑毛病来保持旅顺的优胜。”[3]这也许就是传说中的沙俄远东军司令阿列克塞耶夫与沙俄财政大臣闹矛盾的真正原因。而传来传去，传成了沙俄财政大臣维特因与沙俄太平洋舰队

1俄罗斯国家历史档案馆（1622—1—184）：《1907年12月19日，盖尔别茨给维特伯爵的报告》

2同上

3伊万·古梅诺夫：《沙俄统治时期的大连回忆录》，23页。

旅顺分舰队司令杜巴索夫闹矛盾，而远离旅顺，将大连商港选址在了今天的大连港位置的错误“说法”。

关于当年沙俄在大连湾港选址的另一说法，认为沙俄曾经考虑过今天的柳树屯作为商港建造地。对此，1911年4月，满铁调查课在《沙俄占领前后的大连和旅顺》中作了记述：“俄国租借了关东州以后，欲将大清国经营的大连港，即现在的柳树屯，建设成为一个大商港，于是收购土地，并将这里称作大连湾。尽管这里已经建设了亚历山大和尼古拉耶夫斯克街道，但因经常刮起的南风带来的泥沙淤积港湾，使港内水深变浅，无法停靠大型船只。因此按照工程师盖尔别茨的建议决定于大连湾南岸另选一处新址建设大连港。”[1]但是，这种说法至今未在沙俄时期的档案中出现，也许是后来者认为在沙俄选址大连港之前，大连湾的柳树屯已有李鸿章于19世纪80年代修建的栈桥码头，故大连商港自然就应该选定该处的缘故。其实，沙俄之所以没有选定柳树屯作为商港所在地，一个主要原因是该处为辽东半岛的最窄处，陆地面积太小，极不适合在建设商港的同时建设城市。否则，将会形成拥挤的“蜂腰”，对整个城市和商港甚至辽东半岛的发展都会造成严重的“瓶颈”式制约后果。同时，从马栏河引水到柳树屯非常困难，而一个无饮用水的商港和城市是无法生存的。

历史跨越了86年，改革开放的春风吹拂中国大地。1984年，大连被确定为中国14个沿海开放城市之一。在大连经济技术开发区（简称大连开发区）选址时，决策者们经过比较选项，最终将其定位在毗邻大窑湾海域的马桥子村。9月25日，国务院正式批准在金县大孤山乡马桥子村兴建国家级经济技术开发区。10月15日，大连开发区将马桥子村5平方公里的土地作为第一期工程用地，正式开工建设，迈开了大连改革开放的重要一步，也翻开了大连港口与城市建设发展历史新的一页。其时，大连已从碧流河引水，铁路及公路交通已不是技术难题。如今，经过近30年的建设，大连开发区已发展成为一片欣欣向荣的现代化城区。2006年，国务院批准建设大窑湾保税港区。如今的大连湾和大窑湾地区，港口泊位多、功能全、现代化程度高，形成了中国最为密集的港口群之一。从大窑湾至老虎滩近百公里的海岸线，被誉为中国港口的“黄金海岸”（见图3-2）。

1 大连档案馆馆藏H66-1：《沙俄占领前后的大连和旅顺》，17页，满铁调查课，1911年4月。

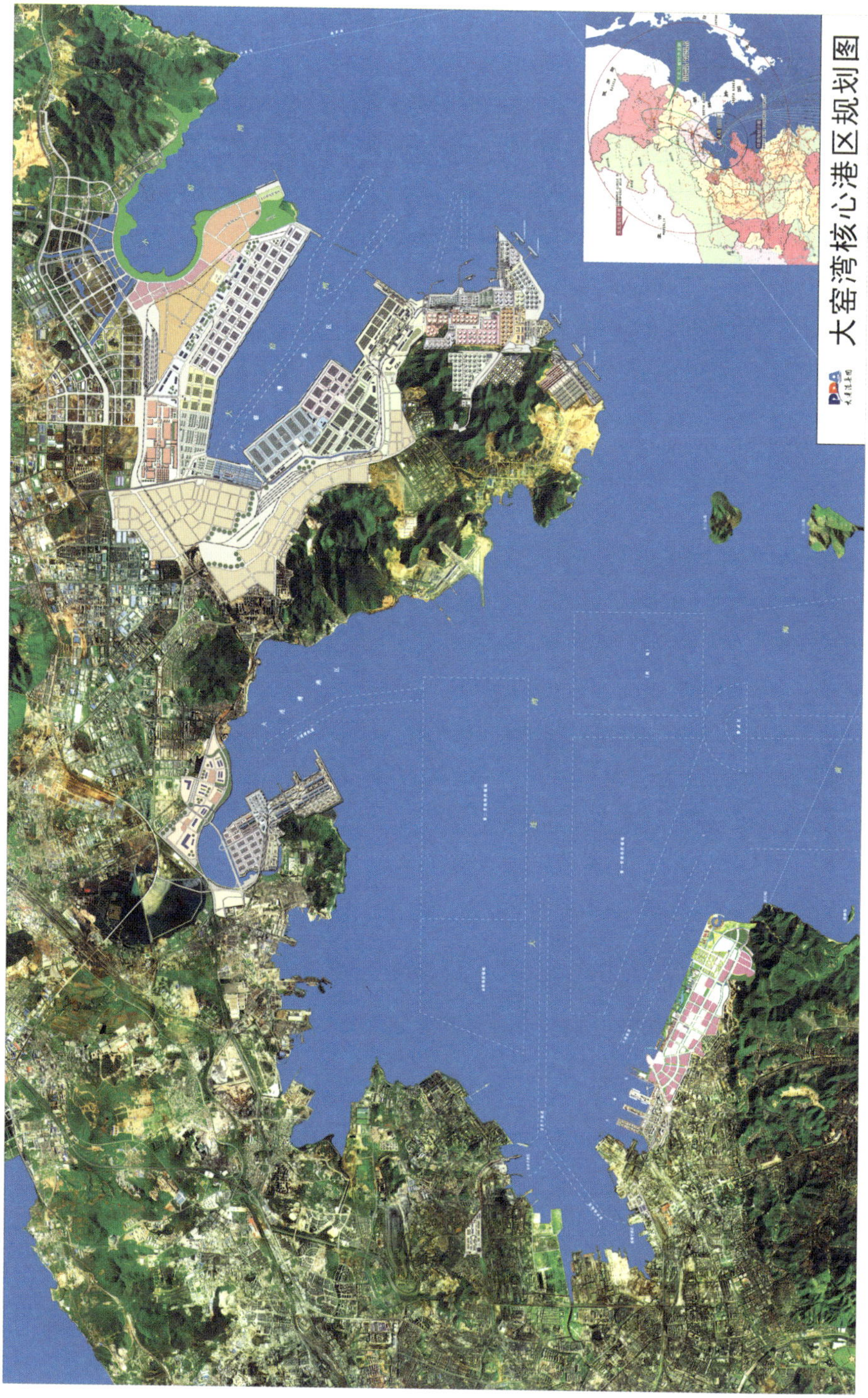

图3-2　2012年，大窑湾核心港区规划图。（大连港集团公司制作）

2.商港定位

(1) 商港政策定位：自由港

就在大连湾商港和城市规划与建设迅速启动之时，1899年8月11日，沙皇尼古拉二世给其财政大臣维特写了一封信。在这封《致财政大臣》的信中，沙皇发出了关于兴建达里尼市和赋予这个城市自由港权利的“谕旨”，明确指出：“在占领这个港口之后，宣布其将向所有国家的商务船队开放。为了这个未来港口城市商务发展的目标，按照1898年3月15日签署的条约，在中国将其租借给俄罗斯的所有期限中，赋予这个地区商务港的自由贸易权。在其城市、港口及其之间的土地上，在所有的由财政大臣确定并变更的边界线以内，允许免除所有进出口货物的海关税。”[1]这就在政策上为大连湾商港做了明确定位，即为自由港。但是，“所赋予的自由贸易权不免除舰船吨位税、锚地税和其他一些港口税费”（见图5-2）。[2]

沙俄当局之所以将大连湾商港定位为自由港，既是为了平衡英国、日本等列强的利益，就像前文所提的1898年3月29日沙俄《政府公报》第60期所说的“向所有外国商业船只开放大连湾港口，可借助于西伯利亚大铁路——中俄两国友好协议中规定，由西伯利亚铁路将旧世界的两个大陆连接起来——在太平洋为各国工商企业建立一个新的商业圈”。所以，“大连湾港口将开放通商，所有各友好国家的船只抵达后将受到最热烈的欢迎”。更重要的是，作为市场经济并不发达的俄国，可以充分利用自由港的政策优势，使港口在短时间内迅速发展壮大。

自由港又称自由口岸、自由贸易区，是指全部或绝

1俄罗斯国家历史档案馆（500—38—179）：《1899年7月30日，沙皇尼古拉二世致财政大臣维特的信》。

2同上。

大多数外国商品可以免税进出的港口。自由港往往凭借其优越的地理位置、良好的港口设施和先进的运输方式，以及豁免货物进出口关税和海关监督等优惠条件，吸引船舶和货物，扩大转口贸易，发挥商品集散中心的作用。自16世纪中期，意大利将热那亚湾的里南那港确定为世界上第一个自由港始，自由港成为促进贸易、繁荣经济的一种模式在列强及殖民地国家迅速兴起。沙俄当局正是看中了大连湾港优越的地理位置、良好的不冻港条件，以及与西伯利亚大铁路连接的便利，“打开了伟大的西伯利亚铁路通往黄海的出口”，从而急欲将大连湾港打造成当时世界先进的自由港，以便“给所有国家带来便利的无数利益和开通世界贸易往来的新领域”，最终实现沙俄的远东战略利益。

大连港历史上曾三次被确定为自由港。除开埠建市之初沙俄就将其定位为自由港而加以经营之外，日本侵占大连后，1906年9月1日，殖民当局宣布大连港为自由港，向各国商船开放。1945年8月23日，苏联红军接管大连港，根据国民党政府与苏联政府签订的《中苏友好同盟条约》，将大连港设为自由港。但是，由于特殊的背景原因，此次自由港制度并没有真正实施。

（2）商港建设目标定位：全世界重要贸易中心

自由港的设定，必然带来贸易的大繁荣，也必然使大连湾商港成为远东的商品集散地，进而成为世界的贸易中心。“大连湾港位于伟大的西伯利亚铁路末端的一个站点，日益繁华的黄海沿岸中心，具备所有的优势，使其在最短的时间内成为全世界重要的贸易中心。”[1]

沙俄对即将建设的大连湾商港寄予了很高的期望。这既是地处辽东半岛的大连湾本身区位优势的显现，也是即将建成的海铁联运大动脉所展现的无限活力和广阔前景而令沙俄当局抑制不住的极度兴奋心情的自然表露。前面是一望无际、直通太平洋的黄金水道，背后是沃野千里的东北平原和人迹罕至、物产富饶的西伯利亚大平原，连接二者的是寻觅已久的天然不冻港，穿越东北和西伯利亚的是绵延上万公里的钢铁长龙。在那个以出海口为经济命脉、以铁路为最先进运输工具的时代，大连湾商港承载了沙俄在远东几乎所有的野心和夙愿。尽快将其建设成商贾云集、物流顺畅、贸易发达、交通便利、充满活力的世界重要贸易中心，就成为沙俄的当务之急。

---

[1]俄罗斯国家历史档案馆（560—28—104）：《财政部关于大连湾商港建设和允许东清铁路公司兴建大连湾城市情况》。

3.商港规划

（1）商港规划前的准备工作

确定商港建设和使用主体：

在得到远东大连湾方面关于商港和城市选址的报告后，沙皇尼古拉二世立即给予批示。“1898年5月29日，根据财政大臣关于在关东半岛选取商务港口港址的报告，沙皇下达最高指示，命令维特秘书处，不要浪费时间，立即下令中国远东铁路公司在大连湾兴建商务港口。”[1]并且，“按照沙皇陛下今年（1899年）2月5日批准的，对中国东清铁路公司章程的第一次补充条款的第二款，许可中国东清铁路公司使用上面所讲的商务港。”[2]这样，中国远东铁路公司不仅是大连湾商港的建设主体，也是大连湾商港的经营主体和使用主体，其建设和管理商港的积极性得到了充分调动。

规划前的勘探：

在得到沙皇尼古拉二世1898年6月10日下达的兴建大连湾商港的命令之后，当时正在辽东半岛的东清铁路公司代表、工程师盖尔别茨立即启动了大连湾商港建设前的各项准备工作。

首先，对大连湾西南部土地进行了勘测。为了顺利完成这项工作，沙俄当局专门向大连湾港派遣了专业技术人员和绘图师，制作大连湾及其周边地区的平面测绘图和水平测绘图，同时对地质构造及土壤组成进行勘探，收集气候条件和水利状况等的统计资料。其次，对即将铺设的长度为16.7公里的铁道线进行详尽勘测。这条铁路线从南满

1俄罗斯国家历史档案馆（560—28—104）：《财政部关于大连湾商港建设和允许东清铁路公司兴建大连湾城市情况》。
2同上。

洲铁路支线南关岭处分出直通大连湾商港码头。最后，根据工程师盖尔别茨的请求，沙俄太平洋舰队海军中将杜巴索夫签署命令，令“那娃林”号海军装甲舰和“弗拉基米尔莫纳玛赫”号巡洋舰在规划中的大连湾港进行海上实验航行。所有的这些前期勘探工作在1898年10月全部结束，其结论是“可以着手进行规划设计工作了”。[1]

任命总工程师，有建港经验的萨哈洛夫走马上任：

为了第一时间落实沙皇尼古拉二世的立即兴建大连湾商港的命令，1898年秋天，东清铁路公司高层下令着手建港事务管理层的组织筹建工作。当时，东清铁路公司已责成其总工程师负责总长度大约2,560公里铁路的建设工作，而大连湾商港的兴建完全不同于铁道设施的建设，考虑到这项任务的艰巨性，不可能再委托这位总工程师负责港口的兴建，故决定专门再请一位总工程师负责兴建大连湾商港。

1898年7月8日，负责大连湾港建设的东清铁路公司副董事长盖尔别茨从旅顺给东清铁路公司发去密电：“我推荐萨哈洛夫秋天结束符拉迪沃斯托克海岸工程后，成为大连湾港的建筑师。或者我希望格尔绍夫、尤戈维奇，或者参加过马里建设的、现在是许多西伯利亚桥梁建筑师的马林斯基参与大连湾港建设。由于此事非常重大，轻易不要交给不可靠的人……最好能有两个年轻的施工员。”[2]显然，盖尔别茨共推荐了4人为未来大连湾商港的工程师供东清铁路公司高层选择。1898年7月14日，东清铁路公司回电：“我们认为萨哈洛夫更合适。请和他联络，电告结果。港口建设的工程师最好根据萨哈洛夫的要求选择。”[3]

根据已经完成的勘探工作情况，以及铁路、港口由不同工程师负责的原则，沙俄财政部“允许委任工程师萨哈洛夫为港口建设的总工程师，负责大连湾港口的设计”。[4]

于是，1899年3月24日，正在沙俄符拉迪沃斯托克负责港口和城市建设的萨哈洛夫被调往辽东半岛，担任大连湾商港和城市建设的总工程师。在此之前，萨哈洛夫已经参加了6个港口的建设工作，可谓建港经验极为丰富。

1俄罗斯国家历史档案馆（560—28—104）：《财政部关于大连湾商港建设和允许东清铁路公司兴建大连湾城市情况》。

2俄罗斯国家历史档案馆（560—28—104）：《达里尼港口和城市建设报告（1898—1904年）》。

3同上。

4同1。

随之，在萨哈洛夫的要求下，以俄国籍为主的大批工程师和建筑师纷纷来到辽东半岛这片未开垦的处女地，加入到大连湾港口和城市的建设之中。萨哈洛夫从中择优选择两人作为自己的助理，一为V.M.特列尤辛工程师，具体负责包括房屋、街道、公园、上下水道及其他市街的建设工作，同时负责船坞、工厂以及从大连火车站到南关岭的铁路以及发电厂的建设；一为V.K.吉姆工程师，具体负责海港及其设施建设。在各个助理的下面又设了各个部门的主管工程师、现场监理工程师以及众多的技术人员等，层层负责各项建设工作。为了管理财会事务，设立了会计科，在科内进一步划分了几个系，各个系都有各自不同的事务所。工程师普拉多波波夫•尼古拉•米哈伊洛维奇兼摄影师，他运用娴熟的摄影技术，真实记录了达里尼商港和城市建设的过程。尼古拉拍摄的200多张珍贵的照片历经风雨和第二次世界大战的洗礼，奇迹般地保存了下来，成为大连开埠建市历史的生动写照。

图3—3
工程师兼摄影师普拉多波波夫·尼古拉·米哈伊洛维奇与妻子玛莉亚在达里尼。

图3—4
达里尼港口与城市建设总工程师萨哈洛夫。

◆弗拉基米尔·瓦西里耶维奇·萨哈洛夫[1]

生于1859年12月3日。信仰东正教。1878年9月13日，从尼古拉耶夫工程学校毕业参加工作。1881年8月20日，被派往骑兵营服兵役。1891年11月7日起在交通部门工作。1884年11月28日至1886年6月7日，在尼古拉耶夫工程学院高年级班学习。自学院毕业后，进入扎卡耶比斯基州工程局并转为军事工程师。1891年10月8日调至交通部任职，担任博基港港口工地主任。1893年3月13日，被任命为根尼彻斯克港、根斯克港、阿南港和拉斯宁港港口勘查处处长助理。1896年4月19日，出任符拉迪沃斯托克港口建设负责人。1899年4月14日起被聘为交通部在编五级工程师。

1899年4月5日，借调至中东铁路公司董事局，出任大连湾商业港口总建筑师，负责大连湾商港建设，年薪1.8万卢布。同时负责大连湾城市设施和铁路设施建设及南满洲铁路总线至大连段支线的建设工作，补助特殊津贴6,000卢布/年。自1900年7月13日起，担任旅顺州法院荣誉民事法官，任期三年。1902年8月1日，临时履行达里尼市市长的职责和权力。1904年10月26日，因患肠伤寒在旅顺病逝，终年45岁。

1俄罗斯国家历史档案馆（229—19—2789）：《弗拉基米尔·瓦西里耶维奇·萨哈洛夫个人档案》；

（2）商港规划

曾参与俄远东城市符拉迪沃斯托克港口设计的大连湾建设总工程师萨哈洛夫，对大连湾商港进行了精心规划。他仔细分析和研究了维多利亚湾南部山脉入海河流冲击的地形，和海水涨潮落潮冲刷形成的海滩形状，将达里尼商港的具体位置确定在滩涂凸出的岬角（今黑嘴子）以东长2,556米的沿岸（见图3-5）。这样定位的原因：一是此地冲击的滩涂呈较直的形状，且长度可观，有利于建成较长的商港岸线。但也因此必须设计防波堤，以阻挡海浪的侵袭。二是此地滩涂面积较大，有利于降低填海造地成本。填海造地设计在0～1.82米水深位置，使港区陆上作业面大大增加。这也为日后在岬角以西海域填海造地，提供了设计的空间和施工的可能。三是在填海造地的同时，为港区配套设施的布局提供了大量必要的空间，也为城市行政区的扩展提供了充足的土地。

图3—5
1899年，大连湾商港设计图。（达里尼市征地总体规划截图）

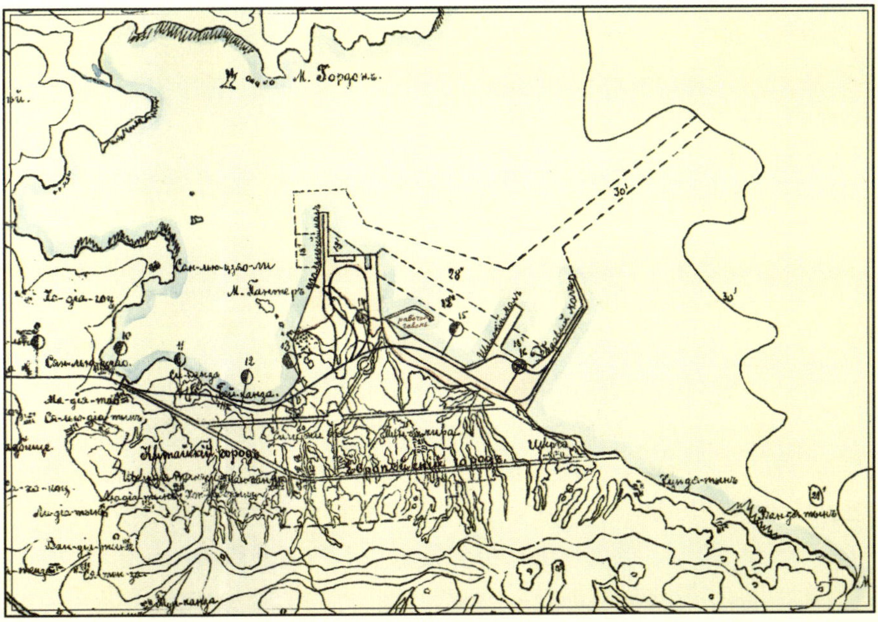

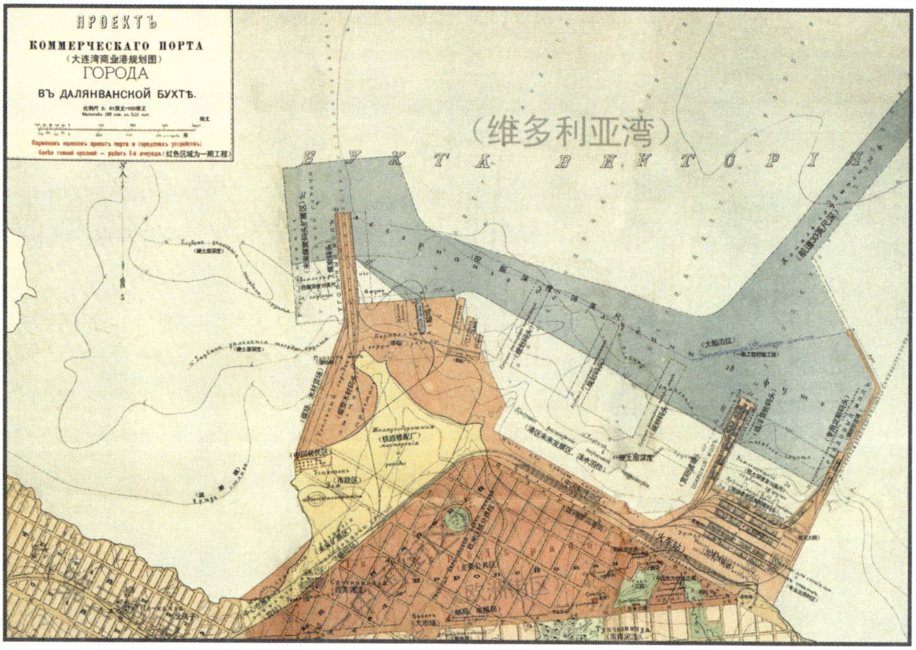

图3-6
1899年，大连湾商港规划图。（大连湾商港、城市规划平面图截图，中文为翻译所加）

码头及岸线设计：

世界上的港口形形色色，各式各样，有商港、军港、渔港、避风港等等。作为港口基本构成要素之一的码头，其结构也是各有千秋，有顺岸码头、栈桥码头、凸堤码头等。衡量其设置是否合理的基本标准是港口的通过能力是否适应现实的需要，使用效率是否达到了最大化。

本着最大限度发挥地形优势、节约成本的原则，达里尼商港的码头被设计为两种：凸堤码头和顺岸码头。1899年的码头规划（见图3-6），用深红色实线标注出东边的两个凸堤码头和最西边的一个凸堤码头，为一期工程，设计较为详细。中间用虚线标注的4个凸堤码头，为后期工程规划。最西边的凸堤码头起初设计为一个长585.75米的煤炭专用凸堤大码头，并紧贴其预留了更大面积的未来煤炭码头扩展区，后因节约成本的考虑，加之船坞位置的改变，在1901年规划中取消凸堤码头，代之以长788.1米、东西走向的煤炭专用顺岸码头。最东边的凸堤码头长

1,084.17米，最宽处106.5米，其外侧用作防波堤，叫做锚地防波堤，主要功能为阻挡东边而来的海浪侵袭，深海处拐角416米专做防波堤。在1901年后的规划中，这一防波堤因其北边设计了专用防波堤而被取消。内侧靠近陆地部分为专用定期码头，即今天的大连港一号码头。东边的第二个码头兼做防波堤，最宽达106.5米、长585.75米，叫宽防波堤码头，即今天的大连港二号码头。其水深约8.53米的东侧用作远洋货轮码头，靠近陆地、水深约5.59米的西侧用作金属制品码头（杂货码头）。在1899年的港口规划中，在今一号码头和二号码头之间设计了3个小凸堤码头，用虚线标注，预留建设近海船舶码头。1900年之后的规划则取消了这3个预留的凸堤码头（见图3-7），改为供近海船舶使用的顺岸码头，也就是今天大连港一号港池底部的顺岸码头。1899年规划时，曾用虚线标注的位

图3-7
1900年，达里尼商港规划图。（达里尼商港、城市规划平面图截图，中文为翻译所加）

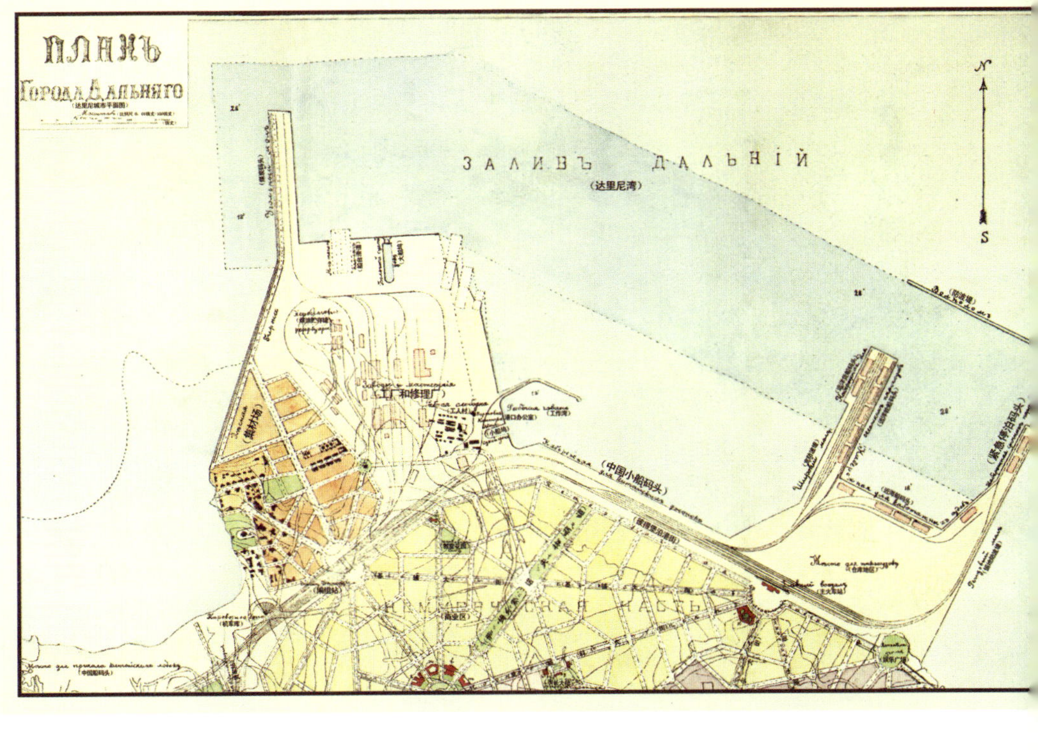

于中间的今二号码头以西的3个凸堤码头，在1901年9月的规划图中则标注为实线，中间两个宽74.55米，长分别为383.4米和319.5米，最西边的宽85.2米、266.25米，呈长短不一的锯齿形状（见图3-8）。而在1901年之后的港口规划图中，这3个凸堤码头则消失了。今天，凸堤码头只剩下了一号和二号两个码头（见图3-9）。直到日本殖民统治时期的1908年，开始恢复建港时，在今一号和二号码头以西规划了两个凸堤码头，即今天的三号码头和四号码头。行政区的西、北沿岸均被设计为顺岸码头，又称拐角堤岸码头。除北边的煤炭顺岸码头，西边的顺岸码头长920.16米，为木材专用码头。

在1899年的商港规划中，将3个虚线标注的凸堤码头靠近岸边的浅水泊位设定为中国船停泊区，即中国人的小帆船泊位。1899年5月，东清铁路公司召开达里尼商港规划审议会，因所讨论的草案中没有标出渔人码头的位置，会议认为："必须把渔人码头与港口的其他沿岸区域完全隔开，其位置应远离欧洲街区。建渔人码头最合适的地方是中国人三区对面、调车场西侧的海岸。"[1]这里所言的"渔人码头"，在今黑嘴子码头西侧位置。在1900年的规划中，将此处设定为中国船码头；而在之后的规划中，此处则被设定为达里尼钢厂。在1901年的规划中，在小船坞所在的工作湾内的东边设置了小船、快艇停泊码头，在远离码头区的东海岸（今寺儿沟）设计了一个驳船码头。但在1901年之后的商港规划中，这些小码头均未出现。

1899年港口规划，在东防波堤兼码头与4个凸堤码头之间形成了4个港池，距海深度一致（见图3-6），其中，一号港池宽639米，其余3个港池均宽213米。1901年的港口规划，则4个港池设计错落有致、距海深度不一（见图3-8）。日本殖民统治时期，因设计为4个凸堤码头，并继续填海，将二号、三号港池的距海深度拉齐，形成了现在的形态。

19世纪末，欧美许多先进城市夜晚的路灯照明用煤油，新建的达里尼市也赶上了"时髦"。但1899年的达里尼规划草案中"根本没有标出煤油码头的位置"。东清铁路董事会打算运输大量俄国煤油到中国北方地区，只有这样，俄国煤油才能竞争得过苏门答腊煤油和美国煤油。当时，煤油主要通过灌装船运输。根据盖尔别茨的提议，在大连湾港码头设立了煤油站。1901年的商港规划中，将煤油库区设置在了远离港口的东部寺儿沟沿岸，煤油码头自然也规划在此，后来的大连港油品码头和库区一直在此，直到21世纪初被搬迁。

1俄罗斯国家历史档案馆（350—18—72）：《1899年4月22—24日，大连湾商港和城市规划草案审查特别会议纪要》。

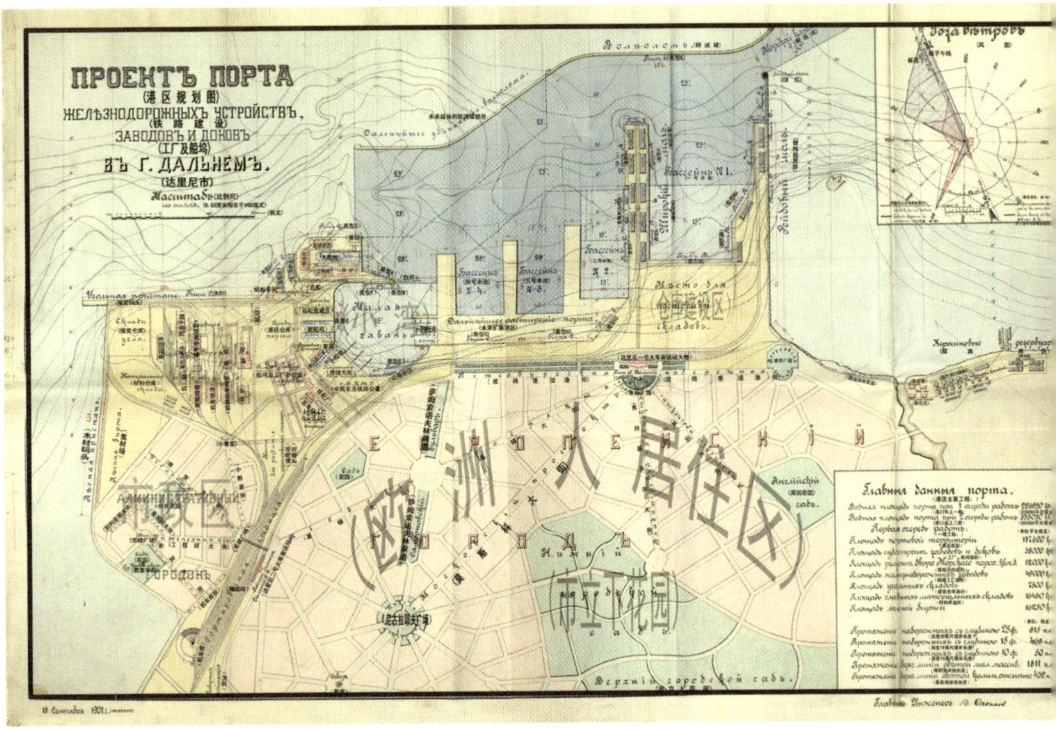

图3-8
1901年9月15日，达里尼商港规划平面图。（中文为翻译所加）

尽管之后大连湾商港的码头及岸线设计几经修改完善，但1899年的规划思路还是令沙俄当局最高主管部门财政部甚为满意："这样的码头设施的设计规划，没有任何困难地扩展了海岸线，以满足今后大连湾商务港口发展可能出现的对停泊位的需求。"[1]

防波堤设计：

大连湾内方圆53.35平方公里，海域面积广阔，随着海风、潮汐的活动，海浪自然频繁。尽管湾内东、北、西三面岸线参差，销蚀一定的海浪，但达里尼商港所在的维多利亚湾南部岸线，即东青泥洼海岸较直且长，从东而来、从北回流的海浪仍然较大，对港内停泊的船只必然造成很大的威胁。因此，在规划码头的同时，精心设计商港

1俄罗斯国家历史档案馆（560—28—104）：《财政部关于大连湾商港建设和允许东清铁路公司兴建大连湾城市情况》。

的防波堤非常重要。

1899年商港的规划，方案中设计了3个防波堤。一是锚地防波堤，即今一号码头兼防波堤，又称东护岸。该防波堤为在东护岸延伸海中213米后的末端，顺势设计成了向内倾斜45度角、继续向海中延伸426米而形成。二是宽防波堤，即今二号码头兼做的防波堤。三是煤炭码头防波堤，即西边的煤炭码头兼防波堤（见图3-6）。1901年的商港规划，取消了这个防波堤，在距其北面127.8米的地方，设计了一条波浪形、东西走向、长1,030.92米的防波堤，仅面对西南边的3个凸堤码头，并预留了延长到西边面对船坞的长长的防波堤。同时，保留了今二号码头兼做的宽防波堤，西边的煤炭防波堤因煤炭码头的取消而自然消失（见图3-8）。1901年之后的商港规划，除保留原来东边的锚地防波堤之外，将1901年预留的向西延长的防波堤作为正式设计，面对着商港的全部凸堤码头和船坞港池，并将波浪形改为东南西北走向的直线防波堤，长约1,491米。

图3—9
1903年，达里尼商港规划平面图。（达里尼商港、城市规划平面图截图，中文为翻译所加）

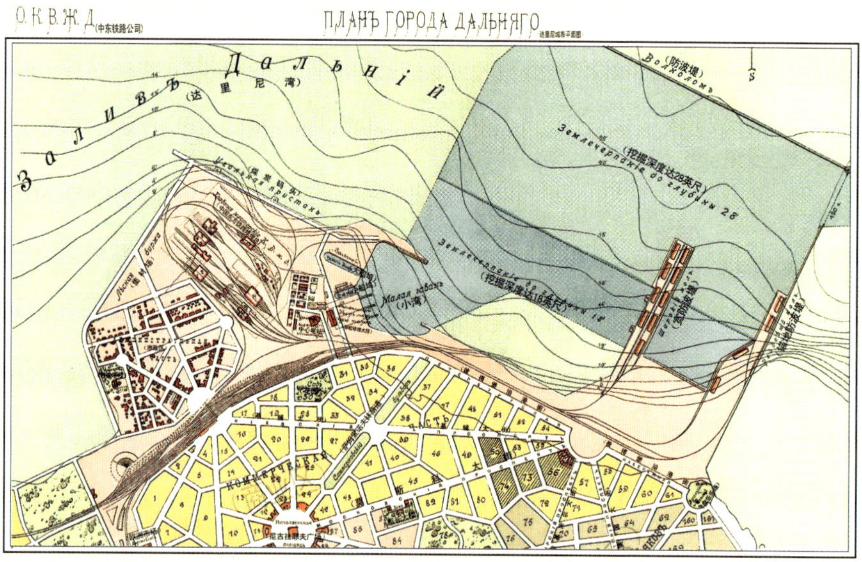

船坞设计：

但凡有港口必有船坞，如同有汽车必有其修配厂一样。拥有一个设计合理、体量足够、经久耐用的船坞，是近现代化港口的标志，也是造船工业的摇篮。以远东不冻港为基地，急切期望打造全世界重要贸易中心的大连湾商港的规划，自然要把建造一个各方面条件均领先世界的船坞作为头等大事来抓。

1899年，达里尼商港的规划只在西边的煤炭码头旁的拐角顺岸设计了一个面向正北的大船坞，长度为225.55米，外围没有起保护作用的防波堤。（见图3-6）到1900年时，又在行政区与东凸堤码头之间增设了一个带有防波堤的工作湾，在湾内设计了一个小船坞。这样，商港就规划了一大一小两个船坞（见图3-7）。到1901年9月15日修订规划时，则将原来面向正北的大船坞改为面向正东、位于工作湾外侧，并在工作湾内设计了一个小船坞，两个新船坞。这样，商港就规划了一大三小共四个船坞（见图3-8）。1901年之后的最终规划，在工作湾内设计了一大一小两个船坞，其外围有工作湾的防波堤保护。其中，小船坞全长115.82米，大船坞全长192米（见图3-9）。之后，大船坞改为全长182.88米，宽26.82米（见图3-10）。

关于达里尼商港第一个干船坞的设计，在1899年5月举行的大连湾商港和城市规划草案审查特别会议上进行了充分的讨论，个中细节值得回味。会议了解了当时唯一的船坞——干船坞的设计草案，认为该船坞的规格和体系符合要求（见图3-6）。但又指出，在船坞门槛的设定水深——退潮到最低水位时深7.93米,也许会出现大型船只无法进入船坞的情况。“虽然发生这种情况的几率非常低，而且对于商业港而言，这并不是特别重要，但战争时期分秒必争，其意义则不言而喻。”[1]由于船坞门槛挖掘工作会大大增加船坞造价，而水面升降幅度较大，船坞侧壁的高度最高可达12.8米，因此，会议认为，可保留船坞门槛的设定水深，但前提是：应该在门槛前的松软泥土上铺设一个平台，使得吃水深达7.93米以上的船只在退潮时能抛锚停靠，一旦涨潮就进入船坞。

至于这个干船坞的结构问题，会议认为：“为了使用方便，宜将船坞隔离为446英尺（1英尺=0.3048米，下同）和300英尺一大一小两个部分。”[2]这

1俄罗斯国家历史档案馆（350—18—72）：《1899年4月22—24日，大连湾商港和城市规划草案审查特别会议纪要》。

2同上。

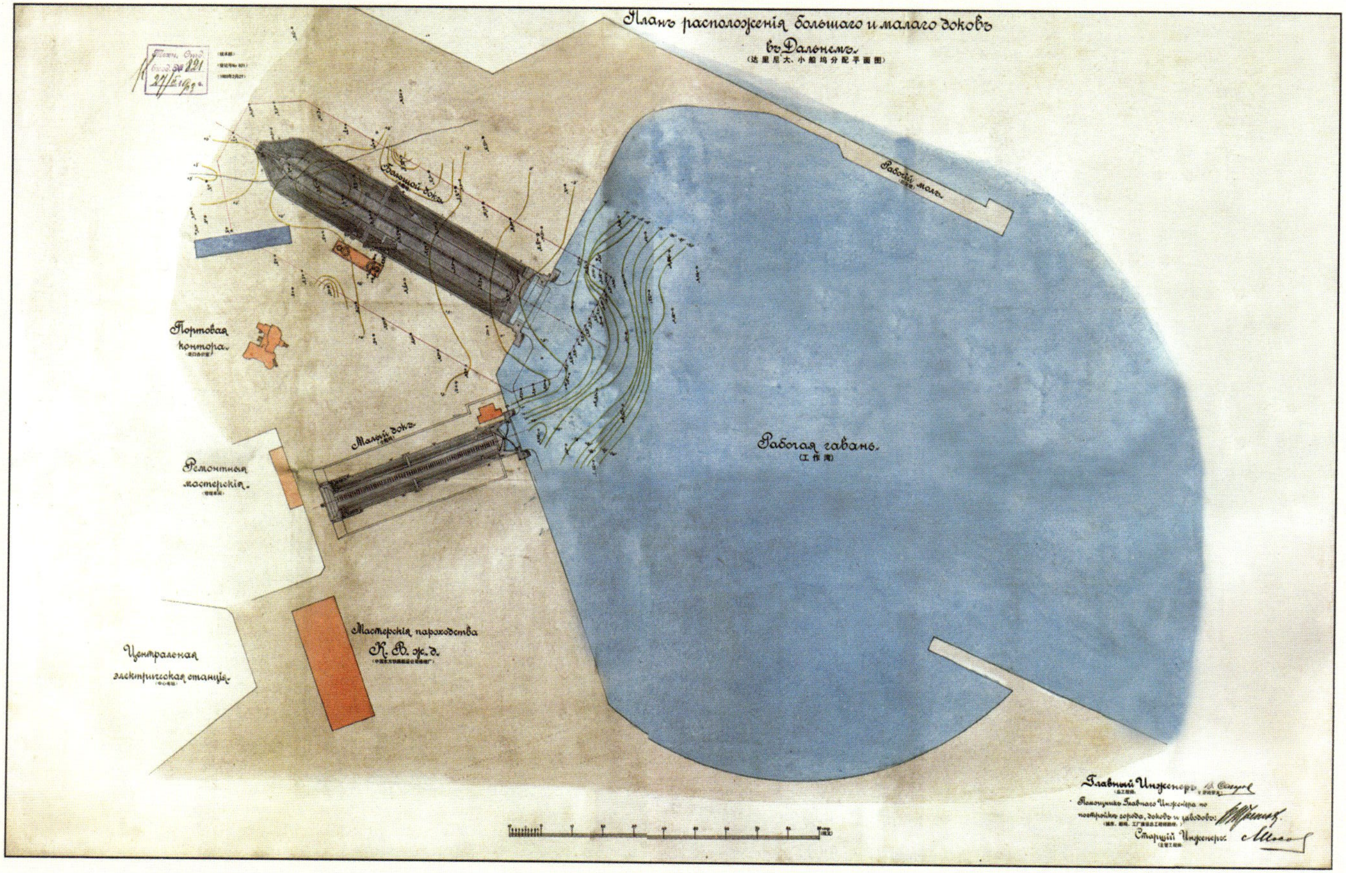

图3–10 1903年，达里尼商港大、小船坞设计平面图。[俄罗斯国家海军档案馆（250–18–38），右下角有萨哈洛夫签名，中文为翻译所加]

样既可以修理大型船舶，也可修理小型船只，并且可以同时修理两只小型船只。

关于干船坞闸门的设计，会议认为，最好安装一套设备，用于外部浮箱式闸门的开启，以减轻在冬季长期刮北风的条件下开闸的难度。同时，可参照距彼得堡29公里的芬兰湾东端科特林岛上的港口城市喀琅施塔得等地船坞的模式，另造一个浮箱式闸门备用。但由于所规划船坞中有一道内门，有了这道内门，就可以时时刻刻保证有一艘长度不超过13.72米的船只进行维修，因此，可以将备用浮动闸门的建造工程推后至二期建设。

这次会议虽然并不反对在二期项目中建设湿坞，但是会议估计，按照当地条件，把湿坞换成小型的干船坞或浮水船坞，将会更合算。此外，会议认为，最初阶段，在干船坞建成之前，为维修护航船只，"可以建造一种所谓的'聪明船坞'，即水位较高时，小型船只停靠在一个隔离的空间内，而退潮时就在港湾的自然泥土上抛锚，这样就可以在浮动式闸门的保护下临时进行一些小型维修"。[1]

达里尼商港船坞规划从最初设想、逐渐修改到最终定稿，其不断完善的目的，一是为了船只的安全——具有防波堤保护而不受海浪的威胁；二是为了节约成本；三是从实际出发量力而行，并缩短了建设工期。

为了完善船坞的功能，在其岸上设计了修船厂、三个造船台和专用船台滑道等。

航道设计：

航道的合理设计是港口规划的重要组成部分。达里尼商港规划水域，凸堤码头区域水深0～5.49米不等，最远处的防波堤水深也只有6.71～7.32米。要适合当时大型远洋货船的航行与停泊，必须对港池、航道进行疏浚加深。1899年的商港规划设计的港池最深区域水深约为8.53米，船舶进出码头的航道水深约为9.14米。因没有设计外围的专用防波堤，其航道设计成几乎与凸堤码头方向一致的东北—西南走向。1901年之后的商港规划，因设计了横亘于凸堤码头之外的专用防波堤，进出港口的航道方向几乎与凸堤码头垂直，航道宽度也从最初的127.8米增加到319.5米。

1俄罗斯国家历史档案馆（350—18—72）：《1899年4月22—24日，大连湾商港和城市规划草案审查特别会议纪要》。

港口航标设计：

为了引导船舶安全顺利进出维多利亚湾和达里尼商港，规划者在船舶入口前方的北三山岛上修建了带警笛的灯塔，在南边的老虎滩与棒棰岛之间的山顶设置了航标灯塔，在东防波堤的北端设置了绿灯，在北防波堤的东端设置了红灯，在工作湾防波堤上设置了白灯。“这些灯标最后仅仅安装了工作湾防波堤头上的那个。灯标和苏伊士运河上的属于一个类型，由煤油燃气照明，因此在工作港湾的防波堤上设有煤油厂。将燃气压缩后充进驳船上的贮气罐，再运送到相应地点。除了红灯标，在工作湾防波堤上还有两个浮标，作为夜间施工隔离保护。这些浮标在施工结束后安放在航道入口处，用于指示入港方向。所有设施由巴黎国际公司供货”。[1]

图3-11
今大连港一号码头的航标灯。（作者摄于2013年3月）

[1]俄罗斯国家历史档案馆（560-28-104）：《达里尼商港和城市建设报告（1898—1904年）》。

岸上功能区划分：

按照方便、就近、高效的原则，萨哈洛夫总工程师对商港岸上部分进行了详细划分。西边拐角木材码头背后地被规划为木材货场，煤炭码头背后地被确定为煤炭仓库。在小船坞背后地设置了港区仓库、船坞及工厂办公室、港口办公室、修配厂、总电站、泵站、锅炉房等。在一号码头（东防波堤）和二号码头（宽防波堤）上都设置了仓库，在一号、二号码头背后地公共区域则划分出交货区、仓储区、免税区、专业燃料区、海关办公区。在远离码头的东海岸边，设置了煤油储藏库区，有大小不一的19个煤油储藏罐，并通过煤油接收管道与一号码头相连接。这里值得一提的是岸上免税区的设置，尽管其面积不大，但却是体现大连湾商港为自由港的标志，这也就是今天大连保税区的前身了。

动植物检疫区的规划：

最初的商港规划，将三山岛的南二岛设定为动植物检疫区，拟建房舍，配备人员和设施，以便进入达里尼商港的船只在进港之前就在远离港区的位置接受严格的检疫。“首先要在三山岛海湾投放一些限位锚，岸上建一个钢铁码头或浮动码头，建造检疫警卫队大楼和急诊大楼，并建造水井或水塔，以保障淡水供应。”[1]但是，这一规划在讨论时，因沙俄海军方面代表提出制定关东半岛海岸防卫草案时，可能需要在三山岛南部岛屿建立一个营地。对此，会议一致承认，“防卫需求应该放在第一位。这样一来，检疫港的建设应另行选址，并且要把三山岛上目前在建的临时设施迁走。”[2]而在1903年达里尼商港的人员编制方案里，三山岛则仍被作为检验检疫区使用。“三山岛的检疫，不仅针对达里尼港的船只，也为阿尔图尔港（今旅顺港）和其他关东半岛的船只服务。”[3]地址仍然选在位于南三山岛的西岸海湾，那里比较封闭，便于监察。在此海湾建有汽艇和舢板码头，在山坡上总共建了住宅、医院、办公楼15座，近2000平方米，包括用于检疫的房屋、对过往船舶进行监视的人员住所、警卫队、医护人员驻所及药房、能容纳10名非传染病人的医院、洗衣房、面包房、澡堂，还建有能容纳30名鼠疫患者并围有栅栏的专门

1俄罗斯国家历史档案馆（350—18—72）：《1899年4月22—24日，大连湾商港和城市规划草案审查特别会议纪要》。

2同上。

3俄罗斯国家历史档案馆（560—28—104）：《达里尼商港和城市建设报告（1898—1904年）》。

图3—12
三山岛上的检验检疫所。

住所，等等。所有建筑为砖砌，房顶为镀锌瓦楞板。

档案资料显示，在其后的港口建设中，达里尼商港的设计方案根据工程的进展、土层钻探和挖掘工作的进行做了很多改动。

1903年，商港规划最后基本形成（见图3-9）。一号码头兼做锚地防波堤，二号码头兼做宽防波堤，吃水深度为5.49～8.53米，用作远洋和近海船舶的码头；凸堤码头与工作湾之间的堤岸作为帆船和驳船码头；总修配厂前的堤岸靠末端的位置，即今天黑嘴子码头为煤炭码头和集材场；港口岸线总长8,762.82米，含1,810.5米长的防波堤；港区水域面积68.96万平方米。

4.商港建设

（1）商港筹建

几乎在规划初稿形成的同时，达里尼商港开工前的各项准备工作就已经紧锣密鼓地展开了。在萨哈洛夫工程师的建议下，一批技术人员还有必备的工匠和工人被派遣到大连湾，参加到热火朝天的商港建设之中。

确定商港所需水、路面积：

“根据财政部和军队的协议，对东清铁路公司南分部的领导下达了指示，立即开始对大连湾港用地的划归工作。”[1]其中，港区面积116.64万平方米，港口水上面积357.94万平方米。

工期计划：

达里尼商港的建设分期进行。其中，一期工程计划：港口水上工程面积102.96万平方米，港区面积53.35万平方米，工厂、船坞面积17.24万平方米，修船厂面积5.44万平方米，铁路工厂面积10.44万平方米，煤炭仓库面积3.54万平方米，材料库面积7.46万平方米，市场面积7.37万平方米。二期工程计划：港口水上面积152万平方米。

其实，达里尼商港的开工是与城市的建设同时进行的。这在1899年达里尼商港、城市、铁路总规划图中被标示出来（见图3-6），图中所示的红色区域为一期工程，其中包含了城市区欧洲城区的建设部分。一期工程计划大致需要4年完成，预期建造部分围堤、港口西部的

1俄罗斯国家历史档案馆（560—28—104）：《财政部关于大连湾商港建设和允许东清铁路公司兴建大连湾城市情况》。

煤炭码头（宽阔的拐角堤岸）。同时，“建造1100俄丈（1俄丈=2.13米，下同）的堤岸的可以同时停泊8艘吃水量达28英尺的海洋船只，以及12艘吃水量为18英尺的沿海航行的小型船只。”[1]除此之外，还计划兴建小型船只的停靠码头，而在围堤上将要建造客运和军舰停靠的码头。当时，从瓦房店和辽阳以北的露天煤矿所挖掘出来的煤经南满铁路运到大连湾港，拐角堤岸的一期工程就是为储存和运输煤炭建设的。在城市行政区和港口的厂区中间，扩展出很大一块土地，用于建设各种船只的制造和维修工厂、各种铁路设施的修理部、铁路的货运站，以及木材和煤炭的堆放储存场所。一期工程中还包括兴建港口的水利设施，从马栏河引水到港口。

当然，达里尼商港建设的工期也随着工程的实际进展而不断调整。比如，海上防波堤的修建原先计划为二期工程，但是，在现实中发现，大连湾强劲的东北风对港口的船舶安全影响很大，最终，该防波堤被纳入到首期的工程中。

编制预算：

1899年，按照规划设计，港口一期工程造价共计1,080万卢布，其中，“设施购买费207万卢布，建造防波堤和沿岸393万卢布，设备维修及使用费115万卢布，港口设施设备费57万卢布；建造干船坞和供水设施210万卢布，行政管理和不可预见的各项费用98万卢布（占总金额的10%）”。[2]

一期工程按照一年货运量为82万～98万吨做预算。设计方案中修建8.53米深度的水域海岸线总长954.24米，5.49米深度的水域海岸线总长1,335.51米，合计2,289.75米。还计划建造4座永久性和4座浮动的杂货码头。

然而，到1901年时，大连湾港的工程师们进一步研究了港口的设计方案后，认为有必要对港口先前的规划和建筑物相应作出一些改动，自然其预算编制也随之做出了改动。

一是锚地防波堤伸向大海的狭长部分通常应该是直线，而不是弧形，但是，当初如不设计成弧形就必须将长1,597.5米的防波堤纳入到一期工程中。1899年年初规划会议上，已经预见到该防波堤可能出现的这种情况，当时解决这个问题的条件还不成熟，因此为谨慎起见，把防波堤建设安排到二期工程。按照后来提交的防波堤规划，将锚地防波堤建成了直线型。

---

[1]俄罗斯国家历史档案馆（560—28—104）：《财政部关于大连湾商港建设和允许东清铁路公司兴建大连湾城市情况》。

[2]同上。

二是根据钻探考察结果，将锚地防波堤向西平移106.5米，因此最终锚地防波堤（今一号码头）和宽防波堤（今二号码头）之间距离是426米,以前为532.5米。

三是在工程港湾的岸边中间位置修建一个吃水深度5.49米的小船码头，同时将来也可作为修建商业码头的掩体。

四是根据东清铁路公司海运部修建的115.82米长小船坞的经验，在工程港湾内修建船坞没有问题，而且无需过多的经费用于解决排水问题。因此，为避免开支过大超过预算，1901年9月的港口规划方案，将1899年设计的大船坞位置改到小港位置，即工程港防波堤外（见图3-8）。这样，入口处最浅水位是5.49米，平均水位为8.53米，涨潮时超过9.75米。船坞设计长度为182.88米，入口处宽27.74米，在平均和最高水位的情况下，这个尺寸的船坞足够那些行驶在太平洋上并能通过苏伊士运河的商船使用，只是一些行驶在大西洋且无法通过苏伊士运河的大型船只无法使用本船坞。

所以182.88米长的大型干船坞完全能够满足所有来达里尼港口的商用船只使用。此外，182.88米的船坞也能满足沙俄太平洋舰队的所有船只的需要，只是在初步设计中存在退潮时不具备停靠军舰的条件问题。而且许多类似的材料证明，如果修建228.6米长、最浅水位为8.53米的大型船坞，经费会比初步计划增加200万卢布——从150万增加到350万卢布。

考虑到成本的增加，以及旅顺口的海军部已经拥有一个干船坞，而且计划专门为军舰修建第二个大船坞，因此在达里尼市一期工程中这个船坞方案是最合理的，它适合当地的港口自然条件，并且不需要巨大的经费。但是，考虑到各种因素，1901年之后的大船坞规划位置最终被移到了工程港湾内。直到1904年日俄战争爆发，大船坞也没有建成，只是挖出了一个大坑而已。

根据最终的设计方案，港口建设所需资金为1,160万卢布，如果将长1,597.5米的防波堤从二期工程中纳入到首期工程中，则港口建设需增加投资74.6万多卢布。

由此可见，达里尼商港的建设预算也是根据建设工程的推进而不断进行调整。“1903年完成了第一期工程。在即将着手再投资1,000万卢布开始第二期建港扩展工程时，因爆发了日俄战争而未能完成目标。”[1]

1满铁调查课:《沙俄占领前后的大连和旅顺》，17页，1911年4月。

建港材料准备：

建设远东达里尼商港是一项复杂而庞大的工程，为了节省成本、提高效率，建港所需的材料尽量就地取材。辽东半岛属丘陵地带，多石山和沙滩，为商港和城市建设提供了天然材料。1898年，就在中俄《旅大租地续约》签订未满两个月的6月18日，负责大连湾港建设的东清铁路公司副董事长盖尔别茨从北京发密电给东清铁路公司："旅顺口和大连湾的岩石应是大理石材质；石灰黏土，为了减少工程费用，最好用自制水泥，尤其是当地生产的水泥。"

当时，达里尼市及其周边较大的陆地采石场有两处（位于今泡崖北）、海边采石场一处（位于今甘井子大盐岛）。大量的石英石类不太适合建筑工程，在港口施工中也仅仅用来填海，在城市建设中用来砌围墙。但是与石英石并排着的总是蕴藏着完全适合工程建设的石灰岩层，或多或少带有矾土。这样一来，完全能保证达里尼无论是用

图3—13
海边采石厂（位于今大盐岛）。

于工程建筑、填海还是其他目的所必需的石头，总量大概193.3万立方米。这种石灰石作为饰面是非常好的材料，它替代了理石或者其他建筑中需要的硬度高又漂亮的材料。理石一般用于教堂和宾馆基脚的饰面，以及堤岸的柱石和干船坞的饰面。在达里尼的港口和城市建设中，理石材料有两种，一种为采自山东威海卫附近的红色理石，价格较便宜，每立方俄丈（1立方俄丈=9.66立方米，下同）为140～185卢布，用帆船海运到大连湾；一种为采自东清铁路沿线地区的灰色理石，质量最好。

石灰厂有一处，位于今金家套，整个经营期间生产了 7,125.3吨石灰。港口和城市建设所需的沙子采自大连湾沿岸、流向海湾的冲沟口附近，那里有丰富的石英石沙子。由于海浪洗刷了各种杂质，沙子很干净，质量非常好，每立方俄丈12～14戈比，可用中国小平底船运到离工地很近的港口和城市岸边。适合生产砖和瓦的黏土在达里尼周边有足够的储量。砌砖在本地生产，铺面砖则在天津生产。达里尼附近有很多中国承包商建的砖厂，用露天式

图3–14
达里尼石灰厂。

的炉子烧制红砖和灰砖。为了改善砖的质量并保证城市建设所需，达里尼工程管理机关在城市和铁路线结合部（今春柳和金家街一带）建起了砖厂，采用高夫曼炉烧制，月产达35万块。

这些大型建材场所均设有专用铁轨或海上航道与达里尼商港和市区相连，用火车或轮船源源不断地将急需的建筑材料运输到热火朝天的建筑工地。而达里尼建设所需的大量水泥则在俄罗斯西伯利亚工厂生产，通过海路运到达里尼。类似的许多材料需从其他国家购买。当时，俄罗斯水泥运输到工地后每桶（492公斤）价格为6卢布30戈比。

然而，采购建港所需的木材却颇费周折。“由于本地十分缺乏森林，所以木材由萨哈林岛、美国和朝鲜运来。”[1]从朝鲜采购的主要是白松和红松。1900年时其价格为一堆红松15～20卢布， 1903年时好木材已经不低于35卢布。此外，达里尼建设大量使用来自萨哈林岛的俄罗斯樟子松原木，长度一般在6～12米。这种木材质量比朝鲜松要好很多，适合做桩木、房架，但价格较贵。最好的建筑木材是来自美国奥伦岗河流域的樟子松，加工成木方

[1]俄罗斯国家历史档案馆（323–1–2676）：《关于东清铁路和达里尼商港、城市建设情况的报告》。

图3—15
从俄罗斯、朝鲜、美国采购的建港木材。

或所需尺寸的板材等后运到工地，其质量超过其他所有等级的木材，因此达里尼最复杂的木结构建筑基本使用奥伦岗樟子松，价格比其他木材贵，但是基本抵消了朝鲜木材和萨哈林岛木材的二次加工费用。从新加坡采购的红木材和从日本采购的手工木材，均用于加工门、窗、框。

为了加工木材，在建港之始就建起了蒸汽加工厂，后来转为木制品和细木工作坊，达里尼楼房的门、窗、框和家具大部分产自该厂。

设备购置：

为了早日将大连湾商港建成世界上先进的自由港，并进而建成“全世界重要的贸易中心”，沙俄当局可谓下了大功夫，购买、调集了当时世界最先进的建港设备，达里尼显然成了各种先进施工设备大显身手的大工地。在1899年1月1日之前，俄方已经定购了兴建大连湾港所需要的一些机械设备，而且，“不得不向国外公司求助，因为俄罗斯境内的工厂还没有生产兴建港口所需要的土地挖掘设备、移动式起重机和其他必需的机械设备”。[1]为此，从荷兰以及在上海的外国公司订购了两台移动式土地挖泥机，每台起重量达到50吨的两台移动式起重机，三台拖船，两艘铁驳船和一艘小水艇。

1俄罗斯国家历史档案馆（323—1—2676）：《关于东清铁路和达里尼商港及城市建设情况》。

图3—16
从荷兰采购的海上挖泥船在施工。

图3–17
从英国采购的移动式起重机在施工。

随着达里尼商港建设工程的推进，其施工所需设备也在不断增加。1901年和1902年，又先后订购了许多急需设备并运到了达里尼。“订购了总金额大约3.82万卢布、法国制造的带有备用零件的运土车100台；订购了总金额11.91万卢布的108台带有配件的平板车全套设备，其中起重力达到3,000普特（1普特=16.38公斤，下同）的8台在比利时生产，100台以政府行为在俄罗斯生产；在英国订购了总金额大约79.6997万卢布的两艘挖泥船，起重力50吨的蒸汽式可移动吊车及其备用零件；在荷兰订购了总金额大约7.5万卢布的两艘带有敞口底部的驳船和两艘运输块状物体的小驳船；在苏格兰订购了总金额4.8万卢布的一台起重力为50吨的蒸汽式可移动吊车以及一台挖土机；为了运输材料，订购了总金额大约18万卢布的平板车和其他的附件；为了大小船坞的中心电站建设，在奥匈帝国的工厂订购了机械设备和电能设备850台，以及大船坞的泵站，总计约28.7万卢布；在俄国为发电站购买了7台锅炉，为小船坞订购了用于建造闸门的铁原料，总金额约6.3万卢布。”[1]

除此之外，从国外订制并加入到大连港口和城市建设的机械设备还有带动力的牵引机，用于港口建设临时照明的柴油机、潜水设备、铺路用的蒸汽压路机、勘探用的钻孔机、大石子粉碎机、泥土搅拌机以及铸造用的生铁等等。

1俄罗斯国家历史档案馆（323–1–2676）：《关于东清铁路和达里尼贸易港口及城市建设情况》。

(2) 商港建设

达里尼商港的建设，随着其规划的制定和各项准备工作的进行而轰轰烈烈地展开了。

1900年10月27日（俄历10月15日），达里尼商港举行了奠基仪式。

1901年6月27日（俄历6月15日），达里尼商港举行了工程港落成仪式。

1901年，完成了整个贸易港口的海上测量和钻探。大部分准备工作已经完成，抓紧生产必要的建筑材料。修建了车行道路和运送材料的临时道路。建造或聚集了几乎全部漂浮的机械设备——轮船、驳船、起重机和两个挖掘机。用两台大型挖掘机挖出沟槽，使船舶可以进入工作港

图3—18
1900年10月27日，达里尼港口奠基祈祷仪式。

湾。“为了从陆地采石场运送石材，从栈桥连接了一个临时的窄轨轨道。开始建设小型的长91.44米的干船坞，供吃水量3.05米以下的船舶使用。建设中央发电站，为大的干船坞和工场工作提供生产能量，还用于港口区域照明。”[1]

1902年年初，建成了水深4.57～5.49米的港湾，并修建了长63米的码头。中央电站建设已完成。秋季工程结束后，沿水深5.49米岸边，建成了长150米的岸线码头，供普通船只靠泊。随后铁路线也延伸铺设，并建造了400平方米的仓库。这样不仅建成了可同时靠泊两艘1,000吨级船舶的轮船码头，且港内还可锚泊吃水较深的货轮，可用小蒸汽船对停泊在港内大船上的货物进行过驳作业。

1902年，大连湾商港一期工程基本完成，其铁路专用线、仓库等配套设施也已建成，初具商港规模，并正式开港。

1俄罗斯国家历史档案馆（323—1—2676）：《关于东清铁路和达里尼商港及城市建设情况》。

图3—19
1904年，日俄战争时的大连港。
（《满铁十年史》第386页）

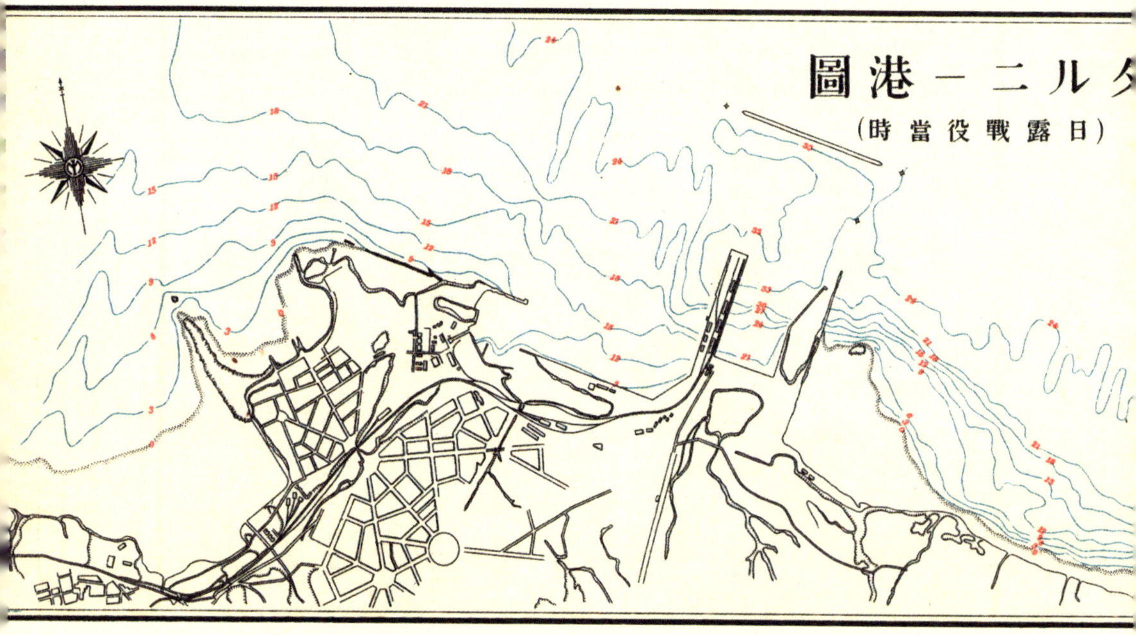

图3–20
1902年4月，正在建造的小船坞。

图3–21
2013年3月，正在使用的小船坞。（作者摄于大连造船厂内）

图3–22
1902年9月8日，小船坞驶进的第一艘船时码头的场景。

图3—23
110年后的2012年9月，大连造船厂建造的中国第一艘航母辽宁舰。此时，大连已形成大连湾、长兴岛、旅顺三大船舶工业基地，年造船能力1000万载重吨，最大可建造30万吨原油轮。（许波摄）

到1903年，大连湾商港工程中的拐角堤岸码头、工作湾、锚地防波堤码头（今一号码头）、宽防波堤码头（今二号码头）、沿岸浅水码头、小船坞、一号港池、深8.53米的深水航道、专用防波堤（东码头锚地防波堤），以及岸上的专用仓库、修配厂房、配套电站、锅炉设施、办公楼房、高管住宅和职员宿舍等均已建成并投入使用。

为了防止北风，开始建造防波堤。可是，这项工程从水面刚刚露出个头，便因日俄战争爆发而停止，由日本殖民当局接手后续建完成。

（3）商港经营

随着商港第一期工程接近尾声，从1902年开始，大连湾商港的经营也逐步发展起来。在此之前，大连地区的商业货物进出主要通过旅顺口军港内暂设的商业码头进行。

1902年，大连港全年中转货船达717艘，帆船1,418艘；进口货物178万多件，计7.08万吨；发送旅客54,134

人。在进口货物中煤炭最多，为4.91万吨。其他杂货及蔬菜为3,276.1吨，木材2,948.49吨，面粉1,965.66吨，多来自芝罘（今烟台，下同）、日本和朝鲜。出口货物6,157个（件），计429.09吨。出口货物最多的是大豆、豆饼，为278.47吨，稻米49.14吨等，多产自旅顺、芝罘等地。

1902年大连湾港中转货轮靠港统计表[1]

国籍	船只数	登记吨数	装载吨数	装载普特数	装载件数	乘客数
俄国	324	110，702	25，663	81，663	155，934	10，718
日本	241	74，031	24，381	9，718	35，659	33，931
英国	83	63，522	2，302	49，870	42，582	7，099
清国	49	12，774	-	-	16，001	2，386
挪威	12	13，163	2，100	-	17，784	-
丹麦	2	3，606	3，127	-	-	-
奥地利	2	2，634	-	6，600	-	-
德国	2	2，446	2，400	-	-	-
美国	2	7，349	150	-	6，000	-
合计	717	290，227	60，13	147，851	273，960	54，134

大连火车站发送及到站货物统计表[2]（重量单位：普特）

货物名	1902年度					1903年度					
	发送货物	占全线货量 %	到站货物	%	合计	发送货物	%	到站货物	%	合计	%
谷 类	-	-	30，000	0.6	3，000	-		954，000	14.4	954，000	14.4
茶	-	-	-	-	-	192，000	97	-	-	1，921，000	97
纺织品	-	-	-	-	-	37，000	8	12，000	2.6	49，000	5.3
盐	-	-	-	-	-	207，000	18.6	-	-	207，000	18.6
食品	-	-	-	-	-	13，000	9.2	-	-	13，000	9.2
水泥	-	-	-	-	-	13，000	2.7	-	-	13，000	2.7
钢铁类	49，000	8.9	-	8.9	49，000	1，000	0.4	-	-	1，000	0.4
酒类	-		10，000	3.1	10，000	13，000	4.0	5，000	1.3	18，000	2.6
俄国酒		-									
葡萄酒	--	-	3，000	1.3	3，000	5，000	3.7	11，000	8	16，000	5.8
酒精	-	-	-	-	-	37，000	26.4	-	-	37，000	26.4
砂糖	-	-	1，000	1.3	1，000	12，000	4.5	9，000	3.2	21，000	3.8
菜子油	-	-	1，000	0.2	1，000	-	-	2，600	5.0	11，600	5.0
煤油	228，000	-	54，000	41.9	54，000	-	-	92，000	56.4	92，000	56.4
其他	277，000	2.0	4，1000	-	269，000	475，000	-	664，000	-	1，139，000	-
合计	277，000		140，000	1.0	417，000	2734，000	13.7	1161，000	5.8	3，895，000	9.7

注：1普特=16.38公斤

1满铁调查课：《沙俄占领前后的大连和旅顺》，34页，1911年4月。
2同上。

5.通往商港的铁路规划与建设

110多年以前，沙俄之所以最终选择大连湾作为商港所在地，其中一个重要原因，就是南满铁路可以直达商港，将此远东不冻港与中国东北腹地联为一体，形成海铁联运体系。“只要建设一条15俄里长的铁路支线，规划中的这一港口就可以轻松与东清铁路南满支线连通。”[1]进而通过东清铁路连接俄西伯利亚大铁路，直通欧洲，形成贯通欧亚的海铁联运大动脉，实现沙俄控制远东的战略企图。

在总规划中，东清铁路从哈尔滨至旅顺的干线铁路在南三十里堡站（今南关岭站）分出一条支线，顺着地势成倒“S”状，穿越达里尼市，直达大连湾商港，可使货物从轮船直接装卸到火车上。沿途在大码头（今一号码头）与欧洲人街区的交会广场——红场（今港湾广场）设货运车站，称为一号车站，又称主火车站；在欧洲人街区与行政区交会的市立广场（今胜利桥南广场）设客运站，即二号车站，又称城市中心车站；在欧洲市场附近设专用货站；在南泡子（今周水子）设铁路会让站，分两支专线到香炉礁北春柳砖厂和周家屯砖厂、严家屯石灰厂。

为了保证铁路机车的正常调度，在客运站附近设计了铁路编组站，在机车库街与铁路之间设计了机车库。为了及时保养车辆和修复问题车辆，在行政区与工作码头之间区域专门规划了东清铁路修理总厂、机车停车场、车厢停放场、轮对停放场，机车组装、锻造、粉刷、锅炉、木工等车间和设施一应俱全。

1899年5月4日至6日召开的大连湾商业港和城市规划草案审查特别会议未雨绸缪，不仅提出了这条铁路支线设计的细节问题解决方案，还提出了复线铁路的修建设想。

1俄罗斯国家历史档案馆（350—18—72）：《1899年4月22—24日，大连湾商港和城市规划草案审查特别会议纪要》。

图3—24
1901年，建设中的达里尼市内铁路。

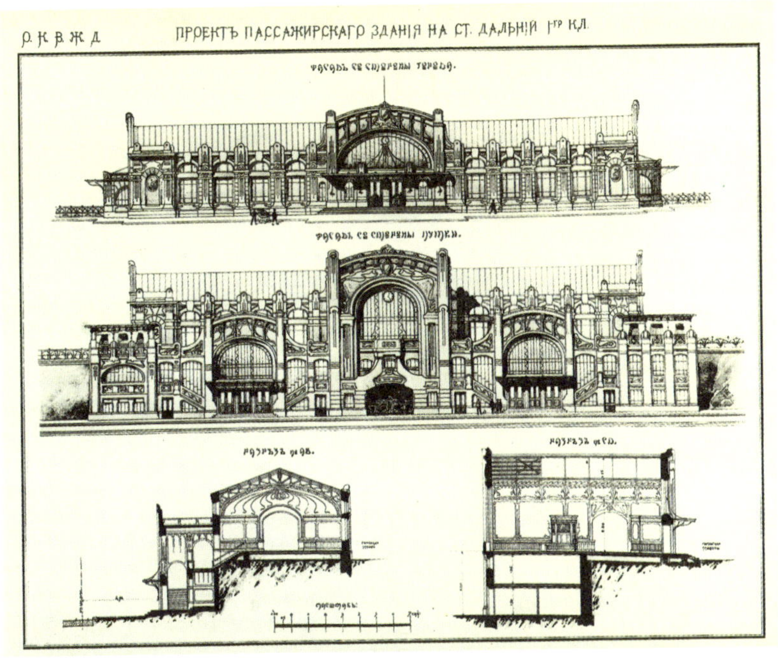

图3—25
达里尼火车站设计图。

图3–26
1902年的达里尼临时火车站。

图3–27
达里尼临时火车站旧址，位于今大连火车站北站台。（摄于2013年3月）

在仔细研究了连接维多利亚湾（今大连港）与三十里堡总长约16.3公里的铁路支线草案之后指出："市内铁路路面应该尽可能地建得比城市街道高，否则，城市的自然发展就会因为马车与人流络绎不绝横过铁路线而受到约束。"[1]此外，会议还指出："支线全线上从一开始就应预留出足够铺设两条线路的路面，因为在不久的将来，大连湾与东清铁路南满支线枢纽站三十里堡之间最繁荣的交

1俄罗斯国家历史档案馆（350–18–72）：《1899年4月22—24日，大连湾商港和城市规划草案审查特别会议纪要》。

通运输无疑会继续发展。”[1]

这项铁路工程由萨哈洛夫的助理托列纽滨工程师主管。工程进展很顺利，建路经费比最初的预算有很大的节余。另外，在铺设铁轨时都加了一寸的缝隙。沙俄当局设计并修建了达里尼临时火车站（见图3-26），正式的大连火车站选址欧洲市场附近，设计方案已经绘就，但是一直没有建成，空留下一张设计精美的图纸（见图3-25）。因预测大连湾商港对岸地区也与达里尼市一样应有极大的发展，所以，除了上述的铁路以外，从达里尼向其对岸的大连湾大孤山半岛也铺设了支线。

值得注意的是，在铁路进入达里尼城区后，实际建设并未按照原设计方案执行，穿越行政区和欧洲人街区之间的铁路线，根据地势被设计为凹形，上面以跨线桥将两大街区相连，下面火车穿过（见图3-28、图3-29）。这样设计的好处，一是形成了公路与铁路的立体交通，既满足了行人、机动车和非机动车通行的需要，也满足了火车过往的需要。二是满足了此处铁路路基要与码头基本保持在同一水平线的技术设计要求，火车不仅可以平稳进入码头和车站，也可平稳进入修理厂和编组站。三是使穿越人口稠密的主城区的铁路身处地面以下的凹槽之中，大大降低了火车噪音和灰尘的污染，起到了隔音板和防尘板的作用。四是可以利用地势设计乘客进出站分流系统，大大提高人群的进出站效率。这也为后来日本殖民统治时期建成的大连火车站采取进出站上下分流的航空港模式提供了基础。五是挖槽施工取出的96.6万立方米的土石正好作为填海造港之用，可谓两全其美，并大大节约了工程成本。实地铺设时，在这一区间遇到了很多的困难，其中，困难最大而且花钱最多的工程是打通达里尼行政区与欧洲人商业区之间的沟渠，挖掘工程量极大。为跨越这道沟渠架设了一道木桥，日俄战争后，日本人将其改建成一座漂亮的石桥，称为“日本桥”，即今天的胜利桥。

从南关岭分出直通大连湾商港的铁路支线，于1901年7月动工修建，1902年年末直通北方各地，成为达里尼市与旅顺间仅有的交通线。1903年3月5日，特快列车开始运行。从俄罗斯的伊尔库斯克始发，连接俄罗斯和欧洲各地的特快列车也于1903年7月14日开始正式营运。

在那个以铁路为最先进交通工具的年代，达里尼市铁路支线的建成，无疑对达里尼城市和港口的发展具有划时代意义。它里程碑式地将铁路与港口连为一体，形成集疏运体系，极大地提升了达里尼市和大连湾商港的功能，

1俄罗斯国家历史档案馆（350—18—72）：《1899年4月22—24日，大连湾商港和城市规划草案审查特别会议纪要》。

使物流、人流、资金流汇聚，贸易量迅速增大。1902年达里尼市火车站发送私人货物4,537.40吨，占总量的2%；到站货物2,293.27吨，占总量的1%。1903年发送私人货物4.48万吨，占比上升到13.7%；到站货物1.9万吨，占比上升到5.8%。1902年发送旅客4万人次，1903年发送旅客5.9万人次。

图3—28
市立广场桥下（今胜利桥）的铁路线。

图3—29
今日胜利桥下的铁路繁忙依旧。（作者摄于2013年3月）

6.日俄战争对港湾设施的损毁

从1903年的秋天开始，日俄战争即将爆发的消息传播开来。1904年2月8日午夜，日本舰队用鱼雷偷袭旅顺口港外的沙俄舰队，日俄战争爆发。

根据当时曾参加达里尼市建设的俄国人伊万•古梅诺夫在其《沙俄统治时期的大连回忆录》一书中的记述，战争爆发后，沙俄关东州厅向俄国本土连续发出了数列火车专列，使大连、旅顺的沙俄官吏家属得以平安地撤回到沙俄国内。当时驻扎在老虎滩以及大连周围的俄军兵力薄弱，全部算上也仅有一个中队。其中，守备海岸的部队弹药装备数量少，每人只有60～120发子弹。尽管之后为了补充军队的人员不足，俄军在大连的殖民官吏中组织了义勇军，发给他们老式转盘枪，每天都教他们学习枪支的使用方法，但这支队伍基本没有自保能力，而且他们接受的命令是："只负责监视、守备，不让敌人入侵即可。"

起初，日俄双方将战争的焦点均放在了对制海权的掌控上，因此，对旅顺口港的争夺异常激烈，日军没能利用大连俄军防卫力量严重不足的弱点取得突破。

日俄战争爆发不久，当时停泊在大连的沙俄水雷布设舰"耶尼塞"号，接受了向大连港入口布设水雷的命令。"耶尼塞"号在两天内布设了约700个机械水雷。1904年1月27日，就在水雷布设将要全部完工时，海中的一颗水雷漂出了水面，"耶尼塞"号想用炮击来将它炸沉，在小心谨慎地向前行驶过程中，因没注意到被风吹过来的其他水雷，舰体触到了水雷，这艘巡洋舰不幸地成了检验自己布设的水雷威力的试验品。15分钟之内，舰长、二等大尉斯特巴诺夫和乘员大部分被炸死或者掉到冰海中淹死了。大约在3月初，沙俄"勃亚琳"号巡洋舰重蹈覆辙，在刮起的一阵大暴风中也被自己布设的水雷炸沉了。

此时，大连湾商港和城市的建设已完全停止，商店日渐减少，人们纷纷逃离这里。1904年5月3日，从达里尼发出了最后一辆列车，运走了医院的工作人员和一部分官吏，包括达里尼市建设的文件。

日军不久就包围了整个关东州，彻底切断了俄国人回国的退路，达里尼市的居民只能转往旅顺。

1904年5月26日，日军占领金州。伊万•古梅诺夫回忆："从那一刻起，到夜里（27日）的一点左右，我们接到了向旅顺撤退的命令。达里尼人全部步行向旅顺转移。"[1]"在此前的5月初，军方司令官下达了'准备炸毁港湾里的全部设施'的命令，包括海岸堤坝、船坞、工厂、发电厂以及其他在军事上重要而且有利的所有建筑物。"[2]

萨哈洛夫认为以这种方式来炸海岸堤坝非常困难，甚至是完全不可能的。因此，军方从旅顺特意派来了工程师，进行爆破试验。结果好不容易炸掉了海岸堤坝的一部分，但基本保留了原样。另外，其他设施也只是破坏了表面而已，没有达到完全毁灭的程度（见图3-30）。如果全部炸毁在大连的所有设施，必须要用尽旅顺所有的炸药才能办得到，对此，军方是不同意的。因为在战争时期，炸药的主要作用是在战场上发挥威力。

俄国人在撤离时，也许是来不及，也许是舍不得，没有破坏发电厂，其持续运转到这天的早上，所有设备原封不动地保存了下来。俄国人将小干船坞门运到海上，沉到了海里，不久就被日军发现了，并放回到原来的位置。

图3—30
1905年，大连港图。图中红色标记处为海港码头沉船、炸岸点。

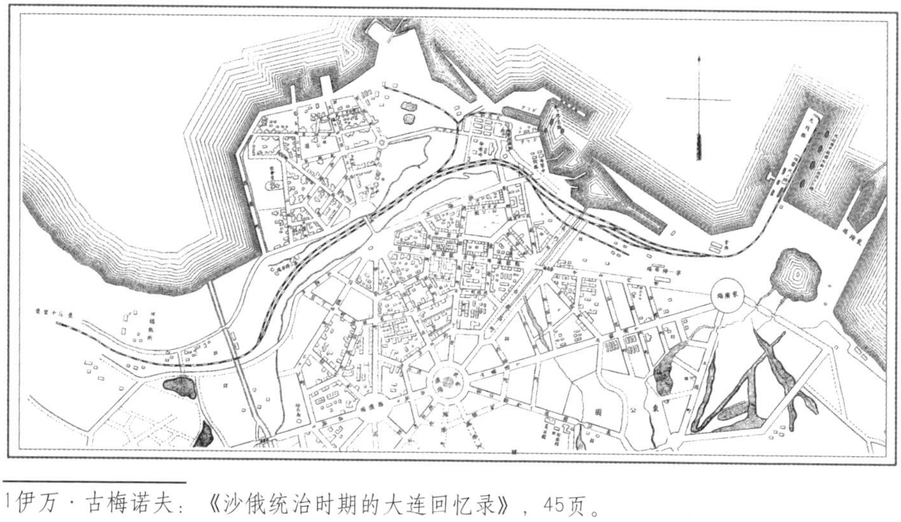

1伊万·古梅诺夫：《沙俄统治时期的大连回忆录》，45页。
2同上。

第四章

日本殖民统治时期大连港规划与建设

建于1924年的大连港客运站。

日俄战争之后，日本侵占大连，接手大连港，由南满洲铁道株式会社负责大连港口的建设和经营。在长达40年的殖民统治期间，从侵略战争和贪婪掠夺的需要出发，本着“工业日本，资源满洲”的方针，满铁对拥有东北物资吞吐优势的大连港十分重视，加大了对港湾设施的改造与建设力度。大连港口的规模不断扩大，吞吐能力日渐增强。

满铁管理时期的大连港口建设主要分为三个阶段：1908年至1928年，主要恢复和新建沙俄时期的港口规划设施，建成后年吞吐能力达1,200万吨，以出口为主，用以满足日本掠夺东北资源的需要；1928年至1934年，主要新建扩建甘井子煤码头等，建成后最大年吞吐能力达1,500万吨，变之前的出口港为进出口港，以满足日本掠夺资源和加速建设伪满洲国的双重需要；1939年至1945年，实施西部扩张计划，主要建设香炉礁码头，建成后年最大吞吐能力达1,800万吨，变之前的进出口港为进口港，以满足其全面侵华的需要。

在建港的同时，日本殖民当局采取扶持政策，重点经营大连港。1912年，大连港对外贸易超过营口港，成为中国东北第一大港。1919年，大连港超过汉口港、天津港和广州港，成为仅次于上海港的中国对外贸易第二大港，亦成为中国东北地区的重要贸易中心。到1945年，大连港的建设规模已跻身东北亚贸易大港行列。

1904年2月8日，日俄战争爆发。5月27日，日本军队占领大连港，30日占领大连市，12月30日占领旅顺港，从而占领了大连全境。在美国的调解下，经过25天的谈判，1905年9月5日，日俄签署了《朴次茅斯和约》，据此和约，沙俄将辽东半岛的租借权和南满铁路——长春宽城到旅顺大连段的铁路的特权无偿转让给了日本。

1906年9月1日，日本殖民当局宣布大连港为自由港，向各国商船开放。1907年4月开始，大连港的建设和经营由日本军方移交满铁负责。

随着战争的结束，形势的平稳，大连地区人口增加，港口贸易迅速活跃，进出口货物数量不断攀升（见表4-1、表4-2）。到1907年，大连港进口货物量约为38万吨，出口货物量约为55万吨，进出口货物总量达93万吨，其中，普通进口货物约为20万吨，普通出口货物约为39万吨，普通进出口货物的总量接近60万吨。“可以预见，在不久的将来，年进出口货物将达100万吨。”[1]这个估计已经超过了沙俄当初规划设计的商港一期工程年货运量为82万～98万吨的预期。因此，改造港口的设施已成为当务之急。

与此同时，本着“工业日本，资源满洲”的方针，满铁“对拥有满蒙物资吞吐优势的大连港，加大了港湾设施的改造力度。”[2]填海造地，筑坝围堤，疏浚航道，修建栈桥，砌筑码头，发展仓储运输等等，港口迅速发展，形成规模。满铁对大连港的建设主要分为三个阶段：筑港、扩港和西部扩港。

1内田富吉：《大连筑港计划案》，6页，1908年1月。

2关东州厅土木课：《大连都市计画概要》，第一辑，32页。

表4-1 日本殖民统治初期大连市人口统计[1]

年份	国籍	男性	女性	分计	合计
1905年	日本人	7,663	4,222	11,885	73,863
	清国人	47,705	14,273	61,978	
	其他外国人	0	0	0	
1906年	日本人	10,579	6,018	16,597	51,174
	清国人	24,181	10,373	34,554	
	其他外国人	14	9	23	
1907年	日本人	17,140	10,626	27,766	72,584
	清国人	32,013	14,782	44,771	
	其他外国人	27	20	47	

表4-2 日本殖民统治初期大连港进港船舶数量统计[2]

年份	进港汽船艘数	合计	进港总吨数	合计
1904年	729	729	561,721	561,721
1906年	日本船 382	1,078	日本船 577,599	924,276
	其他国船 696		其他国船 346,677	
1907年	日本船1,025	1,166	日本船1,073,926	1,316,201
	其他国船 141		其他国船 242,275	

南满洲铁道株式会社：

1906年6月7日，日本以天皇的名义发布第142号令，公布了《南满洲铁道株式会社成立之件》，于11月26日在东京正式成立南满洲铁道株式会社，简称满铁。注册资本2亿日元，其中，日本政府以实物投资占有1亿日元股份，日本皇室、贵族、官僚占有1亿日元股份。首任总裁为后藤新平。1907年3月，满铁本社从东京迁往大连，同年4月，满铁正式在华开业。1932年伪满洲国成立后，满铁在新京（今长春市）设立特别本部，成为实际上的本社。1942年，满铁总部由大连迁往新京。1945年，日本投降后，满铁本社停业。

满铁表面为一铁路公司，实则是日本对中国进行政治、经济、军事、文化等方

1内田富吉：《大连筑港计划案》，5页，1908年1月。

2同上。

图4—1
1909年，南满洲铁道株式会社办公楼，现为沈阳铁路局大连铁路办事处。

面侵略活动的策划和指挥中心。为对外避开列强的攀比，对内逃避日本国内对政府事务具有否决权的议会的掣肘干涉，满铁以股份公司的形式出现，利用其灵活性、隐蔽性和变通性的特殊功能进行活动。其业务范围除铁路事务外，还具有管理和开发满铁附属地及经营其他关联业务，包括采矿、水路运输、电力、煤气、港口、钢铁、电车、仓库、农场等，制订附属地城市规划，对其土地和房屋进行经营，开展土木建设，兴建教育和卫生等必要设施。

从1907年满铁营业开始，到1922年年末，满铁对南满铁路和安奉铁路沿线附属地104座大中小城市进行了规划。1936年，满铁附属地城市经营停止。同年，满铁改组铁路管理机构，在奉天（今沈阳）设立铁道总局，统一经营铁路、港湾、水运和汽车运输。

1.实施筑港计划

1904年，沙俄在战败撤离大连之际，将大连港的设施几乎破坏殆尽。沙俄当局把疏浚船及其他船舶沉入大海，并将大码头（今大连港二号码头）的西段炸损，除留下两台轨道式起重机外，破坏了工程所用的其他所有机械设备。还未建成的码头、防波堤等，在战后最初的几年被风吹浪打搞得破旧不堪。1907年满铁接手大连港时，仅有沙俄当局建设的第二码头及甲码头落成；第一码头南部岸壁竣工，北部岸壁还是半成品；泊船岸壁不超过1,855米；防波堤东半部长约1,060米，刚开始进行抛石作业，而西半部还没有开始建筑，陆地上也仅有12栋库房。

1907年6月，日本殖民当局开始对大连港建港前的基本情况进行详细调查，历经半载。1908年1月，提出《大

图4–2
1908年《大连筑港计划案》示意图。

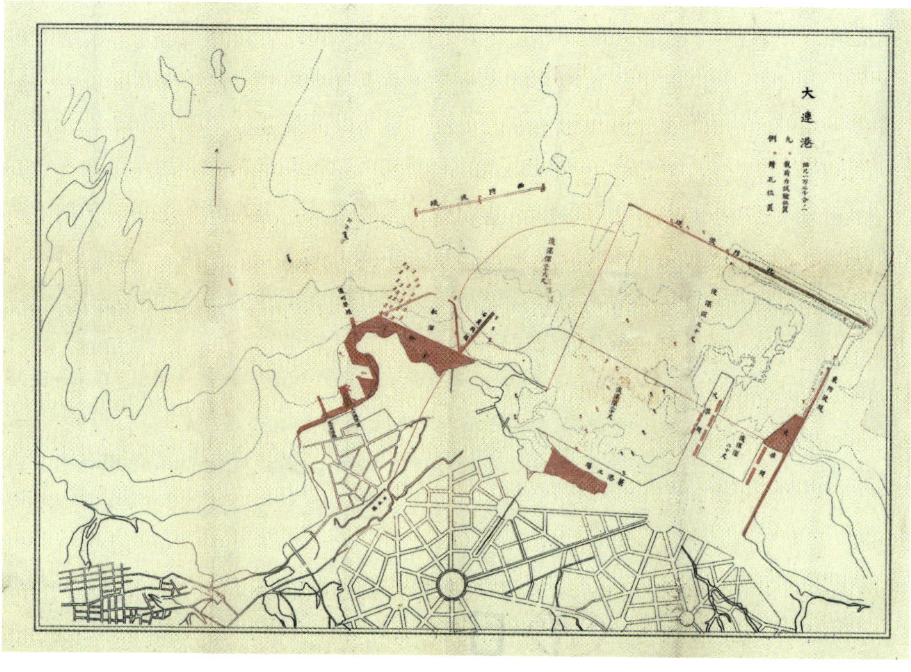

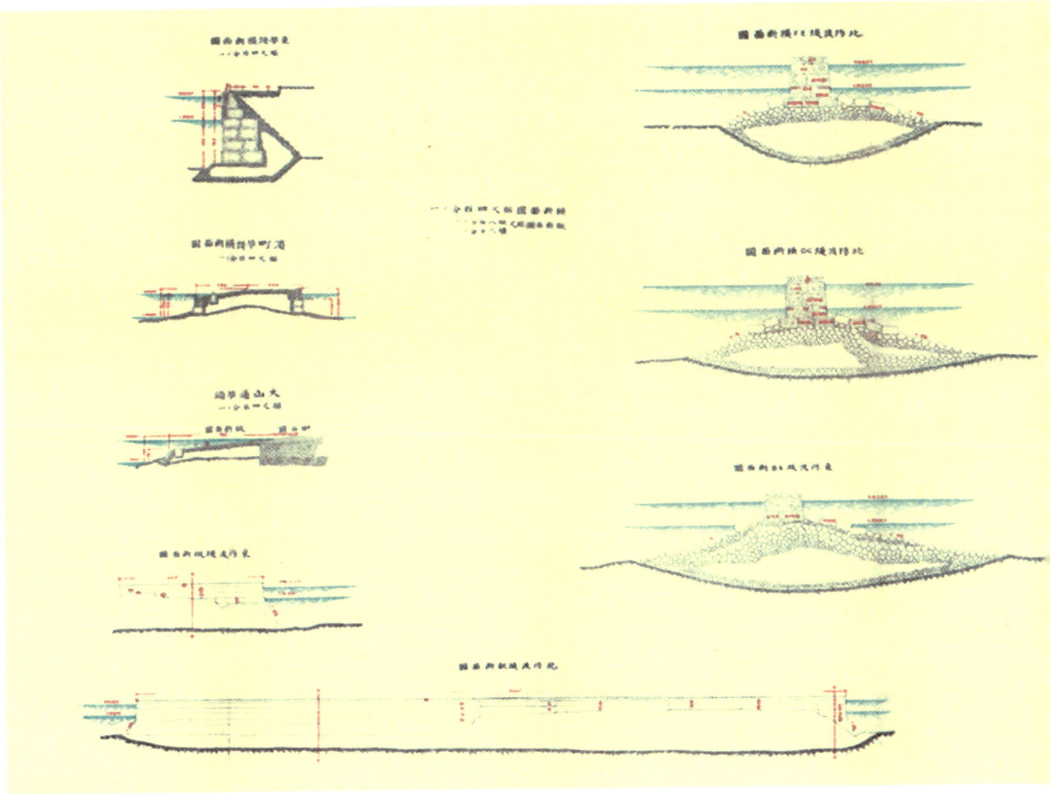

图4—3
1908年《大连筑港计划案》施工图。

连筑港计划案》草案，并于当年3月修正后实施（见图4-2、图4-3）。

《大连筑港计划案》延续了沙俄当局的港口规划，一方面说明对沙俄当局大连商港选址与规划的合理性，日本殖民当局是认可的；另一方面，经过5年多大量投资建设，港口已经基本成型，码头、船坞、航道、仓库等一应俱全，并开始经营，尽管防波堤等工程正在建设中，还有许多不完善的地方，但日本殖民当局也只好延续沙俄当局的规划。不过，在实施过程中也有许多变化。

此次筑港计划分为六部分，工程预期7年，总投资1,250万日元，建成后年吞吐能力达到1,200万吨。

（1）防波堤工程

预计总投资534.13万日元。一是总长407米的东防波堤建设，投资72.47万元；二是总长2,000米的北防波堤建设，投资406.085万元；三是总长450米的滨町、船溜（船坞的南侧）两座大堤建设，投资54.775万元。

建东防波堤的主要目的是为了防止由东、南两方面而来的风力导致的海浪袭击。从东码头的北端朝着东北偏北的方向，继续在海里修建总长度为407米的堤坝工程。该工程是在沙俄殖民统治时期设计的，总长度为426米，已经开始向海中投入石头的施工，高度距海底平均达到3.33米左右。坝头与北防波堤之间的间隔，即港口的宽度，在该设计中为400米，比原先的设计扩宽了约50米。堤坝坝头部分在拓宽到10米的基础上，建一座高度为15米的灯塔，设6个级别的绿灯。

北防波堤主要是为了抵御由北方袭来的海浪，并兼顾防御东北以及西北所袭来的风浪，庇护港内的重要水域。换句话说，堤坝与陆地海岸之间300万平方米的水域面积，都在其保护之下，其重要性堪称防波堤中之最。东侧的东防波堤的终端，以400米的间隔，向西北偏西的方向延伸，在总长度为2,333米的距离当中，尚有长度为950米的工程属半成品。堤坝的西部有一半工程几乎还没着手施工，因此要对这里实施修筑。滨町阻止船只通行的大堤由东、西两条大坝构成，填埋地从海岸开始呈“八”字形，长度各为450米，入口的宽度为100米，两条堤坝基点之间的间距为666.67米，水域的面积有11.12万平方米，可容纳小蒸汽船、驳船停泊。填埋地及其背面的地区，可作为煤炭及木材的堆货场，完全可以满足二者进出口的需要，装卸也都很方便。为进一步遮挡西北所带来的风浪，又增建了西堤坝。

（2）码头工程

预期总投资71.8459万日元。一是东码头（今大连港一号码头，下同）总长400米的建设，投资34.907万元；二是大码头（今大连港二号码头，下同）、东码头路面铺石以及货物站台的建设，投资27.3165万元；三是滨町西侧的码头（今大连渔轮公司码头，下同）总长66.67米的建设，投资3.5819万元；四是大山通码头（今黑嘴子一号码头，下同）总长140米的建设，投资4.3115万元；五是儿玉町码头（今黑嘴子二号码头，下同）总长140米的建设，投资1.7280万元。

东码头工程，在沙俄殖民时南部的深水部分已经竣工，北部的深水部分完成了一半，还有400米的长度需要续建。就其构造而言，沙俄当局的设计出现了两条水深达不到要求并带有台阶的岸壁，但如果为了增加水深而进行全面改建，就会花掉大笔工程费，所以采用了只改良台阶的方案。大码头、东码头上的路面，力图做到搬运货物及行人、马车通行方便，并避免道路积水。滨町西侧的码头（今大连渔轮公司码头）总长度为66.67米，宽度为20米，它是沙俄殖民统治时期实施抛石作业的产物，日本殖民统治期被称作第四码头，得到了充分的利用。当时，俄国人在设计时，实施了填埋护岸工程。护岸前面一带水位比较深的地方，适合小汽船停泊。

大山通码头的总长度为140米，宽度为10.67米；儿玉町码头的总长度为140米，宽度为4米，力求满足帆船及其他沿岸航行的小蒸汽船的停靠。对这里的海面，俄国人按照普通的规划图预定了填埋计划，已经启动了这项工程。大山通码头完成了126.67米，儿玉町码头完成了66.67米的一半，这两座码头都处于极不完善状态，不少帆船被迫滞留于此。该设计虽然已完成了它的长度规划，但是在构造上还需要继续施工，在已建成的出现坍塌的部分及未建成的部分用间隔石修建两侧间壁，再在路面铺上龟肚石。

（3）护岸堤以及填埋工程

预期总投资110.3279万日元。其中，东码头北部面积为3.96万平方米的填埋工程，投资15.5025万元；大码头东侧801.33米护岸堤工程，投资11.8565万元；建港工厂面积为5.75万多平方米用地的填埋工程，投资24.6345万元；滨町面积为10.42万多平方米的填埋工程，投资23.285万元；滨町总长666.67米的陡岸兼护岸堤工程，投资3.5819万元；中央船溜（在船坞的南侧）总长316.67米的护岸堤工程，投资3.9135万元；帆船停泊场面积4.4万多平方米的填埋工程，帆船停泊场沿岸总长823.33米的陡岸堤兼护岸堤工程，投资12.872万元；滨町西侧总长213.33米的护岸堤工程，投资3.623万元；大山通码头东、西两侧总长306.67米及儿玉町码头西侧总长216.67米的护岸堤工程，投资5.082万元。

东码头北部的码头及护岸堤坝工程同时推进，作为填埋工程，填埋所用的沙土，一部分从南面的高地运来，另一部分靠疏浚的泥土填埋。沙俄殖民时期，在滨町填埋地护岸堤坝的地基已投入碎石，日本殖民当局充分加以利用，其前面设为止船防波堤，背后区域预期做煤炭及木材堆放场用地。

(4) 栈桥工程

预期总投资106.071万日元。其中，大码头西侧栈桥总长66.67米的建设以及另增建总长66.67米的新建筑，投资6.071万元；从滨町海岸架设装运煤炭的栈桥，总长400米，投资100万元。

大码头的西侧，南部总长度为521.67米，在沙俄殖民时期实施过带台阶的护岸工程，建有两个“丁”字形的栈桥。日本殖民当局将已建好的栈桥又延长了66.67米，可以同时从两个舱口装卸货物。并增设了一个与陆岸联络的栈桥。煤炭装运栈桥是为了装运抚顺煤而建的专用栈桥，随着出口量的增加，打算改良扩大，针对将来一年100万吨的搬运量的设施要求加以改造。

(5) 码头设施工程

总投资74.976万元。其一，东码头、大码头以及帆船停泊场码头防雨棚面积为1.42万平方米的建设，投资15.176万元；其二，在大码头、东码头安装电动起重机12台和手动起重机6台，投资31.8万元；其三，东码头面积约1,980平方米的谷类装运库的建设，投资28万元。

(6) 疏浚工程

疏浚费105万元，建港工厂设置费25.56万元，船坞及机械器具购置费120.9846万元。

到1926年12月，先后扩建了甲码头、一码头、二码头，建成了寺儿沟第一栈桥码头、乙码头、码头防波堤、三码头、丙码头、长门町码头、大连港客运站和大连码头事务所大楼等（见表4-3、见图4-4）。1905年，日本殖民当局接手大连港时，其岸上仓库为12栋，面积1.47万平方米，岸壁长度1,855米。1907年满铁接手时岸上仓库为16栋，面积2.24万平方米，到1929年时分别达到85栋、38.81万平方米，此时，岸壁长度达到5,125.33米；港口年最大吞吐能力可达1,200万吨。

表4-3　大连筑港计划主要工程[1]

开工时间	工程名称	竣工时间	工程费（日元）
1908.03	东防波堤筑造工程	1912.03	547,453
1908.06	第一码头岸壁修筑工程	1915.12	581,766
1908.07	西、北防波堤筑造工程	1918.03	?
1908.08	大连港疏浚工程	继续中	约5,700,000
1910.09	寺儿沟海面填埋工程	1918.03	745,288
1911.05	第一码头南半部及甲码头改筑工程	1913.03	123,626
1911.08	寺儿沟石油栈桥筑造工程	1914.05	126,956
1911.12	第二码头西侧岸壁筑造工程	1915.09	656,157
1913.04	露西亚町帆船锚地防波堤改筑工程	1914.05	34,635
1913.03	第三码头筑造工程	1920.03	3,388,435
1914.04	锚地临时防波堤筑造工程	1915.03	38,106
1916.10	长门町地头海面填埋工程	1919.03	
1918.03	第二码头东侧北部岸壁筑造工程	1923.03	
1918.07	东寺儿沟海面填埋工程	1928.03	1,640,130
1918.09	小岗子海面填埋工程	1932.03	2,738,259
1913.05	第四码头筑造工程	预定1933.03	约6,100,000
1915.11	简易船渠筑造工程	1940.09	634,000
1928.02	甘井子石炭码头筑造工程	预定1930.06	928,179
1929.03	寺儿沟栈桥以东海面填埋及其他工程	1932.03	1,260,680
1929.03	甲码头岸壁改筑工程	1930.03	602,639
1928.06	露西亚町海面填埋工程	预定1934.03	1,335,710

1满铁大连港港湾调查委员会：《大连港之沿革概要及扩张计划关系书》，1930年。

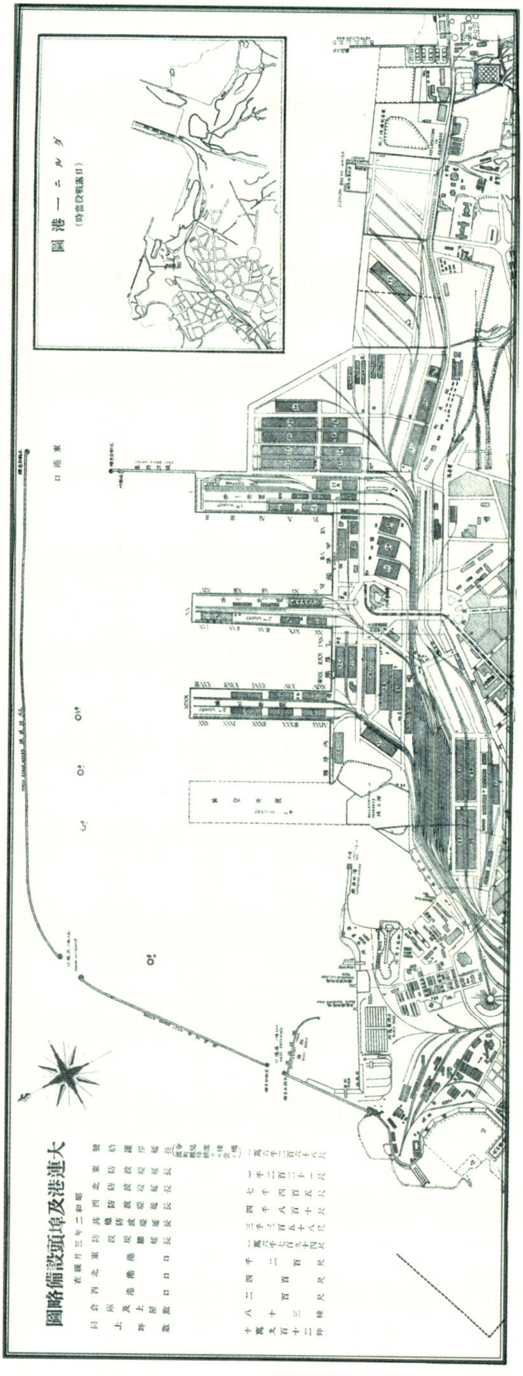

图4-4
1927年，大连港及码头设备略图。（满铁：《满铁二十年史》，1927年。）

2.实施扩张计划

满铁在接手大连港建设之初，由于前文提到的原因，延续了沙俄当年的规划，实施了《大连筑港计划案》。该计划案只是对因日俄战争半途而废的沙俄当局港口规划的完善。于是，在该计划案实施的第三年，从1910年8月开始，满铁相继成立了海陆联络设备调查会、大连港设备调查会（1919年6月）、港湾设备调查会、铁道部设备调查会（1923年6月）、大连港湾规划临时调查会（1930年4月），这些机构对大连港湾设施及规划进行审议和评估，在此基础上将规划付诸实施。

在《大连筑港计划案》紧锣密鼓实施之际，大连的城市人口也急剧增长，1919年达到108,228人，已经突破了沙俄当局规划的城区10万人口的规模。对此，日本殖民当局实施了城市扩充规划，将西部的小岗子、沙河口逐步纳入城区，铁路站点等规划也随之在城区的西部展开。与此同时，大连港的贸易也快速发展起来。而此时，大连港适应城市扩张和港口贸易发展的规划还没有出现。据统计，仅1922年，大连港的进出口货物量就达到了600万吨，并以每年数十万吨的速度递增，而当时大连港的防波堤内可以用作建造码头的岸线不过4,000延长米。若进出口货物以过去几年的速度增长的话，不出十几年码头就会扩张到防波堤外。这对《大连筑港计划案》确定的每年1,200万吨的港口吞吐量目标是一个现实而严峻的考验。对此，1924年6月，满铁海陆联络设备调查会参照满铁筑港专家广井勇博士的大连港视察报告，提出利用现有的填埋地，先根据东部扩张案将港区扩展到现在的石油栈桥为止，待东部完工后再实施西部扩张案的设想。同时可以预见未来大连港的一般性进出口货物将可达到1,500万吨。如果吞吐量超过预想的1,500万吨，再考虑依照西部扩张案制定的策略，将码头和商业区的界限向周水子屯（今香炉礁码头一带）以西方向扩张。为给城市规划提供资政参考，1928年6月18日，满铁港湾设备调查委员会将此规划方案命名为《大连港扩张预定计划案》，提交给关东厅长官尔玉秀雄。1928年8月2日，满铁依照关东厅长官木下谦次郎给满铁社长就该计划方案实施概要的照会，做了进一步的调查，并对原有的扩张规划方案进行了部分修改，对实施方案中的年度进度做了调整，并添加了附件《大连港扩张预定计划方案变更图和说明书》。1928年11月30日，用“满铁铁务28第6号之13”的文号，再次向关东厅长官提出申报。

《大连港扩张预定计划案》的突出特点是，适应港口吞吐量的迅速增长，根据货物的不同种类和港区的岸线特点，重新进行码头布局，将港口划分为四大功能区。其主要内容为：一是确定远洋贸易船只停靠码头位置。将凸堤码头前面水深的地方专门用于远洋船只停靠。二是确定煤炭码头选址。沙俄殖民时期的煤炭码头分布在船坞以西的顺岸码头，1908年制定的《大连筑港计划案》则将煤炭码头设计在船坞以西、滨町东部的栈桥码头。此次扩张计划，针对快速出现的煤炭大量出口问题，将煤炭出口与普通货物分开，将其设置在大连码头对岸的甘井子海岸，远离大连码头，这样处理比较有利。在甘井子沿岸筑造煤炭专用码头，在码头背后建设煤炭堆货场和铁道线等运煤所必需的设施。同时，这一扩展计划预定在甘井子新筑船坞，将把现在位于滨町的船坞（今大连港船坞）迁移到那里，或者在需要修建大型船坞的时候规划使用这一地区。但这一设想没有实现。三是确定帆船及小型船只的停泊位置。帆船及小型船只的贸易港必须设在临近市区交通便利的位置，而且小岗子填埋地前面由于岩盘浅露水不深，故正好可利用这一部分建造货物装卸场，供帆船和其他沿岸贸易船只靠泊之用。四是确定工业港位置。为了振兴满洲产业、发展大连港事业，必须在海陆交通及其便利之处设置工业港，并建设货物装卸场、航道、铁道引入线等设施。最主要的是为了便于工业原料、产品的运进运出，铁路、水运要便捷。作为特种工厂用地，将选在香炉礁到周水子屯（今甘井子）一带区域（即后来的大化码头和石化码头所在地）。五是建立适应形势发展的港口管理体制。鉴于当时伦敦、曼彻斯特及其他城市认识到统一经营的必要性，出现了将原属私有的区域由国家或城市统一收买的实例，通过仔细分析欧洲大陆的工业港和贸易港统一由国家或城市经营，使其得到显著发展的成功经验，满铁认为将大连的贸易港和工业港置于统一管理下极为重要，并将上述各种码头的背后地、铁道、仓库及其他各种用地都作为工业港的一部分，统一归属于满铁管辖区域（见图4-5）。

图4—5
1930年11月，大连港扩张计划图。

在提出《大连港扩张预定计划案》的同时，满铁提出了《关于大连港扩张预定计划实施年度概要》，时间跨度从1927年直到1958年之后（见表4-4）。

从1928年6月18日出台《大连港扩张预定计划》到1934年，大连港的贸易取得了迅速发展。特别是随着九一八事变的爆发，伪满洲国的建立，日本殖民者掠夺满蒙资源的步伐加快，大连港由之前的主要为出口港转变为进出口港。大连港的建设随之进入扩张阶段，先后建成了甘井子煤炭码头、寺儿沟第二栈桥（寺儿沟码头形成）、甘井子第二码头（大化码头）和石化码头。大连港的贸易每年都在飞速发展，进口货物1930年仅有100万吨，1935年已达到300万吨；出口货物1930年为521.3万吨，1935年增加到597.6万吨；旅客进出港人数1930年为72.6万人，1934年增加到86.2万人。

表4-4 大连港扩张预定规划实施概要年度分配比例[1]

分期	项目	名 称	开工（含再开工）时间	竣工时间
第一期	A	甘井子煤炭装船设备	1927年	1932年
	B	露西亚町海面填埋	1928年	1934年
	C	香炉礁东侧海面填埋	1930年	1934年
	D	第四码头筑造	1930年	1933年
	E	香炉礁北岗子间海面填埋	1930年	1934年
	F	石油栈桥以东填埋	再开工1931年	1938年
	G	第五、六码头筑造	1930年	1938年
	H	满洲船坞迁移	1935年	1938年
	I	满洲船坞前海面填埋	1939年	1944年
	J	小岗子海面填埋扩张	1935年	1938年
	K	寺儿沟码头筑造	1943年	1946年
第二期	A	小岗子帆船码头筑造	1945年	1948年
	B	周水子套海面填埋及码头、防波堤筑造	1947年	1956年
	C	小椒房海面填埋及护岸筑造	1950年	1956年
	D	海猫岛海岸及填埋工程	1952年	1958年
第三期		※因第3期工程要在数十年后才能实施，故现在无法预定规划。		

1满铁大连港港湾调查委员会：《大连港之沿革概要及扩张计划关系件》，33页，1930年。

表4-5　1928年至1934年大连港扩张工程情况

名称	工期	规模	类型	用途
寺儿沟码头建设	1911年8月—1931年4月	填海面积76万平方米，修筑护岸2500多米，护岸背后为罐区，至1935年建有各种油罐56座	两座栈桥组成	装卸豆油、石油和危险品货物
甘井子煤码头建设	1926年9月—1930年10月	栈桥长329米，两侧可同时停靠7000吨—10000吨级船舶4艘	高架式栈桥	机械化煤炭专用码头，装卸出口煤炭
寺儿沟第二栈桥建设	1929年12月—1931年4月	长192米，2个泊位	沉箱钢梁结构	装卸豆油、石油和危险品货物
满化工业码头（全称满洲化学工业株式会社码头，也称甘井子第二码头，硫铵栈桥，今大化码头）建设	1934年9月建成	长125米，宽12米，岸壁延长262米，东侧可停靠5000吨级船舶	凸堤码头	进口原料硫铁、海盐和出口产品硫铵、纯碱作业
满石工业码头（全称满洲石油株式会社码头，也称甘井子石油栈桥，今石化码头）建设	1934年10月建成	利用甘井子防波堤建造的3座码头，泊位长度84米	混凝土海豚式码头	进口原料原油和出口产品成品油作业

3.实施西部扩张计划

1934年之后，随着伪满洲国对建设资材需求量的不断增加，进口建设物资也急剧增长，大连港迅速由过去的出口港转变为进出口港。这一变化对港内的栈桥、岸壁、装卸货物、仓储、铁路运输能力等都产生了重大影响。由于大连港现有设备只能满足眼前需要，对港口今后的吞吐能力不可避免地产生了制约。因此，满铁从未来发展考虑，制订港口扩张计划，着手开工建设年吞吐量1,500万吨的进出口大港。特别是1937年七七事变爆发后，日本开始全面侵华战争，各种战争物资大量进入，大连港进口货物设施严重不足。因此，为适应侵华战争需要，满铁在努力完善和增加进口货物设施的同时，制订了主要目标在于进口的大连港扩张计划，变之前的进出口港为进口港。工程计划从1939年开始，实施《大连港西部扩张方案》，用五年时间完成（见图4-7）。预计1945年西港建成后，大连港的岸壁总长约1万延长米，其年吞吐能力可达1,500万吨，最多1,800万吨。

在此次扩建计划立项之初，满铁就成立了港口建设审议委员会，着手审议立项计划，并对最初的三个方案进行了审议。

柳树屯（今大连湾碧海山庄）扩张方案:

满铁当初是想把柳树屯作为大连港的辅助港来建设，但并未实施，因此其方案是作为东部方案和西部方案的唯一参考方案加以考虑的（见图4-6）。

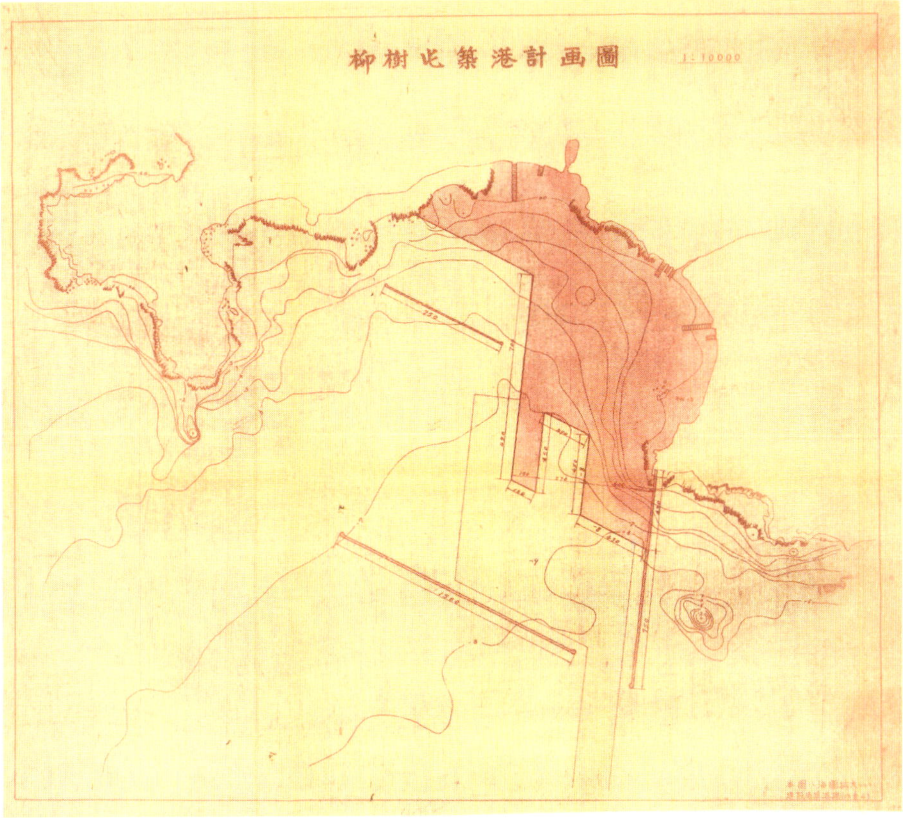

图4—6
1939年4月11日，柳树屯筑港计划平面图。

东部扩张方案：

在大连现有岸线设施的基础上向东部填海造地，然后再在其上建造港口设施并与现有相邻设施连接起来使用。经满铁港口审查委员会审议，此方案被采纳，并付诸实施。

与东部扩张计划相一致的是1939年6月确定的第一期扩张规划，预定在1945年竣工。1939年大连港年货物吞吐能力为1,025万吨，其中，岸壁为1,000万吨，过驳25万吨。此次计划到1939年年末达到1,100万吨，其中，岸壁1,050万吨，过驳50万吨。计划1945年工程竣工后，大连港年货物吞吐能力达到1,600万吨，其中岸壁1,400万吨，过驳200万吨。其具体设施规划为：

A.防波堤工程。当时，大连港已建成东防波堤370延长米、北防波堤2,244延长米、西防波堤1,022.9延长米、露西亚町（今黑嘴子）海面防波堤1,000延长米、甘井子防波堤973延长米。此次新规划确定，预期1940年后建造从现大连港防波堤东部突端开始到寺儿沟第二栈桥东侧、总计长约2,400延长米的北防波堤，以及寺儿沟第二栈桥东侧长1,180延长米的东防波堤。防波堤内广阔的水域预定作为将来码头的扩张用地，需要的话甚至可以临时作为驳船作业场。将来也可建造日益增加的重油类装运栈桥。同时，计划建造露西亚町（今黑嘴子）防波堤760延长米。

B.岸壁（码头）工程。将一码头东侧海面填埋后，在干潮面下8～9米处筑造高14米、长1,100延长米的岸壁，并在此附近新建帆船停泊场。当时的大连港岸壁总计为5,550延长米，其中，第一码头为758.2延长米，水深8～9米；甲码头346.7延长米，水深8.5米；第二码头1,332.7延长米，水深8～10米；乙码头272.7延长米，水深9米；第三码头1,333.4延长米，水深9～11米；丙码头270延长米，水深9米；第四码头841.41延长米（已建成），水深9～11米；长门町码头394.75延长米，水深4～7米。当建成第四、第五、第六码头后，大连港的岸壁长度将达8,215延长米。其中，1939年9月建成的第四码头550延长米，水深9～11米；1940年后建成的第五、第六码头2,115延长米，水深8～9米。

C.货物装卸场工程。当时，大连港有装卸场3,670延长米，水深为0～3米，其中，用作驳船装卸场使用约700米。此次扩张计划，将北岗子海面填埋，建货物保管场和装卸场地。预期1939年扩大装卸场1,000延长米，水深0～3米，其中460米作驳船装卸场使用；1940年后扩大装卸场为1160延长米，水深0～3米，全部用作驳船装卸场使用。到时大连港的装卸场总计将达5,830延长米。

D.甘井子钢材栈桥工程。当时甘井子煤炭码头栈桥为657延长米，水深9米；寺儿沟栈桥为753延长米，水深7～10米。预期1940年后，在甘井子海面筑造4月份处钢材专用栈桥，为600延长米，水深9米。

E.陆上设施。陆地现有约40.9万平方米的仓库设施，今后还要在正在建设的第四码头及将要筑造的第五、六码头增设24.2万平方米仓库面积，使仓库面积达到65.12万平方米。同时还要相应增加露天货场的面积。当时大连港的露天货场为58.51万平方米，计划在1940年后扩大11.8万平方米，使其总面积达到70.31万平方米。当时大连港有贮炭场14万平方米，位于甘井子，此次计划没有扩大预期。

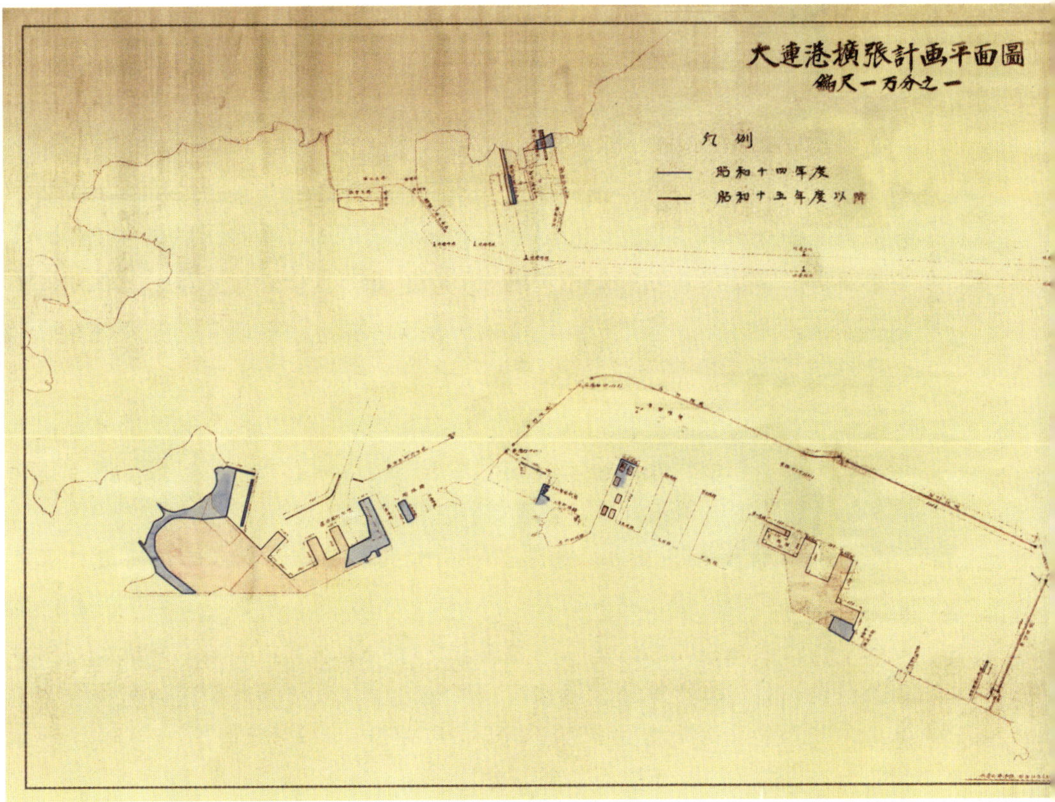

图4—7
1939年4月11日，大连港扩张计划平面图。

F.驳船和系船浮筒。1939年时大连港有驳船45艘，满铁计划当年增加50艘，1940年增加150艘，总计达到245艘。当时大连港内有浮筒4个，计划在1943年后增加到10个。

然而，东部方案新建岸壁、水深等都要充分满足今后的使用要求，且建造新的防波堤也需要投入大量的工程资金。同时让满铁担心的问题还有，施工中，势必对港区的现有输送能力造成影响，也就是说，由于老港桥处理货物能力低下，当时已经制约了铁路的运输能力。待到东港区设施扩建完成，吃不饱的矛盾将会更加突出。不能充分发挥新扩建设施的效能，码头仓库的面积也显得狭小。因此，东港扩港方案最终没有完全实施。

西部扩张方案：

即在香炉礁岸边建造码头。针对该方案出现了比较严重的意见分歧，焦点集中在对应入港船只的吃水吨位、装卸货物能力等方面。该方案的缺点：一是香炉礁港区水深不够，需要通过挖泥船疏浚解决，挖出的海泥可以填海造地。二是与现有老港区设施分离，这一点是不可避免的。三是随着港口吞吐能力的增加，港口仓库库位不足、铁路运输能力受到制约的状况也会愈加突出，铁路调车场和卸船泊位也不充裕。对此，满铁审议委员会不得不决定变更实施西港方案。通过对大连港实际水深和岸壁长度测算的结果证实，西港建设中只应选择水深超过8米并易于建造岸壁的地方施工。同时，为解决仓库不足、调车场和卸船泊位不够，以及铁路运输能力受到制约的问题，如香炉礁不能现地改扩建的话，计划在南关岭附近或者春柳屯修建较大的铁路调车场，这些地区地带开阔，便于建设大面积库房。

这样西港方案被采纳。西港扩建工程具体是：计划在香炉礁设计建造一组码头，其中，最先建成的是香炉礁第三码头（又称西港二码头）和与其相连的顺岸码头。西港扩建工程技术含量高，工期紧，需要大量沉箱，牵涉到沉箱设计及进水等复杂设施建造。在此之前，甘井子码头建设时使用沉箱件，在世界上是首次尝试。为了西港工程建设，满铁特别设立了大连改良事务所作为建设机关，协调西港的建设和春柳屯铁路调车场的建设。

大连港建设总费用为55,619,940日元（不包括海上项目）。其中，西港建设工程总费用为12,929,197日元。西港工程费用中，岸壁建设工程费为3,183,868日元（岸壁建设包括1942年竣工的第三码头，1943年竣工的乙码头）；沉箱工程费为731,054日元；航道疏浚费为9,014,275日元。

1939年9月，大连港四号码头建成，标志着以4座凸堤码头、3座顺岸码头和长门町码头组成的大连码头全部建成。围绕码头的防波堤亦全部建成，水域面积310万平方米，港内铁路、仓库、堆场一应俱全，具备了多种类货物装卸、旅客上下和水陆联运功能，形成了一个完整的综合性港区，年装卸能力达1,000万吨。到1942年，又先后建成了黑嘴子码头、香炉礁码头（时称西港二码头）和黑嘴子渔港码头（时称露西亚町码头）（见表4-6）。

西港建成后，大连港的岸壁总长约1万延长米，其年吞吐能力可达1,500万吨，最大为1,800万吨。

自1908年起，经过三个阶段的建设，大连港口设施不断完善，港口功能迅速增强，到1945年，已成为拥有40个泊位、可同时停靠37艘3,000吨级船舶、年吞吐量可达1,800万吨的深水大港，使大连成为东北地区的贸易中心（见图4-8、图4-9）。

1945年日本战败投降后，大连港被苏联军队接管，1951年移交给中国政府（见图4-10）。

表4-6　1939年大连港西部扩张工程情况

名称	工期	规模	类型	用途
黑嘴子码头建设	1928年—1939年12月	防波堤长1,000米，四码头长385米，宽88米，二码头长160米，宽60米，三码头长200米，宽60米；在突堤码头区间建设3座顺岸码头各长163米,泊位水深在4米以内	3座凸堤码头和3座顺岸码头	帆船停靠
大连港四码头建设(至此大连码头全部建成)	1939年9月建成	岸壁延长1,392米,其中东、西侧各长606米，北端宽180米	直立式凸堤码头,结构沉箱重力式	进出口货物装卸
香炉礁码头（西港二码头）建设	1939年—1942年6月1日	岸壁延长987米,北侧长407米，南侧长420米，宽160米	直立式凸堤码头,结构沉箱重力式	进口码头
黑嘴子渔港码头（时称露西亚町渔港）建设	1939年—1942年	东码头长361米，宽100米，西码头东侧长256米，西侧250米，宽90米；东码头和西码头根部之间为一顺岸码头长225米	2座凸堤和1座顺岸码头	

表4-7 大连港围海填埋工程情况[1]

序号	填埋地位置	填埋地名称	填埋申请批准面积（平方米）	竣工实测面积（平方米）	批准文号	许可时间	是否竣工	竣工验收时间
1	甘井子满化工场东侧	甘井子海面填埋地	4,000.00	4,249.50	77	1935.02.13	是	1938.03.31
2	寺儿沟第一栈桥以东	寺儿沟海面填埋地	328,128.21	328,128.21	206	1926.02.20	是	1936.03.15
3	第四码头	第四码头	255,210.00	255,472.37	903	1923.06.02	是	1939.08.20
4	小岗子填埋地	小岗子海面填埋地	944,100.00	943,770.34	192	1919.03.14	是	1935.11.29
5	北岗子填埋地	北岗子海面填埋地	94,320.00	86,855.48	1526	1926.09.13	是	1931.01.10
6	马家套填埋地	马家套海面填埋地	208,000.00	186,420.70	1286	1927.07.20	是	1939.10.15
7	香炉礁	海面填埋第一期工程	83,280.00		479	1932.03.15	否	
8	香炉礁	海面填埋第二期工程	128,310.00		1663	1934.07.02	否	
9	香炉礁	海面填埋第三期工程	70,000.00	66,382.75	508	1936.06.13	是	1940.08.30
10	香炉礁	海面填埋第四期工程	5,000.00		4010	1938.12.13	否	
11	香炉礁	海面填埋第五期工程	773,700.00		2523	1939.07.24	否	
12	香炉礁	海面填埋第六期工程	618,000.00		5782	1940.06.12	否	
13	香炉礁	海面填埋第七期工程	1,151,500.00				否	
14	甘井子防波堤西侧	码头用地填埋第一期工程	7,700.00	14,784.78	1128	1934.04.30	是	1940.08.30
15	甘井子防波堤西侧	码头用地填埋第二期工程	57,700.00		4293	1938.12.27	否	
16	甘井子第二码头东侧	甘井子海面填埋工程	302,000.00				否	
17	露西亚町	渔港筑造工程	144,402.00		1041	1937.09.29	否	
18	露西亚町	入船三番码头筑造工程	12,000.00	12,000.00	3695	1938.11.17	是	1940.09.25
19	露西亚町渔港邻接地	北岗子海面填埋工程	67,800.00		5344	1940.06.06	否	
20	浜町二番地头海面	浜町海面填埋工程	7,299.00	7,299.00	3694	1938.11.17	是	1940.12.16
21	寺儿沟海面（第一码头以东海面）	寺儿沟海面填埋工程	380,000.00		2522	1939.07.24	否	
22	甘井子第一码头西侧	甘井子第三码头筑造工程	126,000.00		2620	1939.07.28	否	
23	露西亚町渔港填埋腹地	露西亚海面填埋工程	34,079.00		2020	1940.05.03	否	

1 根据满铁1940年《大连港公有水面填埋工程调查件》和1942年《大连港填埋竣工确认后登记相关件》制作。

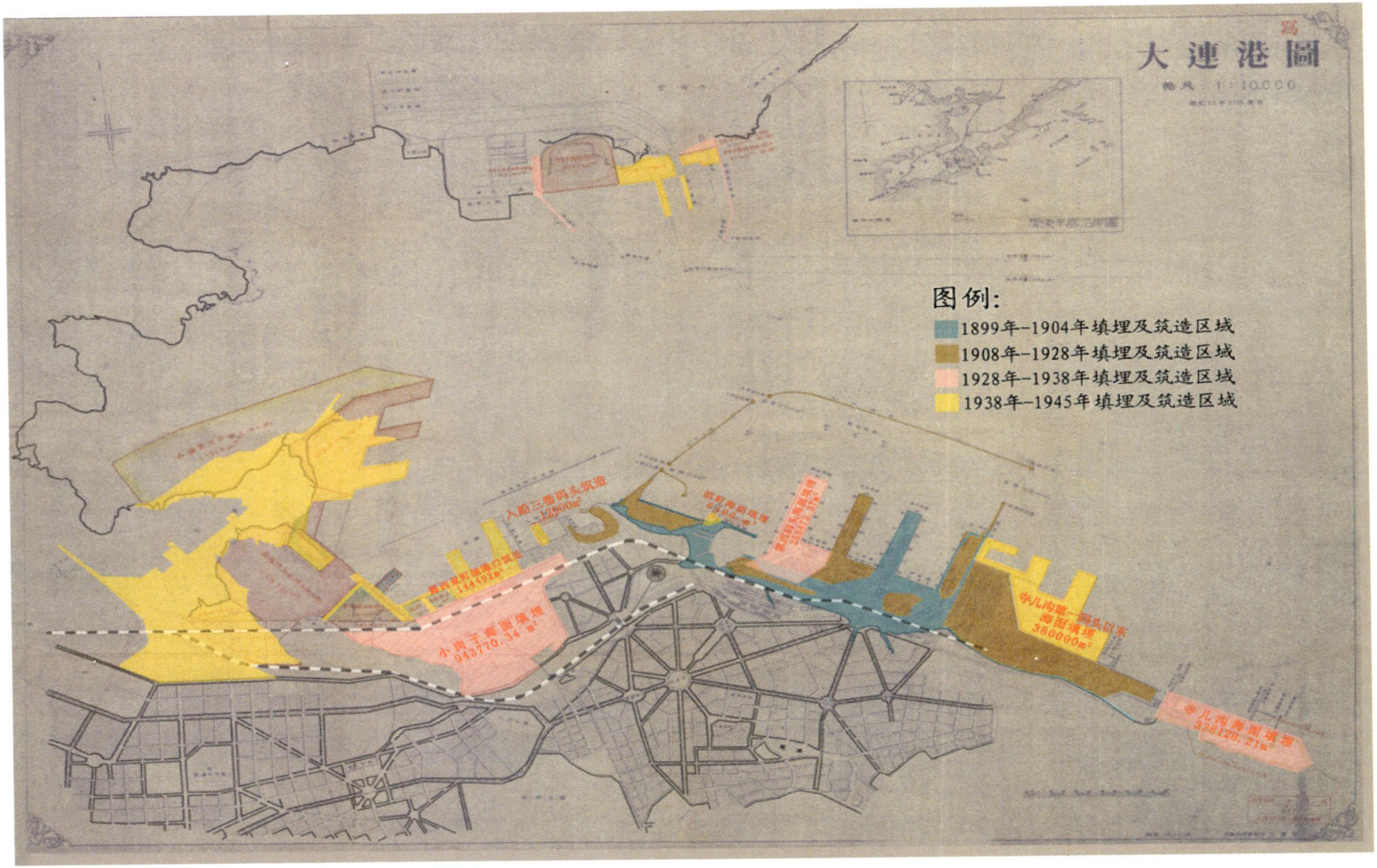

图4—8　1899年—1945年，大连港筑港示意图。（根据沙俄和日本殖民统治时期相关筑港档案资料制作）

图4—9
1945年，大连港全景。

图4—10
1951年2月1日，中苏交接大连港签字仪式。从此，大连港真正回到了祖国怀抱。

大连港口现状：

斗转星移，沧海桑田，新中国成立后，特别是沐浴中国改革开放的春风，30年来，大连港口发生了巨大变化。

根据最新普查数据，大连黄渤海两海岸线总长度约2,211公里，其中，大陆岸线约1,371公里，岛屿岸线约840公里，是全国海岸线最长的城市。东北地区适于开发深水港的基岩海岸几乎全部位于大连市辖境内，是港口岸线资源最为丰富、质量最为优良的地区之一。

以建设东北亚国际航运中心为目标，2008年7月，《大连港总体规划》获得了批准并实施。主要港区中，《长兴岛港区总体规划》、《大连港旅顺新港港区总体规划》也于2009年6月

图4—11
2012年规划的大连钻石海湾概念效果图。

获得批准。2006年11月，长兴岛港区的开发改变了大连在渤海沿岸无大型深水码头的历史，使大连港口发展从以黄海为核心向黄渤海均衡发展方向转变，在港口布局与结构调整方面迈出了新的一步。生产性泊位中，客运、通用杂货泊位占60.3%，液体散货、干散货和集装箱等专业化泊位占39.7%，泊位结构基本合理。集装箱码头靠泊吨级提高到7万～10万吨级，矿石泊位最大靠泊吨级提高到40万吨级。大窑湾二期、30万吨级原油码头、30万吨级矿石码头、汽车码头等一大批大型专业化深水码头陆续投入运营，基本形成了适应国际航运中心发展要求的现代化港口体系。2012年，大连港口泊位达到196个，实现货物吞吐量3.74亿吨，位居全国第7位、全球第9位，跻身全球十大港口之列；集装箱吞吐量完成800万标箱，位居全国第7位、全球前20位。以“一岛三湾”（大孤山半岛、大窑湾、大连湾、鲇鱼湾）核心港区和长兴岛临港工业港区为主体的大连“两区一带”港口格局基本形成，大连已建成了亚洲最大的粮食物流集散地和全国最大的油品、汽车滚装、散矿、杂货物流集散地，建成了大孤山和大连湾石化、修造船和装备制造等行业基地，成为中国北方临港产业集聚效应最显著的地区之一。

2009年，按照大连全域城市化战略布局，《大连市城市总体规划》对大连港东部老港区功能进行了重新定位。港区仅保留客运滚装、城域物流等功能，其他港口功能向大连大孤山半岛、大窑湾、大连湾、鲇鱼湾“一岛三湾”地区转移。大连港东部地区功能定位为城市商务中心的延伸区、国际航运中心的服务区、邮轮经济核心区。优先发展金融、商贸、中介服务、总部经济和旅游等现代服务业，形成航运服务中心集聚效应。目前寺儿沟、大港区、香炉礁已经搬迁，黑嘴子、甘井子等对城市环境影响较大的港区亦将陆续搬迁，较大的港口逐步向北转移，把原来用于工业的港口岸线，还于市民，改为城市的生活岸线，为市民营造一个亲水、近水的海岸环境，完成从港口功能向城市功能的转变。

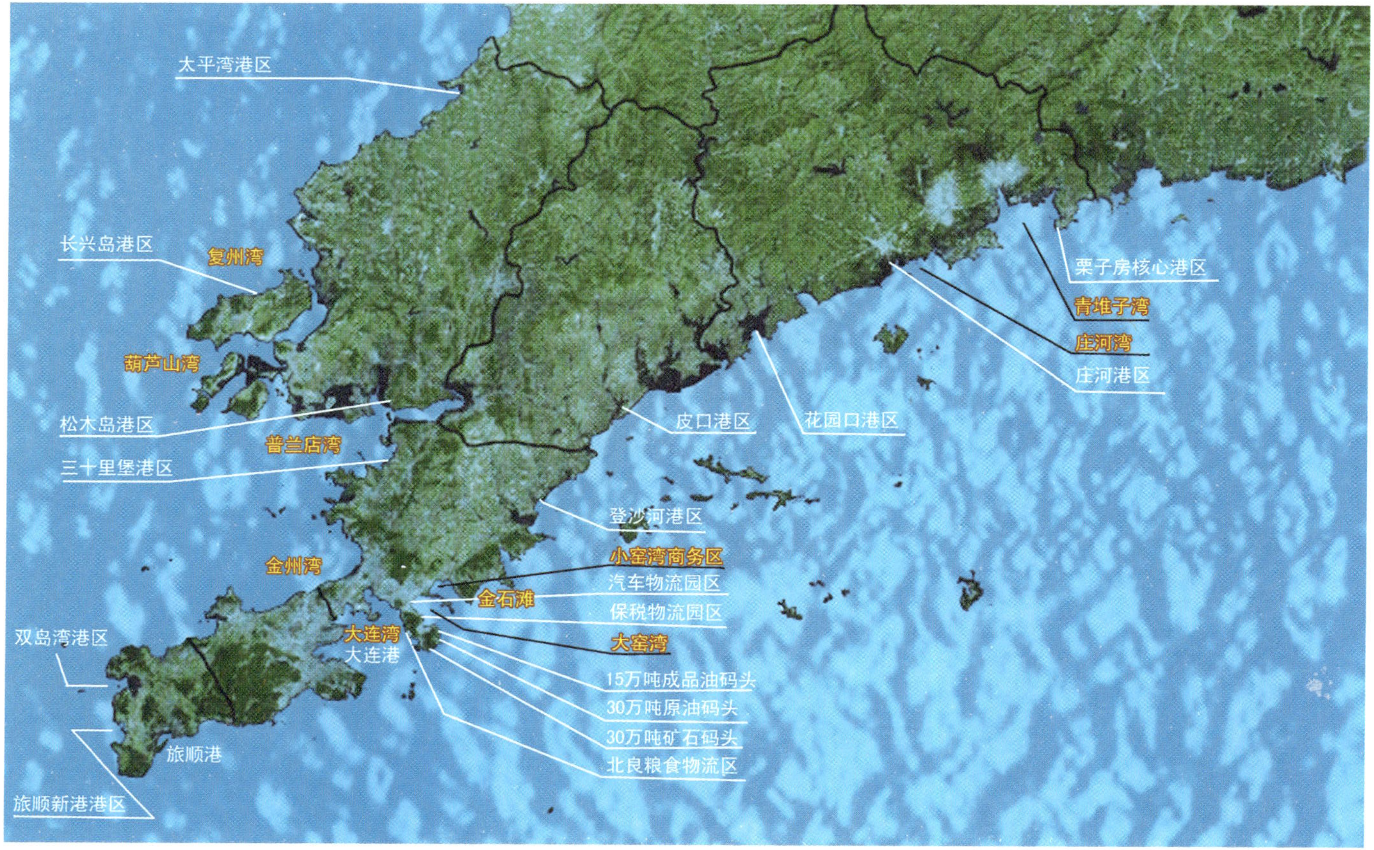

图4—12 2011年，大连港口布局图。（根据大连港口布局图制作）

第五章

沙俄建设达里尼市

1901年，达里尼市工程师大街（今俄罗斯风情街）。

大连因港建市，以港立市。沙俄在规划建设商港的同时，大连城市的规划与建设也同时展开了。

沙俄殖民当局一开始就将港口、城市、铁路纳入统一规划、统筹建设之中，以全球化视野，欲在短期内将大连市打造成类似北美繁华都市的港口城市。为此，殖民当局高起点规划，斯科里莫夫斯基改变了萨哈洛夫最初的设计方案，他运用19世纪先进的城市规划理论和实践成果，根据半岛丘陵地貌的特点，结合建设全世界重要贸易中心及远东一流城市的目标定位，创造性地将大连的城市形象设计成今天的模样。110多年来，这一规划穿越时空，已经、正在、也必将对大连城市和生活在这座城市的人们潜移默化的产生深刻影响。

到1903年，大连城市建设初具规模，行政区已经建成，欧洲区道路架构基本形成，一座独具特色的欧式港口城市出现在了辽东半岛的黄海之滨。

近代港口城市建设中，无不遵循因港立市、以港兴市、港城一体、共同发展的方式。大连湾商港、城市的建设也不例外。早在占领不冻港之初，沙俄当局就有了同时建设远东繁华都市的打算，这在大连湾港选址时成为必要条件之一。最后，大连湾港选址于今天的大连港位置，原因之一就是此处陆地呈缓坡向南部山脉延伸开去，呈相对平坦地势向西部伸展开来，且面积相当可观，非常适合依港建设城市。因此，在规划和建设大连湾商港的同时，大连湾城市的规划与建设也同时展开了。

1.商港、城市、铁路统筹规划

110多年前，沙俄当局要建设大连湾港口和城市的地区，几乎是未开垦的处女地，分布着东青泥洼、西青泥洼和黑嘴子三个村庄。东青泥洼约有17栋民房，故俗称“17间房”，散落在今植物园、儿童公园与民生小学一带之间，东青泥洼河从南向北流经此地，穿过今天的民主广场后流入海湾。西青泥洼有20户人家，位于今劳动公园所在地，西青泥洼河流过村庄，流经青泥洼桥后向北流入海湾。黑嘴子村位于今天的黑嘴子码头以东，是一个有20户人家的渔村。三个村庄和位于其西部的由十几户人家组成的西岗子村一带，沟壑纵横，杨柳依依，古松掩映，渔歌唱晚，炊烟袅袅，一派恬静自然的田园风光。然而，在沙俄规划师的画笔下，此地瞬间变成了大连湾商港和达里尼市区，紧接着就被轰鸣的机器声和城市的喧闹所充斥。

纵观19世纪末沙俄在远东的城市规划与建设，与几乎同期建设的哈尔滨相似，达里尼市建设成本相对较低，建设用地代价较小，需要动迁移民但数量相对不大，这样可尽量避免因城市建设而与当地原住民产生的矛盾冲突。而当时的长春、盛京（今沈阳）等已经形成了中国城市，沙俄殖民当局只好在已有城镇的前提下另择铁路附属地进行建设，如果在原城基础上建市，其难度相对较大。沙俄对辽东半岛的租界更不同于当时列强在中国上海、天津等城市建立的租借区，前者拥有更大的特权和更广泛的“用武之地”，后者则地域狭小，处处受到“限制”，只能“小打小闹”地建一些单体建筑。

此时的大连湾地区对沙俄当局来说，正是一张白纸，如何绘就一幅理想的城市图景成为当务之急。

图5—1
东清铁路公司副董事长盖尔别茨。

1898年3月27日签订的《旅大租地条约》墨迹未干，大连湾商港和城市的选址还未确定，远在符拉迪沃斯托克的远东铁路公司副董事长盖尔别茨就于4月14日发电报给沙俄财政大臣维特：“我对香港、新加坡和日本等地标准港口进行调查研究后，再回头看看我们的符拉迪沃斯托克：缺乏整体规划，各部门相互扯皮，没有马路，供不上水，街道上到处脏乱不堪，物价昂贵，让人实在痛心。在占领大连湾前夕，应在当地制订出城市及相应港口设施、船坞、修理厂的所有设想和建设规划，并提交给财政部特别委员会的某个中央机构审查。每一项工程都应委任一名经验丰富的技术人员全权负责实施。请呈报财政大臣：如果他不强力干预，如果财政部不设立大连湾和旅顺建设特别委员会，届时，相关部门就会争论不休，建设工作就会缺乏任何的统一规划，人力物力价格会空前高涨，花费大量经费后只会建设出一个与符拉迪沃斯托克差不多的港口。大连湾地区现在已出现土地投机行为。”[1]

可见，达里尼商港和城市规划从一开始就注意吸取沙俄在远东符拉迪沃斯托克的教训，积极借鉴当时世界上先

1俄罗斯联邦国家档案馆（323—1—1163）：《盖尔别茨工程师从符拉迪沃斯托克发回的密码电报》，5～7页。

进的港口和城市的规划建设经验，贯彻了科学统筹的原则，未雨绸缪，统一规划，统一指挥，相互协调，高效推进。“在对港口进行规划的同时，也看到了对未来市区各项设施的规划的必要性，以便于这个新兴城市的发展能够正确地按照预先设想好的已被确认的计划进行。这样的话，事业就有希望避免可能的、在很多港口的规划中都曾出现过的错误——在其开始阶段，对铁路、港口和其附近的市区之间的关系没有给予相应的重视。这种初期出现的错误可能会成为极其严重并无法弥补的后果，会产生完全不是生产性的以外出现的费用，并束缚了城市生活自然发展。”[1]

此外，盖尔别茨认真研究了手上的一份机构的报告，其最希望看到的即将出现的这个远东城市应该是既像港口又像城市那样进行建造，这样“既是为港口，又是为城市，使用统一的技术设备、共同的供水设施等等，可以极大地节省建造费用”。[2]

按照上述理念，建设远东的大连湾商港和城市，对沙俄当局是一项具有开创性的意义非凡的工作。为此，沙俄当局向东清铁路公司提出明确要求：“要全部满足正在兴建的铁路和港口的需求的同时，兴建所有必需的城市设施，并且，现在兴建这些设施的费用，中国远东铁路公司可在将来向个人销售或租赁市区和近郊的土地中返回。”[3]

盖尔别茨极富远见的提醒，得到了参与大连湾商港和城市建设的沙俄殖民当局上下的一致认可，并形成了共识。对此，沙俄负责大连湾商港和城市建设的最高主管部门财政部及其部长维特，对大连湾商港、城市、铁路统筹一体的规划给予充分肯定：“达里尼港口处于繁华喧闹的黄海中心和伟大的西伯利亚铁路的终点，具备成为繁荣的世界贸易中心之一的所有条件。因此，达里尼港口和城区规划的制定考虑到了未来达里尼的广阔发展空间。”[4]

1俄罗斯联邦国家档案馆（323—1—1163）：《盖尔别茨工程师从符拉迪沃斯托克发回的密码电报》，5～7页。

2同上。

3俄罗斯国家历史档案馆（560—28—104）：《财政部关于大连湾商港建设和允许东清铁路公司兴建大连湾城市情况》。

4同上。

2.城市命名与定位

（1）确定“达里尼”为城市名称

从侵占辽东半岛的那刻起，沙俄殖民当局就开始为商港的选址和规划建设费尽心思，一座远东新兴的港口城市呼之欲出。“随着港口的兴建，世界各地的工商业将涌进大连湾，随之而来会有巨大的商业效益，毫无疑问，在维多利亚港湾将诞生城市的生活。”[1]就像一个即将来到世间的婴儿一样，当务之急是为其找到一个“合适”的名字。1899年8月11日，沙皇尼古拉二世在致财政大臣维特的信中指出：“目前我们承认，是为追求财富而在它（大连湾商港）周边着手兴建城市设施，并将其称为达里尼。”[2]其写下了“Дальний”之名，俄语为“远方”之意，汉语音译为“达里尼”（见图5-2）。从此，在黄海之滨诞生了一座名叫“达里尼”的城市。

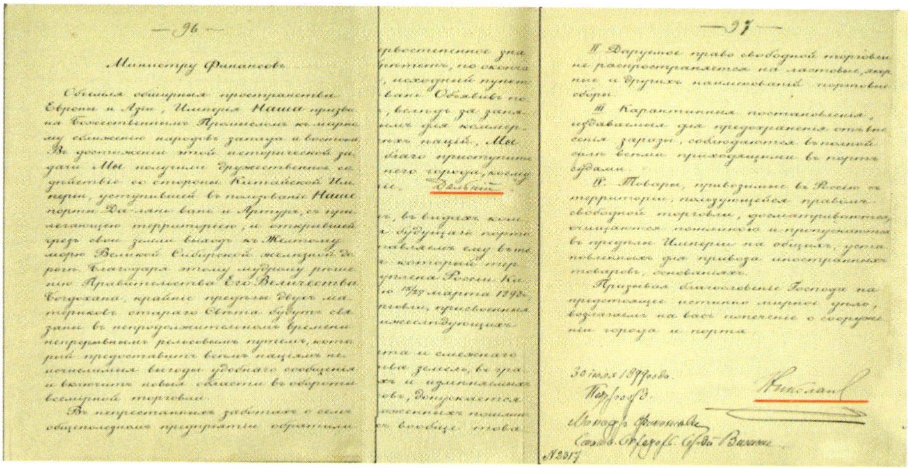
— 96 —

Министру Финансовъ

Дальний

— 97 —

图5-2
1899年8月11日，沙皇尼古拉二世致财政大臣维特的信。其中，第二页红线标示处为沙皇亲笔书写的“达里尼”之名；末页红线标示处为“尼古拉”签名，该页左下方为沙俄财政大臣维特手写记录的时间：1899年7月30日。

1俄罗斯国家历史档案馆（560—28—104）：《财政部关于大连湾商港建设和允许东清铁路公司兴建大连湾城市情况》。
2俄罗斯国家历史档案馆（500—38—179）：《1899年7月30日，沙皇尼古拉二世致财政大臣维特的信》。

【译文】

致财政大臣

我们的帝国建议，辽阔的欧亚大陆是东西方人民和睦相处的最佳地区。在完成这个历史使命的过程中，我们得到了中国方面的友好协助，将大连湾港和旅顺口港及其周边地区割让给我们使用，在这片土地上，打开了伟大的西伯利亚铁路通往黄海的出口。感谢其政府明智的决定，在短时间内，两个大陆的最终端将通过这个不间断的铁路连接起来，这将开辟世界贸易往来的新领域，便利的交通条件将给所有国家带来无数的利益。

在不断地推进这个拥有共同利益的事业中，我们将获取这条线路的末端，起点站——大连湾港作为具有头等意义的大事被列入了（事业中）。在占领这个港口之后，宣布其将为所有国家的商务船队开放。目前我们承认，是为追求财富而在它周边着手兴建城市设施，并将其称为“达里尼”。

为了使这个未来港口城市朝着商业港的目标发展，根据中俄1898年3月27日签署的协议，在中国将其割让给俄罗斯的整个期限内，在下面的基础上，赋予这个地区商务港的自由贸易权：

1.对城市、港口和它们之间的土地上，在所有的由财政部长确定并变更的边界线以内，允许免除所有进出口货物的海关税。

2.所颁布的自由贸易权不免除舰船吨位税、锚地税和其他一些港口税费。

3.所有进出港船只必须全力执行已经颁布的用于预防病原体入侵的卫生检疫条例。

4.从自由港权限地区运进俄罗斯的货物，要做清税检查，放进俄罗斯境内，应遵循通用的外国货物运进俄罗斯的规定。

你们身上肩负的是建造港口和城市的重任，这是一项真正的和平事业，祝福先生们。

尼古拉

日俄战争之后，1905年2月11日，日本辽东守备军司令命令改“达里尼”之名为“大连”。1905年至1945年，日本殖民统治大连40年。1945年8月22日，苏联红军进入大连，大连获得解放，被设为旅大市。新中国成立后的1953年3月12日至1954年7月31日期间，旅大市系中央特别直辖市。1981年，旅大市更名为大连市。

一直以来，关于大连建市之日的争论持续不断。有人认为大连建市应该从旅顺建市之日算起；有人认为按照中国的传统做法，应该是大连开埠建市破土动工奠基之日；俄罗斯学者普遍认为，按照俄罗斯的习惯做法，一个城市被法律文书确定兴建之时，或沙皇的命名或批准之日，即为建市之日。1999年9月19日，大连市确定该日为大连建市百年纪念日。

（2）城市建设目标定位：模仿北美都市打造远东繁华港口城市

从设想建设远东的港口城市之始，沙俄殖民当局就将其纳入全球视野，以当时世界上相似区位的先进城市为范本，急切地希望将其打造成全球一流的繁华都市。“眼前有许多北美洲城市的例子，例如：旧金山、芝加哥、温哥华和其他城市，由于兴建了铁路和港口，几十年的时间，就由一个贫瘠的小村庄演变成人口众多的繁华城市。可以想象，大连湾将会有独特的发展条件，也会这样快速地发展。”[1]

这里，对准备建设的大连湾商港和城市的设想与定位，不仅显示了沙俄当局的勃勃野心，也说明了沙俄当局的冷静思考。充分利用大连湾的区位优势，迅速构成集港口、城市、铁路为一体的集疏运体系，将远东与沙俄本土紧紧联系起来，不仅可满足战时的运兵和后勤补给之需，也使中国的整个东北牢牢控制在自己的手里，从而切实增强了其在远东占绝对优势的整体实力，也使达里尼商港成为远东的航运中心，进而成为远东的贸易枢纽，最终成为全世界重要的贸易中心。

[1]俄罗斯国家历史档案馆（560—28—104）：《财政部关于大连湾商港建设和允许东清铁路公司兴建大连湾城市情况》。

3.城市总用地规划

1899年4月7日，东清铁路公司召开会议，研究萨哈洛夫提交的有关大连湾港和大连湾城市建设土地征用问题的报告，并就征地范围、征地费用等形成了决议。规划用地范围确定为："西部边界应该从维多利亚湾开始，沿河（石家河，即今大连热电厂后臭水套春柳河）至2俄里的南泡子（今泡崖南），未至石家沟村边界，穿过山，一直到马栏河村。然后向东南方，直到马栏河出口以西2俄里的海边，在北、东和南三面土地被征用直到海边，大约有7,000俄亩（1俄亩=16.35市亩，下同）。除此之外，还要征用马栏河谷地，马栏河村向西3俄里狭长地带将用来建设供水站。"[1]（见图5-3）"用地划定后，东清铁路公司对面积71平方俄里，共计7,000人口的地区拥有充分权利。"[2]

达里尼总规划用地分为"即将建设的城市区"和"未来城市扩展区"两部分。城市区，包括港口陆地区，即图5-3中深红色部分，"目前规划方案中未来的市区面积大约是9平方俄里，人口大约是10万人。"[3]其中，欧洲区4.55平方公里，行政区0.44平方公里，其余为中国区，约5.25平方公里。"但是，为了不束缚城市未来的发展和便于它的经营，在未来，建议将维多利亚湾附近的70多平方俄里面积的土地划归国有。"[4]未来城市扩展区即图5-3中红色区块以外的区域，位于中心城区的西部和南部，包括红色虚线圈内的马栏河谷。1900年之后，也许是规划修建马栏河水库大坝的缘故，马栏河谷原虚线圈定的区域没有

1俄罗斯国家历史档案馆（323—1—1511）：《东清铁路公司会议决议》，1899年4月7日。
2俄罗斯国家历史档案馆（323—1—1203）：《达里尼市政机构建设档案》，7页。
3俄罗斯国家历史档案馆（323—1—1517）：《达里尼市再次征地卷》。
4同上。

图5-3　1899年5月，大连湾港口和城市规划总平面图。（中文为翻译所加）

纳入城市未来扩展区内。

以东清铁路公司董事会于1899年5月4日至6日召开的大连湾商业港口和城市规划草案审查特别会议为标志，达里尼商港、城市和铁路的整体规划已基本形成。

总规划制定之后，在进行征地时，位于规划中的商港与城区北面，与其隔海相望的半岛，即今甘井子、椒房、海茂一带，起初没被纳入达里尼城区划地范围，但却引起了达里尼建设当局的关注。1900年1月24日，萨哈洛夫在给沙俄财政大臣维特的电报中指出："随着达里尼市工业、贸易不断发展，上述半岛的地段将会寸土寸金。其原因是该半岛坐落在山的南坡的海岸地段非常适合工厂建设仓库和市场，并且，以后乘坐快艇或其他浮动设备，与港口联系很方便。如果分界线从三十里堡向东北延伸，那么就势必会再划入26平方俄里的面积（其中50%是农田）。这样一来，划地费用就会增加近18,000卢布。今天花费这样一笔费用是超前花费，但我还是决定报呈阁下阅示。"[1]

1900年1月27日，维特电报回复："由于该地区邻近正在建设中的新城市，所以这个半岛上的土地将会随着达里尼经济的发展而价值不菲。因此，为避免被投机分子获取，我已根据东清铁路公司董事会的申请，授权董事会将位于维多利亚港北面、从南三十里堡(今周水子火车站)向东北的画线标记的区域收归国有。"[2]同年4月27日，东清铁路公司董事会指示萨哈洛夫："董事会在仔细研究你提交的有关宣布维多利亚港北部26平方俄里的沿岸地区为保护区的请示之后，经财政部长同意，董事会认为，宜立即将该区域收归国有。"[3]但是，此后爆发的义和团运动曾一度影响了此项征地工作，而在实际规划中，从1901年开始就将甘井子梭鱼湾、金家街、椒房、海猫、大盐岛沿海一带29.6平方公里土地纳入城市总用地范围（见图5-3）。

这样，1899年之后，达里尼城市用地范围尽管有调整，但到1903年时基本确定了下来（见图5-4）。达里尼的总规划用地面积达110多平方公里，与中国改革开放后直到本世纪初大连主城区中山区、西岗区、沙河口区和甘井子区城区部分的面积基本相当，但其人口差别较大（见图5-5）。前者在主城10多平方公里的核心区计划人口为10万，而后者此时已有170多万人口。

1俄罗斯国家历史档案馆（323—1—1517）：《达里尼市再次征地卷》。
2、3同上。

图5-4　达里尼市不同时期规划占用地区域图。（根据相关档案资料制作）

城郊规划：

在总规划图中，城市区之外的郊区，根据地形、区位、建筑物的功能、距中心城区的远近等，分别设置了一些不适于中心城区，并与之配套的必要的公共建筑（见图5-3）。

别墅区设置。“修建别墅的最佳地点是大岭前、棒棰岛、老虎滩。的确，在这里北风完全被山脉阻挡，有充足的植被且距离城区不远，交通方便，有一条路通过前西青泥洼和东青泥洼村旁，穿过两个慢坡道口通到这

图5—5　1988年，大连市街图，其用地范围与1901年之后的城市总用地范围基本一致。

里。缓坡下的沙滩海岸紧挨着别墅区，作为海滨浴场非常方便。”[1]被规划为别墅区的地方还有位于市郊马栏河入海口的一处，即今天的星海湾，毗邻海滨浴场。1899年规划时，地处寺儿沟的一处海边地域也被规划为别墅区，有沿海道路与城中的彼得堡沿岸街相连。到1903年规划最后形成时，寺儿沟地区的别墅规划已取消。

疗养院设置。在喧闹的城市之外的郊区选择风景秀丽、环境优美、安逸静谧之地建立疗养院，以便休养身心，充分享受生活，一直是欧洲人的传统，俄罗斯人亦然。沙俄的势力在侵入中国东北之时，就把疗养院建设纳入了日程，达里尼的城市规划也不例外。1901年7月26日，沙皇特使罗曼诺夫

1俄罗斯国家历史档案馆（350—18—14）：《萨哈洛夫关于达里尼商港、城市规划的报告》，1900年6月1日。

给萨哈洛夫发电："奉旨从国家金库拨款20万卢布用来在东清铁路辖区或者阿穆尔河（黑龙江）沿岸区建设疗养院。同时财政部指示，如果一旦疗养院地点选择在达里尼附近，请您协助建设。"[1]起初，疗养院想选在达里尼市政府附近，最后，选址南部海滨的傅家庄。1902年12月31日，萨哈洛夫向东清铁路公司汇报时指出，建设疗养院，临近山坡是最基本的条件，否则不可能达到所有疗养院必需的条件。从经济角度考虑，整个傅家庄谷地（土地较为贫瘠）对市政府没有特别重要的意义，因此划拨面积大小没有实际意义。

但是，因为财政大臣要求在傅家庄建设军事疗养院的同时保留足够大的地块，以便将来可能建设私人疗养所，所以，萨哈洛夫仔细分析了傅家庄满足其条件的优势所在："建私人疗养所最好的地方应该是傅家庄谷地的西部，因为谷地中间一个不高的丘陵地带正好作为两个疗养区的自然分界线，而且整体地形方便两个疗养区扩张，相互不影响。"[2]并大致画出了未来的疗养院范围："向东——沿着近处的山顶，向北——紧挨着通往达里尼市内

1俄罗斯国家历史档案馆（323—1—1254）：《关于在达里尼设立疗养院》，3页。
2同上。

图5—6
今日的傅家庄已是4A级景区，数家疗养院坐落其间。（作者摄于2012年10月）

道路的山口，同时左右沿着山脊，向西——沿着深峡谷的河道一直到南向的界线海边。”[1]

达里尼建市之时，将傅家庄规划为疗养区，为这一地区后来的规划与发展做出了历史性的定位。

但凡可以作为人们疗养之地，并进而成为疗养胜地的地区，必然是适宜人类居住的。新中国成立之后，1950年代初，为给抗美援朝回国的军人选择疗养之所，刚从苏联回国的空军司令刘亚楼上将在视察的飞机上首选了位于付家庄的空军疗养院。当时是否有熟悉沙俄时期档案的苏联专家指点不得而知。也许是历史的巧合。之后，相关部门在傅家庄相继建立了沈阳军区大连疗养院、中国民航疗养院、中国煤炭疗养院、中国外交部疗养院等规模较大的疗养院所。现在，傅家庄早已成为著名的4A级风景名胜旅游区，碧海、蓝天、阳光、沙滩，连绵起伏的莲花山脉，曲折蜿蜒的滨海路，构成了一幅风光旖旎、令人心旷神怡的山水秀景，吸引着大批中外游客。特别是近年来，每到盛夏季节，俄罗斯游客蜂拥至傅家庄度假、休闲，为这里增添了几分靓丽的欧美风情，使人不禁想起100多年前那个将傅家庄作为疗养院的选址与规划，早已把欧洲人的生活习性、精神品味和意志期许融入其中，可谓具有世界眼光。

跑马场设置。供城市贵族游乐的跑马场被规划在西部郊区的马栏河旁（今沙河口区南沙地区），并规划有一条快速公路从市中心直通此处。

墓地设置。墓地的安排是一个城市规划的组成部分，中外概莫能外，具有高度宗教信仰的欧洲尤为重视。达里尼城郊规划将欧洲人墓地选址在城市南部山谷中，距当时沙俄规划的军队医院（位于今武昌街）仅1公里多路程有利于方便就近下葬。同时，这里高山环绕，浅谷幽静，一条小道通向外面，出口100米左右就是中心城区通往老虎滩的道路（今解放路），交通十分方便，可谓安息的好地方。大连解放后，将一些苏军烈士安置于此，改称青云沟苏军烈士陵园，大连百姓称之为“苏联茔”。今天，青云沟早已纳入中心城区，周边也早已形成若干居民社区，但仍保留着这处闹中取静的墓园。墓地有专人看管，保存完好，松柏常青。也许是达里尼建市之时从俄黑海沿岸引进的洋槐已成参天大树，浓荫蔽日。对比往昔两张照片（见图5-7、图5-8）岁月沧桑的痕迹清晰可见，当年的墓园形状依然如故，东边山峁的台阶位置未变，只是台阶之上造型优雅的教堂早已不见踪影，据说是“文革”时被红卫兵拆毁了；谷地中的排水沟渠仍在，继续发挥着它的作用。

在大规模的征地拆迁和城市建设之前，地处东青泥洼和西青泥洼的中国人墓

1俄罗斯国家历史档案馆（323—1—1254）：《关于在达里尼设立疗养院》，7页。

地集中地有五处，其中有三处位于今中山区民生街北端，此地松柏茂密，自然形成一大片林地。达里尼市规划之初曾将其设计为公园，并规划有一座东正教教堂，后因铁路建设用地，将教堂和林地一并取消了。另外两处，一处位于今民主广场西南角，一处位于今三八广场东北部。为了达里尼城市建设用地，沙俄当局将中国人墓地集中规划在城市西部的马栏河入海口东侧海岸的位置，即今天星海湾马栏河入海口东侧。

图5—7
1902年，欧洲人墓地。

图5—8
今青云街苏军烈士墓园。

4.城市区规划

谁是大连建市之初的真正规划者？一直以来，众说纷纭，莫衷一是。大连的最初城市规划，许多人认为是沙俄任命的大连湾商港和城市的总工程师萨哈洛夫所作，有的人认为是日本人规划的，有的人认为是法国人设计的。也有许多人认为今天大连市胜利桥以北的俄罗斯风情街地区为沙俄当局规划，以南地区为日本殖民当局规划。甚至还有研究者认为是萨哈洛夫聘请德国建筑师完成了大连城市规划，等等。就连日俄战争后，日本殖民当局的档案资料中也没有提及大连最初的规划者是谁。

一个城市不知道谁是自己最初真正的规划师，就无法搞清楚规划者的真正初衷，至少无法完全搞清楚城市规划的源头，更无法从规划师的理念入手，深刻理解其城市规划的整体思想及对未来的预设和期盼，也无法完全理解其城市建筑与规划的相互关系——这无论是对一座已有100多年历史的城市来说，还是对生活在这座城市里的人们来说，不能不说是一个巨大的遗憾；而对正在致力于建设现代化国际都市的这座城市来说，更是一个巨大的谜，令人纠结，亟待解开。

造成这一困境的直接原因，就是大连开埠建市的原始档案在国内是几乎空白。而近年来从俄罗斯征集回来的档案资料正逐渐揭开这一谜底。几经努力，2012年10月，终于从俄罗斯国家历史档案馆查找到了大连城市最初的真正规划师的档案。这位规划师就是卡基米尔•戈莫多罗维奇•斯科里莫夫斯基。2013年3月13日晚，作者与这位规划师远在波兰华沙的孙子杰兹•斯科里莫夫斯基成功进行了视频通话，之后，杰兹全力发动其家族和亲戚共同寻找其祖父的照片和其他信息。3月19日，作者终于收到了自斯科里莫夫斯基家乡波兰华沙传来的当年规划师在规划和建设达里尼市时的照片。至此，百年之秘，终于揭开；百年之愿，终于了却；百年遗憾，终于弥补。

从俄罗斯征集回来的档案资料显示，大连建市之初的规划先由萨哈洛夫所为，后被斯科里莫夫斯基改变，并最终将达里尼市规划设计成为了后来的模样。斯科里莫夫斯基才是大连建市之初的真正规划者，同时，他也是达里尼城市所有公共建筑的设计者。

（1）萨哈洛夫的规划——达里尼市的第一份规划

图5—9

1899年5月，大连湾商港、城市规划图，右下角系萨哈洛夫签名。

1899年3月29日，隶属沙俄交通部的五级文官、正在符拉迪沃斯托克（海参崴）进行设计工作的萨哈洛夫，

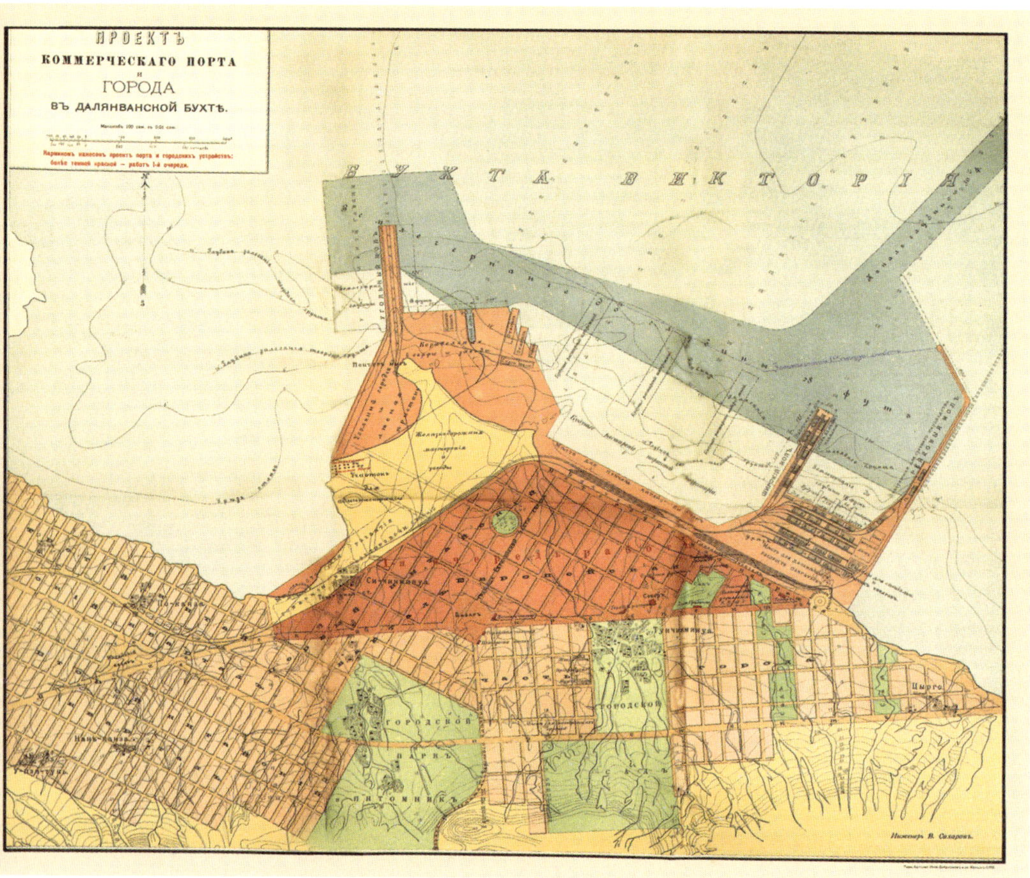

奉命前往沙俄财政部直辖的达里尼市，被委任为总工程师，全权负责该市港口和城市的规划与兴建工作。此时的萨哈洛夫已积累了丰富的港口和城市的规划和建设经验，他不但加入到东清铁路公司，参与了沙俄远东第一个出海口——符拉迪沃斯托克港口和城市的规划和建设，而且经过了5个港口建设工作的历练。

1899年，赴远东达里尼上任之前，总工程师萨哈洛夫在圣彼得堡就急切地绘制出了达里尼市的第一张港口、城市、铁路规划图（见图5-9）。

萨哈洛夫的达里尼城市规划的特点（见图5-9、图5-10）：

A.分区规划。在商港规划定位的前提下，以打造一座欧洲风格的城市为目标，总体规划布局将城市划分为欧洲人区、中国人区和市政区。中国人区在欧洲人区的西面，又划分为中国人一区、二区、三区。欧洲人区与中国人一区之间以城市中的大市场到海岸边码头的一条沟壑林荫道（今中山区七一街位置）隔开。1899年5月4日至6日召开的大连湾商港和城市规划草案特别审查会议决定，将此林荫道拓宽至42.6米。尽管如此，欧洲人区与中国人区也几乎呈连接混居状态。在第一中国人街区与煤炭码头之间是市政区，还没有进行具体详细设计，其西部划出了一块中国人居住区。驶往凸堤码头的火车从市政区和中国人一区穿过。萨哈洛夫的规划没有明确商业区的位置，也许与居住区混为一体，也许还没来得及考虑。

B.道路成为结构城市的核心。城市的道路规划，基辅大街、莫斯科大街、彼得堡沿海街三条大街从东部海边起始，向西穿越城区，后两条大街在中心城区的西边（今东关街、一二九街一带）交会后，再向西延伸而去。其中，基辅大街（似今胜利路）位于城市最南部的山麓，丘陵地形最为复杂，山地崎岖，岩石坚硬，特别是深达13米以上的两大壕沟（今植物园、劳动公园）横亘，还有凸起的山脊阻挡其间。自然形成的水渠众多，从南部山地流出汇入北部海湾，其走势与城市东西方向的三大主干道布局基本呈垂直的十字交叉形态。位于中部的莫斯科大街地势平坦，为城市主干道。位于城市北部的彼得堡沿海街，依海边沿城中铁路线走势，将码头港区与城区一分为二。

三大干道，特别是莫斯科大街从东到西将整个城区横穿起来，几乎所有的街区和道路都涌向了主干道，通过主干道与外界沟通和交流。这是道路成为结构城市核心的一大表现。

道路成为结构城市核心的另一大表现，就是城市的公共机构均沿主干道

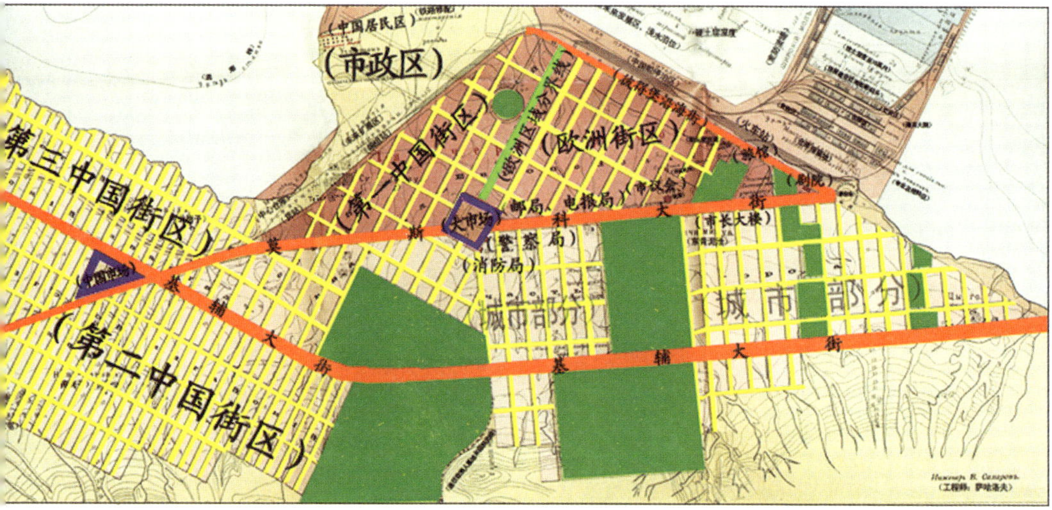

图5—10
大连湾城市结构示意图。(根据1899年大连湾商港、城市规划图制作)

布局。萨哈洛夫的城市规划图中，沿莫斯科大街从东到西，一字排列了市长办公楼、教堂、市议会、邮局、电报局、警察局、消防局、大市场；沿彼得堡沿海街依次设置的公共机构有剧院、中国东清铁路公司总局、旅馆、航运管理局、火车站。值得注意的是，东部的大市场和西部的中国人市场均位于各自区域的中心地带，前者阻断了主干道莫斯科大街，后者地处莫斯科大街与基辅大街两大主干道的交会点。这样的设置极大方便了市民，提高了公共机构的服务效率，也使城市管理机构和权力机关云集主干道，尤其是莫斯科大街两侧，象征着统治者对城市的控制。这些都体现了道路即主干道成为结构城市的核心的理念。

C.街区呈棋盘式方块状。在基辅大街、莫斯科大街、彼得堡沿海街三条大街之间，规划为城市居住区。其格局同城市西部中国人居住区一样，均呈棋盘式方块状，即当时规划界所称的美式方块状规划，类似纽约曼哈顿的条块状规划。这份城市规划，即使在陡峭的山麓、大的壕沟、水塘、滩涂等边沿地带也整齐划一为条块状。

D.顺势而为，留足城市绿地。萨哈洛夫极为重视对城市绿地的规划，在其制订的城市规划图中，巧妙地利用了达里尼当时的地形、地貌特征，大刀阔斧地将从南部山地向北，分别穿越西青泥洼村和东青泥洼村的较深的河谷以及此地带的沟壑、池塘、水渠顺势设计为占地面积较大的西公园和东花园（即今天的劳动公园和植物园）。花园又分为上花园和下花园（即今天的植物园、儿童公园雏形）。这样既可使东花园所在的原东青泥洼村和西公园所在的原西青泥洼村的疾病污染降到最低，也可顺势保留大面积的绿地植被。依据同样的原理，在城市的东部地区，顺着河谷的走势，将沟壑规划为两个南北走向的绿化带花园。其中，一个地处今天大连三八广场附近，从南部基辅大街起始，北抵莫斯科大街；一个位于今天大连寺儿沟东部，南起基辅大街，北抵海边。另外，在位于欧洲人街区东部、莫斯科大街上的市政大楼旁，都分别规划了占地面积较大的花园。在位于中国人一区东北部、靠近林荫大道的地方规划了一个非常醒目的圆形花园。这样，以莫斯科大街为界，萨哈洛夫在达里尼城市规划中共精心设计了七块形状各异的绿地花园或公园。其中，四个花园、公园位于莫斯科大街以南，呈南北走向，与城市街区间隔而居，布局相当合理。而且，都安排在了莫斯科大街和基辅大街这两条城市的主干道上，呈十字形交叉构图，这样就使这两条漫长的城市道路不显得单调、乏味。特别是基辅大街，从风光秀丽的东海边起始，假沟壑山麓而行，途经三个花园和一个大型公园，仿佛置身花海森林之中。

E.形成海铁联运系统。进入达里尼市区的铁路从南三十里堡分出，穿城而过，直通码头，将此远东不冻港与中国东北腹地联为一体，进而通过东清铁路连接沙俄西伯利亚大铁路，直通欧洲，形成贯通欧亚的海铁联运大动脉，实现沙俄控制远东的战略企图。

萨哈洛夫所做的达里尼城市规划，将莫斯科大街以北、彼得堡沿海街以南的区域，即欧洲区和中国人一区设定为主要公共区，并设计了为港口服务的设施和为居民服务的公共场所（如市场），管理港口与城市的行政司法机关等也在规划中明确标出。在穿越城市花园的基辅大街旁设置了外国教堂区；在下花园旁设置了市立学校，包括女子中学和男子学校，等等。但是，这些规划都较为笼统，没有或还没有来得及标明其具体方位。尤其是莫斯科大街以南至南部山麓区域虽标示为城市部分，但是，这部分区域的具体功能定位和实际应用规划没有明确标示。同时，在这同一张规划图中，有关港口的煤炭码头、船坞等的设置在以后的规划中也进行了调整。所以，有理由判定在圣彼得堡绘制的大连湾商业港和城市第一张规划图只是一个“概念设计”，还过于简单，有待进一步完善。

（2）斯科里莫夫斯基的规划——达里尼市最终规划

1899年5月，受其导师、俄罗斯科学院院士亚历山大•尼古拉耶维奇•波米兰采夫的推荐，毕业于俄圣彼得堡艺术学院、37岁的建筑师卡基米尔•戈莫多罗维奇•斯科里莫夫斯基受邀加入达里尼市的工程建设团队。他的到来，带来了19世纪欧洲城市特别是海港城市最先进的设计理念和实践经验，改变了萨哈洛夫的原有规划，也历史性地改变了达里尼市的形象，使一座呱呱坠地的海滨城市以其独特的个性魅力永恒地定格在历史的时空中，对100多年来以至未来大连这座城市以及生活在这座城市的人们产生了并将继续产生着深远的影响。

◆斯科里莫夫斯基[1]

图5－11
1902年，在达里尼工作期间的斯科里莫夫斯基。

卡基米尔·戈莫多罗维奇·斯科里莫夫斯基：1862年10月24日，生于波兰卡里什州图尔斯克县戈罗德尼亚村，贵族，信仰罗马天主教。1882年5月3日至1883年3月20日，1887年12月4日至1888年7月24日，在德国慕尼黑皇家巴伐利亚综合技术学院学习，1888年8月20日，获该学院建筑学毕业证书。1883年服兵役。1888年作为旁听生，进入圣彼得堡皇家艺术学院学习。1890年6月10日，经该院评定，获得Ⅲ级高级艺术家称号，授予14等官衔的权利以从事建筑工作。1890年11月16日，获皇家艺术学院毕业证书。1894年11月17日，经彼得堡皇家艺术学院评定，获Ⅱ级高级艺术家称号，授予12等官衔的权利以从事建筑工作。圣彼得堡皇家艺术学院毕业后，在圣彼得堡市管辖下以编外技术人员工作。1899年5月13日至1904年1月13日，供职于内务部，被派往东清铁路公司，任职达里尼港口和城市建设高级建筑师。1902年7月18日，提升为九级文官。1903年获得三级斯塔尼斯拉夫勋章。1903年12月13日，因东清铁路公司缩减编制而离职，并被内务部技术委员会辞退（该令于1904年3月24日下达），不再属于内务部编制。1907年被任命为第比利斯州阿

[1]俄罗斯国家历史档案馆（789—11—178）：《斯科里莫夫斯基个人档案》；

巴斯图曼市建筑师。1923年12月28日死于波兰，终年61岁。妻子：罗萨·巴夫罗夫娜。孩子：女儿，克拉拉，生于1900年6月9日；儿子，斯塔尼斯拉夫，生于1902年4月27日。

图5-12 达里尼市市长、总工程师萨哈洛夫给斯科里莫夫斯基颁发的“证书”文件

【俄罗斯国家历史档案馆（1293-132-81）：《关于录用斯科里莫夫斯基到部里为委员会成员，并将其派遣到东清铁路公司的档案》，20页。】

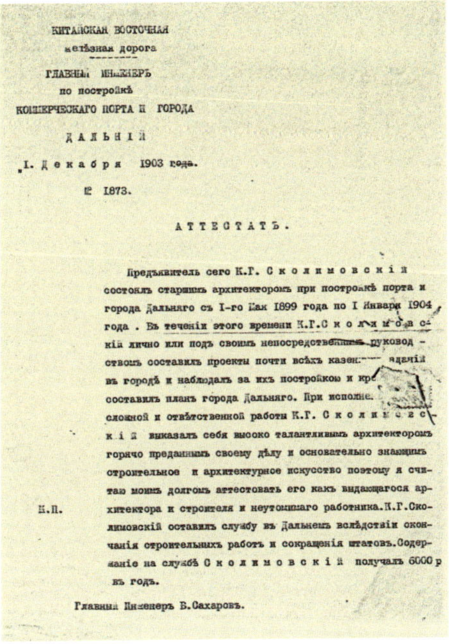

КИТАЙСКАЯ ВОСТОЧНАЯ
железная дорога

ГЛАВНЫЙ ИНЖЕНЕРЪ
по постройкѣ
КОММЕРЧЕСКАГО ПОРТА И ГОРОДА
ДАЛЬНІЙ

1. Декабря 1903 года.

№ 1873.

АТТЕСТАТЪ.

Предъявитель сего К.Г. Сколимовскій состоялъ старшимъ архитекторомъ при постройкѣ порта и города Дальняго съ 1-го Мая 1899 года по 1 Января 1904 года. Въ теченіи этого времени К.Г.Сколимовскій лично или подъ своимъ непосредственнымъ руководствомъ составилъ проекты почти всѣхъ казенныхъ зданій въ городѣ и наблюдалъ за ихъ постройкою и кр[illegible] составилъ планъ города Дальняго. При исполне[illegible] сложной и отвѣтственной работы К.Г. Сколимовскій выказалъ себя высоко талантливымъ архитекторомъ горячо преданнымъ своему дѣлу и основательно знающимъ строительное и архитектурное искусство поэтому я считаю моимъ долгомъ аттестовать его какъ выдающагося архитектора и строителя и неутомимаго работника. К.Г.Сколимовскій оставилъ службу въ Дальнемъ вслѣдствіи окончанія строительныхъ работъ и сокращенія штатовъ. Содержаніе на службѣ Сколимовскій получалъ 6000 р въ годъ.

К.П.

Главный Инженеръ В.Сахаровъ.

【译文】
东清铁路
达里尼商业港和城市建设总工程师
1903年12月1日
No.1873

证明

持证人卡基米尔·戈莫多罗维奇·斯科里莫夫斯基，自1899年5月1日至1904年1月1日，担任达里尼港口和城市建设高级建筑师。在此期间，卡基米尔·戈莫多罗维奇·斯科里莫夫斯基亲自制订或领导制订了该市几乎所有的国有建筑物的设计方案，并监理了其建设，此外，制订了达里尼市区规划图。卡基米尔·戈莫多罗维奇·斯科里莫夫斯基在执行各项纷繁复杂、责任重大的工作过程中，展示了其丰富的建筑知识和才华，精通建筑和设计艺术，表现出了一位伟大的天才建筑师对于自己事业的热爱。因此，对于他这样一位杰出的设计师、建筑师和孜孜不倦的工作者，我认为自己有义务为其颁发证明。由于达里尼建设工作业已结束，人员编制有所缩减，所以，卡基米尔·戈莫多罗维奇斯科里莫夫斯基已不再在达里尼任职。卡基米尔·戈莫多罗维奇·斯科里莫夫斯基的年薪是6,000卢布。

工程师　弗拉基米尔·萨哈洛夫

1899年8月，斯科里莫夫斯基来到达里尼，他的主要职责是执行在圣彼得堡做出的达里尼城市规划，落实萨哈洛夫的设计。但是，刚一到达这个远东的处女地，他就发现萨哈洛夫在圣彼得堡制订的达里尼城市规划有着致命的缺点。一是萨哈洛夫的规划没有考虑当地的条件——主要是复杂的地形条件。当时选址的达里尼城区山峦起伏，水渠纵横，沟壑交错，是典型的丘陵地貌。按照萨哈洛夫在圣彼得堡的城市规划——美式方块状规划，类似棋盘，街道笔直漫长，每条街道都有一些地段起伏较大，特别是地处南部山麓的基辅大街，被设计为城市的一条贯穿东西的笔直的主干道，却要横跨众多6～12米深的沟壑水渠，甚至深达20多米的山谷，既难看不美观，而且也存在施工难度大、成本高、工期长的问题。“有些山冈非常陡峭，坡度高达1/5（11.3度），行人要想走直线上山都会很吃力。原规划图对此充耳不闻，泰然处之地在这些地方绘制了规则的方形街道。”[1]因此，斯科里莫夫斯基认为这种“美式方块”状规划体系不适用于达里尼这一山坡陡峭的丘陵地区。二是萨哈洛夫在圣彼得堡起草的规划把城市按照建设时间分为一期区域和二期区域，是不符合城市发展的自然规律的。在落实城市的总体规划时，政府的管理系统、城市的公共服务系统、市民的基本生活系统，必须统筹协调，通盘考虑，特别是城市的基础设施建设必须从长计议，整体推进。总之，“‘美式方块’状系统不能用于坡度较大的丘陵地区，而将城市划分为一期和二期——即按建设时期进行划分——的想法不符合城市自然发展的总

[1] 斯科里莫夫斯基：《论达里尼市规划图的设计》，载《建筑师》，1904（12），142页。

图5—13
1899年之前的大连青泥洼地区。（满铁《大连市史》插图）

体过程。”[1]

同时，萨哈洛夫绘制的达里尼城市规划也不符合半岛的城市规划要求。半岛的地理位置均为三面环海，海洋是其独特的宝贵资源，充分利用好这个天然条件，是绘就一幅美丽的半岛城市画卷的最佳选择。因此，半岛的城市规划应最大程度地将大海作为永恒的主题，作为市民心中永存的风景，使人们在各个角度尽量能够看到湛蓝的大海，做到道路、建筑物之间具有通透性，给人以心旷神怡的舒适感。在圣彼得堡制订的达里尼城市规划不具备这一特点（见图5-10）。其美式方块状规划的三条大街基本呈东西走向，小街小巷看似整齐排列，实则视线相互遮挡，十分拥挤，只有在海边的建筑物内才能够看到人们心仪的大海，使这种天然资源的利用率极低，甚至被白白浪费掉了。

可见，萨哈洛夫对港口设计非常娴熟（之前主要参与了6个港口的建设工作），而对城市规划并不擅长。

由于萨哈洛夫在圣彼得堡制订的达里尼市规划具有上述缺陷，当达里尼市建设的负责人、东清铁路公司副董事长盖尔别茨第一次亲自考察完达里尼后，立即命令斯科里莫夫斯基“起草一份更加适合城市功用和当地地形的城市规划图”。[2]

将此重任交由一位初来乍到的年仅37岁的城市建筑师来担当，人们不无担忧。想必是怀揣梦想、热情高涨、满腹经纶的斯科里莫夫斯基的远见卓识打动了盖尔别茨，抑或是盖尔别茨的慧眼识珠使其大胆启用了斯科里莫夫斯基，之后的事实证明，斯科里莫夫斯基以其出众才华和勤勉努力，没有辜负盖尔别茨的信任。

斯科里莫夫斯基开始这项工作之时，对达里尼城市规划的定位就非常明确，那就是要“建设一座顶级商业港口，并寄希望于通过引进俄国国内外大批资本和利用廉价而顺从的中国人工，建造一座大型工业城市。只有借助于

1斯科里莫夫斯基：《论达里尼市规划图的设计》，载《建筑师》，1904（12），142页。
2同上。

图5-14　1900年5月27日（俄历5月15日），斯科里莫夫斯基设计的达里尼市规划图。（中文为翻译所加）

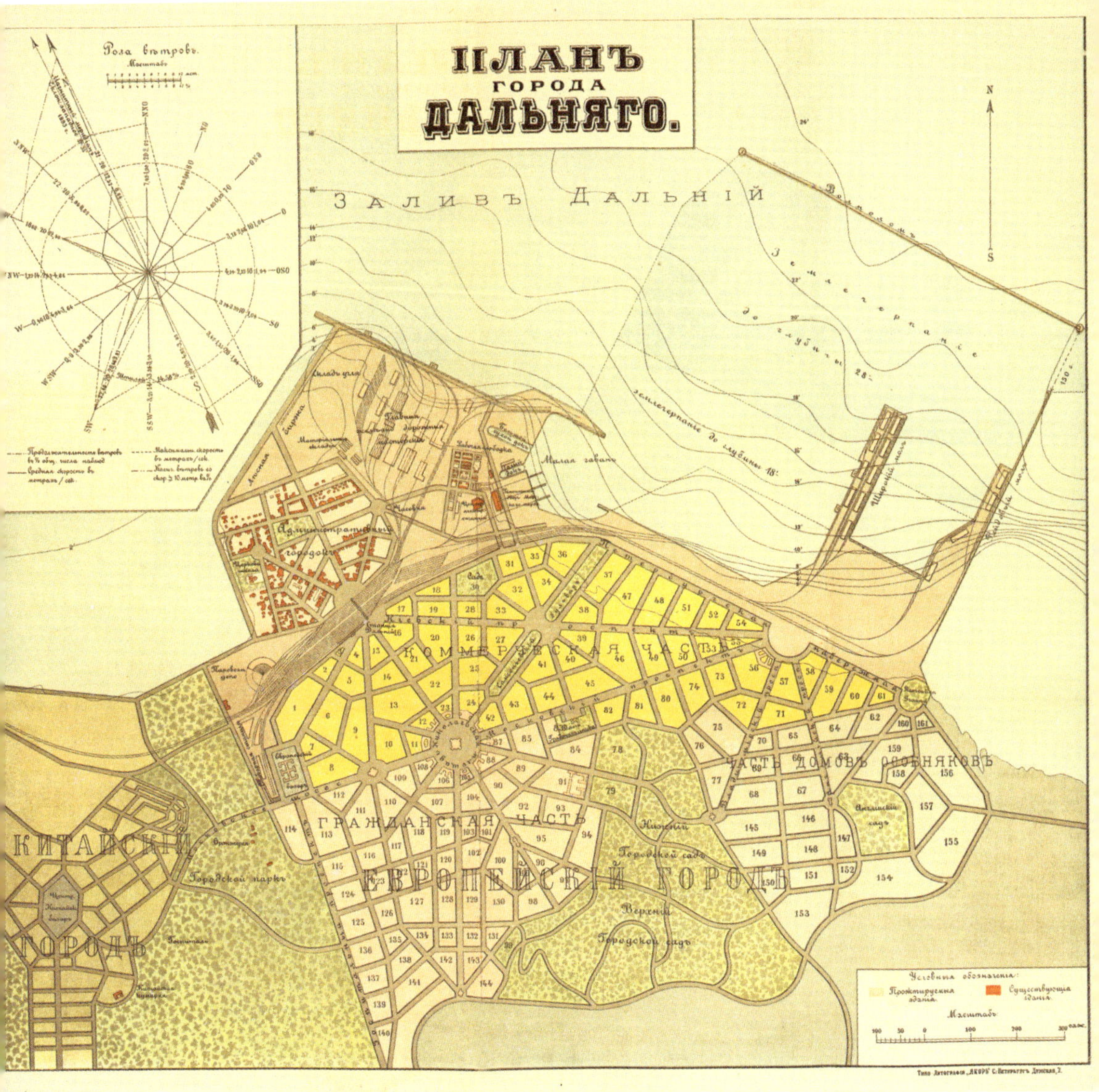

图5–15　达里尼市最终规划平面图。

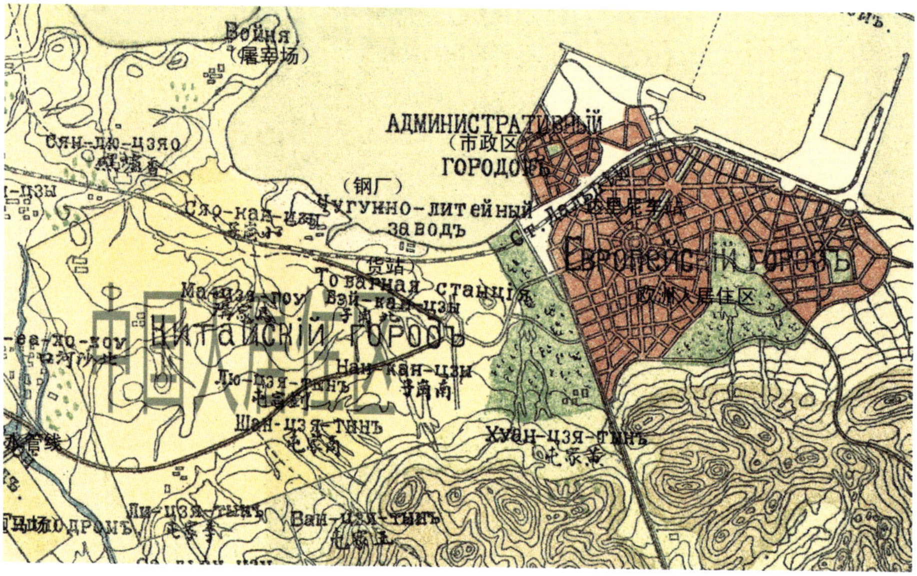

图5—16
1903年，达里尼市居民区及铁路分布规划图截图。（中文为翻译所加）

这两方面的条件，新建的城市才有望部分收回满洲铁路的建设费用，并与英美强大的商业贸易和日本廉价的工业系统相抗衡”，[1]实现打造远东繁华都市和建成“全世界重要贸易中心”的目标。

认真研究斯科里莫夫斯基的达里尼城市规划，可以得出其设计时的逻辑顺序：第一，以天然分界线划出行政区、欧洲人区和中国人区三大区；第二，在各大区（主要是欧洲区和行政区）设定各类功能广场；第三，连接各个广场形成辐射状的道路网络体系。与此同时，布局公共服务系统，精心设计每座建筑。

斯科里莫夫斯基制订的达里尼城市规划，其特点十分突出。

城市区被划分为三大区：

即市政区、欧洲人区、中国人区（见图5-14、图5-15、图5-16）。斯科里莫夫斯基承袭了萨哈洛夫的城区

1 斯科里莫夫斯基：《论达里尼市规划图的设计》，载《建筑师》，1904（12），142页。

划分为欧洲人区、中国人区和行政区三大区的做法，但是，三大区划分的方式方法、界线和范围却发生了很大变化。

为了建成“全世界的贸易中心”，吸引更多的外国人前来达里尼投资、旅游、工作和生活，从一开始动议选址，到规划、建设这座城市，就将其定位为建成一座原汁原味、特色鲜明的欧洲风格的城市。“当时决定赋予这座城市欧洲城市的外形和体制，并配备欧洲人在远东殖民地区一直习惯了的舒适条件和设施。”[1]

落实这样一个宏伟的蓝图是一项复杂的系统工程。在建设城市时必须使用一大批固定的中国工人，为了吸引这些中国工人在城里常住，就必须给其创造适合中国人风俗习惯的相关生活条件。“为了在这个荒凉的地区形成工厂所需的固定中国人工，就需要避免一切约束原有习俗的做法：应当允许中国人按照自己的方式建造房子和生活。”[2]这样一来，“就需要建设两个城区：欧洲人区和中国人区。”[3]于是，斯科里莫夫斯基就在保留、规划欧洲人生活区（又称欧洲区）的同时，在城市的西部原萨哈洛夫规划的中国人第二、第三街区的基础上，规划出中国人生活区（又称中国区）。

早在1899年5月4日至6日，由东清铁路公司董事会副董事长盖尔别茨主持召开的大连湾商业港和城市规划草案审查特别会议上，参加会议的沙俄陆军部、海军部、交通部、财政部、东清铁路公司董事会代表就萨哈洛夫起草的大连湾商业港口和城市规划草案进行研究，得出结论：“整体上，会议完全同意所审查的草案，并认为，将城市划分为中国人区和欧洲人区，以及规划的城区居民区大小和街巷、林荫道的宽度都很正确，符合远东地区的当地情况。不过，会议同时也建议：中国人二区和三区很难具备基本的卫生清洁条件，只要把公园延伸到调车场，就能很轻松地把这两个区与城市的其他区域完全隔离开来。会议也认为很有必要这样做。城内中国人一区各地段的拥有者必须坚决遵循一切卫生条件。日后在欧洲街区建成城市公共设施后，应遵循其一切要求，中国人一区的房子只能按照欧洲样品房来建设。会议认为，出于卫生目的，市内中国人第一街区与欧洲各区之间起隔离作用的林荫道应该像新加坡等人口混居的城市里一样，拓宽至20俄丈（1俄丈=2.13米，下同）。”[4]到1900年5月27日，斯科里莫夫斯基绘制的达里尼城市规划图，

1斯科里莫夫斯基：《论达里尼市规划图的设计》，载《建筑师》，1904（12），142页。
2、3同上。
4俄罗斯国家历史档案馆（350—18—72）：《1899年4月22—24日，大连湾商港和城市规划草案审查特别会议纪要》。

完全遵循了1899年5月4日至6日大连湾商港和城市规划特别审查会议的决定，干脆将城市公园和苗圃——原西青泥洼村的养殖场（今劳动公园）向北一直延伸到铁路货运站的铁路边后，直至海边，同时，将萨哈洛夫原先规划中和欧洲人街区紧挨着的中国人第一街区后移，空出的位置变为欧洲区的商业区，这样，就将欧洲区和中国区完全隔离开，变为互不混杂居住的独立街区，既在物理环境上“保证”了欧洲人街区的卫生要求和生活习惯，也为欧洲区的进一步规划和功能区划分打下了基础，更为日后的城市管理提供了条件。这正是19世纪欧洲列强在殖民地划分生活区时惯用的手法，表面上是为了便于城市管理和保障卫生，其实质是对殖民地人民的严重歧视。

除了这两个城区，斯科里莫夫斯基将坐落在城市北部机车库和铁路维修厂之间的区域、铁路调车场后身的原“市政区”，划为铁路、港口、工厂和船运公司职工居住区，市政厅、海运管理局、市长官邸等公用设施坐落其间，称为“行政区”，并取消了该区域内原萨哈洛夫规划的中国人居住区。

行政区与欧洲区之间是一个132.31米宽、7.47米深的谷地。谷地当中建有一座铁路编组站。通过铁路线上方的一座铁桥（今胜利桥），两个城区可以实现车辆往来。而所挖超过96.64万立方米的土石正可用于填海筑港。

这样一来，在斯科利莫夫斯基的新规划图上，达里尼市城区就分为三个部分：欧洲区、中国区和市政区。

欧洲区（见图5-17）。占地面积约4.55平方公里，直接毗邻港口，南部和山脉接壤，西部以铁路深沟和行政区划开，以城市苗圃、公园（今劳动公园）和中国区分界。欧洲区分为商业区、居民区、别墅区三部分。“之所以这样划分，是由当地地形和各部分与港口的关系所决定的。”[1]

欧洲区中地势较为平坦、离港口最近的区域被划为商业区，面积97.68万平方米，用于建设商业公司、商店、银行和公司机构等等，是城市商业活动的中心。其区域内道路宽而长，直通港口和其他区域。最长的主干道莫斯科大街从港口一直延伸到“中国市街”，它同时还是欧洲区三个区域之间的分界线。

欧洲人普通居民区街道长55.30公里，居民区面积81.94万平方米，位于莫斯科大街的南侧，坐落在沟洼交错的丘陵地带，形状近似一个三角形，向南部逐步抬高，直到陡峭的山脉。因此，这个区域不大可能进行有条理的规划。横穿区域的一条深2.13～6.4米的沟壑，被计划填满或者被有效利用为

[1]斯科里莫夫斯基：《论达里尼市规划图的设计》，载《建筑师》，1904（12），143页。

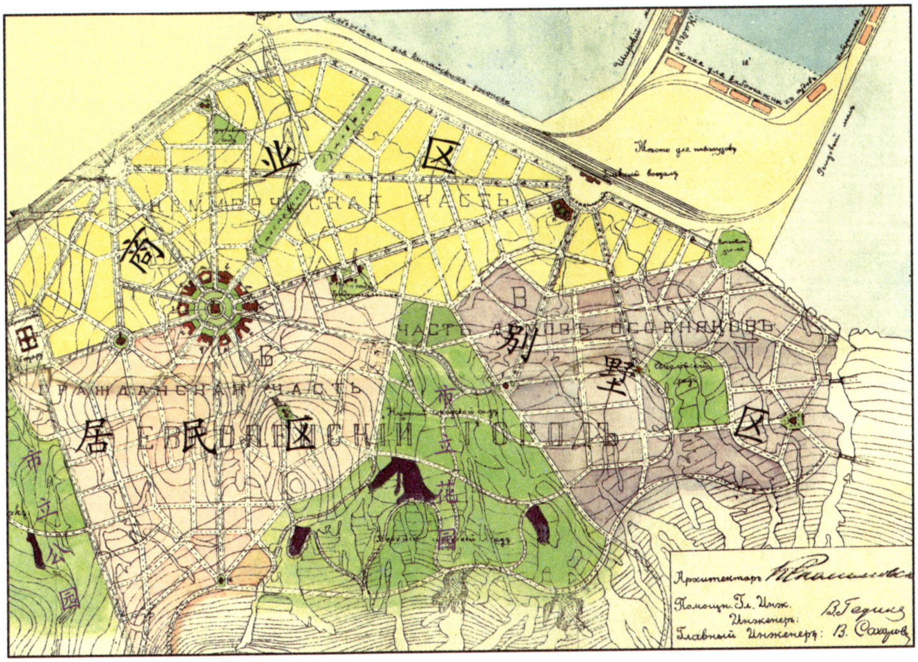

图5—17
达里尼城市欧洲区平面图。（1900年达里尼市规划图截图，中文为翻译所加）

地下场所和地窖。这里的街道走向和街道长度在规划上都考虑到了地形的起伏特点，与其商业区相比，街道较短，根据当地的坡度而建，不是对称的。域内的街区被划分出较多的小块，这部分区域用于为不太富裕的人们和在城市的社会机构、银行、商店等单位工作的小职员们修建面积较小的住宅。这个区域以及整个“欧洲区”都与西边的“中国区”隔开，中间是一个大面积的城市公园（今劳动公园一部分），区域东部以城市花园与别墅区分离。

别墅区位于城市花园与港口和商业区之间的地段，占据城市的整个东部地区，面积61.93万平方米。这里被许多深达15米多的沟壑横穿，在这个区域内的街道只能呈曲线形延伸，各街区被划分为较大的地段，沟壑也包括在其面积之内。“这个地区远离喧闹的城市港口、工厂生产区、商业区和一般居民区，少有嘈杂；毗邻大海，空气清新；地处山麓，便于修建独立花园，鳞次栉比，极目远眺视野开阔。计划为银行家、外国领事、贸易公司老板等有钱人和上流社会有身份人士建造带有花园和单独庭院的别墅，就像在远东地区所有欧洲居民一样。”[1]

另外，“在欧洲区也可以将某地段出售给中国人，但是这些中国人要基于严格执行所有的卫生要求，而且房屋只能按照欧洲风格建筑”。[2]

市政区（见图5-18）。又称行政区，占地面积0.436平方公里，西面直接毗邻大海，东面毗邻工厂和货站。这部分地段不进行销售，而用于建设铁路、工厂和东清铁路船务公司职工的住宅。铁路桥（今胜利桥）北桥头半圆形广场，即市政广场是行政区的起点，由此两条大街和三条

1俄罗斯国家历史档案馆（350—18—14）：《达里尼港口、城市规划的报告和预算（1900年）》。
2同上。

图5—18
达里尼城市行政区规划图。

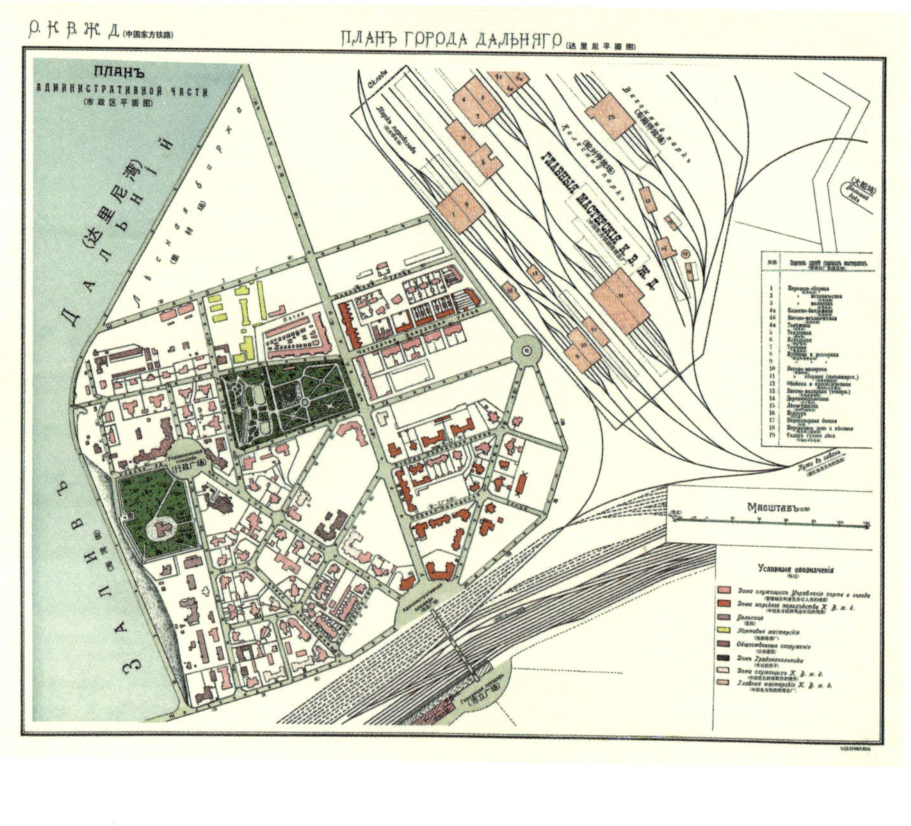

街道呈辐射状散开，其中工程师大街（今团结街，又称俄罗斯风情街）的尽头是行政区的中心行政广场。行政广场上的工厂总指挥部大楼，之后设为达里尼市政厅。达里尼市长官邸即萨哈洛夫官邸、达里尼宾馆等位于工程师大街上。工程师大街及其两端的行政广场和市政广场是阅兵、检阅消防队伍、迎送外宾的主要场所。而煤炭大街（今上海路）一直通向海边，便于用畜力向港口西部运输货物。教堂街道通向工厂和仓库，是旅客和船上人员从城里到干船坞的最短通道。行政区规划设置了教堂学校、医院、公园、花园、警局、消防局、小教堂等，公共服务设施一应俱全。行政区中街区划分为很小的地块，平均约816.64平方米，是为了安置尽可能多的小房屋并且提供给每位服务人员一块很小的地方，但是每块地段都带有一定的院子和小花园。

中国区。位于市立公园（今劳动公园）的西部，约5.25平方公里，其面积大于欧洲人区，更远大于行政区。1899年规划时（见图5-10），中国人区分布在海岸的铁路线两侧，为了自由通行，规划在铁路下建立三座拱形桥和两座铁桥。在制订城市规划图时，一开始，中国人区的范围就向西一直扩展到了今天的沙河口西安路一带（见图5-14）。1901年的规划，其西部区界沿今太原街一线，接近马栏河（见图5-16）。由于中国人区相对比较平坦，按照土地利用率最大化的原则，“在制定中国人区规划时预计遵循方块式体系划分城市，也就是说，铺设和平坦街区一样的平行的街道，但是，要尽可能地适合当地的地形，不要进行大量的土方工程”。[1]

在斯科里莫夫斯基1900年绘制的最初规划图中，亦将中国人区设计成放射状体系（见图5-20），三条大街从海边的半圆形广场出发向南部发散延伸而去，而1900年6月之后的规划又回到了方块式体系（见图5-19、图5-21）。仔细分析，中国人街区仅仅只是一个草草规划而已，并不像欧洲人街区或行政区规划那样认真细致。日本殖民统治时期对大连市中国区（今市政府人民广场一带）的规划，其主体道路走向仍延续了沙俄时的设计理念和方案，中国区的中心市场由菱形改为方形休闲大广场，再改为圆形，最终确定为方形，也就是今天市政府前的人民广场的前身，这正契合了中国人街区规划为条块状的思想。

斯科里莫夫斯基在进行城市各区域之间划分和各功能区的位置界定时，尽量根据复杂的地势，利用深凹的沟洼、起伏的坡面等作为各区的天然分

1俄罗斯国家历史档案馆（350—18—14）：《萨哈洛夫关于达里尼商港、城市规划的报告》，1900年6月1日。

图5—19
1900年，达里尼市规划平面图截图——中国人区。（中文为翻译所加）

界线。比如西青泥洼河谷地所处的城市公园、苗圃成为欧洲区和中国区的分界线；行政区与欧洲区之间的深沟以及铁路线，自然是两者的“楚河汉界”；欧洲区中的居住区和别墅区之间用河谷地所处的城市花园自然分开，其商业区与住宅区则以莫斯科大街等道路隔离。

在将欧洲区、中国区、行政区，以及欧洲区各功能区之间尽量以天然界线分开的同时，斯科里莫夫斯基又设计了便捷畅快的交通体系使其紧密连接起来。欧洲区与中国区主要以宽阔的莫斯科大路联通，行政区通过桥梁与欧洲区相接，港口工作湾的船坞、修理厂等以一条大道直达位于欧洲区莫斯科大街上的市长大楼。位于欧洲区的居住区和别墅区则与商业区有多条街道相连，可谓四通八达。

多核心、开放式、辐射状街区布局：

在城市被自然而然地划分为一些大的区域之后，紧接着要做的就是采取何种方式对城区的道路和街区进行系统布局。

1903年年底，结束了达里尼市的规划建设工作，斯科里莫夫斯基回到俄罗斯。1904年2月15日，在圣彼得堡皇家建筑师协会召开的会议上，他作了题为《论达里尼市规划图的设计》的报告，此报告发表在该协会主办的《建筑师》杂志第12期上。斯科里莫夫斯基在报告中指出：“我们在选定隆起的地方作为广场，并把这些广场彼此连起来以后，得出了一个辐射型的街道网络，其纵剖面呈弓形，非常漂亮。所以，这样一来，我们就能避开那些把街道弄得丑陋不堪的凸起之处。由于我们小心翼翼地顺应了地区地形特点，在规划中节省了大量不必要的人力和财力。”[1]先定位广场，所有主要的道路都通往教堂、集会地、市场等城市公共建筑所在的这一广场——社会生活的最中心，以满足城市居民的需求，从而，使城区自然形成以广场为中心，道路呈发散状延伸开去又聚拢而来的辐射状街区布局（见图5-20）。这种布局方法，正是建筑史上欧洲城市规划时常常使用的最古老的中央式街区布局系统。

这种街区布局系统的特点，在最初是以皇宫为整个社会生活的中心，城市的主要街道都通向皇宫，所有的命令都从那里发出，受到外来侵犯时，老百姓都以最快的速度、最短的时间躲藏进那里。可见，这种街区布局系统能够满足城市居民的迫切需求。

“城”因战争而生，“市”因交易所现。随着经济社会的发展，城市生活中出现了满足市民精神需求的教堂，回应市民政治诉求的聚会广场和交换商品的集市等等，自然，城市规划中就出现了满足市民公共需求，围绕这些公共建筑和场所而设计建设的街区布局系统，这也要求中央式街区布局系统随之进行演变。

图5-20　1900年5月27日，达里尼市规划图截图。（中文为翻译所加）

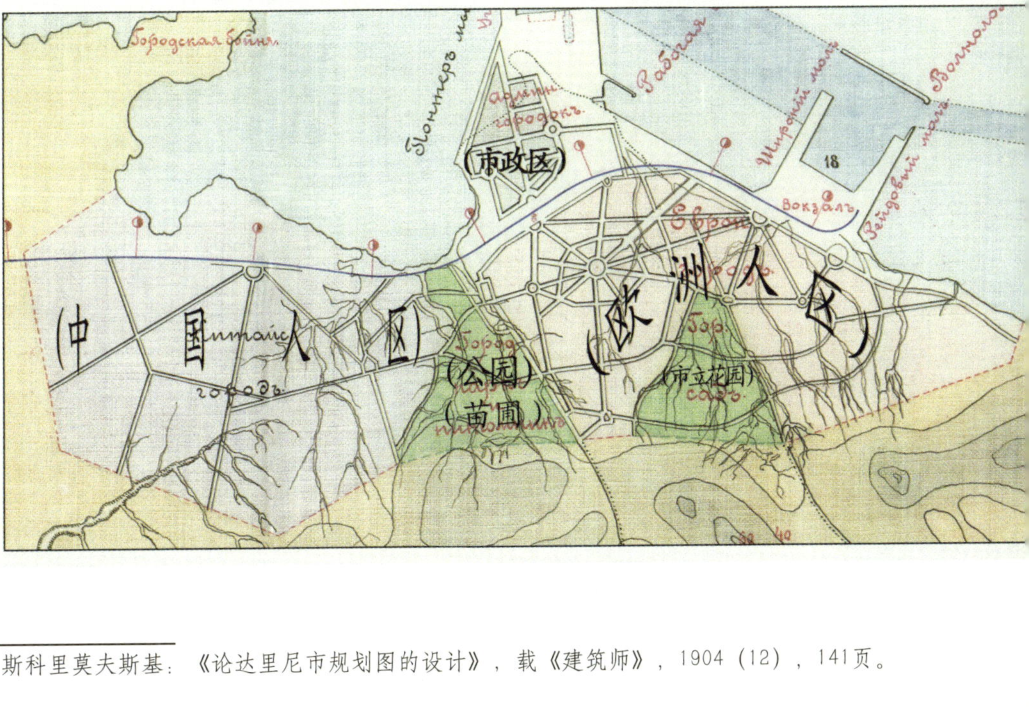

1斯科里莫夫斯基：《论达里尼市规划图的设计》，载《建筑师》，1904（12），141页。

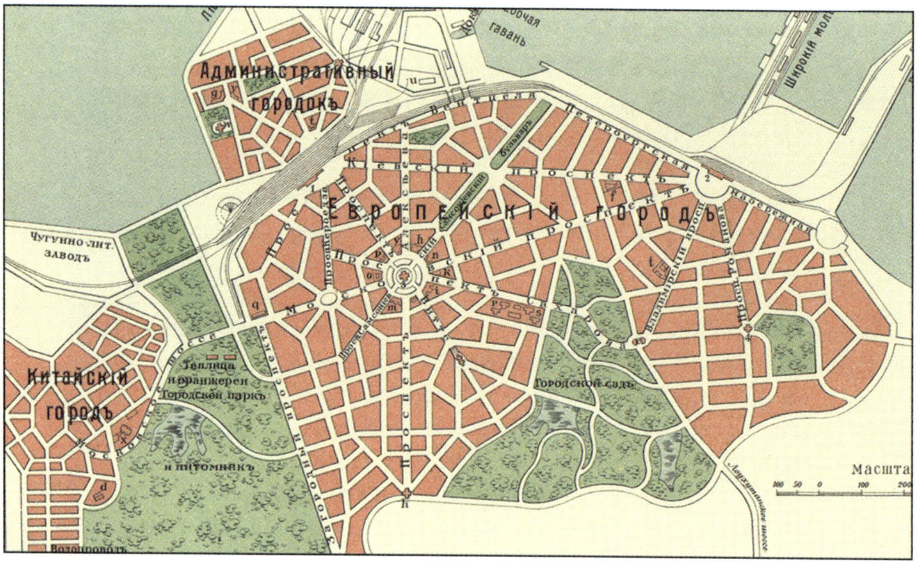

图5—21
达里尼市规划图
（截图）。

这种以广场为核心，道路发散、街区环绕的辐射状城区街区布局，是达里尼市最终城市规划蓝图的突出特点（见图5-21）。斯科里莫夫斯基认为这种城市街区分割布局体系最适合丘陵地区。射线型的街道和林荫道从圆形或半圆形的广场出发，呈扇形向外发散、延伸展开，发挥了积极的组织作用，最大程度地提升了城区土地的利用效益。

其一，这种辐射状街区布局使许多道路顺河沟、山谷、滩涂等地势而建，既保护了生态环境，又节约了工程成本（见图5-22）。正如斯科里莫夫斯基指出的："其他城市还不善于利用本地的地形来构建合理、方便而漂亮的街道，街道常常因为遭遇山坡而出现麻烦，如果不花费大量财力，结果就难以将街道建设工作继续下去。"[1]萨姆索洛夫林荫道（今七一街）、弗拉基米尔街（今五五路）、英国街（今港湾街）等就遵循了顺地势而建的规律，规划中的城市花园和公园亦是如此。这种规划中，城

1斯科里莫夫斯基：《论达里尼市规划图的设计》，载《建筑师》，1904（14），165页。

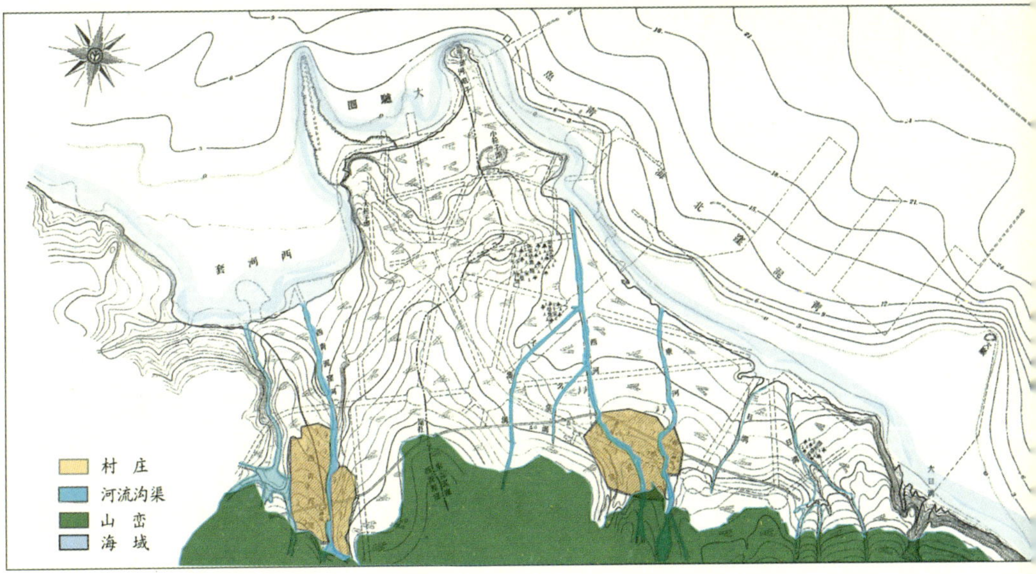

图5—22
1899年，达里尼地形图。（根据《满铁十年史》插图制作）

市中心广场设置于地势相对较高的地方，当夏天大雨来临时，就可使雨水从地势落差相对较大的道路上修建的沟渠迅速流走，起到很好的排洪作用。否则，按照美式方块状体系设置街区，必然造成地势较低的地方夏天被大雨淹没，加之洼地有着疏松而不很坚固的泥水层，对城市的卫生状况将会造成严重影响。因此，从一开始规划达里尼市，斯科里莫夫斯基就对其进行了全盘考虑：“对于我们来说，城市规划完善与否，是个极其重要的问题。通过专业的工作发现新的问题，就可预期日后应该避免数以百万计的无谓开支，而且也要避免建造一个不良的市中心并夺去成千上万人的生命。”[1]

其二，街区设计富于变化，更加生动优美。根据所建房屋类型的不同，规定了各种街区最合适的宽度，“用于建造工厂的街区应为50俄丈（1俄丈=2.13米，下同）宽，用于建造私人住房的街区应为40俄丈宽，用于建造商业建

1斯科里莫夫斯基：《论达里尼市规划图的设计》，载《建筑师》，1904（14），165页。

筑的街区应为30俄丈宽，用于建造工人宿舍的街区应为20俄丈宽。当街区的宽度达到60～100俄丈时，街区的大小应该是3,500～4,000平方俄丈。大于这一标准的街区必须进行分割。”[1]分割这种较大街区采用的是法国城市常常使用的对角线法，因为，“对角线型街道的特点是能缩短行人的路程，形成最繁华的街道，其建筑物最具有商业价值。”[2]因此，欧洲人街区中的商业区多采用这种方法划分，以形成无处不商的局面。直到今天，大连的天津街、上海路、人民路、青泥洼桥等主要商业街仍然位于这一区域。

与此同时，对于运用对角线划分街区所形成的锐角，斯科里莫夫斯基参考诸多欧洲城市里此类街区锐角的处理方法，认为只要进行相应的加工处理，甚至还能造福于城市。“如果形成的锐角处非常小，可以切除这个角，街道的路口就能得以拓宽。拓宽后的路口可以停靠马车和人力车，摆放报刊亭或设立广告牌。”[3]

在街区按照一定的标准进行分割的同时，城市的大街小巷也根据用途和位置进行了明确划分，设计巧妙，富于变化。即使是在城市交通繁华地段的街区，几何构图也极其讲究，行人和车辆都是分成两个层级，各建筑多角度展示，整体上风景美不胜收。加上大小不一的广场、错落有致的街头花园，以及各种标志性建筑的交相出现，使景观得以多层次、多视域呈现，给人以“人在画中游”的视觉体验。这种审美况味是棋盘状美式街区规划做不到的。

其三，这种辐射状街区布局四通八达，使城市的交通更加便捷高效。以尼古拉耶夫广场（今中山广场，下同）为中心，10条大街呈放射状向外延伸开去，经过最短的路线就可以轻松到达城市的任何区域。行人徒步从广场到达火车站、港口、市场等城市任何一个枢纽站点的最长距离——尼古拉广场通往港口的道路——不超过1,500米，其他射线型街道长度都不超过1,200米，一刻钟左右即可抵达。

莫斯科大街（今人民路，下同）从码头出发，穿过尼古拉耶夫广场，通向欧洲集市和中国人街区；萨姆索洛夫林荫道（今七一街，下同）通往海岸，其相反方向的延伸大街（今玉光街）有山墙挡住去路后，车流被一分为二，形成岔路；阿列克谢耶夫大街向北（今民生街）通往中国人墓区，向南（今延安路）通往南部山麓；维特大街向北（今上海路）通往铁路高架桥（今胜利桥），连接行政区，向南（今解放街）通往天主教堂，连接南部山

1斯科里莫夫斯基：《论达里尼市规划图的设计》，载《建筑师》，1904年（13），156页。
2、3同上。

麓；萨哈洛夫大街向东（今鲁迅路）穿过城市花园，通往别墅区，向西（今民康街）与盖尔别茨大街（今友好街）相汇。

今天，面对日益拥堵的城市交通，人们可以深究110多年前规划大师的设计精髓，学习打通相关环节，合理疏导管理。相信一个多世纪前的智慧将会穿越时空，仍然放射出灿烂的光芒。

其四，这种辐射状街区布局独具通透性，使周边蜿蜒起伏的山脉、湛蓝的大海自然融入城市之中，构成一幅幅美丽的画卷。无论是站在广场中央，还是行走在街道上沿着宽阔的大街放眼望去，视野里或绿山耸峙，逶迤连绵，或海天白云，水色天光，给人以恬淡、舒适、赏心悦目之感，让城市里的人们，特别是生活在由钢筋和水泥构成的城市圈里的人们，能够随时感受到一种自然的存在。可见，这种辐射式体系最适合丘陵尤其是盆地、半岛、海湾地形地貌的城市规划，做到了显山、露水、透绿，使天然的环境资源得到最有效的利用。

诚然，大连之美，在于海，在于山。城市东部、南部环绕着蔚蓝色的大海，海岸线曲折连绵，凭海临风，令人心旷神怡。市区南部，从东海头到西部黑石礁，几十公里绵延起伏的山脉似一条天然的森林屏障，将城市揽入自然的怀抱。像珍爱自己的眼睛一样，将这种大自然馈赠的山

图5—23
今天的人民广场，远处连绵起伏的山脉、近处碧草如茵的大片绿地公园与其间红瓦穹顶的建筑，构成了自然、恬静、错落有致的天际线和平缓开阔的独特城市空间风貌。（摄于2012年8月）

图5–24 显山、露水、透绿，是地处半岛的大连城市与自然和谐相融的最佳选择。（作者2012年10月摄于西山览胜）

脉和海景保护好，并作为难能可贵的稀有元素，纳入城市规划的整体布局之中，精心设计每一片区域、每一条线路、每一个角落，保持人与自然的和谐相融，描绘出一幅幅滨海城市的旖旎风景，是具有远见卓识的规划大师梦寐以求的愿望。

日本殖民统治时期大连的城市规划与建设延续了这一规划思想。在城市高地选址修建的圣德公园（今中山公园）视野开阔，站在其上抬眼望去，东部的大连港和远处的大黑山，南部的莲花山和星海湾尽收眼底。上世纪20年代建设的岭前地区文化街别墅群（今沈阳军区大连八七疗养院），亦将南部层峦叠嶂的山脉和远处波光粼粼的傅家庄海景纳入视野。但这些构思随着岁月的流转逐渐淹没在了城市跃进的大潮之中。1987年大连建成香炉礁立交桥，设计者仍然保留了这一设计理念，人们从东北路进入市区，在香炉礁立交桥上眺望，亦可看到南部逶迤起伏、远山含黛的美景。只可惜这样美丽的画卷已经随着城市的快速发展而被潮水般涌现的高楼大厦所充斥，更被立交桥上竖起的隔音板阻断，人们只能在一出椒金山隧道的地方隐约看到远山。

其五，这种辐射状街区布局本身呈现的是一个全方位开放的格局，少有方块式规划体系的内敛与保守，正契合了建设自由商港和全世界贸易中心的目标，也对达里尼市民开放性文化的渗透与培养具有潜移默化的作用。斯科里莫夫斯基既然借鉴了巴黎星型广场的放射状城市街区布局方式，而放弃德国柏林城市规划的“呆板”模式，自然也就将巴黎的开放与浪漫注入到了达里尼市的大街小巷，百年来润物细无声地影响着生活在这座城市的人们，为今天的滨城赢得了“浪漫之都，时尚大连”的声誉。

其六，道路端景彰显独特艺术魅力，标志性建筑兼具定位功能。斯科里莫夫斯基的达里尼市规划借鉴了俄罗斯圣彼得堡城市建设的经验，极其讲究街区布局的整体艺术效果。在圣彼得堡，“中心地区的某幢大楼就是一个大型区域的点缀景观，譬如圣彼得堡尖顶的海军总部大楼及斯莫尔尼修道院。如果在（达里尼市）坡度较大的街道顶端建造此类建筑，就能使城市具备足够的艺术风景和独到的艺术魅力”。[1]对此，斯科里莫夫斯基比较了巴黎和柏林的城市街道设计：“我在巴黎的规划图中找到了20多个中心广场。也正因为有了这些广场，巴黎才能给人留下那么优雅、迷人的印象。从星型广场上看去，16条气势磅礴的道路极其漂亮、宽敞，让人震撼。放眼望去，到处都是艺术和文化作品。尽管柏林极其多姿多彩，这一点无人能比，而且楼房豪华精美，街道设施齐全，但是，它的外形给人一种压迫之感。它不像是座首

1斯科里莫夫斯基：《论达里尼市规划图的设计》，载《建筑师》，1904年（12），143页。

图5—25 巴黎星形广场。

都，倒更像是一个工业城市。”[1]因此， 比较了这两个城市之后，斯科里莫夫斯基得出一个结论，那就是：“一条街道具有整体上的艺术效果，与其说是取决于零零散散的建筑物有多豪华，不如说是取决于街头巷尾有一座建筑物

1 斯科里莫夫斯基：《论达里尼市规划图的设计》，载《建筑师》，1904（12），143页。

图5–26
位于圣彼得堡市冬宫广场的海军总部大楼尖顶是极富艺术魅力的点缀景观。（作者摄于2009年10月）

图5–27
将教堂作为街道优美的端景，在圣彼得堡市随处可见。（作者摄于2012年7月）

置于恰当的位置更贴切。”[1]这种规划所彰显的所有这些优点，是美式方块体系所没有的。而美式方块体系“一眼望去，千篇一律的街道给人一种枯燥乏味的感觉，让人觉得审美疲劳，导致居民缺乏激情，剥夺了他们的想象力，促使人们一味追求物质上的利益”。[2]这也正是斯科里莫夫斯基避免萨哈洛夫的达里尼城市规划中“美式”棋盘状设计的原因之一。也只有这种辐射状的街区体系才可彰显出优雅别致、卓尔不群的独特气质，表现出丰富多彩、变化无穷的艺术魅力。因此，按照这一规划原理，斯科里莫夫斯基制定的达里尼市规划中，精心规划设计了许多标志性的街头建筑。如在尼古拉耶夫广场延伸到南部山麓的道路阿列克谢耶夫大街（今延安路）的尽头设计了一座高大的路德教大教堂，巍峨耸立，既是大街尽头独特的端景，为这条大街增添无穷魅力，又会以宗教的精神力量影响城市里虔诚的信徒们。达里尼市规划的东正教大教堂、天主教大教堂、基督教堂，以及城市博物馆大楼、市政厅、火车站等建筑，既是城市的标志性建筑，也是道路优美的端景，与萨姆索洛夫景观大道尽头对面的大黑山一样，均是这一规划理念的具体体现。

正如事物都有正反两面性一样，这种辐射式的街区设计在呈现出以上诸多优点的同时，也暴露出一大缺点，即容易使人迷路，丧失方向感。大街小巷似蜘蛛网一样星罗棋布，有人形象地比喻它们就像森林，人在其中穿行，可以花最少时间到达港口、车站等目的地，如同猎人在森林中穿梭狩猎，用最短的时间捕获猎物。然而，猎人时常也有迷路的时候，尤其是那些对地形不是特别熟悉、方向感不强的外来“猎人”，就会有进入“迷宫”的感觉。

如何化解这种设计本身带来的缺陷？其实，这个问题在斯科里莫夫斯基的规划中就已经给出了圆满的解决答案：城市众多特定区域标新立异、光芒四射、引人注目的标志性建筑，既是道路的优美端景，也起到了定位的作用。“这种风景还有一个优势，那就是使行人在这个城市能很好辨认自己的方位。”[3]在欧洲区和行政区的中心地区建筑的各种宗教信仰的教堂和公用建筑，“它们的建筑风格及外形和大量的一般房屋是完全不同的，可以使所有的外来人轻松地在城里定位”。[4]值得一提的是，位于尼古拉耶夫大广场上的拍卖交易大厅（后改变设计，为东正教大教堂），作为城市最具标志性的建筑，不仅是10条射线型大街白天用以定位的标志，而且在夜幕降临之后，其

1斯科里莫夫斯基：《论达里尼市规划图的设计》，载《建筑师》，1904（12），143页。

2同上。

3斯科里莫夫斯基：《论达里尼市规划图的设计》，载《建筑师》，1904年（12），9页。

4俄罗斯国家历史档案馆（350—18—14）：《萨哈洛夫关于达里尼商港、城市规划的报告》，1900年6月1日。

图5-28
今天大连城市广场上的标志性建筑富于个性魅力，不仅是道路的端景，也兼具定位功能。

圆形建筑的“屋顶将点燃电灯，照亮城市里所有呈辐射状分布的大街”，[1]犹如一盏航标灯为夜晚行进的人们引航，这无疑为城市的动态美增添了无穷的魅力。

事实证明，达里尼高低起伏的丘陵地形不但没有限制斯科里莫夫斯基的规划思路，使其缩手缩脚，反而为其提供了用武之地，使其发挥更加广阔的想象空间，充分展示大胆创新的智慧。他将俄罗斯古典主义时期城市建设的先进理念和成就，与19世纪欧洲先进城市规划的成功经验和实践相融合，比较巴黎与柏林的规划优劣，切实从达里尼当地的地形地貌出发，终于创造性地规划出了符合达里尼特点的辐射状街区和道路格局。

比较萨哈洛夫和斯科里莫夫斯基各自所做的达里尼市规划，两者最大的区别是，前者主要以棋盘状方块式体系布局街区，后者主要以辐射式体系设计街区。尽管后者认为前者的主要设计理念和方法不适合丘陵地区的城市规划，但是，在斯科里莫夫斯基的达里尼城市规划中，仍然可以在地势起伏不大的欧洲人居住区西部，以及计划设计的中国人街区南部看到方块式的街区规划布局。其实，方块式城市街区布局对地势平坦地区是最方便、最简单、最

1俄罗斯国家历史档案馆（350—18—14）：《萨哈洛夫关于达里尼商港、城市规划的报告》，1900年6月1日。

经济的规划方法。“中国人居住区计划按照美式方块状规划街区，也就是说，沿着平坦街区铺设平行的街道，要尽可能地结合当地的地形，避免进行大量的土石方工程。”[1]尽管这种方法缺乏活泼、动态美，常常给人以单调、呆板、保守之感，但其节约土地、空间利用率高、经济实惠的优势明显，亦不乏内敛的结构美感，成为中国传统城市布局时常用的手法。

图5-29 达里尼市三角式规划形成的建筑。

由于斯科里莫夫斯基在达里尼市的欧洲人街区和行政区主要采取了辐射状街区布局，这样就自然形成了一些三角区域，通过对角线连接划分，构成了三角街区，在达里尼城市规划中就出现了另一种街区划分方法——三角式体系，形成了许多三角形的建筑、街头公园和花园。这种三角式体系尽管有空间利用率低的不足，但其适应丘陵地带，尤其出现在辐射状街区布局中，配合街区划分，支撑建筑架构，显得尤为自然和自由，更透出一种动态之美，极富艺术感染力。

达里尼城市规划的生动实践证明，在这个地形复杂的丘陵地区、黄海之滨规划城市，单独运用哪一种体系都无法圆满地完成这一艰巨的任务。但是，“建筑师在认清每一个体系的优缺点之后，可在具体情况中找到一种既适合当地地形、又能满足城市日后用途的解决办法”。[2]斯科里莫夫斯基正是根据达里尼的地形、地貌特征和所处半岛的方位实际，综合运用了辐射式、方块式和三角式三种规划体系，为达里尼市描绘了一幅动人的美好蓝图。正所谓，在城市规划方式的选择上，没有最好，只有最适合，才能达到最理想的效果。

1俄罗斯国家历史档案馆（350-18-14）：《萨哈洛夫关于达里尼商港、城市规划的报告》，1900年6月1日。

2斯科里莫夫斯基：《论达里尼市规划图的设计》，载《建筑师》，1904年（13），141页。

广场成为结构城市的核心：

但凡城市规划，无论是整体规划，还是某一小区的设计，其成熟的标志，均是从当地的地形地貌等自然环境出发，顺势而为，紧紧围绕山峦、河流、湖泊做足文章，布局广场和道路，形成结构城市的核心和灵魂。

斯科里莫夫斯基绘就的达里尼城市规划，首先是对广场的设定。可以想象，摊开一张丘陵起伏、沟壑纵横、河谷遍地、滩涂蔓延的达里尼地形图，面对这片未开垦的处女地，一个远东“全世界贸易中心”的城市蓝图就要在自己紧握的笔下诞生了，斯科里莫夫斯基是怎样的激动！

他落下的第一笔，便是对达里尼城市规划中具有定盘星意义的广场的优先设定。在其规划中，街道似乎退居次席，广场成为主角（见图5-21）。可以这样认为：在一座现代城市里，广场比道路重要，道路比楼房重要。广场成为结构达里尼城市的核心和灵魂。

这与萨哈洛夫的规划理念截然不同（见图5-10）。在萨哈洛夫制订的达里尼规划中，仅设计了3个广场：大市场、中国区市场、娱乐场。在阐述1900年斯科里莫夫斯基的达里尼城市规划时，萨哈洛夫很少谈及众多广场在达里尼城市新规划中的突出地位，几乎视而不见地认为“在几条街道汇成一点的地方计划修建广场”[1]，即街道成就了广场，街道成为结构城市的核心和灵魂。这与斯科里莫夫斯基的广场相连自然设计为道路，即广场成就道路的规划思想大相径庭。尽管1900年之后的达里尼城市规划图都有总工程师萨哈洛夫的亲笔签名，但其当初并未深刻领会斯科里莫夫斯基的规划思想，至于以后是否领悟就不得而知了。

纵观中外城市广场的形成与发展，始终与人类的物质和精神生活密不可分。在欧洲，大到中心城市，小到乡村集镇，都设置有广场。广场作为市民休闲、娱乐、从事宗教活动、表达利益诉求等的场所，其功能在经济社会的变革与进步中，在城市的沧桑演进中不断得以拓展。17世纪的巴洛克时期，广场和城市道路联成一体，承载起交通之职，成为了城市整个道路网和城市动态空间的有机组成部分。广场被称为城市的客厅。不仅是市民的公共活动中心和休闲场所，也是城市的政治中心。许多富有特色或传奇经历的广场已经成为了某一城市甚或某一国家的象征或名片，扮演着城市灵魂的角色，或承担着国家政治心脏地带的职能。比如纽约的时代广场、莫斯科的红场、柏林的亚历山大广场、巴黎的协和广场、伦敦的特拉法加广场等等，自觉不自

1俄罗斯国家历史档案馆（350—18—14）：《萨哈洛夫关于达里尼商港、城市规划的报告》，1900年6月1日。

觉地承载了市民文化品质的深刻内涵，寄托着浓厚的人文情怀，把脉着国家政治风云际会的脉搏，记忆着人类追求自由的每一次血与火的磨砺，也见证了人类争取民主的一次次挫折与进步。

而在中国传统的城市规划里几乎看不到具有现代意义的广场。隋唐之后，中国城市的设计大多采取中轴线构思法，即一条南北大道穿城而过，皇宫或衙门坐北朝南，位于中轴大道的北端，象征着对整个城市和宇内的绝对控制。其余部门、满足老百姓生产生活需求的场所则呈棋盘式方块状，一字排开，分布于中轴线两侧，这条中轴大道成为结构城市的核心。最典型的是唐长安城，朱雀大街左右两侧各设置有生活用品市场，称为东市和西市。久而久之，老百姓去商店叫“逛街”，到市场购物就叫“买东西”，而不叫买南北。这种棋盘式的城市街区布局，一般在宫殿、寺庙、祠堂前有小型广场（严格地说应该叫空地），以满足祭祀、庙会、唱戏之用，且大多为内向型庭院式，很少设置现代意义上的广场，即很少有满足市民休闲、娱乐、宗教活动、交流、集会的公共场所，特别是有组织地或自发地表达政治诉求、利益愿望的公共空间——广场根本见不到，市民表达利益诉求或喊冤申屈大都自觉不自觉地奔向官府衙门，而官方的信息发布大多在城门外进行。

这是中国传统社会长期的专制集权统治的必然结果。人民的言论自由、集会权利被限制，甚至被严格禁止，在这种情况下很难想象统治者能给予人民表达利益诉求的空间，更甭奢望人民能获得表达政治理想、参与国家民主进程的场所。久而久之，在这样的政治氛围下，加之儒家思想的推波助澜，文化的习性和理性的传统自然趋向内敛，封闭的高墙成为与世隔绝的屏障，深宅大院成为深居简出的场所，至于公共活动空间的城市广场则少有人关心，可有可无。另外，中国传统的农耕文明根深蒂固，商业发展极为缓慢，商品的交流空间自然极不发达，城市的广场发展也受到极大影响。西方人将广场视为城市的中心，而中国人则将宫城看作城市的中心。即使有所谓的城市广场，由于缺乏深厚的经济基础、社会基础和文化基础，其发展与市场经济起步早发展快、公民意识觉醒早、自由民主理念强、政治诉求浓烈的欧洲相比，必然有巨大的距离。

时代演进到今天，中国的经济社会取得了飞速发展，市场经济已深入人心，人的自我觉醒和独立精神迅速成长，追求自由、平等、幸福生活的公民社会成为大众的现实选择，城市中的广场也雨后春笋般地成长起来，但要全面深刻地扮演起鲜活而生动的角色，则还有漫长的路要走。而在人类告别铅与火，跨过光与电，进入互联互通的网络时代的当下，以蓬勃发展的社交网为突出代表，把“平台”理念融入其核心价值体系，构建了强大的数字信息交流空间，成就了一个地球村里的网络版城市广场。其追求透明与公开，以空前的极速力量将世界变为“平的”，发挥着强大的非传统意义上的组织、动员、引领作用，已成为人们表达诉求、一吐心声的当代版城市广场。

达里尼的城市规划与建设，时值19世纪末20世纪初，正是欧洲列强疯狂争夺殖民地、掠夺世界资源之际。随着侵略的深入，其思想和文化的渗透日益加剧，而浸透其思想成果的城市规划理念与建筑风格也自然凝固为那个时代的鲜明印记。达里尼的城市规划无疑成为沙俄规划师继承19世纪欧洲城市规划思想和俄罗斯城市建设理念的具体写照。

斯科里莫夫斯基正是继承了欧洲先进的城市规划思想，深刻领悟其城市规划的精髓，把自己对广场在城市整体规划中的作用和意义的理解，创造性地转化为对达里尼城市规划的实践。在斯科里莫夫斯基的规划中，共计设置了15个广场，其中，欧洲区设计了11个大小不一的广场，行政区设计了三个广场，中国区设计了一个广场。

达里尼城市规划中各个广场的确定，首先是根据其功能进行定位，以满足市民的各种需求。其次，根据美学价值确定其形状。除了欧洲区的广场、中国区的广场分别呈方形和菱形外，其余为圆形、椭圆形或半圆形（中国区广场原为位于海边的半圆形，后改为菱形）。

这些广场按照其功能分为四类：交通疏导类广场、标志性建筑类广场、集市类广场、城市美化健身休闲类广场。许多广场同时兼具多种功能。

承担城市交通疏导功能的广场，在规划时要做到完全开放，特别是这类广场地处几条街道交会处时更应如此。位于码头附近的货运火车站广场——红场（今港湾广场，下同）和位于欧洲人街区通往行政区的客运火车站广场——市立广场（今胜利桥南广场，下同），车水马龙，人来人往，热闹异常，需要及时交通分流，首先在规划图上被确定下来。这些广场上不能有建筑物和树木，在道路交叉路口亦如此。为方便行人，在广场通往街道处划出了人行道。连接红场与市立广场的基辅大街，其与萨姆索洛夫林荫道相交处，在1900年5月27日的规划图上并没有设计广场，而在之后的规划图上则设计了一个圆形广场（今民主广场），既避免了美丽宽阔的林荫道被突然切断的“尴尬”，又巧妙疏通了聚散于此的8条道路，同时，也为广场周边富于艺术感染力、抛物线形的纪念性建筑的设计创造了条件。

用于规划和建设标志性建筑的广场，几乎是达里尼市广场的全部。最突出的就是遍布达里尼市欧洲人街区和行政区的众多西方教堂所在的广场，称

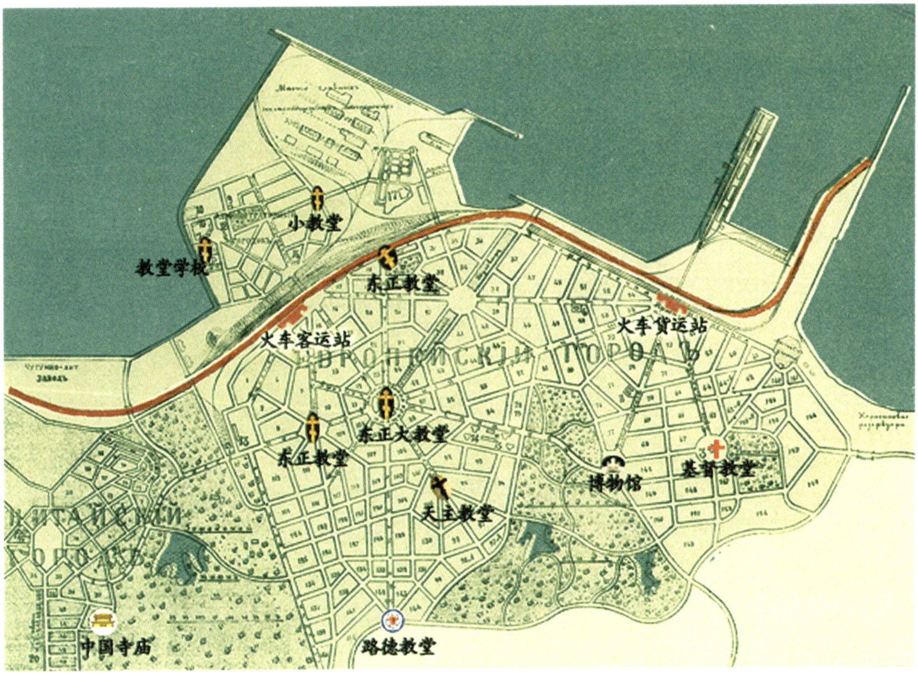

图5—30
达里尼城市规划中各类宗教活动场所分布图。（根据1904年达里尼市规划图制作）

之为教堂广场。这样的广场在全市共规划设计了8座，其中有5座东正教堂广场、一座路德教堂广场、一座天主教教堂广场、一座基督教堂广场，涵盖了西方人信仰的主要宗教种类（见图5-30）。在起初的规划中，教堂广场占据了达里尼15个城市广场中的7个，1901年的规划中为6个。

无论从数量上还是从所处位置上看，俄罗斯人所信仰的“国教”东正教的教堂广场都占据了绝对优势，这其中地处城市中心尼古拉耶夫广场上的东正教大教堂，与该广场一样，当仁不让地占据了这一城市的核心位置，以凸显其主导和统治地位，实现对整个城市精神的有效控制。

尼古拉耶夫广场直径达213米，为全市面积最大的广场。它的设置对整个城市的规划布局具有决定意义，赋有统领性质，充分发挥着不可替代、独一无二的定位作用，时刻透出一种欧式城市的韵味。它光芒四射，又海纳百川，聚散自如，收放得体，不仅优雅地标志了城市的核心，同时在星河灿烂之中赢得了众星捧月的位置，诠释着美轮美奂的艺术价值。

从对萨哈洛夫与斯科里莫夫斯基各自设计的城市规划图比较中可以看出，后者在设计城市中央大广场时，很明显地参考了前者方案中大市场的选址和定位。两者都不约而同地将城市的核心地带规划为满足市民需求的公共空间，并且，在其周围都不约而同地设计了警察局、消防局、邮局、电报局等公共服务设施（见图5-10、图5-21）。但不同的是，斯科里莫夫斯基用圆形大广场取代了“横亘”在城市主干道莫斯科大街上的大市场，使其设计更科学合理，更符合美学要求，赢得了其上级和工程师们的青睐。最终，尼古拉耶夫广场成为达里尼市规划中独具里程碑意义的杰作，至今散发着迷人的风采。

尼古拉耶夫广场具有多重功能，既承担着10条街道交会于此的交通疏导之责，又拱卫着周围的法院、议会等宏伟的纪念性建筑。在其中央位置，1900年规划时设计了城市拍卖大厅和交易所，担负贸易功能，之后又修改设计为一座东正教大教堂，成为宗教活动的场所，具有标志性的纪念意义。自然，这个面积庞大的广场亦可同时开展集会、游行甚至阅兵等活动。因此，对广场上的绿化美化提出了明确要求：“这里不能栽种高大的树木，因为树

图5-31 今中山广场（原尼古拉耶夫广场）迷人的夜景。

木会挡住建筑物。而为了避免显得太空荡，规划设计要建设草地，种上玫瑰花、被修整了的灌木丛和缠绕状的植物。草地呈一个个狭长的条形，以便能提供足够的场地供部队阅兵和民众集会。”[1]当然，这些活动并不会影响川流不息的车辆和行人。

用于规划和建设标志性建筑的广场，应该与该标志性建筑、相连的街道和谐一致，相得益彰。首先，标志性公共建筑物的地点选取要顺其自然，广场环境的设置要与建筑物的特点相协调。同时，标志性建筑物前的空地应该与其高度保持一定的比例。斯科里莫夫斯基引述欧洲著名城市建设美学原则：“要想仔细欣赏任何大楼，观看者应当站在与建筑物高度相当的距离上；要想欣赏整幢建筑物，这一距离就应当是建筑物高度的2倍至2.5倍。”[2]并以巴黎的圣三一广场、罗马的圣彼得广场、威尼斯的普拉瑟塔广场做典范，指出：“距离再远一点的话，眼前展现的就是整个这一片地区的画面，建筑物本身在其中只占很小的比例，无法给人留下特别深的印象。”[3]

根据以上理论和原则，斯科里莫夫斯基对达里尼市标志性建筑所在的广场及其建筑物进行了精心设计，其中最为典型的是对东正教大教堂所处的尼古拉耶夫广场的设计，可谓匠心独运。要在这个直径213米的大广场中心设置一座宏伟的大教堂，而观看这一宏伟建筑的最佳位置，则是环绕广场的十大建筑物门前的人行步道和萨姆索洛夫林荫道，其距中心教堂的距离正好是教堂高度的2～2.5倍，即106～133米。以此推算，这座教堂的高度在53米（相当于现在的20层楼高度），观看视角为21.8～26.56度（见图5-32、图5-33）。同时，受广场半径长度的限制，其周围的建筑物高度不应超过53米，这样在广场中央也正好是观看周围十大建筑物的最佳位置。日本殖民统治时期，当局规划建设该广场周围的大楼时，也许是领悟了这一原理，使得今天中山广场周围的十大建筑物均具有近似的檐高、对称结构和向心的布局，从广场中心观看周围建筑物的视角为18度。这样的规划设计，再配置以10条辐射出去又收拢回来的大街，就使广场与其周围的建筑以及广场中央的建筑相互映衬，相互关照，相得益彰，达到了和谐统一，收到了审美的奇效。

由此可见，城市广场的规划设置与其周围的环境，特别是与其周围建筑物的设置摆放，具有大小相适、比例相谐、风格相似、结构相调的唇齿相

1斯科里莫夫斯基：《论达里尼市规划图的设计》，载《建筑师》，1904（14），164页。
2同上。
3斯科里莫夫斯基：《论达里尼市规划图的设计》，载《建筑师》，1904（14），163页。

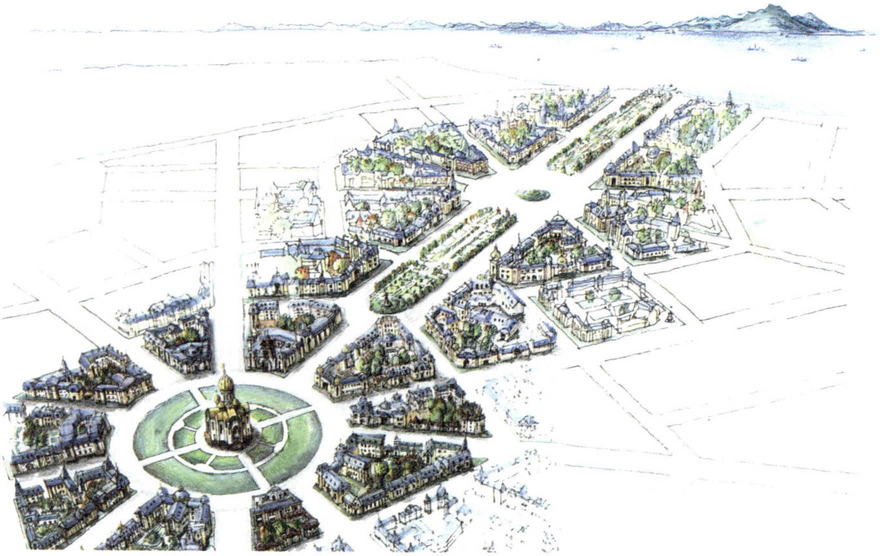

图5—32
尼古拉耶夫广场（今中山广场）中央设计的东正教大教堂；景观大道模拟图（作者根据档案创意，廖原、彭美玲绘制）。

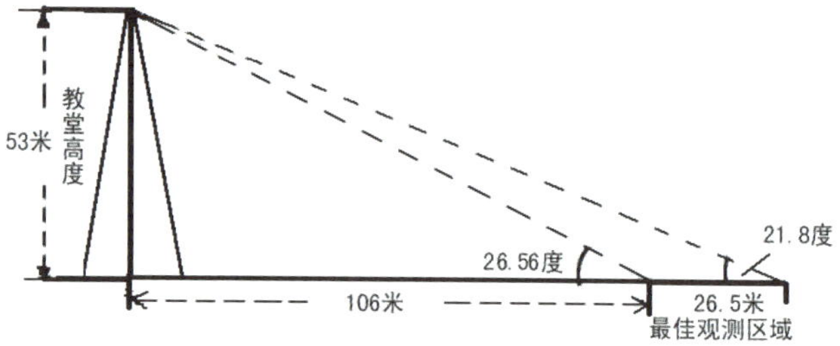

图5—33
尼古拉耶夫广场中央东正教大教堂最佳观测位置示意图。

依的十分重要的关系。否则，城市广场的规划设置就失去了其内涵的本真意义，仅是形式上的存在而已。纵观今天的城市广场及其周围的建筑，由于规划者不懂或忽视了这样的设计原理，或因后来者没有搞清楚广场与周围建筑物的关系，因而，围绕广场毫无顾忌、见缝插针地建筑了众多高楼大厦甚至摩天大楼，极大地破坏了广场与其周围建筑物的比例关系，使广场遭到藐视，沦为高楼大厦中间的一个盆地，甚至沦为胡同或过道，失去了广场作为城市客厅的本意。

其实，中国古代的标志性建筑也非常讲究与其周围建筑物的比例关系，比如北京的天坛祈年殿，尽管不是城市广场，但却胜似广场，严格要求其周

图5—34
斯科里莫夫斯基设计的达里尼市欧洲区的东正教堂（草图）。

围的建筑物不能进入视线之内，以确保皇帝与上天的对话在绝对安静和神圣的环境中进行，否则，就变成了皇帝与庶民的对话，失去了天坛祭天的本真意义。

达里尼的天主教堂被规划设置在三条大街汇聚的维特大街上（今解放街铁路医院处），由于地势较高，山坡陡峭，教堂前的广场被设计成了两个街心花园——上花园和下花园，加以美化装饰，花园间以阶梯构造相连。这座有两个尖拱钟（高34.08米、42.6米）的天主教堂，与尼古拉耶夫广场上的东正教堂构成了一个悠长的视觉配景，“类似巴黎旺多姆纪念塔的塔柱，使悠长的街道构筑了一个与之相互协调的街尾风景。”[1]站在两座教堂中间的街道位置，蓦然回首，两座各具特色的教堂仿佛两位从远古走来的使者，在隔空静默地对话。那空中不时飘荡着的悠扬悦耳的钟声，隐隐传来灵魂深处的呼唤，或是教徒对上苍望眼欲穿的诉说……

从规划的天主教堂所处的仅次于达里尼市中心东正大教堂的位置，到其扮演的与东正大教堂形成的相互映衬的角色，都充分体现出斯科里莫夫斯基不仅具有高超的设计才华，而且具有聪明的政治智慧，当然，也流露了这位规划师的私心。

1斯科里莫夫斯基：《论达里尼市规划图的设计》，载《建筑师》，1904（13），163页。

斯科里莫夫斯基出生于波兰，信奉天主教，其时，波兰被沙俄统治。在达里尼市的规划中，自然在沙俄占统治地位的东正教无可争辩地占据了城市中心广场的位置，而作为城市规划制订者的斯科里莫夫斯基，则巧妙地将自己信仰的天主教的教堂设计在了与东正教大教堂最近且配合其共同“演出”的次最佳位置，这样既照亮了“别人”（东正教），也辉煌了“自己”（天主教），可谓匠心独运，颇费了一番心思。而同处达里尼市且不占统治地位的基督教和路德教的教堂则远离城市中心，被设置在了城市的外围或道路的末端。

像天主教堂一样，路德教堂所处的阿列克谢耶夫大街末端的南部山麓（今延安路与胜利路交会处），由于地势坡度较大，其广场在设计时也被一分为二，下部用于协调交通，上部用于建造教堂大楼，周围空地则被街心公园装点起来，构成一幅自然景物与标志性建筑和谐相处的美好画面。在欧洲人街区别墅区东边地势最高的地方，即英国花园旁的广场（今二七广场）上，最初规划了一座英国圣公会教堂，后改为基督教堂，而最终设计为一座具有16世纪风格的东正教教堂，目的是“使人从海上就能看到达里尼的俄罗斯风情”。[1]

1 斯科里莫夫斯基：《论达里尼市规划图的设计》，载《建筑师》，1904（13），163页。

图5—36
行政广场上别具特色的市政管理大楼（达里尼市政厅）至今依然展示出典雅的异域气质。

为了维持中国人的传统习惯，位于中国人街区南部山麓一隅的中国寺庙（今唐山街松山寺）被保留了下来，但寺庙前并未规划设置广场，显得十分孤单和冷清。

这些宗教场所的设置，自然成为区域性的标志，具有重要的纪念性意义，既充分满足了信教市民的精神需求，也自然起到了沙俄殖民当局控制人们思想、维护社会稳定的作用。同时，各类教堂所在的广场还具有疏导区域交通的功能，因此在选取其理想地点的同时，不会影响交通。地处欧洲人街区别墅区边沿的城市博物馆所在的椭圆形广场（今三八广场），以及路德教堂所在的广场，由于其直径小于尼古拉耶夫广场，属于中等广场，为了不影响交通，其标志性建筑均规划在街道交会线以外的广场最高点上，并位于主街的轴线之上（见图5-30）。

纪念性建筑类广场除以上提及的广场外，还有位于行政区的行政广场，其周围的达里尼宾馆、市政管理部门大楼等公共建筑至今依然展示出典雅的异域气质，独特地标志着俄罗斯文化曾经的存在。

集市类广场的规划延续了1899年萨哈洛夫的方案，分别设计在欧洲人街区和中国人街区，只不过市场的位置发生了改变。在萨哈洛夫的规划中，大市场位于欧洲人街区的中央，形状为正方形，处于莫斯科大街之上，恰恰切断了城市的交通主干线（见图5-10）。而且，这个大市场地处欧洲人街区和中国人第一街区的分界线上，为欧洲人和中国人共享之市场。在斯科里莫夫斯基的规划中，大市场被移到了欧洲人街区的西边、莫斯科大街的北侧，毗邻而非阻挡城市主干道，更加靠近铁路。其地点就在今天的中山路北侧、大连火车站前的胜利广场处（见图5-17），其名称也由“大市场”改为“欧洲市场”，成为欧洲人街区的专用市场。为方便装卸货物，斯科里莫夫斯基专门规划铺设了一条通向市场的铁路，设置了货运车站。由于集市广场比铁路路基高4.26米，所以需通过石制台阶相连接。规划的欧洲人街区集市广场宽149.1米、长213米，起初设计为露天市场，周边是商贩的临时仓库，后在市场中央设计了一幢楼房，中间是两个呈H形状并排而居的架构，内设360个摊位，供交易之用。集市大楼周围的广场空地上将会栽种一些树木，必要时树荫下也可设摊位安排商家售货。

地处中国人街区的中国市场，在萨哈洛夫的规划中位于莫斯科大街与基辅大街的交会三角地域，只是一个选址，没有详细的规划（见图5-10）。在斯科里莫夫斯基的最终规划中，中国市场位于莫斯科公路的尽头，被设计成类似菱形，占据中国人街区的核心位置，似乎中国人街区的一切规划都要围绕其展开，但其详细的规划仍然没有下落（见图5-19）。

城市美化健身休闲类广场有两种：一种是休闲娱乐广场。斯科里莫夫斯基原汁原味地照搬了萨哈洛夫对娱乐广场的规划，设计的娱乐场所位于停泊场防波堤尽头高高的海岸上，并计划在那里修建音乐厅、剧院和各种公共比赛场所，以方便远洋航行的外国船员、游客能够就近欣赏高雅的歌剧和音乐，尽情放松地参加各类体育比赛（见图5-10、图5-17）。这座娱乐广场就在别墅区的东海岸边，是彼得堡沿海街和滨海东路的起点，有三条大街从别墅区直达此处，达里尼市的贵族们在欣赏音乐、观看歌剧之余，可站在此广场上远眺前方港湾美丽的风景，沿着宽阔的彼得堡沿海街和滨海大道悠闲散步，沐浴习习海风。另一种是街心花园广场。这些街心花园不允许街道和人行道纵横交错，以免被分割得四分五裂，这样才能为市民提供一个舒适惬意的休闲环境。同时，这样的花园也不影响交通。达里尼市典型的街心花园广场位于萨姆索洛夫林荫大道，斯科里莫夫斯基依据地形地势规划设计的三条抛物线形道路从尼古拉耶夫广场和海岸边向与基辅大街交会的中心地带（今民主广场）汇聚，分别形成两段尖柱型的花园。同时，“这里的林荫道可以辟出一些地方修建当地的

图5–37
1980年代的人民广场，与其东西两侧的街头公园在供市民休憩之时，也使漫长的中山路沿途街景富于变化。

展览会的展厅，毫无疑问的是在达里尼市将经常举办展览会”。[1]可以想见，当繁花似锦、绿树成荫之际，市民们在此休闲徜徉，观看街头展览，该多么的惬意。此外，斯科里莫夫斯基在位于莫斯科大街旁的市政办公厅前面精心设计了一个1.36万平方米的花园广场，直面莫斯科大街，凸显了大楼的气派，亦为忙碌的公务人员提供了一处自然的休闲健身空间。同时，这处街头公园与大街沿途出现的许多交叉路口一起，使漫长的莫斯科大街富于变化，不显得单调乏味。这种规划设计理念在日本殖民统治时期的大连西部规划中被经常应用。今天大连市人民广场中山路以南的东西花园，也是其设计理念的延续，为城市平添了几分迷人的色彩。

城市道路分级规划，主次分明：

斯科里莫夫斯基绘就的达里尼城市规划图，在设计道路时充分利用了丘陵地形的特点顺势而为，使街道走向既显得优美，又可避开大量的土方工程，节约了工程成本。从街道的纵断面考虑设计，不仅要考虑街道的美感，还要考虑街道的卫生设施，是继续保留阴沟自然排水，还是安装地下管道，要根据道路的坡度决定。在坡度最小时，应当安装地下管道。由于道路类型不同，其设计的最小坡度也随之变化。从街道的横断面考虑设计，在道路两边栽种各种形式的树木，大部分街道采取对称方式植树，如果街道旁边是城市公园、海岸或沟渠，则采取不对称穿插的方式植树。莫斯科大街接近欧洲集市的地段（原大连动物园，今中心裕景处）设计了不对称植树的形式，就是为了掩饰此处街道的急转弯所造成的缺憾。斯科里莫夫斯基规划的达里尼市区道路设计广植树木，以期达到林荫道路纵横交错的局面，形成独特的美丽舒适的环境。在设计各街道的交叉路口时，人行道的拐角都被切除或改为圆弧形，以保障车流畅通。但是，对地处交叉路口的房屋角落的切除则极为谨慎，如果一律切除的话，城市看起来颇有特色，但其实单调乏味。因此，达里尼的规划图中，“街区角落切除的方法尽可能不用，而是在六条或以上的街道交叉处修建广场时才采用”。[2]

规划中的达里尼市道路分为大街、街道、胡同三个层级。这些道路以当时沙俄主要城市名字和参与达里尼开埠建市的官员名字命名，殖民者这样做就是想给人以这是座欧式城市的深刻印象，使生活在其中的欧洲人尤其是

1俄罗斯国家历史档案馆（350—18—14）：《萨哈洛夫关于达里尼商港、城市规划的报告》，1900年6月1日。

2斯科里莫夫斯基：《论达里尼市规划图的设计》，载《建筑师》，1904（14），162页。

图5—38
1902年，建设中的莫斯科大街（今人民路）。

俄国人始终体会到“家”的温暖。如莫斯科大街（今人民路、中山路）、彼得堡沿海街（今疏港路东段）、基辅大街（今长江路）、维特（沙俄财政大臣）大街（今上海路和解放街）、阿列克谢耶夫（沙俄远东阿穆尔州总督）大街（今民生街和延安路）、温特采尔（远东铁路公司董事长）街（今新生街）、盖尔别茨（东清铁路公司副董事长）大街（今友好路）、萨哈洛夫（达里尼市市长）大街（今民康街和鲁迅路）、缅绍夫（达里尼市民政处长）街（今连海街），以及季莫夫街（今烟台街）等等。

规划中的“大街”是达里尼市的一级道路。从尼古拉耶夫广场（今中山广场）、红场（今港湾广场）和市立广场（今胜利桥北广场）三大车流人流量大的广场出发的道路均属此类大街。除了莫斯科大街宽为34.08米，所有大街设计宽度为25.56米，并且种上两排树。其中间平均宽度为10.65米，相当于四车道的宽度，作为轻便马车行驶道和人行步道，而两旁则多丈量出些地块交由毗邻地段所有者无偿使用，以兴建自家花园等等。这种道路设计，既调动了道路两旁居住者主动参与城市绿化美化的积极性，也为以后城市发展交通繁忙拥挤之际拓宽道路做好了准备。

此外，规划宽为89.46米的萨姆索洛夫林荫道和码头边沿岸的彼得堡沿海街也属一级大街，只是其功能更具特殊性。前者被设计成了城市最大的街心公园，供市民和游人休闲赏景，机动车辆不得进入；后者根据沙俄黑海沿岸的明珠敖德萨市的海岸林荫道的样式设计建造，是市民和游人凭海临风、休闲漫步的好去处。

莫斯科大街无疑是城市中最醒目的道路。与萨哈洛夫的城市规划比较，斯科里莫夫斯基的规划正是将前者设计的莫斯科大街沿逆时针方向旋转了约12度所得，起点从娱乐广场变化到了红场（今港湾广场）。这条大街从主火车站（货运车站）广场出发，经过市政厅，穿越尼古拉耶夫广场（今中山广场）和其旁边的教堂广场（今友好广场），经过欧洲市场门前，后穿越城市公园，最后抵达尽头的中国市场。显然，从起点到终点，沿途经过广场、交叉路口、公园等这么多不同的景致，斯科里莫夫斯基在城市整体规划中精心设计的这条最长的主干道一点也不显得孤单乏味，至今在城市繁忙的交通中发挥着举足轻重的作用，成为城市的一道靓丽的风景，其灯火辉煌的夜景则更加迷人。基辅大街沿用了萨哈洛夫规划时的名称，但位置从南部山麓移到了红场与市立广场之间，即今天的长江路，连接码头停泊场的货运火车站和欧洲人街区与行政区之间的客运火车站。彼得堡沿海街从修理厂到娱乐广场，以林荫道隔开港口区域，沿途可观赏滨海码头秀丽的景色。军医院大街，后称郊区路（今解放路），从欧洲市场起始，通向南部的军医

图5-39
因要求坡度不得超过1/40，又避免大量的土石工程，莫斯科大街与莫斯科公路相接处（今中山路中心裕景处）设计成了弯道。

院、欧洲墓地和城外设施。

莫斯科大街向西穿行，在欧洲市场附近与莫斯科公路相接，直通中国人街区。“使得坡度不超过1/40，同时为了避免大量的土石工程，这条公路不得不修成弯弯曲曲的。”[1]这就是今天大连市中山路在原大连动物园、今中心裕景处没有直通向西前行，越过今天的大公街，直达今天的人民广场，而是向偏南方向延伸再向西连接到一二九街的原因（见图5-39）。

规划中的“街道”是城市的二级道路。其设计的规律是连接从各个广场发射出来的大街，像蜘蛛网一样环绕在各广场周围，从而形成了各个街区。“这些街道宽19.21米，其中间只有7.26米宽——相当于三车道的宽度——修筑公路，路两旁不栽种树木。”[2]其原因正如斯科里莫夫斯基指出的：“已经证实，要想让每棵树最大程度地开枝散叶，就需要49平方米的面积，也就是说，树与房子之间的距离，以及每两棵树之间的距离都不能小于7米；如果树与房子之间的距离只有6米宽，那么，树与树之间就得间隔8米。”[3]显然，达里尼市区规划中的街道，即城市的二级道路不具备这样的条件。斯科里莫夫斯基更进一步举例说明，在比利时安特卫普市的利奥波德等林荫道就是因为没有遵循这一原则，后来不得不移栽和砍掉了成排成排的树木。

位于市政办公大楼前的一条街道（今天世纪街的一部分）具有独特作用，可以说是市长及市政人员进入工作区的一条快速路。这条街道的起点正对市政办公大楼，从莫斯科大街出发，与基辅路相交于萨姆索洛夫林荫道，并穿越林荫道广场，顺着河谷的大致走向再穿越温特采尔街，跨过城市铁路，到达中心电站、工作湾码头的修理厂、干船坞、小船坞和铁路修理总厂，最终抵达煤炭码头。

规划中的“胡同”是城市的三级道路。达里尼市区崎岖不平的地方往往被设计成胡同，为避免浪费，一般不安装完备的街道设施。胡同的宽度通常是12.78米，其中，只有相当于两车道的宽度（即5.11米）的路面铺成石子路。

景观大道设计独具匠心：

萨姆索洛夫林荫道是达里尼城市规划中独具匠心的杰作。因为林荫道所在的位置正是地势较低的河沟，所以，萨哈洛夫在规划时，将其顺势作为隔

1斯科里莫夫斯基：《论达里尼市规划图的设计》，载《建筑师》，1904（13），162页。
2俄罗斯国家历史档案馆（350—18—14）：《萨哈洛夫关于达里尼商港、城市规划的报告》，1900年6月1日。
3斯科里莫夫斯基：《论达里尼市规划图的设计》，载《建筑师》，1904（13），162页。

开欧洲人街区和中国人第一街区的天然“屏障”。在1899年5月召开的大连湾商港和城市规划草案审查特别会议上，与会者认为：“出于卫生目的，市内中国人一区与欧洲各区之间起隔离作用的林荫道应该像新加坡等人口混居的城市里一样，拓宽至42.68米。”[1]因“卫生问题”，这次会议同时决定将城市公园延至调车场的海边，这就使萨哈洛夫规划的中国人第一街区在斯科里莫夫斯基的规划中退出了欧洲人区，自然，林荫道作为隔离带的功能也就消失了。但是，斯科里莫夫斯基显然保留了萨哈洛夫规划中对林荫道的设计位置，其设计的林荫道宽达89.46米，并种上几排树。这条萨姆索洛夫林荫道从尼古拉耶夫广场出发，以萨姆索洛夫山（今大黑山）为方向一直通到海边。“这座风景优美的山顶是这条林荫道的最后风景。”[2]可见，斯科里莫夫斯基设计的这条林荫道已改变了萨哈洛夫将其作为欧洲人街区与中国人街区隔离带的初衷，林荫道在作为街心公园供市民和游人休闲的同时，俨然已成为达里尼市的一条风光旖旎的景观大道、视觉走廊（见图5-32）。

同样，斯科里莫夫斯基从地形地貌出发，对萨姆索洛夫林荫道进行了精心设计，做到了视觉艺术与建筑艺术、园林艺术的完美统一，可谓城市规划史上的神来之笔。在1900年5月27日之后的规划中，斯科里莫夫斯基又将基辅大街与林荫道的交叉处设计成一个圆形广场（今民主广场），使林荫

1俄罗斯国家历史档案馆（350—18—14）：《萨哈洛夫关于达里尼商港、城市规划的报告》，1900年6月1日。
2同上。

图5—40
1982年的中山广场，依稀可见建市之初设计的景观大道的踪迹，端景为大黑山。

图5—41
今天的七一街，原来规划的林荫道，即今天的大连世贸大厦所在位置。

道分为两段。按照达里尼城市规划对道路坡度的要求，萨姆索洛夫林荫道从基辅大街路口的圆形广场开始，一直到尼古拉广场，这条林荫道的地势不断上升。这段距离被分为6段相对平坦的部分，之间的坡度依次递增，这样一来，就形成了一个漂亮的凹面，而且近处的建筑不会挡住远处的建筑，人们能看到整条街上各幢建筑所形成的宽阔而漂亮的风景和所有车流。其设计的细节足以体现规划师从点到面、以小见大、从平面到立体的几何构图功力和绘画技能（档案显示，斯科里莫夫斯基大学期间的绘画和几何构图课程根据校长批准，予以免试）。“萨姆索洛夫林荫道上的主要街心公园应当以大型贸易大楼的侧面构成一幅连绵不断的全景图，并凸显出这些大楼来。这种方法的优势在于，由于呈圆弧形，慢慢地，不是这幢就是另一幢建筑物出现在人们的视野角落，然后从所有建筑中不断凸显，而在两端的林荫道上看的话，所有大楼一览无余，绝不会相互遮挡。”[1]斯科里莫夫斯基还举出这种设计在实践中的成功范例，如德国萨克森州首府德累斯顿市和比利时列日省省会烈日市等地就采取了这种方法，效果很好，也很实用。

斯科里莫夫斯基对自己所做的萨姆索洛夫林荫道及其建筑的规划与设想可谓得意之极，自豪之情溢于言表。当市民和游人漫步在宽阔的尼古拉耶夫广场，徜徉在鲜花烂漫、树木茂盛的林荫大道，举目远眺，湛蓝的大海与悠远高耸的山脉尽收眼底，那是何等的心旷神怡。同样，站在优美的林荫大道上蓦然回望，尼古拉耶夫广场上白墙金顶的东正教大教堂正静静地散发出优雅的人文气息，令人默然起敬，顿感温馨。可惜，这样美好的蓝图、精妙的设计，只停留在了规划的图纸上，永远地成了一个梦。1911年，日本殖民当局将此沟壑填平，在其中间吾妻桥（今民主广场，下同）以北的长门町修建了电车库；在紧邻海港处建立了制造工厂，完全挡住了视线；在吾妻桥的南部设计了敷岛公园。今天，此处坐落的是高260米、60层的市中心地标性建筑——大连世界贸易大厦（见图5-41）。

充分利用地形地貌，留足公园绿地：

斯科里莫夫斯基延续了萨哈洛夫在达里尼城市规划中的环境至上理念，基本保留了城市公园和花园设置，只不过根据城市街区功能的划分需要，对其位置和形状做了调整（见图5-17）。其中，根据1899年5月召开的大连湾商港和城市规划草案审查特别会议的要求，将城市公园（今劳动公园）一直向北延伸至铁路边，紧靠渔港海湾，“将欧洲城和中国城区分开，并且占据

[1] 斯科里莫夫斯基：《论达里尼市规划图的设计》，载《建筑师》，1904（14），164页。

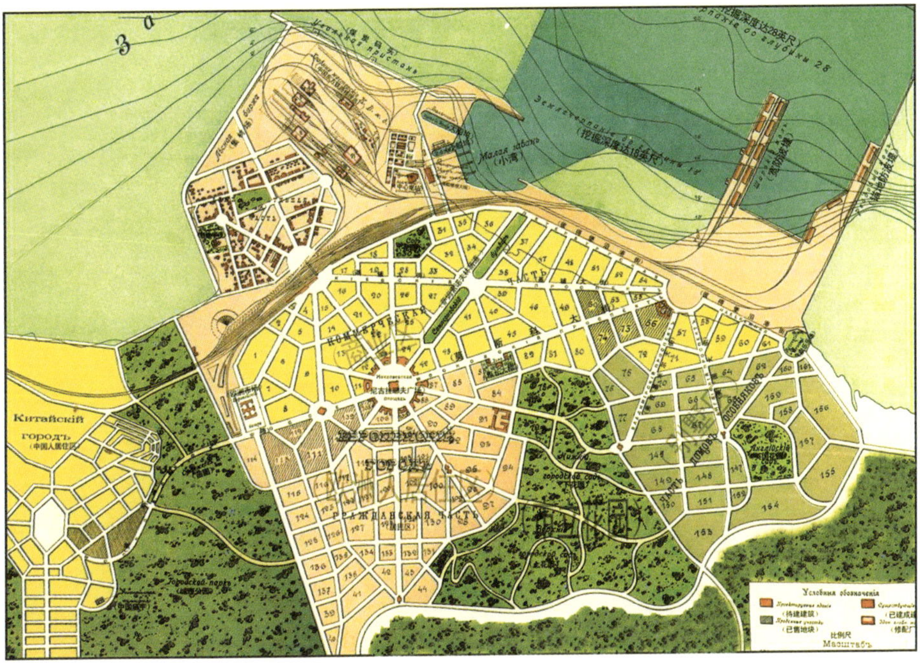

图5—42
达里尼市规划中的公园、花园位置图。这是真正将城市建在了森林和花园里。（根据达里尼城市规划图制作）

以前西青泥洼村的全部面积，约109万平方米。这里划分出13万平方米用于树木苗圃的试验田。”[1]位于别墅区和欧洲人普通住宅区之间的城市花园被保留了下来，但范围发生了变化，靠近山麓的地带面积被扩大，这样就非常自然地过渡到了南部山脉，其名称也一分为二，南部叫市立上花园，北部叫市立下花园（今三八广场西侧）。由于城市东部区域被规划为欧洲人别墅区，之前萨哈洛夫规划的两个南北狭长的带状花园被取消，由两部分花园取而代之。一部分是在英式教堂广场（今二七广场）旁规划了一个面积较大的花园；另一部分，则是由别墅区各家各户门前屋后的私家花园组成。城市积极鼓励别墅区的这些有钱的高级白领种养花草，形成“所有的别墅将被私人领属的不大的花园包围着”[2]的千姿百态的景观，并创造条件，

1俄罗斯国家历史档案馆（350—18—14）：《萨哈洛夫关于达里尼商港、城市规划的报告》，1900年6月1日。
2同上。

图5—43
1902年，缅绍夫街（今连海街）和街心花园。

图5—44
1902年，达里尼市立公园（今劳动公园）一角。

图5—45
今天大连城市的道边或道路交叉处常常被设置为街头公园或花园，形成独特迷人的景观。（摄于2013年6月）

图5—46
圣彼得堡市和莫斯科市常见的街头公园。（作者2009年10月摄于莫斯科市）

从私人园地经过一道小门就能进入公共花园，从而使大小花园连成一片。这对于城市来说也很经济实惠，因为不用花钱建造围墙，同时又可使这些地段成为建造别墅时最让人中意的地方。

此外，除了规划中的林荫大道兼具城市的绿化环保功能外，在以前中国墓地的地方保留和种植了百年针叶树林。特别在行政区，规划了两处大型花园：一处是位于市长官邸和教堂学校之间的花园；一处是位于行政广场东边的花园，即今天大连北海公园的前身（见图5-42）。这两处花园能够使每天忙忙碌碌上下班的东清铁路公司职员和被附近工厂、电厂、铁路环绕的行政区居民享受到优美的环境。值得一提的是，达里尼市两条道路的交叉处也常常被顺势设计为街头花园或公园，在供市民休闲的同时，也使城市彰显出动感与活力（见图5-45）。这种设计案例在俄罗斯的圣彼得堡市和莫斯科市的街头常常可见（见图5-46）。

这样，在斯科里莫夫斯基制订的城市规划图中，花园、公园等绿地面积占了欧洲人街区和行政区的一半以上，达里尼市是名副其实的花园城市。

城市自然水系保持完好，功能发挥淋漓尽致：

辽东半岛是一个缺水的地区，对水资源的保护与有效利用，是城市规划与建设首先要解决的重大问题。斯科里莫夫斯基在制订达里尼城市规划时充分注意到了这一关键问题，并提出了科学的解决方案。深6.39米以下的大坑有的被填满，有的被有效地利用为地下室或者地窖。深度超过6.39米的沟壑，面积较大者用作淡水的贮水池，修建横向水坝拦截雨水；余者将修建可以透水的石制水坝，随着时间的推移将其填满。在这些沟壑陡峭的斜面上均要种植树木或者灌木，给予加固。

在保持城市较大的自然水系方面，斯科里莫夫斯基主要做了以下规划设计：

一是将两条从南部山麓延伸而下的较大河沟经过的东青泥洼规划为上花园的同时，“计划修建两个大规模的贮水池，以整个水坝绕过主要的沟壑。贮水池的水可作为花园下部分和紧邻的街道洒水之用”。[1]这就是今天大连植物园和儿童公园两个内湖公园的原始构想。雨季蓄水防洪，沉淀泥沙，防止港口港池淤塞，旱季洒水绿化，冬季滑冰娱乐，平时公园休闲，使其多种功能得以充分发挥。日本殖民当局接手之前，沙俄当局已利用当地地沟，修建了一处雨水储水池，提供了花草树木的灌溉用水以及附近道路的洒水用水。日本殖民初期，此处还被作为大连的第二水源地加以保护。后来的日本殖民当局承袭了此规划设想，将其加以完善，以防洪为主要功能，兼顾美化、绿化、休闲、娱乐，修建了镜池（今儿童公园明泽湖）和弥生池（今植物园湖）。如今，此地岸柳青青，鲜花盛开，湖光山色，已成为大连的著名景观。日本殖民当局还将这种规划方法进一步推而广之，1933年，在规划建设伪满洲国首都新京时，截留伊通河支流筑堰围湖，导雨水而入，堰坝堤岸植树种花，建成面积222万多平方米、水面面积92万平方米的亲水公园，既可调节干燥的城市气候，满足城市洒水绿化之需，又可休闲娱乐，夏季划船、垂钓，冬季滑冰，春天踏青，秋天赏景。这就是今天长春市的南湖公园，为东北最大的市内公园，也是仅次于颐和园的全国第二大公园。

二是保留了从南部山麓（今绿山）而下，流经西青泥洼村的青泥洼河水系。将西青泥洼规划为城市中央公园（今劳动公园，下同），挖塘为池，防

1俄罗斯国家历史档案馆（350－18－14）：《萨哈洛夫关于达里尼商港、城市规划的报告》，1900年6月1日。

图5—47
1902年，西青泥洼河道。

洪蓄水，种树植绿，巩固水系，修渠疏浚，排涝入海。日本殖民统治时期，在中央公园修建了面积较大的春日池，青泥洼河通过常盘桥、青泥洼桥流入北部海湾。

三是保留了城市西部的马栏河水系。除将马栏河上游区域作为城市水源地加以特别保护外，将其中下游作为城市西部的主要排洪设施纳入城市整体规划，使洪水可以顺利流入南部海域。日本殖民统治时期，在马栏河附近开始建设铁路工厂及其配套设施和居民生活区，并规划建设了当时世界上先进的净水厂。直至今天，马栏河依然发挥着防洪排涝功能。近年来，在非雨季时，利用海水涨潮和相关设施，使海水倒灌入河，形成长长的景观带，波光粼粼，水鸟飞翔。特别是在华灯初上的夜晚，彩桥卧波，楼房倒映，游人徜徉，迷人的景色与星海湾相映生辉，为城市增添了一道别样的风景。

合理设置市政建筑和公共服务机构：

在萨哈洛夫的达里尼市规划图中，将城市的公共建筑集中设计安排在了城市的主干道两侧，市政厅、市议会大楼、东正教教堂、邮局、电报局、警察局、消防局等从东到西在莫斯科大街两边一字排开，城市剧院、旅馆、东清铁路公司和航运管理局大楼等则面对码头，安排在了彼得堡沿海街，外国人教堂区则集中规划在了地势较高的基辅大街的城市花园旁。

虽然，斯科里莫夫斯基深知位于城市中央的尼古拉耶夫广场是安置公共建筑的最佳地方，但他更清楚，不能把大量的公共标志性建筑都集中安置在一个地方，而使这一区域街道过于拥挤，其他区域标志性公共建筑偏少，造成城市区域建筑失衡。“主要建筑物过于集中在一个地点是不利的，因为城市的其他地区（的主要建筑物）就会少一些，也会给有限的街道添加太大的交通压力。”[1]同时，斯科里莫夫斯基认为，城市主要的市政建筑和公共建筑一般都是城市的标志性建筑，因此，“为了使标志性建筑能立即引起人们关注，就应该把它与其他建筑物隔开，建在一个空旷而开阔的地方。”[2]基于这样的理念，他认为像剧院、教堂、博物馆等建筑需要与其他建筑物完全隔离开，而其他建筑物，在其正前方设计建设一个小型广场即街心花园就足够了。

所以，斯科里莫夫斯基设计的城市平面图中，在城市中心尼古拉耶夫广场集中设置了俄华银行（今人民文化俱乐部位置）、邮局和电报局（今中国银行位置）、银行分行（今中国工商银行位置）、警察局和消防局（今大连宾馆位置）、大剧院（今交通银行位置）、城市管理局（今金融大厦位置）、议会（今辽宁外贸大厦位置）、法院（今大连邮电局位置）等公共建筑的同时，将其他公共建筑安排在了从尼古拉耶夫广场发散出去的各条大街旁，其中，拥有50个房间并且带有音乐会大厅、台球厅和餐厅的酒店被设置在了中心客运站的对面，市政办公厅计划建在中心火车站与尼古拉耶夫广场之间的莫斯科大街旁。而城市博物馆被设置在了城市下花园旁、弗拉基米尔大街（今五五路）与萨哈洛夫大街（今鲁迅路）交会的广场（今三八广场）上，这里紧靠别墅区，方便有身份的城市白领就近参观。男子中学、女子中学设计在萨哈洛夫大街与城市花园的交会处，而教堂学校规划在行政区行政广场与海湾之间的一片平坦的地区。在行政区市政广场旁还规划建设了东清铁路公司管理大楼，在行政广场旁建造了达里尼港口及市政建设管理大楼和达里尼宾馆等。1903年之后的规划中，在中国人街区的莫斯科公路旁设计建造了堤丰剧院，即后来的纪凤台大剧院，上世纪90年代被拆除的大连市群众剧场（今香洲大饭店位置）。

城市医院的规划应该按照城市的总体布局进行。当时医院选址于今武昌街地区，建在山脉的南坡紧邻海湾的地方，以躲避寒冷的北风，其紧邻的

1斯科里莫夫斯基：《论达里尼市规划图的设计》，载《建筑师》，1904（14），165页。
2同上。

医院大街（今解放路），穿过平缓且不高的西青泥洼谷地山口，将老虎滩湾和城区连接起来。这就是今天大连市中医医院的位置。此外，关于达里尼市的医院规划还有三处：一是位于行政区季莫夫街（今烟台街）以西、教堂学校以北的医院（今大连大学附属医院分院所在位置），以满足行政区工作人员、东清铁路公司职员和市民等就近就医需求；一是位于尼古拉耶夫广场附近的医院（今铁路医院位置），以解决欧洲人居住区的就医问题；一是位于莫斯科公路旁，在中国人街区的医院（今儿童医院位置），以满足中国人的看病要求。

军队驻地的位置既不能处于闹市之中，也不能远离城市。“在山脉的北坡、西青泥洼的河流上游的两个峡谷里是步兵团和炮兵连的营地（今中山区绿山电视塔下）。这里完全和城市其他街区隔离，规划的面积既完全足够建设所有必须的设施，又足够训练部队。”[1]

之所以对达里尼市的公共建筑等进行全盘统一的精心设置，斯科里莫夫斯基还有更深一层考量，那就是“在规划设计新城市时，必须要考虑能从精神上和体力上便于贫困居民生存。城市的总体外观得体而漂亮，所有空地能体贴地让人们有效利用——这能最大程度地促进精神水平的提升和城市居民的构成。”[2]他举例巴黎和维也纳的城市规划为证，进一步强调“我们为贫困百姓提供了使用公园和其他城市设施的机会，从而消除了财富和阶级差异可能会引起的不平等，使贫困百姓能更轻松地融入进来！这样一来，新兴城市的规划设计工作就与教育、慈善事业及对新城市贫困人群的保护工作息息相关。”[3]

建筑典雅别致，讲究艺术品位：

斯科里莫夫斯基的达里尼城市规划，自始至终都体现出了强烈的艺术感染力。在对达里尼城市整体进行规划的同时，对城市中的每一栋建筑的外形、结构等都做了别具匠心的独特设计。在达里尼市几乎找不出相同的两座建筑，这样就使整个城市规划既符合其自然特点，又别出心裁，韵味十足，富于文化品位，极具艺术表现力。

达里尼高低起伏的丘陵地带为规划设计师们提供了丰富的想象空间和大展拳脚的广阔舞台。房屋特别是别墅的选址就势起屋，拾级而上，错落有

1俄罗斯国家历史档案馆（350—18—14）：《萨哈洛夫关于达里尼商港、城市规划的报告》，1900年6月1日。

2斯科里莫夫斯基：《论达里尼市规划图的设计》，载《建筑师》，1904（14），165页。

3同上。

图5-48
达里尼市铁路员工住宅楼设计图。

图5-49
1901年，达里尼市别墅。

图5-50
位于俄罗斯风情街附近、历经110多年风雨的俄式建筑。

图5—51
1902年建成的东清轮船公司办公楼。

图5—52
色调和谐，高贵典雅的俄罗斯建筑皇村（普希金城），位于圣彼得堡南24公里处，当年规划建设达里尼商港和城市的许多谕旨从这所宫殿发出。（作者摄于2012年7月）

图5—53
同样是皇宫，莫斯科的克里姆林宫和北京的故宫不约而同地均选择了深红色的宫墙、金色的屋顶。东西方两个民族建筑外形颜色的不谋而合令人惊讶。图为莫斯科河畔的克里姆林宫。（作者摄于2012年7月）

致，个性突出。每栋住宅、别墅都设计成具有典型岛屿特征的独特造型，优雅别致，正适合半岛的地理环境。建筑施工就地取材，房屋的基础、楼宇的裙墙、院落的围栏、别墅的台阶、胡同的隔墙和道路等均采用达里尼当地的石材，屋面外墙则大量采用当地黄海的沙粒，羊肠小道用黄海的小石子铺就。

特别值得关注的还有达里尼市建筑物呈现出的丰富优美的色调。就像穿衣一样，人们对服装审美的一般逻辑顺序依次为色调、款式、质地、做工。可见色调在审美情趣中占据头等地位。建筑物的外形色调具有同样的效果。像俄罗斯大小城市和欧洲城市一样，达里尼市的建筑，从公共机构大楼到私人住宅，对色调的运用同样极其讲究。深红代表了庄重，嫩黄透出尊贵，纯白显示洁净，深绿与自然融为一体。建筑色调富于变化而不杂乱无章，雍容典雅而不媚俗作态，彰显生命活力而非萎靡不振。那些别具异域风情的各式各样的别墅和其低矮的围墙组成的院落，在各种绿树和五颜六色的鲜花装扮下，则更像是一幅幅色彩斑斓的油画，时刻散发出韵味十足的浪漫气息，彰显着独特的艺术魅力和审美品位。今天，大连市俄罗斯风情街一带仅存的数十栋俄式建筑，虽历经100多年风雨，却仍然风采依旧，给前来旅游的客人留下了极为深刻的印象（见图5-50）。

其实，中国古代的建筑也是极其讲究结构和色调的。南方的粉墙黛瓦、北方的红墙碧瓦亦产生了极强的视觉效应，亭台楼阁、宫苑庙宇无不透出鲜明的民族特质。

的确，建筑是科学技术，也是艺术。它不仅是一个城市经济发展、科技进步的体现，也是一个城市文化品位、文明积淀的写照。科学技术需要扎扎实实的长期潜心学习和严谨的态度才可掌握。而高超的艺术才华的获得，不仅需要灵感，更需要长期的熏陶和修炼。档案资料显示，斯科里莫夫斯基从慕尼黑综合技术学院毕业后，进入圣彼得堡皇家艺术学院学习，其几何构图、建筑材料工艺等学科经校长批示予以免试，毕业时获得三级建筑高级画家称号。斯科里莫夫斯基扎实的学业功底和优秀的学习成绩，为其日后的城市规划设计实践打下了良好的基础。而极力推荐斯科里莫夫斯基赴远东达里尼参与城市建设的他的导师亚历山大•尼卡诺罗维奇•波梅兰采夫，不仅是当时圣彼得堡皇家艺术学院的院长，也是俄罗斯科学院院士，系俄罗斯建筑艺术后折中主义时代的大师，建筑材料和工艺运用方面的教育家、革新家。名师高徒！达里尼城市平面图如画般的精美设计和每栋建筑的别具韵味，从其诞生的那刻起，就一直赢得了俄罗斯建筑规划领域专家的推崇，直到今天，仍然吸引着俄罗斯、波兰、日本等国城市规划和建筑学研究者的目光。

对比110多年前规划师对建筑色调的独具匠心，再看看今天高速发展的经济催促下，雨后春笋般突兀而出的城市建筑所呈现的千城一面，千面一色的境况，加之毫无个性而言的外部轮廓，以及要么全部玻璃幕墙堆砌到顶，要么整体大理石挂面的立面装饰等等，单调乏味，呆板有余而活力不足，达里尼市的建筑风格不无深刻的启示。

城市给排水等基础设施规划：

水是城市生活必需的基本要素。大连地区降水年平均74天，降雨量的80%集中在6～8月间，年平均降水量为577.5毫米，年平均湿度65.7%，年平均蒸发量1,523毫米，蒸发量远大于降水量，使大连地区处于严重的缺水状态。又因为大连地区属半岛，地形从东北向西南呈狭窄走势，境内无流量较大和流域面积较广的河川，除流经北部的碧流河外，无常年有流水的河川。这种自然条件的限制，使大连成为水资源缺乏的地区。开埠建市之前，大连与中国的大部分地区一样，使用的是人工地下井水，使用量不大且极易被污染，不卫生。因此，具备足够的饮用水源是大连湾商港和城市选址的必要条件，这也成为后来大连建设与发展历史上不得不首先需要考虑和解决的问题。

沙俄殖民当局在众多备选方案中，之所以最终将大连湾商港确定在今天大连港的位置，主要原因之一是因为“距离规划中港口位置10俄里远处有马栏河河谷，水域超过100平方俄里，可以为港口和城市供水设施补给相当丰富的水资源”。[1]

在总规划中，首先将位于城市西部、距城市中心10多公里的马栏河圈定为水源地，并纳入城市总规划之中，设计引水工程线路，修建大坝，拦河蓄水。

设计的供水系统“拥有7个集水井，最大直径达6.4米，深6.4～9.6米”。[2]后设置13口大井，再用蒸汽水泵将集井里的水一级一级地源源不断地输送出来，途经

1俄罗斯国家历史档案馆（350—18—72）：《大连湾商港和城市规划草案审查特别会议纪要》，1899年4月24日。

2斯科里莫夫斯基：《论达里尼市规划图的设计》，载《建筑师》，1904（12），15页。

图5—54
1902年，马栏河谷的城市供水站。

沙河口，用大管线送水到中国人街区的今一二九街的山体贮水站。这个贮水站初期设计为3,865.44吨，为两个各1,932.72吨的水泥贮水池组成。1903年时，又在此设计增加贮水量到5,798.16吨。由此贮水站，沿莫斯科大街，将水分别送到行政区、码头、工厂、发电站，以及欧洲人街区的商业区等。

关于达里尼市实施饮水工程的情况，1911年满铁调查课在《沙俄占领前后的大连和旅顺》中给予了记述：1902年两口直径6.39米的水井首先挖掘完成，并安装了抽水机，该抽水机每小时可抽水30.9吨。现场设置了两个各67.65吨容量的临时水槽，同时又在市内的尼古拉耶夫广场、欧洲市场、市立公园、行政区、筑港所（今一号码头附近）等地放置了带有计量刻度的水槽。1903年1月，作为临时输水主管线，直径6英寸（1英寸=2.54厘米，下同）的铸铁管长3,224.82米；配水管中直径6英寸的铸铁管长6,411.3米，5英寸的长426米，4英寸的长2,023.5米，3英寸的长3,216.3米，4英寸的铁管长2,769米，总长度达18,070.92米的供水管网布设完成。还设置了25个消火栓、55个洗浴场栓、79个冲侧栓，日配水量达247.2吨，并逐渐加大配水量。1903年日供水量达到了起初设计的432.6吨的目标。这些完备的供水设施一直使用到1904年日俄战争之前。此时，达里尼市供水人口为4.3万多人。

表5-1 1902年，达里尼市供水量统计表

供水所	面积（单位：平方俄丈）	居民	日人均供水量（单位尾大锣）	总供水量（单位尾大锣）
行政区（现俄罗斯町）	90，000	5，000	12	60，000
欧洲区	360，000	18，000	12	216，000
铁路用（含工场）	—	—	—	40，000
港口及港务工场	—	—	—	60，000
发电厂	—	—	—	24，000
中国区	200，000	20，000	5	100，000
合计	650，000	43，000	—	500，000

注：1尾大锣≈12升。

达里尼的污水排水问题从规划开始就没有像供水那样得到高度重视。有人认为建设排水系统需要投入大量费用，因此，初期应限制污水排放系统建设；有人则认为排出的污水与供水水量相当，污水排放系统应与供水系统同时建设，绝不允许这么多污水污染城市土壤和水域。1899年5月26日，财政大臣维特指示：“大连湾在铺设自来水管道的同时，建设下水管线工程。”[1]

1俄罗斯国家历史档案馆（323—1—1164）：《萨哈洛夫关于在大连湾建设商业港口的评述》，39页。

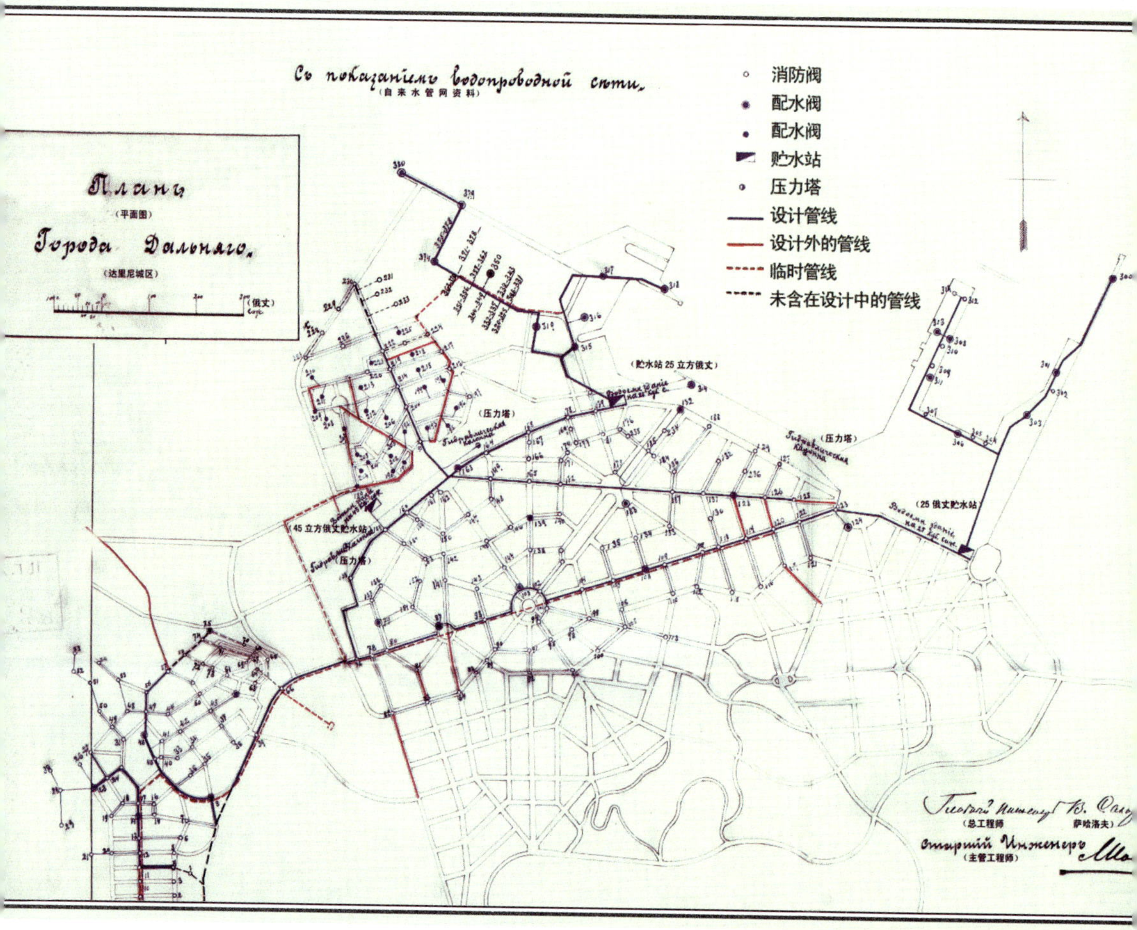

图5—55
1903年12月24日，达里尼市自来水管网设计图。（中文为翻译所加）

图5—56
达里尼市行政区排水沟渠。

图5—57
达里尼市修建的雨水排放暗渠。（满铁：《关东州下水道概要》，1932年。）

之后，在较大的峡谷间埋设了雨水的排水管道，在行政区的各个住宅房屋挖了下水井，1903年，在行政区的基础设施规划中同时设计了给水、排水系统。

达里尼市上水道建设仅仅开了个头，还没有来得及随着城市的发展及人口的增加给予完善，其污水排水工程还没有全面开建，日俄战争就爆发了。负责上水道和下水排水工程的总指挥官莱昂尼多•弗赛瓦洛多维奇•诺索夫工程师，在乘最后一列火车撤离达里尼市之前，接到旅顺方面命令，让其把这些水道破坏到再也不能使用的程度。在从供水站运走机械设备的各部分零件，挖走一些铁管的同时，诺索夫命令机械师埃姆•恩•鲁宾逊对达里尼市的上水道进行了彻底破坏。“据说，当时破坏的水道，直到日俄战争后很长一段时间都不能利用。”[1]

设计建设城市电力工程：

电力应用是近代城市的标志。为了满足港口和城市的用电需求，并用于港口区域和城市照明，规划师在东清铁路修理厂与小船坞工作湾之间设置了中央电站。中央电站采用的是火力发电。1901年的规划图中，一条线路从中央电站直通马栏河水库以供抽水之用。到1902年6月之前，“中央电站的建设已完成，已安装上所有的锅炉，和一部分固定的设备。”[2]这座中央电站是沙俄在中国东北修建的第一座电站。

在1902年中期，配备了120马力的直流发电机，供市内重点地区的照明使用。当年年底即配备了3台250马力的交流发电机。到1903年，在市内40余条街道上共安装了路灯2,500余盏。

图5—58
1902年6月，达里尼市中央电站。

1伊万·古梅诺夫：《沙俄统治时期的大连回忆录》，16页。
2俄罗斯国家历史档案馆（323—1—2685）：《财政部关于东清铁路和达里尼商港建设情况的报告》，1902年5月。

5.建设资金的筹措

达里尼建设是一项庞大的系统工程，要在一张白纸上画出精彩的图画，将美好的规划变为现实，必须要有强大的资金支持。为此，沙俄殖民当局综合运用了当时资本主义市场经济的各种资金筹措方法，积极募集经费，来满足达里尼商港和城市大规模建设的需要。

（1）趁火打劫，充作债权人

甲午战败后，中日两国签订的《马关条约》使清政府背负了巨额赔款，加上“还辽”的3,000万两赎金，共计两亿三千万两白银。当时，清政府一年的财政收入不足9,000万两白银。这笔巨额赔款，相当于日本国当时全年收入的3倍多。日本政府将清政府赔款的85%充作军费，迅速发展成军事强国。而清政府为了偿付赔款，除了加紧搜刮民脂民膏外，只得大借外债，而这些“洋债”均附有苛刻的条件。德、英、法、俄、美等欧美列强都非常清楚，谁取得了对华贷款权，谁就肯定能不断扩大在华的侵略势力。还没等“还辽”尘埃落定，日本仍在延迟推托之际，欧美列强已开始就借款之事蠢蠢欲动。俄国乘机以干涉还辽邀功，软硬兼施，最终获得对清廷的借贷权。1895年7月6日，中俄订立《四厘借款合同》，但因财力不足，沙俄不得不与法国合贷，故亦称“俄法洋款”。《四厘借款合同》共19条，附件1个，其主要内容是借款4亿法郎，合1亿金卢布（约合白银1亿两）；以94.125%折扣交付，年息4厘；偿还期限36年，以清廷海关收入担保。之后，为了更具体、更严格地束缚清政府的手脚，中俄又签订了《声明文件》。中俄《四厘借款合同》和《声明文件》，是甲午战后清政府第一次向列强借款。这就使沙俄政府不仅把肮脏的魔爪伸进了中国海关，打破了英国人独霸中国海关的局面，而且给清政府的脖子上套上了一条沉重的枷锁，妄图把中国置于其政治和金融的控制之下，利用金融手段和平地实现对中国的“占有”，使沙俄在适当时机扩大了对中国的侵略，尤其是为其在中国境内修建西伯利亚大铁路提供了有力的保证，从而，最终实现其控制远东的战略目的。

（2）以合办银行为幌子，发行股票债券

还在中俄双方就“四厘借款”谈判之时，沙俄财政大臣维特就积极筹划在中国组建一家银行，作为金融垄断机构，竭力配合沙俄的对华侵略行动。1895年12月5日，俄法两国代表在法国巴黎的俄国大使馆签字，成立了实际由俄国控制的华俄道胜银行，又称华俄银行、道胜银行，22日获沙皇尼古拉二世正式批准。其章程共计9章68条，主要内容是：该银行在中国境内代收租税、赋课；为中国政府募集公债和支付公债的利息；经中国政府允许，可铸造各种货币及其兑换券，承办各种股票的发行；有权经营与国库及地方有关系的企业；在中国境内敷设电线和铁道。华俄银行总行设在圣彼得堡，1896年2月又在中国上海、天津设立分行，次年还在北京设立分行。当时由于中国还未设国家银行，沙俄政府打着替清政府“经理”国库为名，使华俄银行总揽中国国家的收支，从而企图操纵中国的金融和财政管理权，控制中国国民经济命脉。因此，华俄银行实际上是沙俄政府的一个有力的侵略机构，在中国境内之后的铁路修建，包括东清铁路的建设，达里尼商港、城市及旅顺港、城的建设中均起到了重要的支撑作用。

就在中俄商谈“密约”之际，1896年6月，沙俄政府特派华俄道胜银行董事长乌赫唐斯基来到北京，正式向清廷提议，将华俄道胜银行改为中外合办。9月2日，双方签订了《中俄银行合同》。该合同共计5条，其第一条是：“中国政府以库平银500万两，与华俄道胜银行合伙作生意，即自给付该银行此款之日起，所有赔赚照股摊认。”华俄道胜银行表面为中俄合办，实则为沙俄控制，是实现其西伯利亚大铁路穿越中国东北这一方针最为直接、最为得力、最为方便的工具。

1896年6月15日，在中俄双方签订的密约中，清朝政府并没有把穿越中国境内的西伯利亚大铁路的筑路权让与沙俄，只是给了华俄道胜银行。要真正使密约内容落到实处，还需要进一步签署修筑东清铁路的租让合同。

于是，又经过艰难的讨价还价，1896年9月20日，清朝全权代表、驻俄

兼驻德公使许景澄和沙俄代表、华俄道胜银行董事长乌赫唐斯基、银行总办罗启泰在柏林签订了《中俄合办东省铁路公司合同》。其第一款规定："华俄道胜银行建造、经理此铁路，另立一公司，名曰中国东省铁路公司（简称东清铁路公司）。该公司章程，应照俄国铁路公司成规，一律办理。所有股票，只准华俄商民购买。"1896年12月16日，沙皇尼古拉二世批准了由财政大臣维特单方面起草的《东清铁路公司章程》，共30款，除自行规定沙俄有权维护东清铁路治安、中国政府准许公司开采煤矿、并准在中国组织一切工商矿务之实业等特权外，其第十一款规定："中国远东铁路公司自己剩余部分资金将用于发行债券。债券的发行将按照需要进行，每次发行前需得到财政部长的特许。每张发行债券的货币，票面金额、发行时间、发行条件以及发行的方式均需要获得俄罗斯财政部长的审批。债券将由政府担保其收入和偿还。关于这些债券的发行工作，中国远东铁路公司可以请中俄银行帮助，但俄罗斯政府有权按照中国远东铁路公司和银行的协定，用现金，按一定条件付款给中国远东铁路公司购买债券。"债券的发行完全由沙俄当局控制。该"章程"第十二款提出，由沙俄政府提供担保的这种债券的进款情况和用债券采购有价证券时，应受到俄罗斯财政部的监督，并强调"从上述进款里，中国远东铁路公司有权利按照价格报表所注明的金额标准，依据工程进展的实际情况，供货和生产工期的来临，支付各项费用。在道路兴建期间，按照上述中国远东铁路公司发行债券所要支付的利息期限的来临，根据其发行条件，每次支付所需要的资金，不超过当前销售债券的进款金额。"

从《四厘借款合同》到《东清铁路公司章程》，沙俄通过一系列精心策划的动作，将手一步步伸到了大清朝的经济领域，并控制其命脉——金融，达到控制东清铁路，进而控制"满洲"全境，最终实现控制远东的战略目的。而其达里尼商港和城市建设所需资金的筹措，自然只是其战略路线图的"一盘小菜"而已。

1899年2月17日，沙皇尼古拉二世批准了对《东清铁路公司章程》的第一次补充条款，其补充的第八款确定：为了弥补建设南满铁路支线、大连湾商务港、太平洋水域船务公司机构所需要的费用，中国远东铁路公司根据需要，在1896年12月4日沙皇批准的公司章程（即《东清铁路公司章程》）的第十一和十二款所注明的条件下，允许进行补充债券的发行工作。并且，专门用于港口和海运建设需要的那部分债券资金，中国远东铁路公司应在其会计账本之外，单独设立财务账本。因此，"为了募集兴建大连湾商务港的资金……允许进行补充债券的发行工作。”[1]

达里尼城市建设所需要的费用，同样以此条件办理，“将来在销售或租赁城市土地所获得的资金，将用于偿还发行上述债券所用的资金。”[2]

至此，达里尼商港和城市建设的资金问题基本得以解决。

1899年，达里尼商港一期工程的造价预算为1,080万卢布，城市一期工程的总预算为220万卢布。1900年，达里尼商港建设总支出272.23万卢布，城市建设总支出47.27卢布。1901年，达里尼商港建设支出340.47万卢布，城市建设支出84.84万卢布。从开工建设至1904年，沙俄在达里尼的港口和城市建设中共投入了3,000万卢布。

（3）销售、租赁土地

1899年8月28日，沙皇尼古拉二世批准颁布《关东州临时管理条例》，其第四部分“达里尼市城市设施及管理”第137条明确提出，“由销售或租赁土地所获得的资金，进入东清铁路公司，用于弥补达里尼市土地划分和设施建设的费用。”[3]

《关东州临时管理条例》对达里尼市土地的销售和租赁作出了专门规定。在划归达里尼市的土地范围内，除市政和港口的公共设施用地给予无偿提供外，其余土地皆可销售和租赁。条例明确了销售和租赁土地的方式，即“通过公开招标进行土地的销售和出租，其程序由财政部长确定。在开标之前，应将销售和出租地块的所有情况公开宣布，其中包括购买者或租用者在其购买或租用的土地上，在一定的期限之内将要承担的所有建设义务；在招标结束之后，接受这些条件的人员承认土地的费用之后，签字予以确认。招标开始的价格由财政部长审批。”[4]条例提出了购买土地时的付款要求，即“购买者应一次性支付所购买土地的费用或分期付款支付。对于分期付款者，招标结束后首付款应不少于总金额的50%，其余部分视为拖欠东清铁路公司的欠款，以土地为担保，按照银行的规定，按期支付，利息和条件由财政部长确定。对拖欠者则适用土地借贷机构所遵循的规定，由财政部长制定没有按期向东清铁路公司付款时的处罚程序”，在此后的实施细则中，对

1俄罗斯国家历史档案馆（560—28—104）：《财政部关于大连湾商港建设及允许东清铁路公司建设大连湾城市情况》。
2同上。
3俄罗斯国家历史档案馆（323—1—3098）：《关东州临时管理条例》，第130条。
4同上。

“分期付款购买地段和未及时缴纳分期付款的处罚”做出了15条详细的要求，几乎对各种可能出现的问题均做了预设性的解决方案。

条例对参加土地竞购者在招标中购买的土地的持有权，由市长向其颁发产权证，上面对其交易登记入册，同时注明在土地销售时购买者同意的所有条件，以后根据此证书进行下一步的土地划分的交易。条例突出强调了购得土地者如没有履行所要承担的义务将要受到的处罚，即根据市长令，对其购买的或其继承的这块土地连同上面的建筑物一起——如果有这样的建筑物的话，重新进入招标销售。从销售的金额中扣除重新开标的费用，其余金额如没有超过东清铁路公司第一次销售的价格，则返还给土地原有的持有人；如超出金额，则归城市所有。对租赁土地的人，则“根据市长和东清铁路公司管理局的协议，可动用警局之措施，取消其租赁资格”。[1]

1901年，为进一步落实《关东州临时管理条例》中有关土地销售和租赁的规定，特别是需由沙俄财政部确定的土地招标销售和出租的程序，审批招标开始的价格，制定付款的利息和条件，提出没有按期向东清铁路公司付款时的处罚程序等等，使其更具现实操作性，在财政部的牵头下，沙俄的相关职能部门两次召开专门会议，对工程师萨哈洛夫制定的《达里尼公开拍卖土地的出售和租赁条例（草案）》进行深入研讨，最后达成共识。

在经沙俄财政大臣批准并公布的《关于达里尼私人、机关单位临时用地的规定》中，临时用地划分为三级，实行级差地租，其使用费用为“每年每平方俄丈：一级地段为1卢布20戈比，二级地段为60戈比，三级地段为30戈比。由总工程师确定地段的等级划分”。[2]每一地段的使用期限由总工程师确定。并对临时用地提出了明确要求：“不得将地段出售给达里尼市和港口建设工作人员。”[3]即杜绝达里尼的公务人员获得临时用地的使用和经营权。对于按照必要程序获得的临时用地，根据大连市和港口建设总工程师的批准，可以交给个人和机关临时用作建筑仓库、住宅和工业企业。

在《关于出售土地的拍卖规定》中，要求在定期的出版物中刊登进行拍卖的通告。其通告要在东清铁路公司审批后“必须刊登在《工商报》中，刊登在关东州出版的一些报纸上，以及一家在海参崴出版的报纸、一家在上海出版的报纸、一家在日本出版的报纸上。此外，通告的中、英文要刊登在显

1俄罗斯国家历史档案馆（323—1—3098）：《关东州临时管理条例》，135条。
2俄罗斯国家历史档案馆（323—1—3098）：《关东州临时管理条例》，2条。
3俄罗斯国家历史档案馆（323—1—3098）：《关东州临时管理条例》，6条。

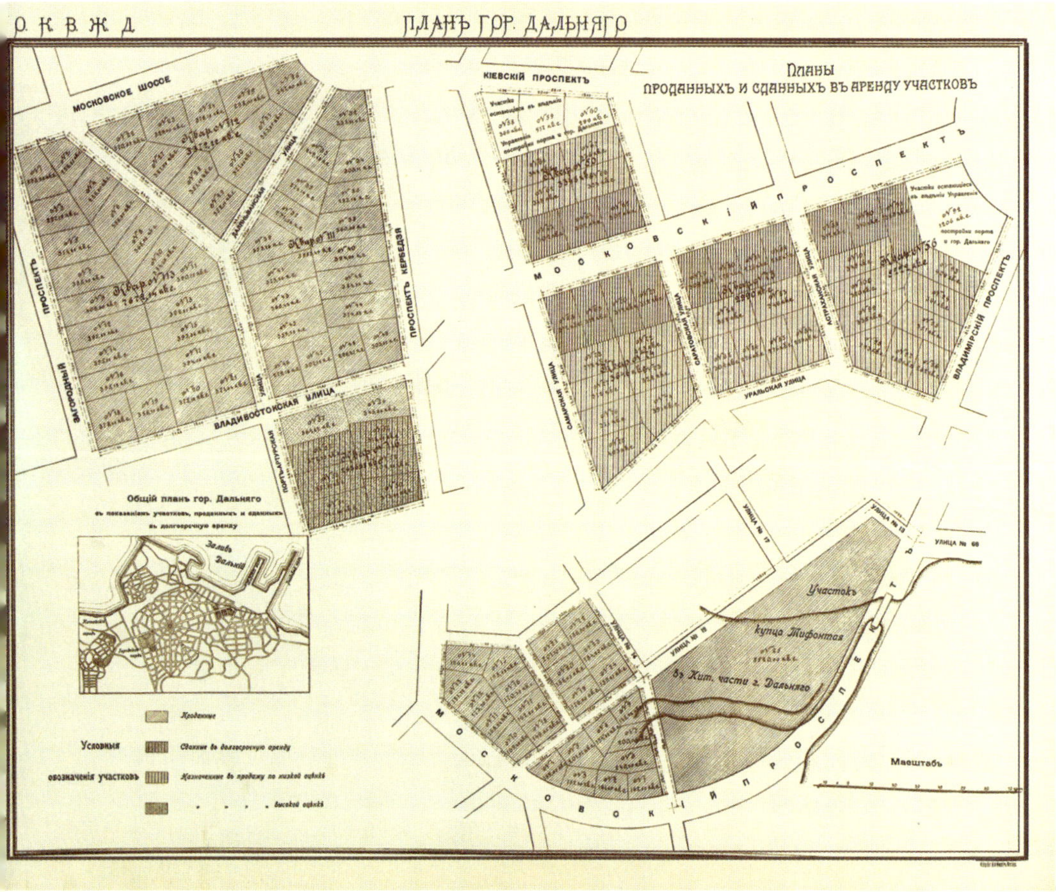

图5—59
达里尼市出售和出租地段示意图。

要位置。在通告中指定拍卖日，通告的刊登不应晚于拍卖日前的3个月。”[1] 可见，达里尼市的土地拍卖是公开透明的，其融资是全球性的。此外，还对拍卖的程序、保证金的缴纳、付款方式、违规的处理等均做了界定。

在《关于在土地上建筑和开发的义务规定》中，根据土地在城市的位置以及离港口的远近，按照其价值将拍卖或租赁的土地划分为4个等级，并对开发时限做出了明确

1俄罗斯国家历史档案馆（560—28—105）：《关于出售土地的拍卖规定》，第5条、第6条，1902年4月2日。

界定，要求土地购买者在获得土地证书或者土地租赁者在签订土地租赁合同后三年内，必须履行其土地建设或者改造的义务，明确针对土地可以开展什么样的工作，指出土地所有人在每平方俄丈土地上必须做出的投资数额。具体规定为“一等土地每平方俄丈投资应不少于15卢布，二等土地每平方俄丈应不少于12卢布，三等土地每平方俄丈应不少于9卢布，四等土地每平方俄丈应不少于6卢布。租赁土地方面租赁者必须做出的投资，由公司理事会根据这一标准来确定。”[1]

1902年4月2日，经沙俄财政大臣批准的《关于达里尼私人、机关单位临时用地的规定》、《关于达里尼管理法和租用土地规定》在《理事会》杂志第1993号上公布后，即刻启动了土地拍卖和租赁工作。

为了城市建设和土地出售的便利，沙俄当局将达里尼市的土地划分成不同的地块。由于行政区的土地不对外出售，因此，土地经营集中在欧洲区和中国区。其中，欧洲区划定了161块地段，中国区划定了50块地段。1902年当年，达里尼市以拍卖的形式出售50块土地，每块的平均面积为300平方俄丈。这些土地在拍卖时的最低价格确定为：“位于主干道旁边的地块每平方俄丈的价格为15卢布，而位于偏僻街道的地块每平方俄丈10卢布。”[2]

根据相关规定，自1902年11月26日至1903年5月26日止，东清铁路公司开始了第一轮土地拍卖工作。在欧洲区，将第1区至49区面积为23,956.77平方米的土地进行公开拍卖，每平方的成交价格平均较预定价格多170%。1903年3月26日，将中国区第24区面积为2,987.04平方米的土地进行了拍卖。同年5月14日，在欧洲区将第40区面积为9,185.15平方米的土地进行了拍卖。每平方平均成交价格比预定多120%以上。这样，东清铁路拍卖的土地总收入达到了110余万卢布。如果以此价格将过去购置的土地全部拍卖的话，不仅可以收回当时购置土地时的全部成本，而且也可部分收回投资于市政建设的近千万卢布的资金。“如果再收购土地的话，进而又可购置6千余垧的民有土地以扩大城区面积。此方案虽然已向阿列克塞耶夫总督作了申报，但因日俄战争爆发而搁浅。”[3]

但是，达里尼市土地的销售和租赁并非一帆风顺。1903年5月27日，萨

1俄罗斯国家历史档案馆（560—28—105）：《关于出售土地的拍卖规定》，第33条，1902年4月2日。

2俄罗斯国家历史档案馆（323—1—2685）：《财政部关于东清铁路和达里尼城市、商港建设情况》，1902年5月25日。

3满铁调查课：《沙俄占领前后的大连和旅顺》，19页，1911年4月。

哈洛夫发给东清铁路公司常务董事温策尔的电报中说："5月13日拍卖会上挂牌出售的39块地当中，仅有36块售出，另三块土地根本无人问津。出席这次拍卖会的人中没有大企业家、外国人和俄罗斯欧洲地区的常住人员，仅仅是当地的一些承包商和供应商、小商贩以及东清铁路公司董事会的职员。中国人对拍卖的参与热情不高，而且还全部是当地居民。很多日本人表示愿意买地，但由于我已收到董事会指令，所以很遗憾，他们没能获批参与拍卖。"[1]并且，当时的达里尼市已经出现了土地投机行为。"所售土地中有一半左右并不是买来自用，而是要转手与人。"[2]萨哈洛夫认为出现这些问题的主要原因是：东部地区的报纸近期疯传沙俄将与日本开战，这使得达里尼市人心惶惶；满洲日后的建设情况不明朗；南满铁路交通站点和沿线商业部门设施不完备；关于拟在达里尼设立海关的决议因故推迟；沙俄当局第12步兵团在举行拍卖会的几天前从达里尼开拔至旅顺。所有这些原因促使大商业家和外国人在动荡的政局稳定下来和达里尼市最终意义确定下来之前，暂时放弃了购买该市土地。萨哈洛夫指出，使达里尼市土地拍卖不尽如人意的因素还有一点，那就是沙俄只是临时租借这座城市，使土地的购买者特别是商人看不到长期稳定的盈利预期。所以，达里尼市还没有吸引有钱人过来。尽管"为振兴该市民众生活，东清铁路公司自然也做出了一些牺牲，即以很低廉的价格出售或以优惠条件临时对外出租了100～150块城市土地"。[3]而现有临时承租人当中至少有90%的人员还是穷人，哪怕是在达里尼市当时特有的土地出售优惠条件下，他们也买不起。但是，萨哈洛夫强调："眼下，达里尼城市最基本的确切需求即将得到满足，所售地段将建设起来，所以应当继续卖地，以通过赚取的利润使投入到港口和城市建设中的费用得以抵消。"[4]因此，他建议采取有力措施，促使达里尼市的土地销售取得有效进展。

一是以后停止将市内土地再对外临时租借，这一租借方式只能在极其特殊的情况下才能使用。不用去惊动那些已在临时租借地段上建设临时或长期住房的承租人，只要从明年（1903年）起将土地临时使用的租金翻一倍即可，即一等地段的租金为每年2卢布40戈比，二等地段为1卢布20戈比，三等地段为60戈比。此时达里尼市的房价偏高，在1904年1月1日之前，大部分临时承租人已收回了他们花在建设临时租房上的费用。因此，不用暴力驱赶，只要逐步提高租金费用，就可腾出大量临时住房，以供政府出售。

1俄罗斯国家海军档案馆（152—1--32）：《萨哈洛夫给东清铁路公司常务董事温采尔的电报》，1903年5月27日。

2、3、4同上。

二是9个月内（即到1904年3月1日之前），停止以极低廉的价格出售城市土地。这一期限内，只允许出售这一欧式城市内相当有限的土地，具体地说，就是港口附近的10块土地，尼古拉广场旁的10块土地和城内中国人聚居区里的20块土地。只有在愿意购买达里尼市土地的申请人数相当多的情况下才能进一步卖地。

三是在市民当中普及各种信息材料，即讲述城市概况的小册子、风景画册、公开信和近期拍卖会的海报。所有这些材料用俄语和英语出版，可在快速列车的餐车、火车站、海运局的船只及营业厅、银行监理委员会办事处和国际卧铺列车等处派发。

四是在市内或者老虎滩的山谷里，划出一些土地建设兵营。如果没有必要在此地驻扎常规部队，那么至少应当把后阿穆尔边境警备区一支部队的司令部迁至达里尼。军队能使这个年轻的城市迅速焕发生机。如果没有军队，这个城市的民众生活就不会这么快得以蓬勃发展；而有了军队驻守，百姓就能相信自己是安全的。

五是为买地提供各种优惠，降低铁路运价，另外还可准予向拟在达里尼建造大豆榨油厂和营运磨面机的人员发放贷款。

六是建议俄国土地银行在达里尼开展业务，为土地财产和城市建设发放贷款。如果没有这一措施，也很难实现城市的人口快速迁入和快速建设。

七是准许俄国的犹太人在达里尼自由居住和购买土地，但每次需获得总督大人许可。允许日本人参与城市土地拍卖，但要遵循一条规则，即日本人购买的土地不能超出所售土地总量的10%。

八是允许所有营业厅和股份公司在达里尼自由开展业务，必要时可免除一切繁琐的手续。

在给温采尔的电报中，萨哈洛夫进一步指出："下列情况也是促进民众生活和商业行为发展的重要因素：快速完成港口建设和城市建设的所有工作；整顿东清铁路的站点；立即在达里尼设立与中国其他开放城市同样的海关；为达里尼港口批准通过一定的港口条例并向公众公示，以便民众知情和遵守。最后一点是，市行政部门颁布相当自由的法规，尽量消除各种使当地居民束手束脚的警署规定。"[1]

只是，萨哈洛夫关于促进达里尼市土地经营、进而加速达里尼商港和城市建设发展的这些措施，随着1904年2月8日日俄战争的爆发而不了了之。

1俄罗斯国家海军档案馆（32—1—152）：《萨哈洛夫给东清铁路公司常务董事温采尔的电报》，1903年5月27日。

6.城市建设

（1）征地、拆迁与安置

几乎就在制定达里尼商港、城市规划的同时，东清铁路公司也马不停蹄地开始了在大连湾的征地工作。

中俄《旅大租地条约》签订后不久，1898年4月14日，东清铁路公司副董事长盖尔别茨在从符拉迪沃斯托克发给圣彼得堡东清铁路公司总部的电报中急切地指出：“现在大连湾地区已出现土地买卖投机行为。”于是，4月10日，沙俄财政部下令东清铁路公司立即购买在旅顺口和大连湾建设所需的土地。而此时，中俄《续订旅大租地条约》还没有签订，租借地北部边界还没有划定，沙俄当局急迫的心情暴露无遗。

1898年6月3日，盖尔别茨和尤科维奇两位东清铁路公司的董事，从旅顺给公司总部发电，在明确了达里尼商港和城市的选址后，提醒“应立即收回将要建设城市所需的土地，避免个人投机占用土地”。6月10日，沙皇在该份电报上向财政大臣维特批示：“抓紧时间，让东清铁路公司负责大连湾港口建设。”[1]1899年年初，根据沙俄财政部和军队的协议，东清铁路公司立即开始了对大连湾港用地的划归工作。

在开始征地之前，沙俄财政部初步制定了辽东半岛地区的土地征用规定，其中，将征地拆迁价格确定为“每亩地4至8美元；征用房屋每间18美元；在拆迁时如果当地居民发生了意外情况，支付拆迁补偿金额的大约10%……确认预期征用经费大约为62.8万卢布”[2]。

同时，按照沙俄财政部门的要求，沙俄军部也向辽

1俄罗斯国家历史档案馆（323—1—1163）：《来自旅顺口的工程师盖尔别茨和尤科维奇的电报》，1898年6月3日。

2同上。

东半岛驻军发出电报，命令其立刻开始拆迁工作和修建道路和港口的必要工作。

1899年4月19日，达里尼的征地拆迁工作开始。但是，此项工作一波三折，复杂程度难以想象，刚一开始，就遭到了当地居民的抵制。沙俄当局开出的征用拆迁条件没能发挥有效的安抚作用，当地居民不愿出售土地。于是，1899年4月22日，即开始征地的第3天，沙俄辽东半岛指挥部的总指挥亲自去拜访当地居民，并且以口头和书面的形式告知当地居民，俄国政府认为，为了实施对大连湾城市和商港的建设，当地居民必须无条件服从所有决定。之后，在总工程师萨哈洛夫的领导下成立了4个由清政府官员和土地测量员组成的小组，对征收的土地进行检测。特别是将每亩地的赔偿款从4至8美元提高到8.6美元后，当地居民才不再反对此项征地拆迁工作。由于当地居民没有任何可以证明土地归其所有的书面证明，因此，沙俄殖民当局不得不与每一位土地持有者签署不动产买卖契约书，以示公平。除此之外，村长和分区的负责人作为土地的担保人也需要在契约书上签字，用以证明土地属于那些分到赔偿金的居民。

由于沙俄殖民当局采取了软硬兼施的手段，在1899年6月4日之前，达里尼市的征地工作进行得还算顺利。然而，此时发生的一件事，迫使沙俄殖民当局改变了在达里尼的征地拆迁政策。

当时，在维多利亚湾的两名法国天主教传教士蒙一得和威廉姆（音译）希望在被征收的土地中获得一部分土地，用以建立一个新的面积更大的天主教堂。然而，几天之后，他们的请求遭到了拒绝，原因是当达里尼的征地总指挥得知从1897年起他们在西青泥洼村就拥有了75亩土地的这一情况后，不希望其继续留在中国。总指挥立即写信给在北京的法国公使，希望这两名法国传教士立即离开维多利亚湾。虽然这两名传教士同意出售他们现有的土地并离开维多利亚湾，但是他们抬高了土地价格，每亩地要价14美元，并宣称他们就是用这个价钱从中国居民那里购买的土地。为了使传教士们尽快离开，沙俄殖民当局同意了他们的条件。法国传教士的行为对达里尼的当地居民也产生了重大影响。居民们对沙俄殖民当局的征地行为产生了严重的怀疑，土地征收的情况变得十分复杂。而此时，“清政府向辽东半岛的每个村庄派出一位代表，其主要任务就是告诫当地居民不要将土地卖给沙俄殖民当局，否则就会遭到严厉的惩罚。”[1]对此，达里尼的殖民当局急忙向沙俄财政

1俄罗斯国家历史档案馆（323—1—2671）：《关于在大连湾港和大连湾市可征用土地进行建设的情况说明》，1899年。

大臣维特发去电报："有关强制手段的抱怨，廉价拆迁补偿的抱怨，当地居民要求我们按照现行价值支付，和向中国政府进行沟通的部分翻译也要求提高报酬，一切都好像是我们在对当地居民进行残酷剥削。该定价高于现在土地的价值……我们不建议提高官方拆迁补偿定价，不过可以作为减少拆迁阻力的奖励，支付给土地的出售拆迁者。"[1]

然而，事情并未像沙俄当局想得那么简单。1899年8月22日，来自不同村落的300人组成的游行示威人群来到征收土地办事处，撕毁了已签署的不动产买卖契约，抗议沙俄殖民当局征收其土地，强烈反对俄国人以修建铁路为借口，不仅侵占了铁路地段的土地，还侵占了那些他们无权侵占的土地。沙俄殖民当局在威胁劝告无用的情况下，立即请求沙俄军队的支援。为此，俄军向大连湾调遣了一个连的士兵，希望尽快建立起新的秩序。

沙俄殖民当局经过认真研究，认为此时在大连湾商港和城市建设中采用的征地办法，如果严格依照事先和中国政府签订的有关在满洲修建铁路的条约进行，会有一定的困难。因为大部分的东清铁路南部支线位于关东州，也就是在俄国租借地区。沙俄有关为国家和社会利益征用不动产的条令并不适合该地区的条件，也不符合关东州租借区的俄罗斯条令。因此，要求东清铁路建设公司制定特殊的方案以解决此问题。最终，1899年10月2日，沙俄财政部及时确定了解决办法，即"遵守由中国政府为修建本国铁路时制定的拆迁不动产的条例。该方案的最重要特点就是，每次拆迁的过程不单独计算所征用的不动产的价值，而是在拆迁之前按照和当地居民协商好的定价将所有的补偿金一起计算。另外，为了维护当地居民的利益，公平地获得赔偿金，允许户主从收到有关拆迁赔偿金的通知书当日起，一个月内可向关东区总指挥官等有关负责人就不合理的土地征用赔偿金计价进行投诉，由其制定最终的解决办法。"[2]1899年10月31日，沙皇尼古拉二世致信其财政大臣维特，下达指令，确认了这种解决办法。

这种协商定价、提前一次补偿、纠纷可诉的问题解决机制，使"双方最终达到了和解，顺利解决了所有纷争。在1899年10月17日，针对所要征收的房子、庄园、花园，以及水井等土地的赔偿金问题签署了协议。"[3]其中，房

1俄罗斯国家历史档案馆（323—1—1165）：《东清铁路公司电报》，No.112，1899年6月5日。

2俄罗斯国家历史档案馆（323—1—1511）：《财政部给西伯利亚铁路委员会的信》，1899年10月2日。

3俄罗斯国家历史档案馆（323—1—2671）：《关于在大连湾港和大连湾市可征用土地进行建设的情况说明》，1899年。

屋土地：一等土地上每间房子30美元；　二等土地上每间房子25美元；三等土地上每间房子20美元；四等土地上每间房子15美元。庄园土地：每亩地8美元。围栏和公共设施：每立方米石砌筑12美元。树木：每棵果树30美分；针叶树木15美分；阔叶树木10美分。水井：每口5美元。

1899年10月19日，萨哈洛夫发电向沙俄财政大臣维特汇报："测量征用土地的工作已经完成。现在开始征用土地，东青泥洼和西青泥洼两村、西岗子、南岗子、北岗子、吴家屯的篱笆和树木将在明年（1900年）春天迁移完毕，构成城市的初步轮廓。"[1]

根据档案资料显示，在1899年12月13日之前，针对大连湾地区需要动迁的土地和房子等签署了的协议条款，具体赔偿数额统计如下：

关于土地赔偿：一等土地，即庄园的土地，共44,589亩，其中城市土地42,622亩，铁路用地1,967亩。每亩地的赔偿金为8美元，总计356,712美元；二等土地，共8,948亩，其中城市土地8,673亩，铁路用地48亩，海洋采石场用地227亩。每亩地的赔偿金为6美元，总计53,688美元；三等土地574亩，其中城市土地566亩，铁路用地5亩，海洋采石场用地3亩。每亩地赔偿为金4美元，总计2,296美元。这样，每亩地的平均赔偿金为7.6美元。

关于房屋赔偿：共423栋房屋中共有1,355间房，每个房间的平均价格为20美元32分，总计27,525美元。其中，西青泥洼村有房屋186栋615间；东青泥洼村有房屋182栋573间；寺儿沟村有房屋34栋101间；大明辰村有房屋9栋28间；保卫村有房屋9栋29间；北岗子村有房屋3栋9间。

关于其他赔偿：被征收的庄园的总价值为3,821美元45美分；被征收的果树、针叶树、阔叶树为13,474棵，每棵树的价格为40美分，总价值为5,462美元97美分；被征收的水井21口，共计108美元。

其时，大连湾地区在被征收的土地上零散分布着39个村落，共有房屋1,746栋6,354间；人口共计7,088人，其中，男人2,513人，女人2,075人，男孩1,423人，女孩1,077人；当地居民拥有驴410头、马和骡110匹、牛550头，从事农耕，种植谷子、玉米和小麦，捕鱼和简单手工品的制作。

怎样安置被拆迁征地的居民，使其成为未来新建城市的劳动者，而不成为流民，以致造成社会不安，是达里尼的沙俄殖民当局处心积虑要解决的问题。征地拆迁赔偿之后强制驱逐显然不是解决问题的最佳办法。为此，沙俄殖民当局首先选好了动迁目的地，把具有足够土地的马栏河谷的东部地区作

1俄罗斯国家历史档案馆（323—1—1511）：《来自萨哈洛夫工程师的电报》，1899年10月7日。

为安置地。其次，采取经济手段加以诱导，“如果东青泥洼和西青泥洼的居民前往马栏河谷的话，他们会得到当初购买土地金额的10%的补偿。东清铁路管理局也会尽量满足他们的需求。”同时，沙俄殖民当局下达命令，要求1899年“冬天当地居民就应该为施工人员让出自己的房子，并且自主选择他们的迁居地”。[1]

所有的征地动迁费用在1899年12月13日之前分发给当地居民。除此之外，作为10%的安置补偿金，总计4,000美元的费用也已支付到位，并且对拆掉的中国人墓地也进行了补偿。最终达里尼市的征地动迁安置经费从62.8万卢布增加到了110.5万卢布。

1899年，可谓达里尼市的征地拆迁安置年，到这年年底，达里尼的征地工作已基本结束。1900年春天到夏初对东青泥洼、西青泥洼和寺儿沟的317户居民实行了搬迁，对分布在规划市区内的将近1,200座中国人坟墓集中迁移到了马栏河入海口的东侧，拆房搬迁工作基本完成。这样，就为大规模的城市建设扫清了道路，“用地划定后，东清铁路公司就对面积71平方俄里（80.80平方公里），人口7,000人的地区拥有了充分的权利。”[2]

至此，大连城市建设历史上第一次大规模的征地拆迁工作结束了，随之而起的轰轰烈烈的城市建设开始在达里尼展开。

（2）建设施工

达里尼的城市建设，随着1898年的选址和初步规划、1899年的规划修改和征地动迁、1900年的规划进一步完善和最终确定，其整体格局已经形成，开始了各地区的规划工作，规划出了广场和街道用地。到1901年5月，整体分区工作已经彻底完成，主要的土方工程已有效落实，新城市的蓝图已完全描绘了出来，其大规模施工建设也逐步进入高潮。

达里尼城市建设中，对建筑物标准提出了近乎苛刻的严格规定，明确要求“地段的购买者或者承租人在着手工作前，应该提交给市长管理局计划建设建筑物的明确规划图，比例尺为1∶100的剖面和正面的规划图。在达里尼市欧洲区不允许建设黏土建筑物和用黏土制成的居住区，以及木制或其他易燃物材料制成的屋顶。在中国区允许建筑砖坯、石头地基、有烟柱和仔细抹

1俄罗斯国家历史档案馆（323—1—2671）：《关于在大连湾港和大连湾市可征用土地进行建设的情况说明》，1899年。
2俄罗斯国家历史档案馆（323—1—1203）：《关于达里尼市政建设的档案》，7页，1900年。

砖厂

木材加工厂

铸铁厂

正在建设的楼房

蒸汽压路机在施工

城市公园中的小路

图5—60 达里尼市建设中的一组照片。

好灰的墙壁的住宅。若不遵守本条例以及已有的建筑和工程要求，市长有权停止其建筑并进行刑事追诉。”[1]

达里尼城市的道路铺设动用了大量土方，在拓宽道路的同时，大街小巷路面均以石灰碎石子铺就，并用蒸汽压路机压过。

达里尼市建设过程中，对城市的美化功能从一开始就以独特的国际视野给予了关注，而且，充分考虑了达里尼的地理气候因素。达里尼规划之初，就确定在市内街道两侧种植树木。为此，“选择了盛产于俄国南部的花香浓厚、馥郁芬芳、香气四溢的洋槐。于是，就立刻向俄国订购了洋槐的种子和树苗。”[2]由于洋槐树具有很强的适应性，很快就在这里安家并迅速成长起来，不久，街道两旁、公园里就枝繁叶茂了。每年晚春的5月下旬，达里尼满城槐香四溢，令人陶醉。这也成就了后来大连的“槐城”之名。今天，大连每年举办的国际赏槐会，吸引着八方来客。

除了洋槐以外，在达里尼还尝试栽种了果树等各种树木。“大连湾的自然条件与汉城和仁川一样。那里生长的杏子、桃子、梨、葡萄、苹果、柞木、樟子松均适合达里尼市，应该引进到苗圃中来，并进行必需土壤的抗热和排水试验。波斯盛产的杜鹃灌木丛则对达里尼的冲沟具有很好的加固作用，也应给予引进。”[3]

令人遗憾的是，虽然“达里尼市建设事务长官考虑将整个城市，包括行政区全部给予绿化，栽上树木，但是，主管这方面事务的人没有接受过高等专业教育，这一目的在行政区没有实现”。[4]

达里尼城市建设也像其商港建设一样分期推进。第一期工程先建造港口附近的市区，即行政区，让参与商港和城市建设的东清铁路公司的职员先住到这里，以使其安居乐业。在这里修道建桥，分成若干个小区域，填堵沟渠，兴建苗圃，在未来的公园、花园和绿地种植树木。最后，建造城市生活所必需的公共设施和权力机构大楼。“大连湾市区的发展和城市近郊设施的兴建，将随着现实的需求和城市土地销售的情况逐步进行。”[5]

1900年，在连接达里尼市和南满铁路支线的线路上，建立了港口管理

1俄罗斯国家历史档案馆（560—28—105）：《关于达里尼管理法和租地规定的市政纪要》，34条，1902年4月2日。

2伊万·古梅诺夫：《沙俄统治时期的大连回忆录》，19页。

3俄罗斯国家历史档案馆（323—1—1164）：《萨哈洛夫关于大连湾商业港口建设方案的评述》，1899年5月26日。

4同2。

5俄罗斯国家历史档案馆（560—28—104）：《财政部关于大连湾商港建设情况和允许建设大连湾城市》，1899年5月17日。

处，铺设了一条道路，开行了临时列车，直达旅顺港。同时，逐渐把临时使用的桥梁换成长期使用的石拱桥。为建设达里尼中转站，继续建设大铁路出口，完成了总工程量的15%。建造了服务于港口和城市铁路的修理工厂；建成了可容纳六辆蒸汽机车的服务楼；完成了南三山岛检疫中心的建设；建成了制作水泥管道和底板的工厂；建造了大约887.69平方公里的水泥仓库。

1900年，中国北方发生了轰轰烈烈的义和团运动。义和团在东北大地捣毁正在建设中的东清铁路，驱赶沙俄人员，也导致夏季达里尼工人数量减少。尽管如此，当年还是在计划时间内完成了达里尼城市的建设工作。

1901年，达里尼建设当局按项目分为“行政区”、“欧洲区”和“中国区”三个建设小组，城市建设的主要工作集中在行政区。在这个区划定了一个范围，开始修建供水设施和排水工程。用于建设的混凝土和陶瓷管道大部分是本地生产的，只有一小部分是从日本订购的。用蒸汽滚轴压路机修筑公路和街道，修建公共花园。基本建成了80座民房和服务楼，总面积为1.13万平方米，其中包括一所教会学校，一座拥有30张床位的医院，一座拥有16个房间的宾馆，一个餐馆，六个商店，一座供中俄银行地区分

图5—61
1902年，达里尼市宾馆。

行的楼房。另外，建造了大约9,073.8平方米的临时建筑。在欧洲区，进行主要街道的土建工程，修建了水坝和通过峡谷的木桥。在大铁路出口修建了桥梁，即“俄罗斯木桥”（今胜利桥），连接欧洲街区和城市行政区。从马栏河取水的勘测工作基本完成，并进行了水坝线路上的钻孔工作。

到1902年3月15日，达里尼已修建了8.53公里的城市道路，在3.2公里左右的道路两旁种植了树木。已建成住宅3.63万平方米，正在兴建的有1.11万平方米。已完成从马栏河引水的临时供水工程，管道供水已铺设至城市的行政区。此外，连接达里尼城市和港口的南满铁路主干线和支线路基铺渣工作已完成，沿线的营房和机车车库的地基也已建好。

1902年10月，沙俄财政大臣维特考察了“满洲”和东清铁路建设情况，于10月15日抵达达里尼。他在给沙皇尼古拉二世的考察报告中写道：“目前行政区已经完全建好了。这里有港口和城市建设管委会大楼，东清铁路海运公司大楼，港口、铁路、海运公司员工以及俄罗斯和中国工人住宅楼。同样这里也有教堂、学校、医院、宾馆、俱乐部及俄中银行临时办公点。街道铺设完毕，花园包围着房屋，排水、照明安装好，供水设施是临时性的。房屋都是石制的，大多为两层，设计款式各式各样。总之这一部分已经完全看得出城区的样子了。”[1]

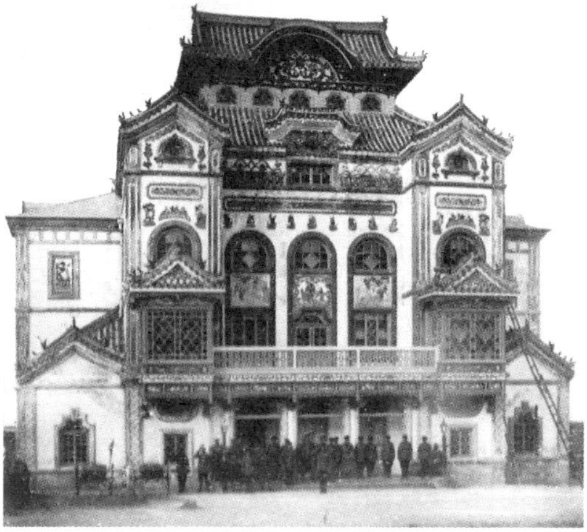

图5—62 1902年，堤丰中国大剧院（纪凤台大剧院）。

关于欧洲区和中国区的建设情况，维特在报告中写道：“根据东清铁路的计划，打算只修建公用建筑物和铺设街道。在我到达达里尼之前这些已经设计完毕，并且开始测量和给已经划分完界线的住宅推土。我在欧洲区视察期间，根据我的指令选定了一块地方开始修建东正教教堂。商业学校的宿舍也开始动工。公园里（今劳动公园）修建了苗圃和一个不大的暖房。为了吸引那些城市建设最需要的当地中国工人和手艺人，应尽可能

1俄罗斯联邦国家档案馆（543—1—179）：《财政大臣远东之行的情况汇报》，67页。

地满足他们的生活习惯，其中最关键的一点就是让其欣赏剧院演出。来自中国人中的俄罗斯臣民在这里建起了一座石砌的堤丰中国大剧院（纪凤台大剧院）。”[1]

随着达里尼城市和商港建设工作的大规模推进，城市人口不断增加，商业贸易活跃，经济也迅速繁荣起来。

据档案资料显示，1899年，达里尼市区当地人口为5,000人。到1901年1月1日，达里尼市及其周边人口共计19,538人，其中包括6,326名当地中国人，11,180名来自其他地区的中国人，1,636名欧洲人，335名朝鲜人，61名日本人。而从1901年1月1日到10月1日，仅9个月又增加了470名欧洲人，25,400名来自其他地区的中国人。因此，“到1901年10月1日，达里尼市人口共计45,408人。在此基础上加上新划入地区的1万人，这样达里尼市人口达到5.5万人。”[2]1900年的统计数据显示，因为有足够的住房供应，达里尼市冬季人口数量并未下降，反而还不断增加，大批人员通过东清铁路公司的轮船渡海蜂拥而至。不久，达里尼的人口升至6万至6.5万，这些人几乎都从事商港和城市建设工程。从山东来的劳工占中国人的大部分。承包商及工商业者大约有7,000人。俄国人中4/5是从事铁路工作的员工，做承包商或从事工商业的甚少。日本人则主要从事承包、工商、理发、洗涤、钟（手）表修理业等。

截至1901年1月1日达里尼市人口统计[3]

俄国人（不含第12团的官员及其家属724人）	900
英国人	2
德国人	2
匈牙利人	1
意大利人	2
法国人	5
日本人	61
朝鲜人	335
当地中国人	6,326
外来人口	11,180

1俄罗斯联邦国家档案馆（543—1—179）：《财政大臣远东之行的情况汇报》，67页。
2俄罗斯国家历史档案馆（323—1—1203）：《关于达里尼市政厅建设的档案》，23页。
3同上。

商港与城市建设如火如荼，城市人口急速增加，大批商人纷至沓来，必然带来贸易的兴起和繁荣。“1900年贸易才在达里尼市出现。在此期间，政府沿街建立长达532.5米的市场，4座楔形房屋划为26个商铺，建立2座欧式宾馆，2座大型双层中式宾馆，以及2座欧式商店。年底商业企业达160家，商品种类繁多，满足了中俄居民的需求；还出现了手工作坊、私人企业；确定了到烟台的海上航线。”[1]到1901年10月1日，达里尼市商铺数量达到450家。这些商店都是从俄清银行办事处获得贷款支持，除了租金，不征收任何的税款。商人来自烟台、上海、符拉迪沃斯托克、旅顺、金州等地区。

达里尼市的工业主要服务于商港和城市建设。有东清铁道公司的铸铁厂，雇用俄国工人187名，华工499人，一年生产铸铁3,276吨。制砖厂每年可生产300万块砖。石灰厂一年的产量是4,914吨。此外，有规模较大的4家酿造所，有3个雇工达700余人的酒库；还有规模较小的像屠宰场、采石场、制盐业以及面粉加工业等。

沙俄殖民当局租借到大连、旅顺后，开始建设大连湾商港和城市同时，重修旅顺口港，开建旅顺新城。在没有征求清朝政府意见的条件下，其第一件事是着手铺设芝罘（今烟台）与旅顺之间的海底电缆。清政府对这件事也不闻不问，采取袖手旁观的态度。俄国政府不等此海底电缆铺设完工，马上将之通告于各国列强，公布其通话费用，如旅顺与烟台之间通一句话为6分大洋，与日本之间通一句话为1美元2分。此项工程于1900年完成。这为大连、旅顺的建设提供了迅捷的通讯条件。

达里尼的邮政、电信、电话业务急速发展。从1902年起，野战邮电局及东清铁路附属电信局开始处理普通公众邮政电信业务。据满铁调查课后来统计，当年“野战邮电局收入为5,657卢布，其全年受理业务量为收平信72,816封，发3,600封；报纸收41,844件；挂号信收5,751封，发9,000封；现金汇入1,997笔计187.248卢布，汇出4,186笔计310,112卢布；包裹寄出825件，寄入304件；换汇汇出332笔计23,741卢布，汇入23,452卢布；邮政货物汇票接收13,919.64卢布；邮政储蓄业务1,714笔，计155,513.51卢布。东清铁路附属电信局当年处理业务量为，接受信函4,598封，寄出信函6,273封，营业收入为15,912.56卢布。”[2]上述统计数字可见当年达里尼市的邮政、电信业务之繁忙和发达。

当时，达里尼市设立了市内电话局，电话业务也快速发展起来。1902年

1俄罗斯国家历史档案馆（323—1—1203）：《关于达里尼市政厅建设的档案》，25页。
2满铁调查课：《沙俄占领前后的大连和旅顺》，34页，1911年4月。

末，预定接受放号200个，一年的话费为100卢布。到1903年，“这200个号码中被官衙、铁路公司免费订出81个，44个号码被普通市民订满。此外，又补充了工务局20个、发电厂12个、医院8个共计40个号码。这样旅顺、沙河口、砖厂及位于南泡崖子的采石场等也与大连之间通了电话。”[1]

达里尼市的医疗条件比较简陋，属于东清铁路公司的医院，位于行政区缅绍夫街（今烟台街）。日本殖民统治时期这所医院改称“满铁医院”（现为大连大学附属中山医院），当时该院有病床186张。另有市属传染病医院，有6幢建筑，床120张。而起初规划在中国人街区、位于市立公园边的医院并未建设。对城市卫生则实行严格管理制度，依靠警察来监督管理。“所有地段的垃圾放在不能污染土壤的地方，并且每个晚上在管理局指定的时间内用大型运输设备将垃圾运到指定地方。如果不这样做，管理局以自己的方式清理，并以破坏卫生条例之名一起追究当事人的责任。”[2]

图5—63
1902年，位于行政区的达里尼市医院。

1满铁调查课：《沙俄占领前后的大连和旅顺》，34页，1911年4月。
2俄罗斯国家历史档案馆（560—28—105）：《关于达里尼私人、机关单位临时用地规定》第10条，1902年4月。

图5-64 达里尼的冬天。

图5-65 共有100套的中国风格的房子。

图5-66 市中街，又称中间街（今光辉巷）。

图5-67 季莫夫街（今烟台街）。

图5-68 1901年10月达里尼市全景。

7.管理达里尼市

1899年8月28日，沙皇尼古拉二世批准颁布的《关东州临时管理条例》，公然违背《旅大租地条约》第四款“不得有总督、巡抚名目”之约定，建立了“关东州”，将辽东半岛堂而皇之地划为沙俄的一个州，并对达里尼城市和港口进行管理。关东州管理总局设在旅顺口市。

（1）达里尼被设置为特区，归沙俄财政大臣直接管理

《关东州临时管理条例》第56条指出：“关东州的城市被明确为以下几个：旅顺口市、达里尼市、貔子堡市和金州市。在达里尼市设立特别市政厅。”条例的第100～102条进一步明确：“达里尼市居民区土地划分界限内和包括其周边地区，设立特别行政厅，隶属财政部长管理。”“市长和其管理受州总督的领导。”“市长由财政部长事先和州总督协商并提名，沙皇御令任命和解职。”可见达里尼市在沙皇政府中的地位是何其重要，也说明沙俄急于建成远东自由港和全世界贸易中心的迫切欲望。“隶属财政部长管理”，一方面说明财政大臣维特是沙俄远东政策的积极推行者，在高层决策时发挥举足轻重的作用；另一方面，为达里尼建设提供了资金上的保证。

（2）建立行政首长负责的城市委员会决策机制

《关东州临时管理条例》第106条和107条分别规定：“在市长下设立城市委员会，用于管理城市生活和市政建设。”“城市委员会以市长为主席，由六位成员和三位候补成员组建，其中一名成员由东清铁路公司当地管理

局任命。城市委员会成员中俄罗斯贵族应不少于三名。”第110条规定“所有人都有权参与城市委员会成员选举，没有国籍的差异”，城市委员会成员的“工作是无偿”的，其他条款对选举城市委员会成员的程序和参选人资格进行了严格界定。这些条款在组织上确保了沙俄当局及其贵族在达里尼事务中的绝对话语权。第123条规定的城市委员会的议事规则充分体现了行政首长的绝对权威：“城市委员会的合法组成，要求除了主席以外，必须不少于两人出席。根据大多数成员的意见作为事项的最终决定，在平等票数的情况下，以主席的意见为准。在与大多数意见不符的情况下，市长在7日内可终止执行城市委员会的决议，并将问题争论的焦点递交州总督予以决定。在相反情况下，所做的决议在上述期限后予以执行。”

但是，落实《关东州临时管理条例》中有关建立行政首长负责的城市委员会决策体制也是一个逐步渐进的过程。在1902年沙皇尼古拉二世批准的财政大臣的报告中就指出：“目前，组建城市议会是件很难的工作，的确，在今年可能会卖掉30～50个地段，有可能下一年也要卖掉同样多的地段。所以，由于需要，不得不将在达里尼市建立城市委员会的计划推后至达里尼港口和城市施工结束，但是不会晚于1904年。在此之前，城市委员会的权利和职责，临时由建设工作实施过程中代行市长职务的人代行。”[1]直到日俄战争结束，沙俄殖民当局离开达里尼，这个城市委员会也没有建立起来。

1902年4月4日，根据萨哈洛夫申请暂时担任达里尼市市长及港口与城市总工程师的建议，东清铁路公司董事会决定：“从现在一直到达里尼市的建设结束为止，将达里尼市市长的职务暂时交给城市和港口的总工程师负责。”[2]并按照条例规定的程序上报财政大臣和沙皇批准、政府参政院审议。1902年6月10日，“依照最高命令的精神，负责达里尼港及城市建设工作的萨哈洛夫将临时担任大连市市长职务，行使相关权力，其职务等同于该市市委领导人。”[3]之前参加过七个港口建设的萨哈洛夫，1899年5月4日从符拉迪沃斯托克港建设工程师岗位被借调到达里尼担任商港、城市建设的总工程师和负责人，自1902年8月1日转而担任达里尼市市长，其角色发生了重大转变。1904年10月26日，他因患伤寒病死在旅顺，走完了45岁的人生旅程。

1899年年底，达里尼市征地工作基本结束时，全市划为三个行政区域，分别是城市规划区域中属于欧洲区域的部分（城市区）、老虎滩区、沙河口

1俄罗斯国家历史档案馆（323—1—1203）：《关于达里尼市政厅建设的档案》，96页。
2同上。
3俄罗斯国家历史档案馆（229—19—2798）：《萨哈洛夫履历》。

区。老虎滩区（又称老虎滩乡）丘陵起伏，人口1,793人，人们沿河居住，共有老虎滩、傅家庄、棒棰岛、转山屯、寺儿沟、大岭前6个村。沙河口区位于地势平坦的西青泥洼以西的农村地区，人口4,633人，散居于北沙河口、南沙河口、三春柳（今春柳）、香炉礁、北甸子、台山前、李家屯、下甸子、郑家店、王家屯、刘家屯、黄家屯、尚家屯、马兰屯、马家套、小岗子、北岗子、南岗子、车家屯19个村。各村分别设村长，由乡民选举产生。在村长之上设两名联合村村长，受市长直接管辖。

尽管依照沙皇尼古拉二世颁布的《关东州临时管理条例》，于1899年8月就设定了达里尼特别行政区，但直到1902年年初，市内居民仍以从事市政建设及港口建设工程为主，可以说其成分比较单一，因而行政管理上警察署就可掌管了。也就在这一年，因从事一般工商业的移民逐渐增加，同年6月6日经沙俄财政大臣维特许可，设置了隶属于市长萨哈洛夫的达里尼市各行政机关：

市政府：市长、市议会议员10名、助理2名、医师1名。

港务局：局长（警察署长兼任）、助理1名、巡视2名。

警察署：署长、巡查部长3名、巡查51名、清国巡查16名、办事员1名、秘书1名、翻译4名、书记3名。

消防署：署长，消防员10名，司机、制铁工、火夫各1名，马夫3名。

(3) 建立民政、警察及消防管理系统

随着1899年达里尼市征地、拆迁、安置工作的推进，大量的矛盾纠纷不断出现。与此同时，随着达里尼商港和城市建设步伐的加快，大批人员涌向这个新兴的充满活力的城市，商业的繁荣和人口的增加等形势的发展使在达里尼建立民政、警察及消防管理系统已迫在眉睫，必须尽快提上议事日程。

《关东州临时管理条例》第105条规定："市政管理及其下属警局机构按照特别编制设立。"警察系统的建立是达里尼商港和城市建设与发展的重要保障。随着城市建设步伐的加快，警察力量不断得以加强。

达里尼起初的社会治安维护由东清铁路公司的铁路警察承担。根据《东清铁路公司章程》第8条的规定，负责铁路沿线区域监管区秩序维护的东清铁路公司警卫队担负对港口的警力监管职责。根据沙皇的最高命令，该警卫队拥有所有的军事活动权，拥有自己的团级法院，对犯罪情节严重的官员可交由阿穆尔军事法庭裁决。该警卫队队长及其助手由边境守备队中等武备学

校的现役人员担任。

上述第8条的规定既在南满铁路沿线实行，也在关东半岛地区推广。因此，将达里尼商业港口的建设与运行交付东清铁路公司执行时，上述警卫队也应该负责港口区域的治安。达里尼商业港口警卫队的各项规章制度由沙俄财政部与其他相关机构制定。

由于负责港口区域治安的警卫队不负责达里尼市的秩序，或其警力对迅速开发和建设的达里尼市也是力不从心，于是，1899年8月28日，负责达里尼市建设的总工程师萨哈洛夫焦急地给远东铁路管理委员会发去电报："为维护未来港口城市的市区秩序，履行警察职责，兹申请批准在达里尼湾建设一所临时警察局。其成员组成为1名警察，5名巡查员，20名中国籍普通警员。"[1]

1900年3月17日，沙皇下令在达里尼市设置独立的警察局局长，拥有维持地区治安的领导权力。另外，委托财政部安排编制预算。根据沙皇的要求，沙俄财政部确定了达里尼市警察局的工作人员，雇佣了5名骑警和25名中国警察，其工资从铁路局开支。达里尼的民事局在农村地区雇佣了乡会会长和村长，其工资由民事局支出。这两项工资共计每年24,200卢布。

到1902年春天，随着城市贸易的开展，达里尼市人口达6万至6.5万。相应的犯罪率也有所上升，中国人之间的冲突加剧，提交至法院审议的案件增多。在警局监管下，判决由地方警局监督执行。考虑到上述情况，达里尼市现有警察编制无法满足工作需要，急需大量扩充。为此，经萨哈洛夫提议，东清铁路公司理事会决议："任命51名俄罗斯人和16名中国人为市级警察"，[2]俄罗斯警察均带官衔，其工资普遍上涨，"一名骑兵司务长的工资每年600卢布；五名下级官衔的工资每年480至540卢布；六名下级官衔的工资每年420至480卢布；39名下级官衔的工资每年360至420卢布"。[3]同时，为构建上下联动的警务网络体系，组建了乡村警察机构，萨哈洛夫计划在该地区增加一名教区军士和六名乡村长老。在生产部门、学校等均加强了警务工作。警察系统年支出达53,488卢布，年一次性支付2,500卢布，总计达55,980卢布，比1900年支出增加了45,412卢布。

1俄罗斯国家历史档案馆（323—1—1203）：《关于达里尼市政厅建设的档案》，1页。
2俄罗斯国家历史档案馆（323—1—1203）：《关于达里尼市政厅建设的档案》，80页。
3俄罗斯国家历史档案馆（323—1—1203）：《关于达里尼市政厅建设的档案》，82页。

图5—69
1902年10月17日，沙俄边疆区长阿列克谢耶夫视察达里尼市警察队伍。

1900年，达里尼市临时警察局人员编制及预算：[1]

1/警察每月工资75卢布，一年工资900卢布。

2/俄国籍骑兵，5人，每人每年540卢布，共计2,700卢布。

3/一级警察每月4～15卢布，下级警察每月10～20卢布，共计3,420卢布。

4/俄国籍警察制服相关费用：马匹补充10卢布；军大衣 25卢布；一套制服20卢布；两双靴子 15卢布；军需品、军帽等10卢布。共计400卢布。

5/中国警察制服，每人每年20卢布，共计500卢布。

6/6匹马的开销：每天每匹马2普特干草 17戈比；10俄磅大麦 40戈比。一年一匹马花费60×360=216卢布。共计1,296卢布。

7/办公室及其他细琐费用240卢布。

共计9,456卢布。

基本日常用具（计1,120卢布）：

1/6匹马，每匹70卢布 共计420卢布。

2/购买缰绳、马笼头300卢布。

3/中国警察基本制服费用400卢布。

总计：10,576卢布

1俄罗斯国家历史档案馆（323—1—1203）：《关于达里尼市政厅建设的档案》，11页。

达里尼市消防部门的设立，起初是根据1900年4月19日关东地区157号文件建立港口消防观察站的规定，对过往船只依法进行检查。设消防队员3名，由俄罗斯人担任。之后，随着达里尼工商业的发展，组建了消防队。到1902年春天，由于达里尼市存在大量具有极高文化价值的建筑和大量的货仓，工程师萨哈洛夫提出了消防机构急需增加人员的申请。东清铁路公司董事会决议“消防队由13名俄罗斯人和8名中国人组成。年支出为10,850卢布，年一次性支出为1,300卢布，总计年支出为12,150卢布。其中，一级消防员工资480卢布，二级420卢布；装备费用每人25卢布；每年的饲马费90卢布。”即使这样，达里尼的专业消防队伍的力量仍显不足，在火灾发生时，由于在达里尼没有俄罗斯驻军，不像旅顺参加灭火的除了消防队员以外，还有当地的驻军，因此，在灭火时需要雇佣码头和城市的建筑工人作为灭火工。

达里尼市法院也随着商港和城市的开发建设而设立。法院位于市政府附近，在市政府的领导下协商法院的工作事宜。随着工商业的发展，法院的调解任务也在加重。根据关东地区暂行管理条例，商人、官员之间的利益冲突，由港口法院解决。

图5—70
达里尼市的消防大队。

据满铁调查课1911年4月的报告《俄国占领前后的大连和旅顺》记述，从1902年起，达里尼市设立了治安审判所，只负责审理俄国人和中国人之间及中国人和中国人之间产生的纠纷，超出这一范围的，该所不予受理。治安审判所由警察署长担任审判长、两名证人会同两名助理法官组成厅审。该审判所拥有的惩治权限：一是50杖笞以内轻刑；二是至少3个月以内的服役；三是300卢布以内的罚款；四是一年半以内的羁押、过失犯罪等。此外，对所犯上述各罪人员，还要经旅顺地方审判所核定。已判决的犯人，在警察署所属拘留所服刑。1902年在押犯人中，有中国人877人、俄国人245人。1903年年初服刑犯人中，有中国人46人、俄国人为5人。

1899年年底，萨哈洛夫提出急需建立临时民政管理处，并推荐缅绍夫中尉担任处长一职，其主要工作是：教会从农村地区搬迁到城镇的农民蔬菜栽培和园艺技术，一方面帮其谋生，一方面满足城市需求；培养这些农民成为真正的适应未来城市生活的工人或手工艺人，需大力发展手工业，使当地农民渐渐改掉原来农村的生活方式；为农民提供优质农具、适宜当地气候条件和土壤状况的优良种子，并教其精耕细作；监督搬迁农民建设新房；保护规划土地上的树木；管理乡村里已有或新开的工商企业、娱乐场所等。

1900年，达里尼市民政管理处人员编制及预算：[1]

1/ 处长一年工资（年薪）……………………………………6,000卢布

2/ 翻译秘书 …………………………………………………1,500卢布

3/ 俄国籍办事员………………………………………………1,200卢布

4/ 中国籍文书……………………………每人600卢布，共计1,200卢布

5/ 更夫…………………………………………………………180卢布

6/ 39位村庄村长…………………每人每年36卢布，共计1,404卢布

7/ 2位乡长…………………………每人每年120卢布，共计240卢布

8/ 乡村小学花费………………………………………………1,500卢布

9/ 办公差旅费…………………………………………………1,280卢布

总计14,504卢布

1俄罗斯国家历史档案馆（323—1—1203）：《关于达里尼市政厅建设的档案》，12～13页。

（4）建立绝对的沙俄文化统治

为了建立长久的绝对殖民统治，同时也为了应对现实的急需，沙俄殖民当局将俄语确定为达里尼市的官方语言。《关东州临时管理条例》第124条规定："达里尼市所有的行政和公共规定事务采用俄语，但对于颁布的所有的情况说明、指示和其他的命令可以附加一种欧洲语言的翻译。按照州总督的指示，必要时可附中文。凡递交给公共机构的个人申请，可以用上述的一种语言书就，但如果没有附带上俄文，则需缴纳附加的税金和用于翻译的费用。税金的金额由财政部长确定。"这就在法令上确立了俄语的绝对地位，并且辅之以经济处罚手段加以巩固。

大力兴办教育，从孩子抓起，进行语言和文化灌输，是殖民统治者愚化殖民地人民的突出特点，沙俄当局在达里尼的统治也不例外。在达里尼市有为俄罗斯孩子开办的基础教育学校。1900年时，达里尼市建有针对12—15岁的中国孩子的学校，那里教授俄语、俄语阅读、写作以及算术等课程。孩子主要来自富裕家庭或者达里尼市职员家庭。学校每年毕业30名学生，学生在校掌握400个俄语单词，能用俄语读写。1901年7月，建成了达里尼第一所位于行政区的教会学校。到1902年5月，在达里尼市所有指定的开展初等教学的学校都已无法满足未成年人的教育需

图5—71
1902年，达里尼市教会学校。

图5—72
1903年2月，能容纳1200人的东正教教堂——圣弗拉基米尔教堂（位于今二七广场中央）奠基仪式。

求。1903年，东清铁路公司经沙俄财政部允许后，开始着手在达里尼市建设男、女中学，并且筹建铁路技术学校。男、女中学位于萨哈洛夫大街上，该学校招收的学生不仅仅局限于达里尼市，而且还要进一步扩大其范围。由于预订招收各地的学生，为了这些走读的男女学生，建了寄宿宿舍。“男女中学及其附属的寄宿宿舍已经落成，只有屋顶没盖苇草，还剩下内部没有装修以及窗户和门没有安装。”[1]1904年2月8日，日俄战争爆发，校舍建设被中断。日本侵占大连后，该校舍为满铁本社所有，今天为沈阳铁路局大连办事处办公地。

宗教是进行文化渗透和精神统治的有效武器。沙俄自从踏上中国东北土地的那刻起，其布道的“魔爪”就随着东清铁路的修建伸向了各个角落。在达里尼市，东清铁路公司建设东正教小教堂的同时，于1902年5月又开始建设东正教大教堂。沙俄当局非常希望，这个教堂也是纪念性的大教堂，有相应的规模，在达里尼即将出现各国基督教派的教堂之际，加强东正教在达里尼市的影响力。随着达

1 伊万·古梅诺夫：《沙俄统治时期的大连回忆录》，16页。

里尼建设速度的加快，各宗教教徒尤其是东正教教徒的数量在达里尼越来越多，教会学校当时已经容纳不下来做礼拜的人。由于建设教堂需要耗费一定的时间和财力，沙俄殖民当局认为，位于尼古拉耶夫广场中央的大教堂建设需要延后，在最短的时间内，先建设一个稍小些的、可足够容纳做礼拜人数的教堂，于是，东清铁路公司开始着手兴建一个可容纳1200人的教堂。这个位于今二七广场的古俄罗斯式教堂的图纸和随后的财政大臣的报告，于1902年4月24日获得了沙皇的御批。尽管1903年已开工建设，但直到1904年日俄战争爆发也未建成（见图5-72）。

（5）实施建设和管理分离的城市运营模式

东清铁路公司作为南满铁路、达里尼商港和城市建设主体，从一开始就被沙皇委以重任。但是，建设一个城市和管理一个城市毕竟不同。于是，沙俄殖民当局采取了建、管分离的措施，既使各自特长得以发挥，又使产权更加明晰，经营、管理城市的效益显著提升，而这正是成熟的市场经济条件下开发和建设城市的惯用手法。

《关东州临时管理条例》第125条明确："东清铁路公司所有的城市设施的建设，例如：水利系统、照明、城市铁路线、电话、屠宰场、市场等等，由达里尼市政赎回，并由财政部长负责此项事宜的如期进行。在达里尼市政赎回这些设施之前，这些设施的临时所有权属于东清铁路公司。对其的使用将依据特别规定执行，其规定的内容由财政部长批准。"在购买赎回的方式上，其第126条进一步明确提出了要求："必须购买其整体，按照东清铁路公司的账簿，一次性的支付其兴建这些设施的所有费用。也可按照每年向东清铁路公司支付赎金的方式将其赎回，其期限、利息的计算以及公司所支付资金的清偿和其他条件，由达里尼市和东清铁路公司相互协商确定，并通报财政部长审批。"这其中明确，由东清铁路公司在达里尼市兴建的广场、街道、小巷、人行路、通道、街心花园、大花园将作为共同使用的财产，无偿地提供给达里尼市所有。

考虑到达里尼商港不同于城市，而是一个经济体，故《关东州临时管理条例》第138条明确："达里尼市商务港的使用由东清铁路公司负责。东清铁路公司成立特别港口管理局来进行港口的管理，管理局长由市长提名，州总督任命。"这一经营和管理模式一直延续到日本殖民统治时期，其时，大连港由满铁负责经营，而大连市则由关东厅负责规划和建设。

第六章

日本殖民统治时期大连城市规划与建设

1935年的大连大广场（今中山广场）。

日本明治维新之后，脱亚入欧，全盘西化。侵占大连之后，沙俄当局运用19世纪世界先进规划理念设计的城市蓝图，正满足了日本向西方先进的城市规划思想学习的欲望。大连不经意间成为了日本近代国内和殖民地城市规划和建设的实验场。

在长达40年的日本殖民统治时间里，侵略者不断膨胀的贪欲和野心加速了大连城市规模的一次次扩张。城市规划与建设大体经历了四个阶段：军政时期和民政初期，承袭俄治时期规划；1919年进行区域扩充规划与建设；20世纪30年代实施综合规划与建设；1941年推行关东州规划。

到1945年日本战败投降，大连城市人口达到70万人，城市用地45.7平方公里，城市框架完全成型。

1904年2月8日，日俄战争爆发；5月，日军占领大连。1905年9月5日，日俄在美国等调停下签订《朴次茅斯和约》，沙俄将其在辽东半岛的一切权利，以及南满铁路长春宽城到旅顺大连的路权，全部无偿转让给日本。

从日俄战争爆发的一刻起，大连的城市建设就已停止。此时，达里尼的行政区已经基本建成，具有了欧式城市的模样，而欧洲人街区的建设用地已经基本整理就绪，莫斯科大街、基辅大街、彼得堡沿岸街等主干道已具形状，位于中央公园东边的第一批城建用地已拍卖。“在数年前还仅仅是一个小村落的地方，到1903年1月，实际人口就已达41,268人，此地一跃就变成了一座繁荣的大城市。”[1]

日本侵占大连之后，将其作为进一步侵占中国东北的桥头堡，特别是1931年九一八事变之后，更是将大连作为“满洲经营的根据地”，对大连的建设可谓煞费苦心。1937年七七事变之后，日本侵略者则将大连作为永久占领地进行规划和建设。侵略者不断膨胀的贪欲和野心加速了大连城市规模的一次次扩张。

日本殖民当局在大连的统治机构设置：

日俄战争后，日本为了加强对中国东北地区的殖民统治，于1905年10月在辽阳建立了关东总督府，直属日本满洲军总司令部，负责管理旅大地区以及东北其他地区所有日本军事和民政要务，监督南满洲铁道株式会社（简称“满铁”）的各项事务。日军配备两个师团的兵力驻扎在南满铁路沿线和旅大地区，以保证总督权力的实施。关东总督府集军政大权于一身，已然成为日本在中国东北进行殖民统治的最高权力中心。1906年5月，关东总督府迁至旅顺。1906年9月1日，迫于英美等国反对日本独占东北的外交压力，和东北人民对殖民统治的强烈反抗，日本撤销了实行军政统治的关东总督府，改为具有文官色

1关东州厅土木课：《大连都市计画概要》，第一辑，14页。

彩的关东都督府，内设陆军和民政两个部门：民政部统辖大连、旅顺、金州三个民政署；陆军将官担任都督，在军事上接受日本陆军大臣和参谋总长的节制。这被称为日本在旅大地区军政统治的结束而进入民政时期，但实际上军政权力仍然统归于关东都督府。1919年4月，日本废止关东都督府，实行军政分制，将民政部改为关东厅，陆军部改为关东军司令部。关东厅主要管辖"关东州"事务，负责南满铁路沿线的警务，监督满铁的业务。关东厅长官接受日本内阁总理大臣和外务大臣的监督。这样，加上1906年成立的满铁，日本在旅大地区就形成了政治上有关东厅，军事上有关东军司令部，经济上有满铁，三方分别统治的局面。大连的城市规划与建设均由关东厅负责，而"铁道附属地区的土木建设事业与大连港湾的各建筑设施，经过官方批准，委托给南满洲铁道株式会社经营管理"。[1] 此外，城市的星之浦（今星海公园）、电气游园（今中心裕景地）等公园和相关城市交通设施也由满铁建设和经营。

1931年，九一八事变后，日本进一步强化在旅大地区的殖民统治。1934年12月26日，日本宣布废除关东厅，改为关东州厅，系位于伪满洲国首都新京（今长春）的日本关东局的下属机构，关东局局长由日本驻伪满洲国特命全权大使兼任。此后，日本及其殖民当局悍然将"关东州"纳入日本"版图"，在公开出版的地图中将其与日本本土标为同一颜色——红色，说明日本对旅大地区的殖民统治发生了本质上的变化，妄图永久吞并旅大地区。1937年5月，关东州厅迁入位于大连市内的新厅舍，即今天人民广场上的大连市人民政府办公楼。

1945年8月22日，苏联红军解放大连，日本在大连地区的殖民统治完结。

1关东州厅土木课：《大连都市计画概要》，第一辑，22页。

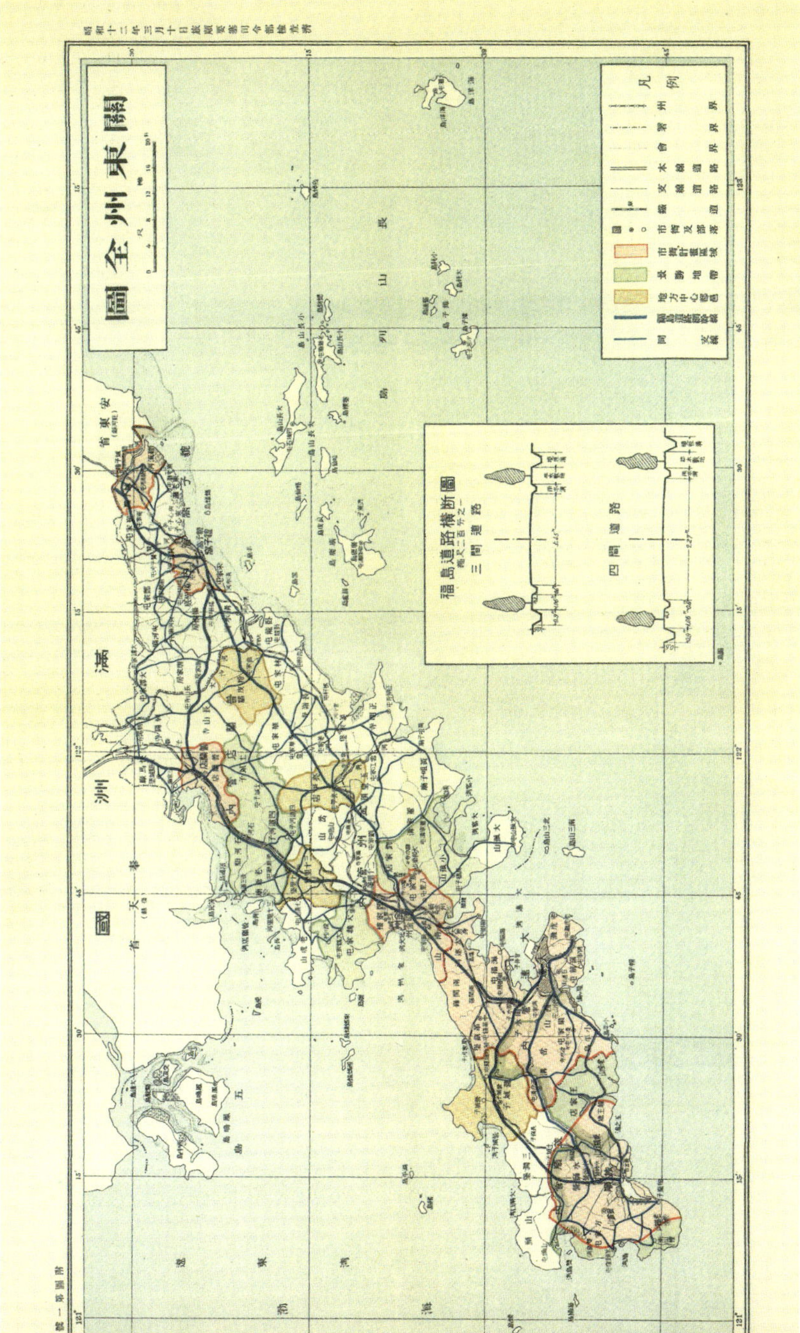

图6-1 1937年，关东州全图。（关东州厅内务部土木课制）

1.军政时期和民政初期，承袭俄治时期规划

（1）明确“承袭俄治时期规划”原则

1904年9月，日俄战争还没结束，日本侵略者就成立了辽东守备军，于1905年1月27日发布第3号令：“明治38年（1905年）2月11日以后，‘达里尼’改称‘大连’。”[1]自此，“大连”一名一直沿用至1945年第二次世界大战日本战败投降。

日本侵占大连伊始，其辽东守备军参谋长、大连军政长官神尾光臣就决定大连的城市规划与建设“宜承袭俄治时期的计划”[2]，并确立了承袭俄治时期规划的原则和指导方针。之后，首任满铁总裁后藤新平和满洲军参谋长儿玉源太郎继续坚持这个原则，这样，就使当年沙俄工程师制订的达里尼城市规划得以保留。之后，不论是关东厅，还是满铁，均沿袭了沙俄时期对大连的规划。

日本殖民当局为何一定要“承袭俄治时期规划”？除了当时战时的因素促使其不能“静下来”研究制订大连规划外，与日本近代大规模城市的规划经验的欠缺不无关系（日本国内近代大规模城市规划建设从1923年9月1日的东京大地震开始）。“我关东军苦于没有经验来修改以往的错误，又拘于不健全的法规，对大城市意识又是何等的无奈。即，面对一张洁白的画纸，备上鲜明的画具，犹如面临着创作一幅大艺术品一样，既要有大胆的创意，还要有超前的意识与丰富的内容，才能完成此佳作。因此，城市规划的进展应得益于成熟的时机与良好的环境。”[3]沙俄当局已经制定完成并正在实施的大连城市规划给正处于

1满铁：《大连市史》，30～31页。
2关东都督府官房文书课：《关东都督府施政——旅顺》，342页，1919年。
3关东州厅土木课：《大连都市计画概要》，第一辑，8页。

“无奈”的日本军政当局客观上创造了一个完成大连城市规划与建设“佳作”的时机和环境，因此，按照俄国人的规划，既可省时，又可省力、省财地立即开始大连的城市建设。其实，当局承袭俄制的主要原因是，日本1868年明治维新之后，全盘脱亚入欧，日本的规划建筑师也不例外，积极学习和实践西方先进的规划理念。沙俄当局规划的大连城市蓝图，正是西方先进规划思想的体现，是19世纪后期西方近代城市规划成果在东亚的具体应用，这也正为日本的规划建筑师提供了实践和检验自己学习西方先进经验的一个千载难逢的机会，因此，承袭俄治时期对大连的规划也就顺理成章了。诚然，日本殖民当局的这种承袭，只是在主城区，即今天的劳动公园以东的中山区一带，沿用了沙俄当局的规划，至于以后随着城市的不断扩充而对其西部，即劳动公园以西地区的规划，则根据实际情况进行了设计。

图6—2
1906年大连市全图。

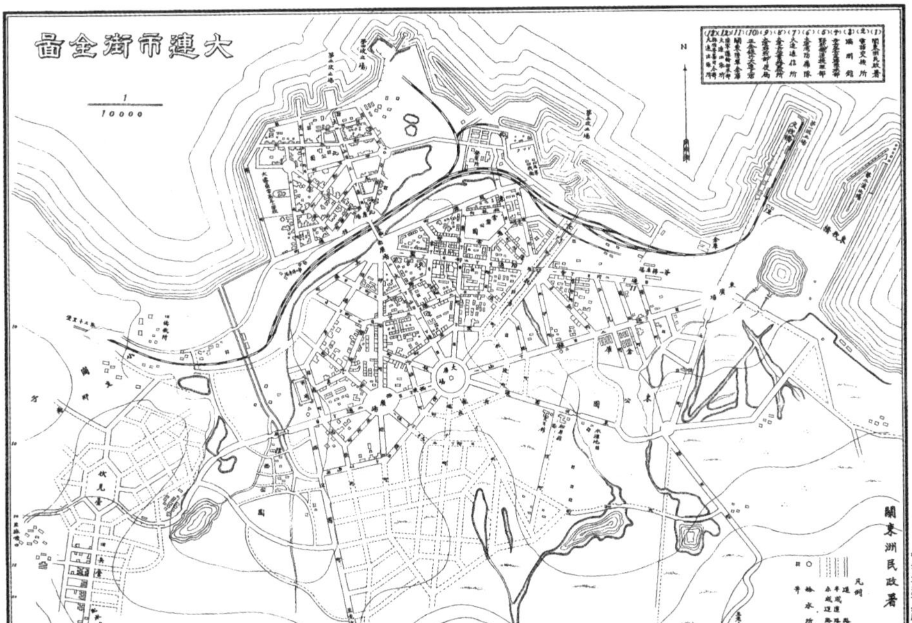

(2) 颁布城市划区和建筑管理法规

根据军政长官神尾光臣的指示，日本辽东守备军先后发布了侵占大连后的两项重要规则。1905年4月，辽东守备军发布第13号令《大连市专管地区设定规则》。该规则大体沿袭了沙俄时期对达里尼的划区居住管理办法，明确了大连市区设定方针，将城区分为军用地区、日本人居住区和中国人地区三部分。军用地区是从今民主广场，经中山广场到今解放街沿线以东，除东公园（今植物园和儿童公园）预留地以外的市内东部一带地区。日本人居住地区是军用地区以西到中央公园一带，包括铁路桥北行政区在内的地区。中国人居住地区是中央公园以西的一带地区。此规则是为避免中国人和日本人混居而制定，体现了强烈的殖民统治色彩。根据其第四条规定，暂时允许中国人在日本人居住地区居住和做生意，这就导致了在日本人居住区仍然有中国人居住和经营商业的事实，并且这种状态还一直存在。这也是日本殖民当局在实施该规则的结果上不同于沙俄当局而发生的真实变化。

在发布"专管地区设定规则"之前，日本辽东守备军发布了内容为《大连市街房屋建筑管理临时规则》的第11号令。第11号令对大连市区的建筑物进行统一管制，将大连市街的房屋建筑分为永久性和临时性两类，前者明确要求其建筑材料必须是砖瓦、石材等安全性高的耐火材料，并且要求面临一、二级道路的建筑屋高为11.5米；后者系木质构建，可随时拆除。这项制度无疑是沿袭了沙俄对大连规划的建筑要求。第11号令公布不久，1908年前后，"为了振兴普通市民萎靡不振的财力，保证实行强制永久性建筑所需资金，当局力排众议，首先从正金银行以长期低息贷款方式拆借资金300万日元，进而又在市内相继开设各种融资机构，使建筑资金困难问题自然而然得到了解决。普通市民也舍弃了有弊端的木制建筑，大都采用了永久性建筑。从而，使该规则得以顺利地实施。"[1]正是严格执行了这一规则（1910年进行过修改）使大连的城市建设与管理水准远优于同期的日本国内水平。

(3) 1909年的大连市区规划

首先，日军将接手之初在城市区划定的军用地区逐步转为民用。1905年9月1日，日本允许其国内普通民众自由进入中国东北，一时间，前往大连的日本人剧增，这就使原来日本军政当局划分的日本人居住地告急。为此，日

1关东州厅土木课：《大连都市计画概要》，第一辑，40页。

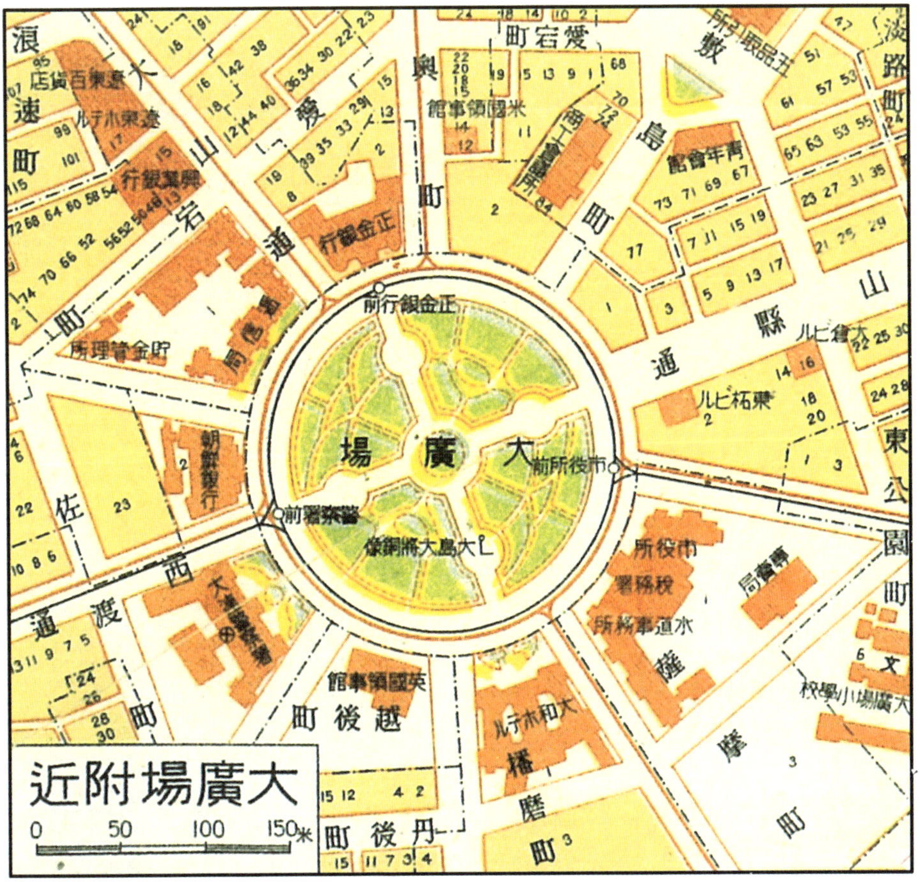

图6—3
1938年，大广场（今中山广场）周边地图。（《大连案内》截图）

大连民政署厅舍（1907年8月～1908年3月），后为大连警察署；
横滨正金银行（1909年）；
大和旅馆（1908～1914年）；
大清银行大连支店（1911年）；
英国领事馆（1914年）；
大连市役所（1919年）；
朝鲜银行（1920年）；私立银行（1911年）；
东洋拓殖株式会社（1936年）；
递信局（1917年）。

图6-4
大广场周围的一组建筑。

建于1908年的大连民政署（今花旗银行）

建于1909年的横滨正金银行大连支店（今中国银行大连分行）

1914年建成的大和旅馆（今大连宾馆）

1919年建成的大连市役所（今中国工商银行大连分行）

1917年建成的大连递信局，1945年为苏军大连警备司令部办公楼（今大连邮政局）

1911年建成的大清银行大连支店（今大连中信银行）

本殖民当局拿出了从今世纪街到解放街一线以西的0.17平方公里的军用土地转为民用。接下来由刚成立不久的满铁征用了从今常青街、经港湾广场、到寺儿沟一线以北，即面海的部分军用土地。1907年4月，进一步将自港湾广场经五五路、三八广场、朝阳街西侧，以及二七广场东面的一部分土地转为民用。当初的军用地区，除仓库和工厂以外，允许修建民用建筑。1909年，规定原军用仓库用地可作为工厂使用，其他地区可作为商业及住宅用地。1919年及1924年，将这里改成混合地区。

1909年1月，日本殖民当局在沙俄当局规划的基础上，决定将中央公园以东的整体部分（含南山山麓及寺儿沟）纳入大连市区规划。这样，一方面有备于城市人口的急剧增长，另一方面明确了将来市区承袭沙俄殖民时期规划的方针。此次市区规划由1904年东京大学土木专业毕业的仓塚良夫和建筑专业毕业的前田松韵负责主持。山县通（今人民路）、西通（今中山路）以北地区因为沙俄时期已经形成路型，所以未做变动；其以南地区沙俄当局规划的广场位置和直线型的道路也基本保留，只是将大部分曲折道路变为直线——其中最典型的是将沙俄当局规划的从尼古拉耶夫广场（今中山广场）到博物馆广场（今三八广场）的萨哈洛夫大街（今鲁迅路）在市立花园中的一段弯道改为直道。原沙俄当局规划的欧洲人区中供高级白领居住的别墅区，其街坊设计得都比较大，在此次规划中设置道路时将其变成了小街区。另外，沙俄当局原规划在城市广场中央的教堂等标志性建筑，均被取消，而广场内并没有设置任何建筑物，日本殖民当局规划的神社、寺院等宗教建筑则设置在了南部山麓。日本殖民当局延续了沙俄当局围绕尼古拉耶夫广场规划公共服务机构的理念，只是设置在大广场（今中山广场，下同）周围的公共建筑功能有所不同而已，并随着时间的推移，其建筑用途也有所调整(见图6-3)。

按照“承袭俄治时期规划”的原则，日本殖民当局在统治之初，在大连建设了一批“标志性”的“急需”建筑(见图6-4)。1907年，首当其冲地修建了直径213米的城市中央大广场（今中山广场），广场周围的建筑物无论是文艺复兴、古典主义、折中主义或新古典主义的建筑样式，均采用了近似的檐高、对称的结构和向心的布局。从广场中心看周围的建筑物，视角均为18度。其他广场大多为单纯的交通广场，有轨电车穿过广场中心，两侧设置为街心绿地。广场周边的建筑物高度不超过三层。此时，西广场（今友好广场）周边建有电器馆和基督教会馆等建筑。东广场（今港湾广场）面积较大，被放射形道路分割成三大绿岛，辐射出去的道路的端景有的为绿山、有的为大海，自然风景优美，周边有港湾俱乐部和海港办公楼等建筑物。朝日

图 6－5
1908年3月建成的日本桥（今胜利桥）。

广场（今三八广场）中央建有表忠碑。英吉利广场（今二七广场）后改名为千代田广场。1907年动工将连接行政区和商业区的“俄罗斯木桥”改建为钢筋混凝土构造的“日本桥”（今胜利桥），并于1908年3月完工，工程预算总造价15.67万日元，采用了冈村象雄设计而未实施的东京水道桥的原图，只是由负责建造的技师前田松韵增加了些许绢花等装饰而已（见图6-5）。

（4）小岗子一带逐步融入市区

市区西部的小岗子一带原有本地住户十几家。1905年9月至11月，以担心劳工及其他下层中国人的杂居，影响卫生、风俗习惯等为借口，日本殖民当局将居住在市区南山山麓及其附近的劳工、小商贩等约14,000名中国人迁移到市区西部的小岗子及谭家屯（今人民广场）一带，这样就使小岗子一带形成了城区西部中国人集聚区的基础。1906年，当局在小岗子指定中国人妓馆区。1908年4月，中国人设立的慈善机构宏济善堂开业。1909年9月25日，大连城市有轨电车开通营业，小岗子可直通东部繁华区。到1911年时，小岗子已经具有了露天市场、医院、剧院、寺院、警察派出所、游乐场、油坊等生活配套设施，俨然

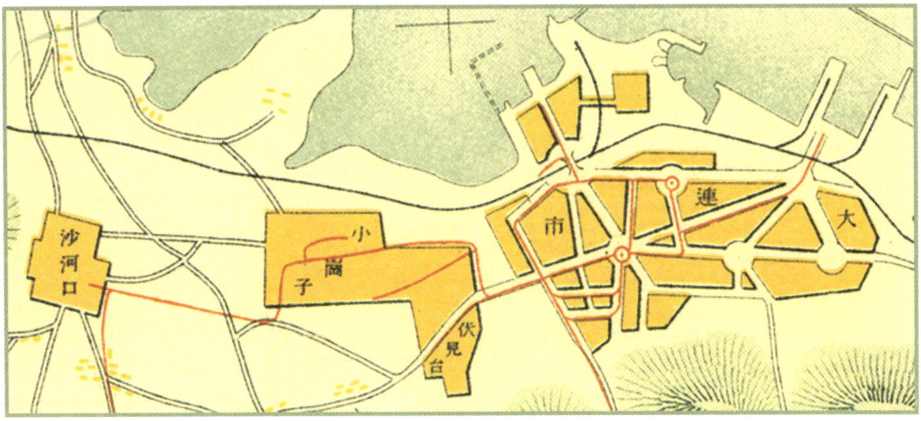

图6—6
1911年，大连市城区与小岗子、沙河口位置图。

成为一个完整的中国人居住社区。1910年9月，伏见台（今一二九街地区）约0.34平方公里被纳入市区规划，1911年5月，小岗子及其以西约1.09平方公里的地区被纳入市区规划(见图6-6)。

(5) 沙河口地区初期规划

铁路工厂是保障铁路正常运营的必要条件。沙俄殖民当局在大连火车站内修建的车辆工厂只是小规模的木造临时建筑，显然不能适应迅速发展的铁路需求。1908年7月，按照总裁后藤新平的决定，满铁在大连西郊北沙河口位置兴建铁路车辆工厂，于1911年7月建成投产(见图6-7)。

沙河口工厂区以及附属街区总面积1,851,236平方米，其中街区占地面积99,173平方米，街区用地中60%为住宅用地，40%为公园、学校及其他公用设施（见图6-6）。由于是在统一规划之下进行建设，为工厂配套的住宅区、小学校、医院、商店、邮局、警察派出所、公园、各类寺院等生活设施一应俱全，俨然一个独立街区。其街区设计成适合该地形地势的方块状棋盘式，使其土地面积得到有效利用，交通较之东部的放射式网状则更为顺畅。一个街坊的大小约为长109.2米，宽36.4米。其道路建设于1910年开工，1916年基本完工。工厂正门的干线道

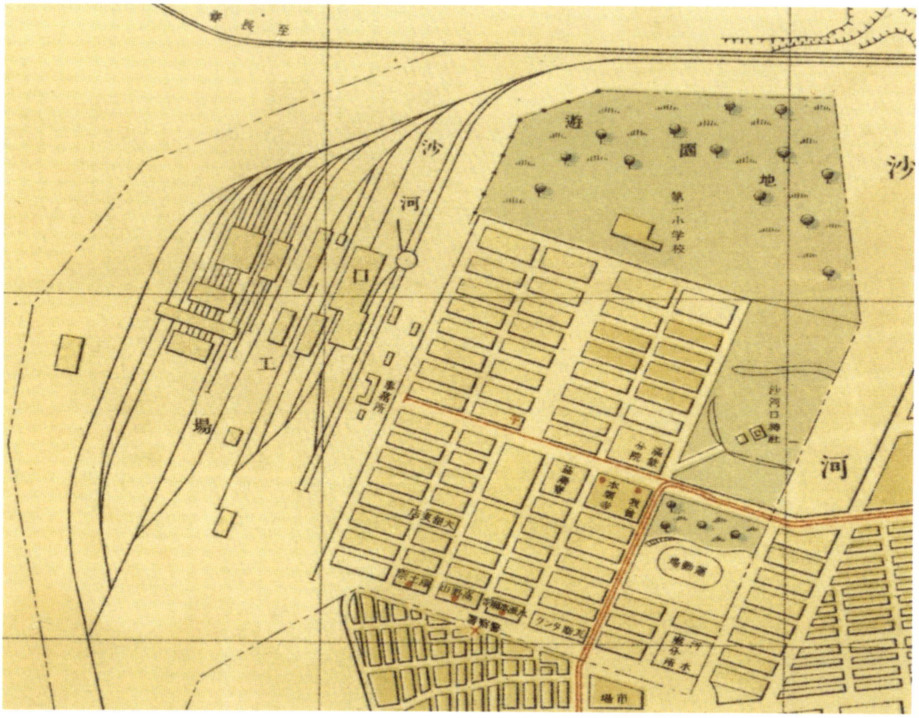

图6-7
1921年，大连沙河口机车车辆厂及生活区平面图。

路宽25.5米，从社员俱乐部通往小学校的道路中央，设计建造为宽36.5米的绿化植树带。车道为碎石铺装，道路边沟为石造L字沟，下水道采用了雨污分流式，1914年建成使用污水处理所。1913年5月，将沙河口一带地区列入市区规划，1925年，沙河口一带并入大连市区范围，1929年，沙河口铁路工厂附近市区的道路下水设施由关东厅从满铁手中接收并管理。

沙河口铁路工厂的建设成为以后大连市区规模扩大的重要因素。当时的北沙河口地区是只有数户当地人居住的小村庄，附近是大片空地，日本殖民当局还没有开始建设建筑物，然而，满铁首任总裁后藤新平认为，如果在城市中建设占地三四十万坪（1坪≈3.3平方米）的大工厂，会阻碍市街的发展，所以一定要将工厂建在市外。满铁在距大连市中心5公里外的西郊规划建设工厂及其配套社区，继承了19世纪后期西方先进国家规划建设此类社区的经验，即工厂设置远离城市区，既避免了工厂与城市居住区争地争空间，也防止了水、空气污染等对环境的破坏。这样就使大连的城市规模向西延伸，当然，这种延伸还没有超越沙俄对达里尼城市规划的“未来城市扩展区”设定范围。

（6）城市基础设施建设

日本殖民当局从沙俄当局手中接过大连之后，在城市建设方面急需要解决的就是沙俄当局遗留下的半途而止或还没有来得及建设的城市基础设施配套问题。因为，只有快速恢复或完善、或新建城市必需的基础设施，方可使整个城市进入正常运转的轨道。

首当其冲的就是要建立起城市的道路、给水和排水三大系统。1906年日本殖民当局投入了306万日元，其中，道路6万日元、上水自来水管道160万日元、下水排水管道94万日元，用于三大工程的建设。“经过八年的艰苦施工，到1914年3月，大连的三大工程基本竣工。”[1]

“三大工程”中，道路大体上按照俄国统治时期的规划方针建设。由于沙俄殖民时期行政区已基本建成，而欧洲区只建设了雏形，因此，此次道路施工内容是以大广场为市中心建设放射状道路，将各广场之间以干道直接相连，再做几层环路，并按照沙俄时期的规划分出等级，路面比沙俄时期扩大，林荫道种植胡藤、白杨树等。

1909年5月至9月大连有轨电车正式建设，同年8月9日第一条线路竣工，　9月25日开始营业。大连是继天津（1906年开通）、上海（1908年开通）之后，中国第三个拥有有轨电车的城市。大连最早的有轨电车有37辆，主体是由美国制造的木制车厢，底盘是英国制造的，电气部分则是由德国制造。大连有轨电车线路开始时开通了三条：一条车厢为红色，车内不设座位，专供运送小岗子的“苦力”到火车站和码头等地干活；另两条车体为白色，车内设座位，专供日本人和有资产的华人乘坐，经由大广场（今中山广场）向东到东码头，向西到伏见台（今一二九街），向南到逢坂町（今武昌街）。这三条有轨电车线路全长9.8公里，为大连当时公共交通的最主要工具，成为大连城市一道亮丽的流动风景。（见图6-8中红色有轨电车线路）

1914年旧市区道路工程基本结束后，每年继续进行改造扩建道路。到1935年3月，工程总额花费了440多万日元，使道路总长度达到274,160延长米，面积达到3,983,200平方米。总之，在改造市内外已有道路的同时，还要在城市规划区域内调整道路体系，使道路建设逐渐得以完善。

1关东州厅土木课：《大连都市计画概要》，第一辑，26页。

图6-8
1911年大连市街图，左上角为大连附近图。

2.1919年的城市区域扩充规划与建设

随着日本殖民者对大连的苦心经营，大连的港口运输、商业贸易、工业生产等迅速发展起来，大连的人口也随之迅速增加。为适应这种变化，大连的城市规模不断扩大。

（1）制定扩充规划的原因

到1919年时，大连人口已突破10万，达到108,228人，远远超出了1903年沙俄统治后期的41,160人和1904年日本侵占接管时的18,800人，超出了沙俄规划的市区人口10万人的预期规模。而且，这种人口急剧增加的速度还在不断提升。“由于人口日益增加，出现了满足不了原来规划的态势，故树立起向理想大城市进军的扩充规划方针。”[1]

（2）实行功能分区规划制度

1919年6月11日，关东厅发布第21号令，公布《市街扩张规划及地区区分》，“制定了新增小岗子、伏见台以西至沙河口、马栏河地区约6.77平方公里的城区扩大计划。与原先已规划的8.93平方公里的地区合并成一个区域，总面积达15.7035平方公里。”[2]对此扩大区域和原有旧城区一并进行统一规划，将其划分为住宅、混合、工厂、商业四种地区（见图6-8）。

住宅区共4.55平方公里，为南山山麓一带，中央公园（今劳动公园）以西、马栏河以东、大通电车线路（今中山路）以南的白云山麓一带，沙河口工厂住宅区三个地

1关东州厅土木课：《大连都市计画概要》，第一辑，23页。
2关东州厅土木课：《大连都市计画概要》，第一辑，25页。

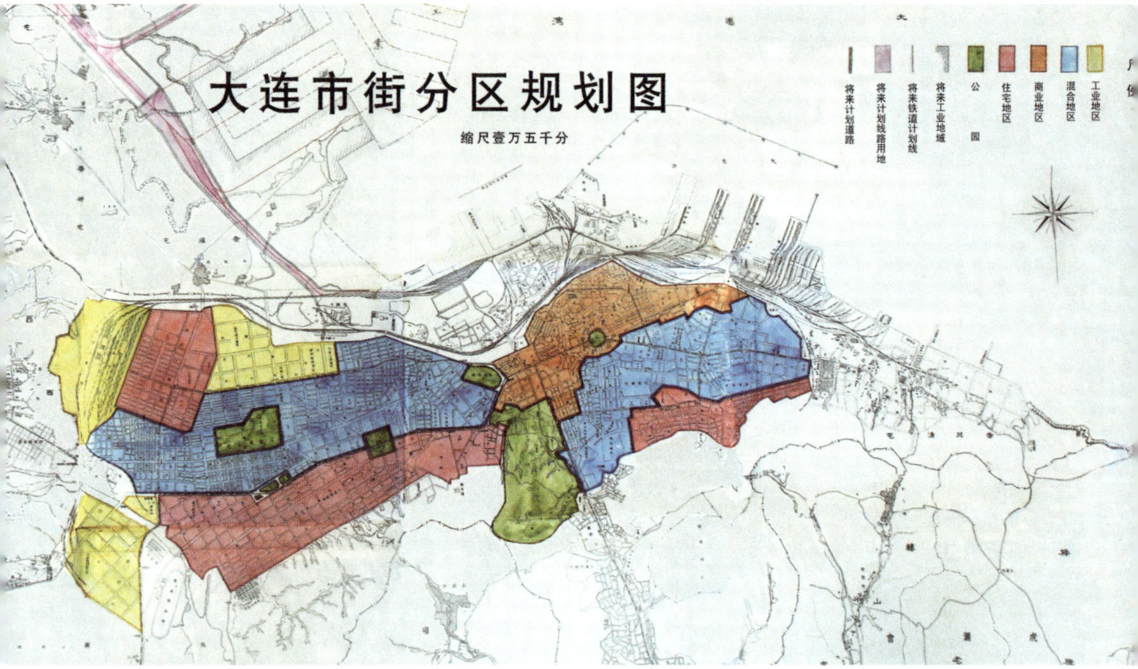

图6—9
1919年大连市街分区规划图（根据1931年大连市街分区规划图制作）。

区，其中前两个地区主要为日本人居住区。混合区面积约3.69平方公里，位于中央公园（今劳动公园）及电气游园（今中心裕景）以西，南面与住宅区相接，北面与工厂区及住宅区为界。工厂区范围是指：从沙河口工厂东面铁道线以南，包括马栏河东岸一部分，及马栏河西南大连富士山（今星海三站山脉）周围，电车线以北，共计约2.91平方公里的地区。商业区为除沙俄殖民统治时期的中国人街区以外的整个旧大连市街区，约4.37平方公里的地区。1922年4月，关东厅发布第17号令，把位于大连市区中枢位置的中央公园（今劳动公园）北部0.11平方公里的地区重新编入市区规划之中，将此地列为商业区。1924年9月，又把纪伊町（今世纪街）、土佐町（今五五路）、弥生町（今福寿街）以南约2.62平方公里的商业区改为混合区。此外，还将分散在各个地区内约0.266平方公里的军用地、满铁经营的露西亚町（今胜利桥北地区）以及约4.53平方公里码头用地也纳入了扩充规划之中。

1919年6月，根据土地的主要用途和业已形成的布局特点，大连实行土地分区规划制度，沿袭了沙俄对大连城市进行分区规划的做法。这种对城市土地进行分区规划的制度于19世纪后叶才在欧美出现，1916年，纽约实行住宅、商业、混合三区分区综合规划，日本国内1919年11月公布施行、1924年4月首次在东京实行分区规划制度。可见，大连城市在规划之初就积极借鉴了欧美近代城市分区规划的先进理念，对日本1923年9月1日关东大地震后大规模的城市建设起到了示范作用。而这种以功能区划分城市规划区域的方法，为今天普遍兴起的专业经济园区规划建设开了先河。

随着城市功能的不断完善，1915年大连实行了特别市制，1924年实行了市制，一些地区被陆续纳入城市管理之列。1924年7月，大连旧城区西部的小岗子、沙河口扩张区域和南郊的岭前地区被划入市区管理，大连的城市区面积从16.67平方公里扩大到35.58平方公里。日本殖民当局依据此面积，以1925年的大连城市人口密度推算，如果每人平均59.5平方米，未来大连人口的饱和度为31万人。

（3）街区布局特点

1919年的大连城市扩充规划，在对大连西部城区进行布局时，基本采取了棋盘状方块式设计。1910年，大连民政署土木课首任课长久保田政周在评价沙俄殖民时期所制定的大连东部旧城区的规划时，曾认为“大连市区看起来犹如一张图画，十分美观有趣，但实际从交通的角度看，则非常不方便”。自然，当时的日本殖民当局已经认识到大连东部的辐射状街区布局随着交通的增长所暴露的设计缺陷，因此，在大连西部城区的道路布局时做了周密考虑。虽然，在大连西部的规划中，仍可以看到广场作为区域核心结构的影子，干线道路继承了大连城区东部多核心、放射状的形式，但是，广场已经退居次席，而道路已然成为主角，干线道路的结构已有所改变，特别是次级道路采用了方格形式。除偶尔像今天人民广场到五一广场的黄河街采用斜线将两个广场连接起来以至形成少数几个三角街区以外，几乎所有的街区都被大小道路分割成了一个个大小不一的长方形或正方形块状区域，而且同一区域的块状区面积大小基本相当。这样的设计就大大有别于沙俄当局对达里尼东部城区以广场为核心的放射状规划布局安排，使大连西部相对平坦的土地利用率大大提升，也使西部的道路较之东部城区在交通高峰时段更为顺畅。

随着道路的走向、地形的变化和交通的需要等，在城市西部设置的众多

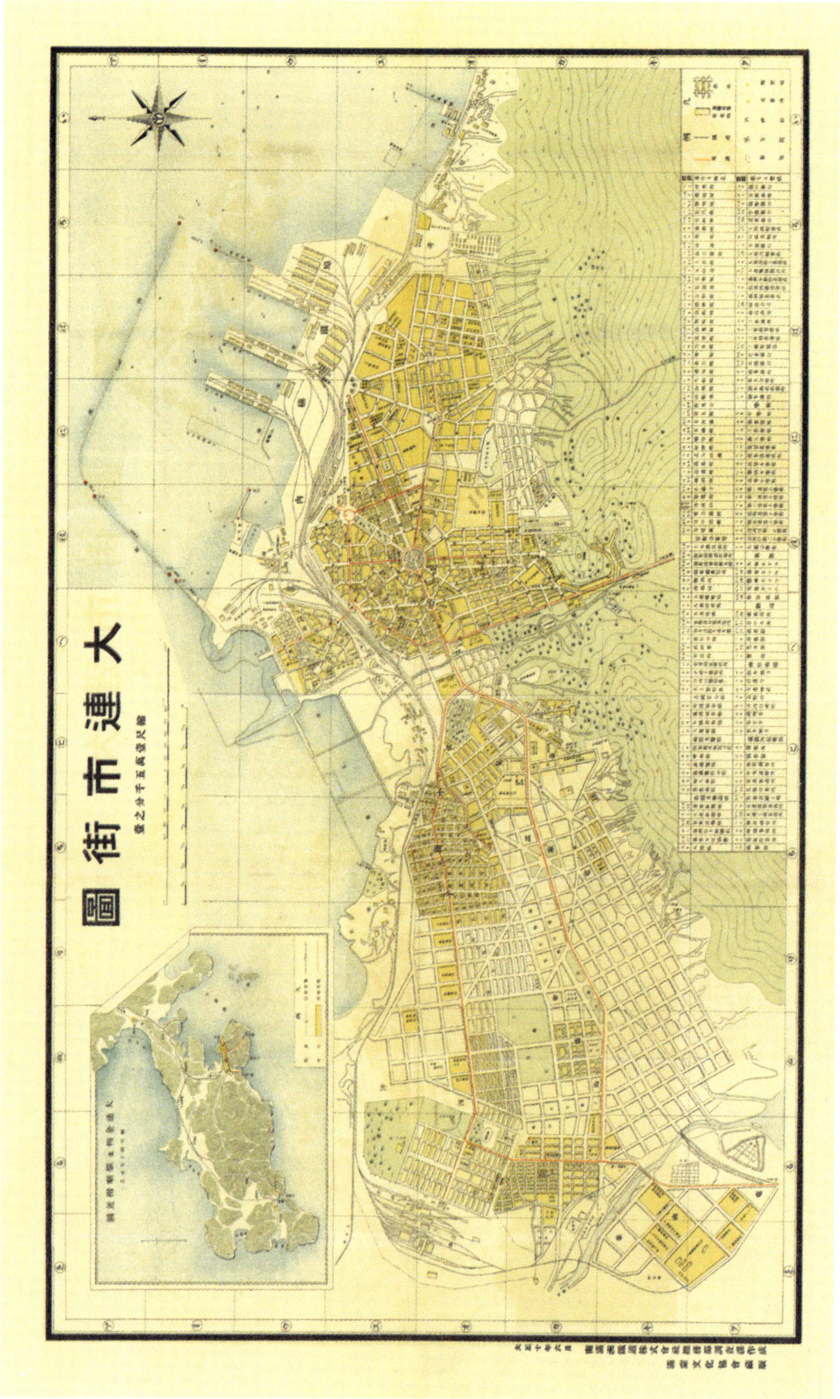

图6—10　1921年大连市街图。（满铁总务部调查课：《大连市街图》，1921年。）

广场，其形状同东部旧城区沙俄规划设计的全部为圆形、半圆形、椭圆形相似，均设计为圆形。有占地面积11,203平方米的长者广场（今人民广场，已改为方块形状）、花园广场、大正广场（今解放广场）、回春广场（今五一广场）、三春广场（今鞍山路与东北路交会处）、黄金广场（今五四广场）等。1922年至1925年，新建了四条东西贯通的干线道路，这也奠定了今天大连市内中山路、黄河路、长江路、鞍山路四条东西交通干道的架构基础。“到1935年3月，道路工程总共花费了440多万日元，道路总长度达到274,160延长米，面积达到3,983,200平方米。总之，道路建设逐渐得以完善。”[1]

（4）游园休闲娱乐场所规划

1919年的城市扩充规划，在西部地势较高处设计了一处大型公园——圣德公园（今中山公园），占地25.46万平方米，从公园的高端向东可以遥看大连海港，向西南可以眺望远方马栏河入海口的大海（今星海湾）。与此同时，日本殖民当局对东部旧城区的公园进行了升级改造和设施完善。1924年，中央公园（今劳动公园）游览道路建成，大致在今劳动公园胜利路观景台位置，在此可将大连全市和大连港的景色尽收眼底，亦可隔海眺望远处的大黑山。园内建有两个大运动场、游泳池、网球场、花坛、池塘等设施。改造后的镜池（今儿童公园）和弥生池（今植物园）山明水秀，其景观亦“历历可数”，并在其湖畔建成了游乐场，供游人欣赏美景时游玩。由满铁经营的星之浦（今星海公园）、电气游园（原大连动物园、今中心裕景位置）及北公园（今北海公园）的设施也得到进一步改善。在星之浦公园（今星海公园）里建有大和宾馆、租赁别墅、高尔夫练习场、海水浴场等配套设施，这里适合避暑避寒、休闲度假、赏花游玩，可谓“南满第一”[2]。电

1关东州厅土木课：《大连都市计画概要》，第一辑，25页。
2同上。

图6-11 星之浦公园（今星海公园）海水浴场。

图6-12 中央电气游园（原大连动物园，今裕景商城处）

图6－13－1 1935年，中央公园（今劳动公园）

图6－13－2 中央公园（今劳动公园）内的儿童游泳池。

图6－14 大连北公园（今北海公园）

气游园（原大连动物园、今中心裕景小区位置）内承袭了沙俄当局的做法，仍设置动植物园，并配置了各种游乐场等，供市民玩乐。北公园（今北海公园）种植花草树木，是市民休憩的好去处。

(5) 修订建筑规则

为了紧密配合此次扩充规划的实施，赶在1919年6月11日颁布第21号令《市街扩充规划及地区区分》之前，关东厅第20号令制定下发了《路街等级》，并对日本军政当局1905年4月制定的《大连市街房屋建筑管理临时规定》进行了修订。1919年6月9日，关东厅颁布了第17号令，制定了《大连市建筑规则》，对市区实行统一管制。第17号令主要从城市规划而不是单体建筑的角度对建筑物的类别、性质、形式等做出了严格规定：一是创造更多的沿街公共空间，并保全道路景观。规定要求建筑界线和道路红线不可重叠，建筑界线退后道路红线45厘米，并且要求在商业地区的道路红线和建筑界线之间的空地须采用与人行道同样的材料进行铺装。二是规定除工业区以外的红线宽14.5米的四等以上道路的临街建筑必须建为两层以上，并在商业地区根据不同的道路等级分别规定了建筑物的最低高度。商业区的建筑密度为40%～70%；住宅区的建筑密度为20%～60%。三是对建筑物的用途做出了严格限制，在工业地区内禁止建筑住宅。该规则的实施与市街扩充规划相辅相成，不但使市区建筑物进一步纳入统一管制轨道，也使市区更加整洁美丽。

(6) 房屋开发建设

1919年大连城市扩充规划实施后，上世纪20年代大连进入住宅开发建设高潮，一批日本人住宅区陆续建成。1920年3月成立的最大的民间房屋开发公司——大连郊外土地公司，在城市区郊外通往老虎滩的道路两旁相继建成了樱花台（今葵英街）、青云台（今青云街）、文化台（今文化街）、桃园台（今桃源街）、卧龙台（今桃源街东）、秀月台（今秀月街）等住宅区，称为文化住宅街、新文化村，其房屋形态为独立的别墅式住宅，主要为满铁课长级别白领居住。之后，又相继建设开发了光明台、白云山麓（今高尔基路原体育场周围）日本人住宅区。几乎与此同时，1922年7月，由满铁会员为主组成的大连共荣住宅合作社，通过低息融资，开发南山山麓地区59,320平方米的第一期用地，于当年12月建成并迁入100多户，成为日本人独栋高

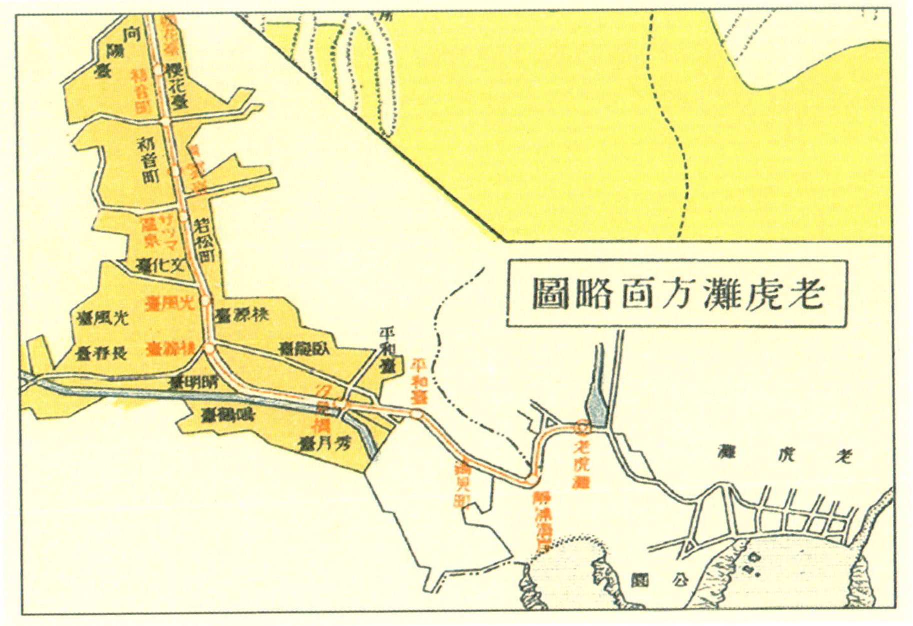

图6—15
20世纪20年代初，大连郊外土地株式会社在通往老虎滩的道路两旁开发建设的住宅区图。

级住宅和满铁职员住宅的典型。

中国人住宅建设则没被足够的重视，与日本人住宅区形成了巨大的反差。除原住民早先形成的小岗子等中国人居住区外，随着大批以山东移民为主的贫苦劳工的涌入，在工厂、东部油坊附近等地逐渐形成了若干个贫民窟。较为集中的有位于今天寺儿沟的东山町（今春胜街）、汐见町（今春华街），有位于黑嘴子以西码头附近的荣町（今大菜市）、北岗子、香炉礁、富久町（今大同街），这些劳工集聚地均靠近海岸和港湾，还有一处位于今石道街。20世纪30年代日本殖民当局在制定落实城市综合规划时，对寺儿沟地区进行了以道路为主的土地重划改造，其目的是适当将其发展为中国人居住区。

1919年的市区扩充规划实施后，大连城市面貌发生了显著变化，城市雏形基本形成。城市路街布局框架基本定格，道路网基本形成，有轨电车四通八达；以中山广场为中心的行政、金融、商业区已经成为城市运转的核心；西部的工业区和北部的工业区已初具规模；南山脚下的住宅区、西部小岗子一带和沙河口地区住宅区、南部通往老虎滩的带路两边的住宅区均已形成规模；东部的浪速町和磐

图6—16
20世纪20年代初开发建设的文化街日本高档住宅区。（今八一路沈阳军区疗养院内，摄于2013年3月）

图6—17
20世纪20年代初开发建设的南山日本高档住宅。（今七一街，摄于2013年3月）

图6—18
1926年建成的满铁大连医院。（今大连大学附属中山医院）

图6—19
20世纪30年代的常盘桥街景。(今青泥街—大商步行街)

图6—20
20世纪30年代的大连山县通街景。（今大连人民路）

图6-21
20世纪30年代的大连伊势町街景。(今中山区友好路)

图6-22
大连浪速町街景。(今中山区天津街)

图6-23
小岗子游廊。(今西岗区东关街一带)

成町商业街（今天津街）、中部的连锁商店区（今大商电器商场地块）、西部的西岗子市场都已成型；学校、运动场、剧院、电影院、医院、公园等设施一应俱全。按照扩充规划，大连的一批标志性城市公共项目应运而生。

大连连锁街：

1923年时，地处大连市中心的浪速町、磐成町（今中山区天津街）已成为最为繁华的商业街，热闹非凡，但其建房价格不菲，房屋租金同样高昂。为了规避风险，减轻成本压力，创造更多的利润，这个地区敢于闯市场的日本商店经营业主，自行组织商业合作社，购买便宜的土地，自建商店，发起连锁经营模式。1928年合资经营公司正式成立，投资188万日元，购买了位于常盘桥附近3公顷的沼泽地（今大商电器商场地块），开始建设连锁商店。此地块已于1927年由关东厅水道局将其填埋整理，位置是今天的中山区中山路、荣盛街、长江路和友好街合围地块，由宗像建筑事务所设计，福昌公司施工，建成A街区至H街区8个方块组团的现代商店街，于1929年12月开业。连锁街共有16栋建筑，大约有200户商店、事务所和住户，由约7.27米与约12.73米路宽的道路划分为八个街廊。地上三层，一层作为店铺和事务所，二层、三层为店主家属居住，水便厕所完备，采取区域集中供暖，每户均有暖气设施，建设有为顾客遮风挡雨的廊道。这在当时堪称最先进的设施。另外，街区内设有电影院、旅馆、舞厅等娱乐设施。建成的连锁街可以说是大连历史上第一次出现的大型购物中心，成为当时大连一处有名的时尚商业街区。其连锁经营的商业业态开辟了新的商业模式，在当时是极其先进的。连锁街的中心街被命名为极具资本价值的“银座街”，久而久之，连锁街的名称则被“银座”所取代。今天位于日本东京中央区、以高档购物商店闻名的最繁华的商业区“银座”，出现于日本江户时代初期，1612年因银锭铸造所迁至该地而得名，但其变为繁华商业区则开始于1923年9月1日关东大地震后东京的灾后重建，与大连当时发起建设银座连锁街在同一年，二者之间也许有着一定的“血缘”关系。如今，银座已是日本高级商店街的象征，日本各地商店街也常常冠以“银座”之名。东京银座除高级品牌商店、百货商店云集之外，亦有各式高级餐饮店和高级夜总会等，其地价在日本商业地产价格中，连续九年排行第一位。

如今大连的连锁街早已褪去了昔日的荣华，仅剩当年的建筑还挣扎在繁华的青泥洼的喧嚣声中，淹没在现代商业的大潮之下，成为小五金等商店销售街区，变为被再度开发的对象，迟早会遭遇被拆迁的命运，终将消失在历史的长河之中。

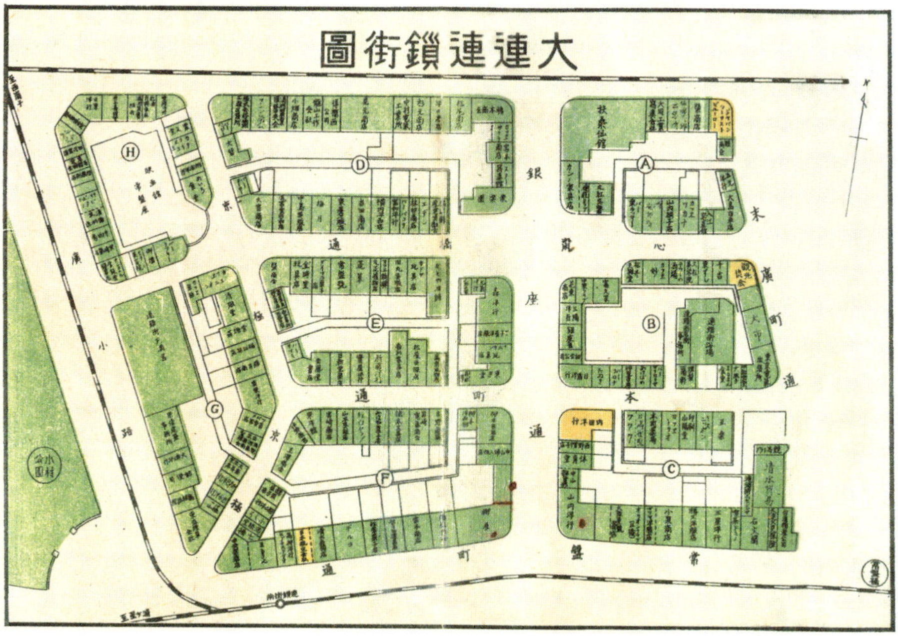

图6-24 大连连锁街图。

图6-25 昔日的连锁街，今日的小五金等商店卖场街区。（摄于2013年4月）

3．20世纪30年代的综合城市规划与建设

（1）制定规划原因

大连市1919年时人口突破10万，此时，日本殖民当局实施了城市扩充规划，当局以1925年的大连城市人口密度推算，未来大连人口的饱和度为31万人。1928年，殖民当局进一步将东寺儿沟、台山及黑石礁、星海方面编入市区。这一做法，使规划区域外的居住人口顿时增加起来，到1929年末，市内人口已达26万，比1906年的1.8万多人实际超出14倍，年均增长率达12%还强。人口急剧膨胀的趋势已经非常明显，一个百万人口规模的大城市的出现已不是遥不可及的现实。“在不久的将来，就会出现人口泛滥，达到无法控制的局面。适当地把扩充城市市区的发展作为统一规制来指导市区发展、维护公共安宁，提高市民的福利待遇，应是迫切需要解决的问题，从而要求加速实施城市规划。”[1]因此，1930年，关东厅厅长正式下令进行城市规划，要求内务局土木课课长清水本之助开始着手各项准备事宜。

（2）城市基础调查统计

制定一份科学的综合性大连城市规划，对日本殖民当局来说是一项极具挑战的开创性工作，从一开始就没有任何现成的依据和法规可遵循，只能参照日本国内和欧美的情况来进行。

于是，依据当时日本国内内务省的规程，考虑地方特殊情况，关东州厅当局设定了大连“城市规划调查资料及决定标准”的调查项目，并于1930年1月15日，在关东州

1关东州厅土木课：《大连都市计画概要》，第一辑，50页。

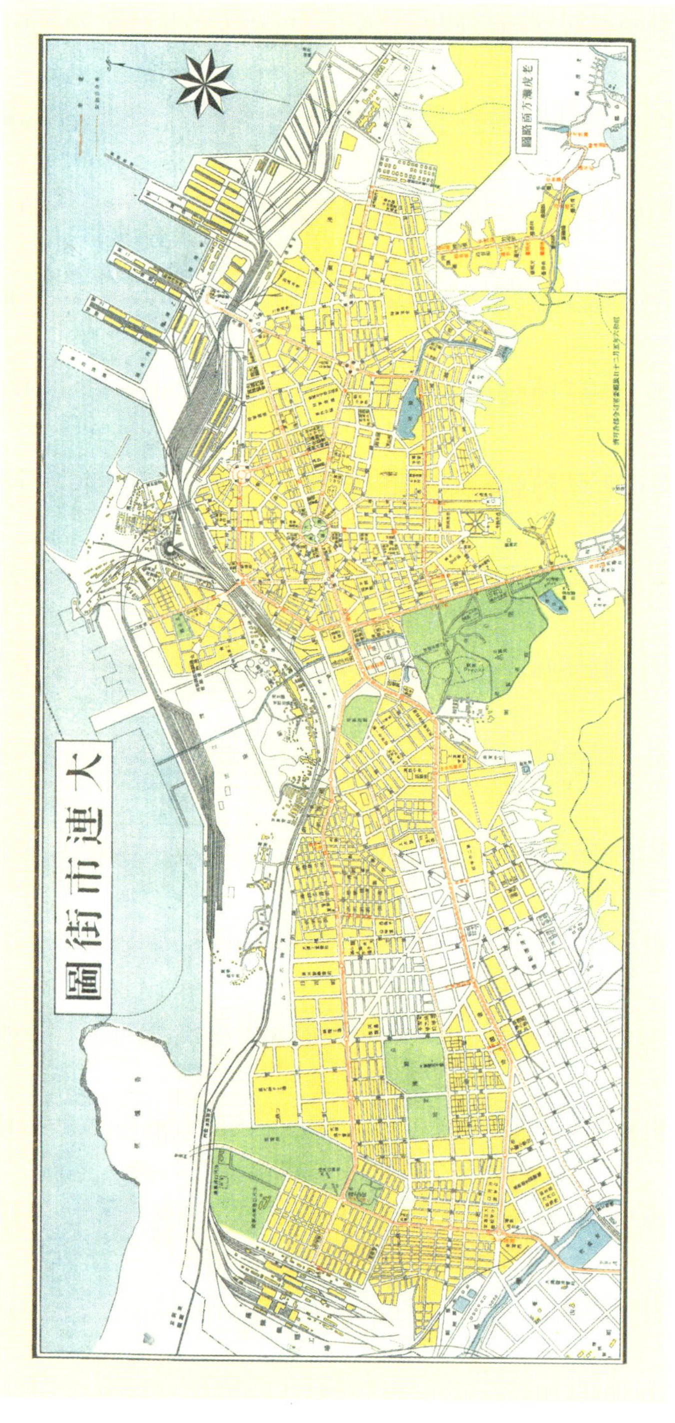

图6-26 1931年大连市街图。

厅内务局土木课内设置都市规划系（相当于股），“以建立百万人口的大大连市为目标，稳步推进城市规划。”[1]其最主要的三大重点工作：一是进行城市规划的各种基本调查和统计；二是对面积约416.96平方公里的整个城市基础及其周边地域进行准确的基本实测和制图；三是起草相关法规。

对城市基本情况的全面详细了解和掌握，对城市基础资料的认真收集和各种数据的仔细分析与统计，是城市规划从立案、审议，到制定一部较为完善的规划，乃至使规划有效落实的必要的基础和前提。对此，关东厅内务局土木课精心组织了大连城市规划制定之前的各项调查统计工作。在这些资料的调查中，有对交通、房屋不同用途、不同人种、土地使用现状、各类工厂等的调查；有对大连民政署、大连市区四个警察署、大连市政府、南满洲株式会社还有其他公司等的调查。而对其他无据可查的情况，则作了现场调查。另外，利用一切办法，广泛地收集资料。根据关东厅统计册、关东州贸易统计表、海务局年报、关东厅国情调查结果表、关东厅劳动统计册、关东厅人口动态统计、满铁株式会社发行的各种统计表，以及各官厅、公署的报告书，还有日本都市年鉴及其他印刷品，从中摘录了所需的许多资料。其他一些未尽事宜，则在后来的进一步调查时给予整理完善。

对大连城市规划区域的调查工作循序推进，各年度工作侧重点有所不同。

1930年，当局划拨经费25,300日元，开始了对市内既成区和周边的会屯进行规划资料的收集工作。对甘井子方面的四处地方约19.98平方公里的面积进行了各种测量。作为今后污水调查的一部分，还对大连湾及老虎滩海面的海底、潮流、水深的情况开始着手调查等等，使整个规划工作逐渐有序地开展起来。

1931年，拨款72,200日元，对已建成的市街及附近会屯的面积、人口、交通、工厂、建筑物、贸易及其他有关事项的资料继续进行收集、调查、统计。特别是对交通情况的调查，动员了总数超过千人的队伍，对已建成的市区内外先后进行了三次调查。同时，对周水子会、海猫屯会、栾家屯会、香炉礁等地，及马栏河口附近和另外11处地方，共约49.95平方公里的区域实施了各种调查，还设置了标石和界石，并对将作为下水排污口备选的几个地方的潮流进行了调查，对其海陆实地情况实施了测量。另一方面，作为土地整理采土时的参考用地，本着对规划方案认真负责的态度，对谭家屯、西山

1关东州厅土木课：《大连都市计画概要》，第二辑，14页。

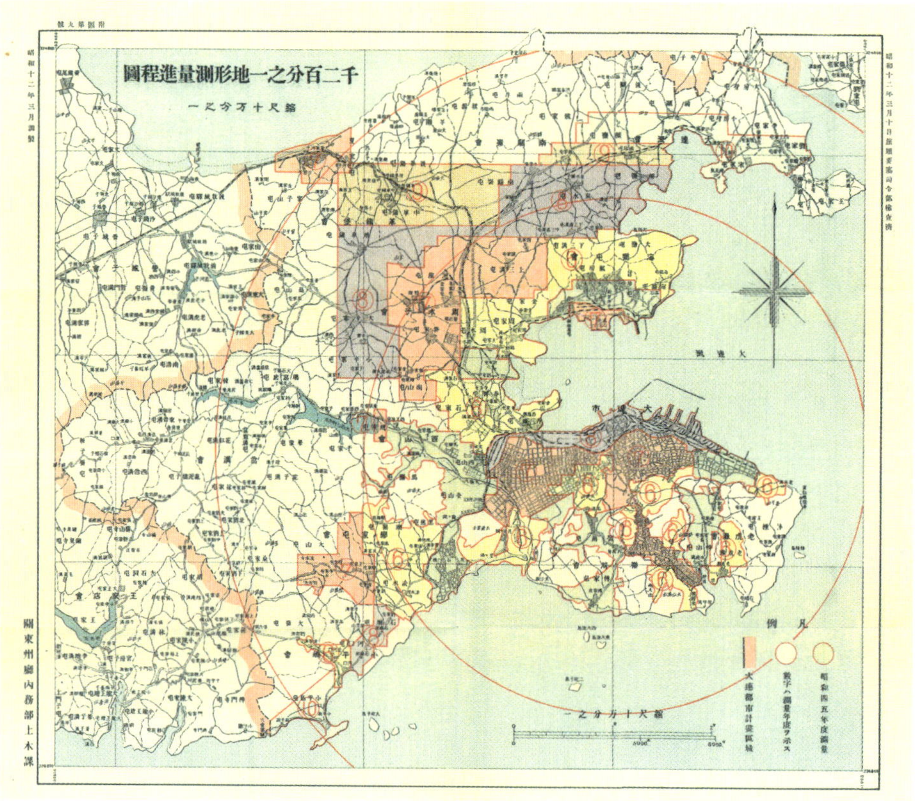

图6—27 大连地形测量进度图。

屯、香炉礁等地的土层地质情况进行了细致的调查。

1932年，各种资料的调查统计工作进入收尾阶段。投入经费58,500日元，对周水子会、栾家屯会进行了收尾调查，并对湾家屯方面的夏家河子附近及建成区共计约63.27平方公里的区域进行了各种调查、测量。涉及本规划核心问题的立法工作取得了重大进展。

1933年，对已形成的法规进行审议，对附属规程立案前涉及的南关岭及小平岛方面约23.31平方公里的范围，在当年年底前进行了实测和绘图；对已调查的资料进行复核；对需要进一步调查的新资料进行调查补齐。

历时四年，经过对大连市及其周边土地、气象、人口、铁道、轨道、道路、道路交通、港湾、自来水管道、电气、煤气、市场、教育、公园、住宅、卫生、屠宰场、火葬场、墓地、经济、财政、工厂、矿山等系统全面的调查、分析和研究，形成了统计资料，并将其编辑成8卷18编，1935年、1936年印刷成册。

另一方面，对地形进行实测并绘制成图。1936年对以常盘桥为中心的半径16公里的大连城市规划区域进行了实际测量，制作印刷了1/1200地形图，一张图纸的大小为41.66厘米×33.33厘米，相当于实地500米×400米，即20公顷的面积。另外还在图纸加上颜色，使之更加明确，一目了然。

(3) 城市规划委员会

制定一部科学的、具体的、权威的、综合性的都市规划方案，除了必须进行详尽的城市基础数据调查统计之外，还需要建立一个科学、民主的决策机制，以确保做出的最终城市规划能够真正从地区的实际情况出发，适应大连未来整体发展的需要，具有前瞻性。为此，关东厅内务局土木课城市规划工作一启动，在紧锣密鼓开展基础调查的同时，1930年3月31日，关东厅颁发第18号令，公布了大连都市规划委员会规则，决定设置大连都市规划的长官咨询机构——大连都市规划委员会，“其任务就是在继续把建设未来可容纳百万人口的大连城市作为其工作目标的前提下，以现代科学为出发点，制定出综合性的都市规划来。”[1]该委员会由关东州厅内务部长担任委员长，委员由关东州厅、军队、满铁、工商部门相关代表35人组成，必要时可设临时委员。值得一提的是，关东州厅委托土木课聘请了当时日本国内知名的城市规划等方面的权威专家参加该委员会的工作，如当时负责日本全国唯一的城市规划讲座课程，并制作了奉天（今沈阳市）城市规划原方案的京都大学教授武居高四郎；参与了伪满洲国首都新京（今长春市）、青岛市城市规划，并一直留住大连到日本二战投降的，日本东京大地震后震灾复兴局公园课长折下吉延；还有许多具有园林建造经验的城市规划工程技术人员。这些城市规划方面的权威专家和实践经验丰富的技师的加盟，带来了当时世界先进的城市规划理念，从而确保制定出一部既符合大连实际，又具有前瞻性的、适应大连未来发展的城市规划。大连城市规划委员会对调查审议的事项向关东州厅长官提出建议，到1937年为止，这个委员会共召开了6次委员会会议和4次特别委员会会议，审议了与城市规划有关的重大问题。

1大连档案馆（H—134）：《大连都市规划概说》，关东厅内务局土木课，1933年。

（4）城市规划区域设定

但凡城市规划，尤其是综合性的城市规划，必然要对城市未来的空间布局做出科学合理的研判和预测。此次大连的城市综合规划也不例外。

而要对大连未来城市的发展做出理想的区域安排，除了要重视道路交通设施、经济产业状况、社会关系、人口密度、土地形态、行政区划等通常因素外，首当其冲要取决于城市人口的增长速度和规模，更要彻底认清大连市原有的使命及固有的特殊性。

人口的集聚效应，是人类城市从产生到不断发展的历史上的一个永恒的主题，也是近现代城市规模迅速膨胀的一个直接诱因。正如本节前文所述，1930年，关东厅之所以做出制定大连综合城市规划的决定，就是因为1904年日本侵占大连之后，由于采取了一系列的政治、经济、文化、军事等殖民统治措施，在相对稳定的环境下，历经26年，大连的经济得以发展，城市人口急速增长，以至城市规模不断扩大。而就在关东厅土木课加紧大连城市基础调查之时，1931年，九一八事变的爆发，带来了日本殖民政策的调整，也带来了大连市人口更为急速的膨胀。

九一八事变的爆发，成为大连城市建设历史上的一个重要节点。此时，日本当局更加坚定了将大连作为“经营满洲的根据地”的设想，除继续实行大连自由港的政策外，满铁进一步实行“大连中心主义”政策。进出满洲（中国东北）的货物集中于大连港，并采取铁路运费打折的优惠政策吸引货源，这样就使营口港等经营“每况愈下”，到1935年度，大连港进出口货物达894万吨，占全满洲贸易量的76%，超过了日本本土的各主要港口，成为世界著名的贸易港。到1945年第二次世界大战结束时，几乎整个中国东北的进出口货物均从大连港通过，而比大连港开港早37年的营口港（1861年开港）进出口业务则几乎停滞。

港口贸易的繁荣，必然带来产业的发展及其规模的不断扩大，也自然带来城市人口的快速增长。1930年大连市人口281,641人，1933年，大连市人口突破30万，到1936年年末人口已达到了37.2万人，6年间增加了近10万人，比1904年日本殖民当局接手时的1.88万人，其32年间实际增加了20倍。如果把大连市郊外已经市区化的五个会纳入大连市管辖范围的话，1936年末人口为48.68万人，比1905年实际上增加了46.88万人。人口如此激增，在当时是从无先例的。随着日本对伪满洲国的苦心经营，大连人口这种井喷式增长的倾向还会越来越明显，这也直接增加了出台大连城市综合规划的迫切性。

日本殖民当局对大连的城市规划除考虑到贸易和产业的发展、人口的增长以外，还考虑了大连在日本侵华战略棋局中所处的特殊地位。围绕日本军国主义的远东侵略政策，其早就明确了大连市“在军事国防上担负的重大使命”。[1]市区内共同居住着日本人、中国人，是其构建所谓大东亚共荣圈的理想场所。在军事上，大连就像一把尖刀，直插黄渤海之间，紧扼京津之门户，是其侵占中国东北的桥头堡。在经济上，大连所处的地理位置，不仅仅是伪满洲国的门户，而且实际上是联系欧亚大陆的一大国际要冲，再加上自由港的政策，将会使大连成为经济贸易和工业发达的重要国际性城市。在地理环境上，大连“地处满洲的南端，气候温和、风光明媚，文化普及、行政完善，作为安全舒适的住宅区、别墅区、旅游胜地，附近无处可比。”[2]因此，“大连城市规划区域必须立足于这些重大使命与特殊性，来划分区域进行规划。”[3]“制定建立在最新科学技术基础上的所谓的综合城市规划，必须把大连建成具有特殊沿革、特殊性质和特殊使命的大大连市。”[4]

另外，大连城市规划区域的设定，不得不充分考虑大连的地理位置和其独有的地形地貌特征。

首先，大连地域狭小，位于地形复杂的辽东半岛的一端，地貌发育形态在一般城市很难见到，东部受山地和海洋的隔断，西南呈现出向香炉礁或星海方向延伸的走势，可资利用的较为平坦的区域常常在山间或海边，往往被山地丘陵阻断，像树叶的叶脉一样与外面的主干或中心相通。从交通来看，道路及铁道等主要交通设施只能铺设在腹地。然而，与之相对，大连的海岸线却很长，汽船、舢板、帆船等小船在各处都能起到水路联通的作用。在距离市中心一段距离的各个地点，以自己的小中心为基础，就像其他大城市的卫星城市的发展一样，受大连发展带动，周围这些散在的小中心按照自身的特色也在逐渐发展，而且，这种发展倾向会越来越明显。这样的地理条件，使大连形成了市中心和距离市区较远的一些小中心的城市发展形态。所以，大连城市的发展规律会像普通城市一样，以城市的中心地带为基础向周边发展，但是，大连又不能像其他城市那样呈波纹状向其周边发展。

这种发展方式恰好和郊区规划中的卫星城市很相似，但是，这些应该

1关东州厅土木课：《大连都市计画概要》，第一辑，104页。
2关东州厅土木课：《大连都市计画概要》，第一辑，71页。
3关东州厅土木课：《大连都市计画概要》，第一辑，104页。
4关东州厅土木课：《大连都市计画概要》，第二辑，14页。

得到发展的小中心与其他城市的郊区规划中的卫星城市是不一样的，本质是不同的。郊区规划中的卫星城市分别是一个个独立的城市，凭借自己的实力得到了发展，与其中心商业城市或工业城市保持着联系，进行着有统一管制的发展。然而大连的这种以小中心为基础取得发展的街区很难取得各自独立的发展，只是大连的附属物。无论是甘井子、柳树屯、夏家河子，还是小平岛、老虎滩、傅家庄，在道路、自来水、煤气、电力等所有城市设施方面，如果不作为大连市的一部分，在一个有机组织下发展的话，就无法得到充分的发展。为此，在设定城市规划区域的时候，无论如何也要将各个小中心包容进去，这是大连比一般的城市多划定一部分规划面积的理由之一。

所以，日本殖民当局在考虑大连市未来的发展途径与方向时，“宁可在距离市区较远的地方，分成几个小中心来实现城市的发展。”[1]也就是把甘井子、周水屯、泉水屯方面作为工业地；把夏家河子、傅家庄、老虎滩方面作为别墅区及旅游胜地；把寺儿沟、香炉礁、岭前屯方面作为中国人的住宅地。这些地区恰好具备成为以大连市为中心的卫星城市的条件，既远离市中心，分散了城市的人口、交通、用地等压力，又各自单独发展困难，各种重要的公共设施全部依靠大连市。这种化不利因素为有利条件的思路，将中心城市与边远城镇有机地结合起来，为共同发展创设一种互为支撑的合理条件，使城市空间的有效利用率达到最大化。“大连城市规划区域的设定理所当然的必须适合这种特殊的倾向与默契。”[2]

其次，城市贫民窟需要加强治理。当时的大连已是一个国际化殖民城市，各种公共设施等都在得到发展，与此同时，大连也成为山东苦力等移民的最大集散地。与世界上其他殖民城市一样，日本殖民当局在加快城市建设时，对处于城市底层的劳苦大众只知剥削，却很少倾力关注这些贫苦民众生产生活条件的改善，对其密集住宅区的管理疲于应付，如果疏忽几日的话，马上就会有数百上千人聚集过来，一夜之间密集的小屋就会建起来，形成越来越大的贫民窟。在这种状态下，如果在城市规划区域这样施加限制的区域外留下无人管理的土地的话，那么这些山东苦力就会避开这些受到管理、限制的区域，在区域的外围建起密集的简陋房屋。那很明显就是重蹈当时香炉礁和北岗子的覆辙了。无论是在当时的日本国内还是在外国，市区外区域的统制都是令人头痛的问题，“一旦失策，就会出现为了逃避市区内的限制，在市区外谋求发展，毫不客气地将利用城市发展的成果为自己服务，却不用

1关东州厅土木课：《大连都市计画概要》，第一辑，71页。
2同上。

承担任何义务的后果”[1]。为了避免这种情况发生，各国都是绞尽脑汁地设定规划区域。例如柏林，收购了市街区两倍半到三倍左右的土地，并统制相邻的土地。美国在城市的周边的广阔区域内都制定各种规则，采取和城市规划区域相当的统制方法，就算是将城市规划区域大幅度扩大，也不必将规划区域内的所有土地都作为城市区用地，而与城市规划区域相关的设施要按所需渐渐地适用，所以就算多划进一些土地，也未必会给土地的主人或其他相关人员带来麻烦。可见，城市规划区域的设定是在综合考虑各种因素的基础之上才制定下来的。因此，如果不将城市周边的相当一部分地区作为城市规划区域进行管理的话，就算是费尽心思进行城市规划，也会没有任何意义。考虑到这一点，也要将大片区域划入规划区域中。

其三，未来大连市会作为工业城市取得长足发展，要按照人口，预留出足够大面积的工厂用地。当时，甘井子椒房一带已经形成了满洲化学基地。

其四，需要给各国人留出住宅及别墅用地，而且这类别墅用地应该比普通的商业用地或其他用途用地的预留面积充裕很多。

其五，大连不是以一个地区为中心作波纹状扩展的城市，人口稠密度或利用土地的比率等概念都和其他城市有所不同。乍一看，大连好像是一个面积过大的城市，但无论如何也不是一个面积相当有富余的城市。域内大部分都是海域，剩下的陆地部分也多为山地，50米以上的山岳、丘陵地带随处可见，50%以上的山地无法作为市街区利用，可利用面积只有47%。山地均可以植树造林，非常适合作为森林公园、绿地或游览胜地加以利用。这样，“十多年后，有森林和绿地点缀的大连市将会呈现出一派美丽风光，恐怕大连这样由山海环绕包围的城市在整个满洲也仅此一处，绝对是适宜人居的好城市。”[2]不仅如此，这些绿树森林还是大连市民的生命水源地，所以与其发展这里，不如保护这片水源地，或者将其编入森林公园，或者植树造林，尽量不要让这里增加人口。这些城市天然的森林公园乃至绿地，连同水源地，成为城市景观和市民保健、生活的必要条件，尤为珍贵，必须给予珍惜保护。考虑到这些因素，也应该把山地列入城市规划区域中。

综合上述因素和观点，1934年2月，大连城市规划委员会召开第二次会议，对设定大连城市规划区域的方案进行了解释说明。鉴于方案的重要性，设置了特别委员会，由其进行认真研究，同年4月召开特别委员会会议，经慎重审议后，表决通过了原有方案。1934年10月13日，大连城市规划委员会

1关东州厅土木课：《大连都市计画概要》，第二辑，85页。
2关东州厅土木课：《大连都市计画概要》，第二辑，86页。

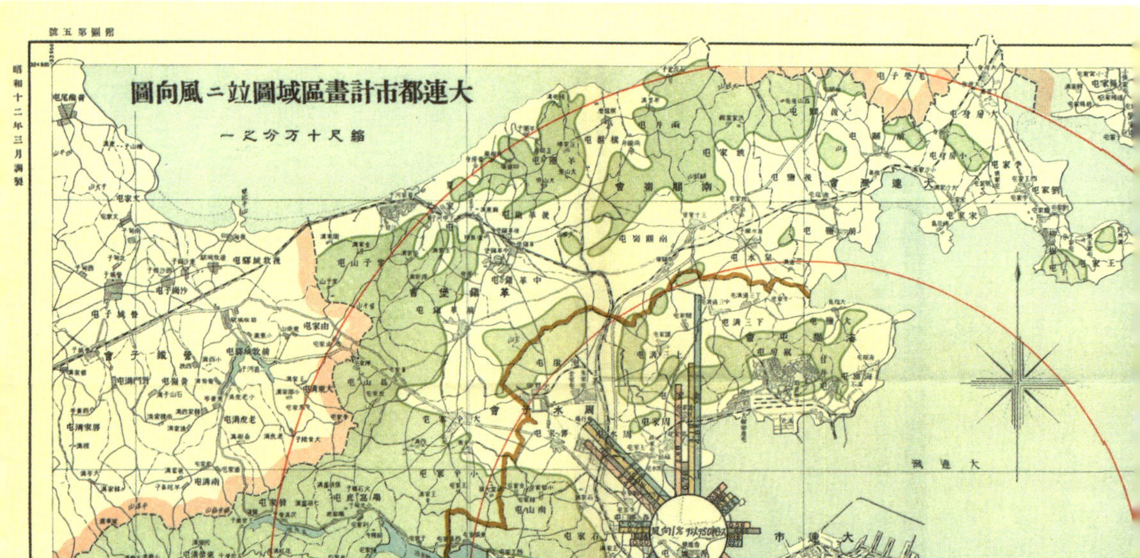

图6-28　20世纪30年代大连规划区域图。图中两个圆半径分别为10公里和16公里。

召开第三次会议，正式审议通过了特别委员会设定的方案，最终确定了大连城市规划区域。此规划区域是“以常盘桥作为大连市市中心，以16公里为半径划一个圆，以此圆为基准，包括大连市、老虎滩会（会为当时日本人对较集中的村屯行政单位的称谓，相当于现在的镇或乡，下同。）、岭前会、西山会、岔沟会、小平岛会、栾家屯会、周水子会、海猫屯会、革镇堡会、南关岭会、大连湾会共1市11会。”[1]此规划区域与大连民政署管辖内区域一致，面积416.96平方公里，是当时大连市面积45平方公里多的9倍（见图6-28）。其中，把可利用的面积195平方公里多作为城市用地，大约相当于区域内陆地面积的47%，其余为山岳、丘陵、水源地、森林、公园、绿地。将来在交通工具相当发达之际，从这些区域的边界到中心地带，只需50分钟至一个小时。这与当时东京周边的大城市规划的半径相同。“在交通时间上，把这种程度作为普通城市规划区域可称得上是一件稳妥的事情。”[2]关于此次规划区域的设定，关东州厅土木课课长清水本之助在大连城市规划委员会召开的区域设定特别会议上作解释时，总结道：“把城市看做一个有机体，让她能够永远履行自己的使命，成为一个有统制的、健全的、圆满的、发达的城市。让她包容进足够的面积，尽量将城市特有的各种情况考虑进去，不受理论约束，参考各个方面的大量实例，并且不脱离实际，在考虑到这方方面面因素的基础上制定了这一方案。”[3]

根据此次设定的大连规划区域，大连城市规划委员会对大连的人口增长做出了预测。以1922年到1931年十年间大连的人口增加率为基准，把大连市作为中心，把老虎滩会、岭前会、西山会、栾家屯会、小平岛会、周水子会、海猫屯会七个会作为近郊，把其他的大连湾会、南关岭会、革镇堡会、岔沟会四个会作为远郊，以1935年年末的人口为基点，人口密度（每人利用面积）标准设定为市内66.1平方米，近郊165.3平方米、远郊为330.6平方米，若按人口直线增加计算，市区人口密度到1942年4月左右就会达到饱和状态，为464,733人，此时，市区总面积为45.07平方公里。如果人口继续增加，就会向近郊发展。到1967年时，整个近郊就会达到饱和状态，人口为526,421人，此时，近郊总面积为185.48平方公里。之后会向远郊发展，到1976年时，远郊也会达到饱和状态，为236,695人，此时，远郊总面积为186.41平方公里。将这三个部分，即市区和11会合并在一起计算，41

1关东州厅土木课：《大连都市计画概要》，第一辑，71页。
2同上。
3关东州厅土木课：《大连都市计画概要》，第二辑，86页。

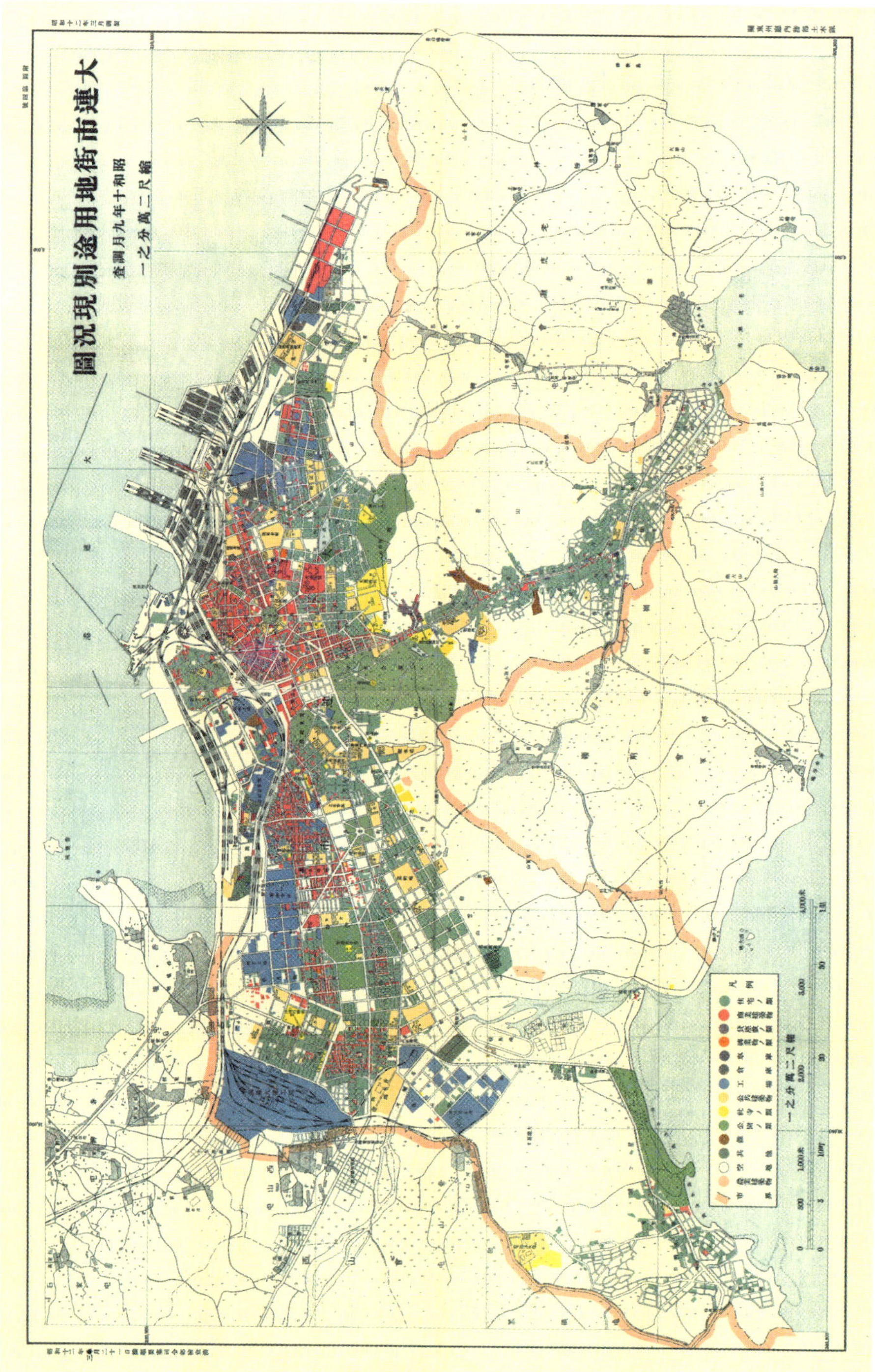

图6－29　1935年大连城市用地类别现状图。

年后的1976年，大连整个区域都将达到饱和状态，人口会突破百万，达到1,227,849人，此时，大连全市总面积为416.96平方公里（见表6-1）。据统计资料显示，1976年，大连市内中山区为273,042人、西岗区为229,449人、沙河口区为325,747人、甘井子区为272,698人，合计为1,100,936人，距1935年当局的预测还差12万多人。

表6-1　以1935年年末人口为基点，大连城市综合规划区域内人口密度设想表[1]

区分	市区	近郊	远郊	全市
总面积（公顷）	4,507	18,548.1	18,640.5	41,695.6
利用面积（公顷）	3,072.6	8,701.3	7,824.7	19,598.6
人口（单位：人）	362,808	121,720	30,428	514,956
标准密度（平方米）	66.1	165.3	330.6	185.1
预计容纳人口	464,733	526,421	236,695	1,227,849
达到饱和年度	1942年	1967年	1976年	1976年

由于大连城市规划委员会第三次会议做出了城市综合规划的决定，“以此引出更多的干线道路、用途地区等重要规划相继得以进展。”[2]在实施过程中，当时大连人口的快速增加和工商业的快速发展，以及接踵而来的住宅、商店、工厂等的增建，造成人口稠密、房屋拥挤，同一地区多种多样的工厂和居民区混杂，卫生、保安、交通、经济等方面存在很多不安、不便、不利的因素，城市市容难免出现很多乱象，导致大连陷入无序混乱的状态，逐渐地呈现出大城市的弊端来。因此，当务之急，是尽快确立城市的干线道路规划，并考虑到交通及其他所有城市设施，乃至国防军事等相关设施的安排，进行充分调查研究后，确立具体规划方案。同时，日本殖民当局认为针对不同的土地状况，尽量在同一地区内以相同的生产生活目的集中建筑各种设施，以实现各个地区特有的功能目的，使有限的土地资源最合理有效地得以利用，并前瞻性地强调“为控制过大城市的出现，作为预防的手段，对一定地区居住的人口要进行适当的限制，特别是务必统一限制城市无秩序地发展及人口无限地增加。”[3]（见图6-29）

于是，1935年1月25日，大连城市规划委员会召开了第四次会议，决定“在既定的大连城市规划区域中，以常盘桥为中心，10公里为半径的圆圈内，即以大连市、老虎滩会、岭前会、西山会、海猫屯会，以及周水子会内的南山屯、周家屯、泡崖屯、周水屯、郭家屯的一市四会五屯，总面积

1关东州厅土木课：《大连都市计画概要》，第一辑，75页。
2关东州厅土木课：《大连都市计画概要》，第一辑，30页。
3关东州厅土木课：《大连都市计画概要》，第一辑，84页。

163.4平方公里的区域，作为第一期的规划范围。”[1]并要充分考虑到与以10公里为半径的圆圈以外的交通联络关系，来确立干线道路规划方案，逐渐向16公里半径的整个区域扩大。在此方针的指导下，从整个区域大局出发，统一实行联络制度（见图6-28）。

18世纪中叶开始的欧洲工业革命，带来了人口向城市大量转移的浪潮，城市化飞速发展。19世纪末到20世纪中叶，城市化发展速度日趋加快，城市规模也越来越大，随之出现了交通拥挤、环境污染、住房紧张、卫生不良等大城市病。于是，为了防止过大城市的弊端，专家学者们纷纷倡导多建小城市，提出了“城市郊区规划”的新理念，也就是以一个大城市为中心，包容进去与之在位置、地形、经济、社会、产业等方面都密切相连的各个小城市，统一规划，既防止大城市不顾一切地急速发展，又使小城市也能得到合理的发展，两者均可受益。在此理论的指导下，只要不改变现有的社会组织形式，即使小城市增多后和大城市自然结为一体，如果各自能够得到整齐有序的发展，将来就算发展为一个特大城市，其特有的弊端也会得到某种程度的缓解。因此，关东州厅土木课课长清水本之助认为，“即便大连今后发展成为百万人口的大都市，如果现在开始规划好，也不会出现过大城市的弊端。”[2]

80多年前，大连在城市规划区域布局时，遵循世界流行且成熟的“郊区规划”理论，但又能够切实从当地的实际情况出发，充分考虑大连独有的地理位置和地形地貌特征，跳出传统的城市发展模式，提出了具有大连特色的卫星城市或城市次中心的设定方式，无论是在节约和有效利用城市资源方面，还是在城市化过程中切实保护有限的环境资源方面，视野均相当前瞻，也为后来大连城市的每一次规模的扩张和发展提供了直接的现实模版。由于是在历时四年多的全面深入调查分析的基础之上，经过权威方面的专家反复论证，并通过具有丰富的近代国际大都市建设实践经验的技师的具体落实，日本殖民当局对最终制定的20世纪30年代的大连城市综合规划相当满意，称之为“大大连”规划，不论是在理论上，还是在实际上，都应该称得上是切实可行的城市规划区域。[3]对此，在为1936年出版的《大连市史》一书所作的《序》中，时任大连市市长的丸茂藤平呼吁加快推进“大大连”建设，在此书的《大连市歌》中，则对“大大连”的未来充满了期待。

1关东州厅土木课：《大连都市计画概要》，第一辑，80页。
2关东州厅土木课：《大连都市计画概要》，第二辑，76页。
3关东州厅土木课：《大连都市计画概要》，第一辑，75页。

图6—30
1937年建成的关东州厅舍（今大连市人民政府办公楼）。

（5）急需实施的规划方案

城市规划制定的规律，一般是总揽全局，先编制出综合性规划，然后再考虑详细的局部规划。由于当时大连城市发展的特殊情况，在进行普通规划的同时，市内还需要投入一些应急设施，郊外大量人口集聚地的发展迫切需要及时给予指导。因此，日本殖民当局在积极准备制定大连城市综合规划的同时，还优先制定了城市急需改造的相关地域的规划并给予了实施。

对此，殖民当局先后对黑石礁、寺儿沟、甘井子、夏家河等区域以及青泥洼桥火车站地区进行了具体规划和改造，根据关东州厅土木课编写的《大连都市计画概要》第一辑的记载，叙述如下：

黑石礁附近地区规划方案，于1932年8月22日召开的第一次大连城市规划委员会上提请审议，在1934年2月6日召开的第二次委员会上按原有方案表决通过（见表6-2、图6-31）。该规划方案的制定是鉴于当时包括星之浦风景区（今星海公园）在内的黑礁屯附近呈现日益显著的发展态势，如果让各类建筑物在没有统一规制的情况下无秩序增加，就会出现各种弊端，给将来城市规划的实施带来困难的局面，因此，要通过选择制定道路规划来规范指导该地区建设。该规划通过对现状及将来的发展趋势的研究，决定对星之浦海水浴场以北及西部一带面积约合1,256,468平方米的地区进行整理，并将其作为未来高级住宅用地进行土地区划。其中道路面积为437,111平方米，占整地面积的34.8%；宅地面积819,357平方米，占整地面积的65.2%。该规划大体上划出一进深27米的地块，

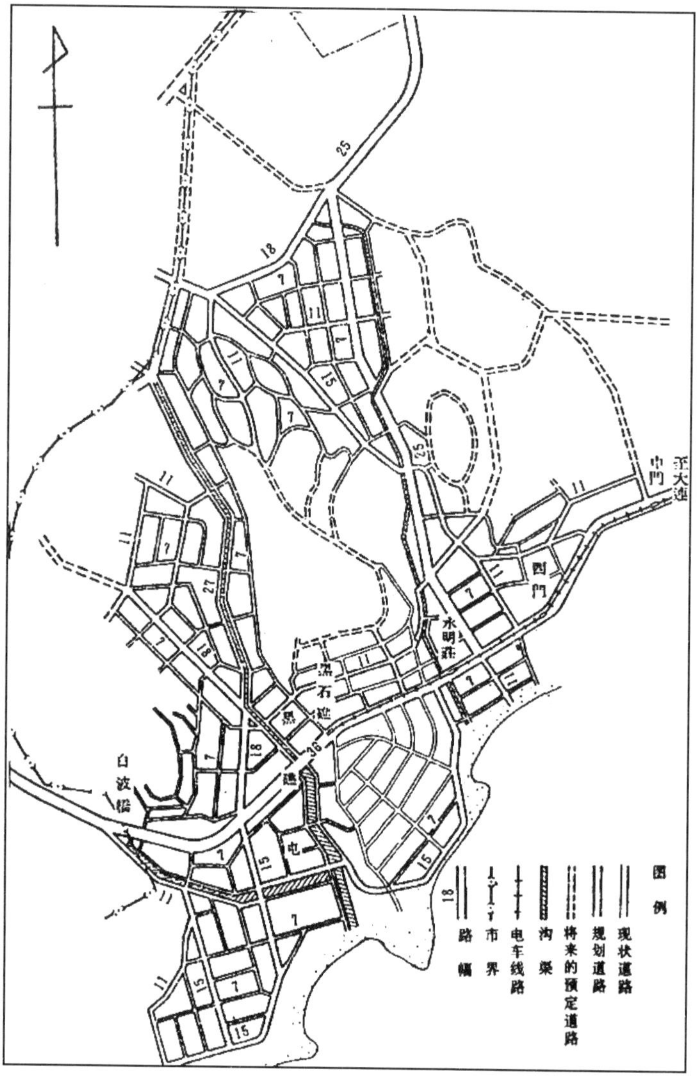

图6—31
黑石礁附近地区规划图。

而且划分出的各个地块尽量与干线道路平行规划。将干线道路宽度分别规划为36米、27米、25米、18米、15米、11米、9米、7米的不同等级。规划确保与星之浦公园相邻的西部海岸被建成绿地或公园，许多道路到海岸之间都规划留有空地（见表6-2）。

表6-2　黑石礁附近地区规划道路宽度、总长度及面积

幅员（宽度、米）	延长（总长、米）	面积（平方米）
36	2,456	88,416
25	2,399	59,975
18	1,640	29,520
15	3,450	51,750
11	5,156	56,716
7	16,189	113,320
27	1,175	31,735
9	631	5,679
合 计	33,096	437,111

寺儿沟附近地区规划方案，于1932年8月22日召开的第一次城市规划委员会上提请审议，在1934年2月6日召开的第二次委员会上经过表决通过（见表6-3、图6-32）。该方案是为了亟待解决的大连市的“满人”住宅问题而制定的，其整理区划范围为汐见町（今春海街）以东的1,178,737平方米土地，考虑交通、排水及其他各种设施，统一规则，确立未来发展的道路规划。其中，道路面积为273,741平方米，占23.2%；宅地面积为905,032平方米，占76.8%。

表6-3　寺儿沟附近地区规划道路宽度、总长度及面积

幅员（宽度、米）	延长（总长、米）	面积（平方米）
25	1,230	30,750
22	1,143	24,948
18	1,940	34,942
15	2,394	35,910
11	12,739	140,129
7	1,009	7,063
合计	20,455	273,742

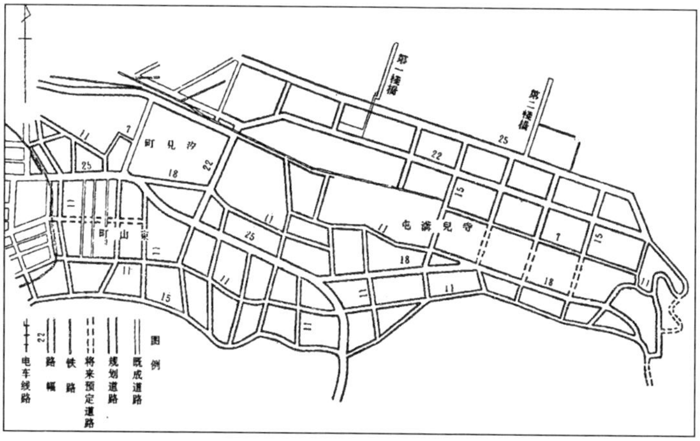

图6—32
寺儿沟附近道路规划图。

甘井子附近道路的规划方案，于1935年1月25日召开的第四次大连市城市规划委员会会议上，提请审议，直接按原有方案表决通过（见图6-33）。该方案是针对当时满洲化学工业会社、满洲石油会社及其他大小工厂陆陆续续在甘井子方面建设，其工厂所属的工人、职员的住宅、店铺等出现显著增加的倾向，在刻不容缓的情况下制定的。通过道路规划的手段，对面积1,659,648平方米的区域实施了规划整理。

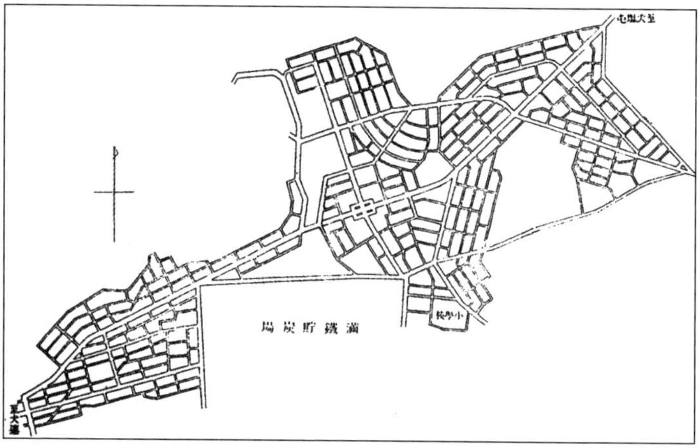

图6—33
甘井子附近道路规划图。

夏家河子附近道路的规划方案，于1935年1月25日召开的第四次大连城市规划委员会上进行审议，并按原有方案表决通过（见图6-34）。夏家河子是临海风景区，作为避暑胜地，远近闻名，每到夏季，游客云集，随着满铁经营各种设施的完善，呈现出游客逐年激增的态势。当时，已出现了白俄罗斯人的聚居村落，且别墅式的住宅建筑日益增多。如果就此现状放任不管，势必造成无统一规制与混乱的局面。为此，急需通过道路规划对其进行统一管理和控制。其规划的方向是把建筑物大体上主要建在铁道以南的山麓之间，整地面积353,325平方米，铺设与铁道线路并行的15米宽的道路。

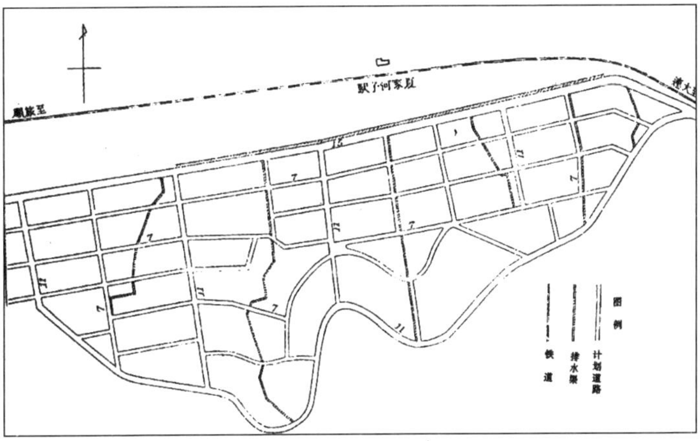

图6—34
夏家河子附近道路规划图。

常盘桥附近的交通缓解规划方案，于1932年8月22日召开的第一次大连城市规划委员会上提请审议，并将审议结果托付给特别委员会，在1933年12月4日召开特别委员会对提案进行审查，对原有方案进行了少量修改后表决通过，在1934年2月6日召开的第二次委员会上最终表决通过（见图6-35、图6-36）。由于扼大连旧市街与新市街之交通咽喉的常盘桥（今大商步行街青泥街与中山路交会处）是交通量最集中的地段，且地形狭窄，随着市情的发展，拥挤现象更为加剧，解决常盘桥附近交通问题已刻不

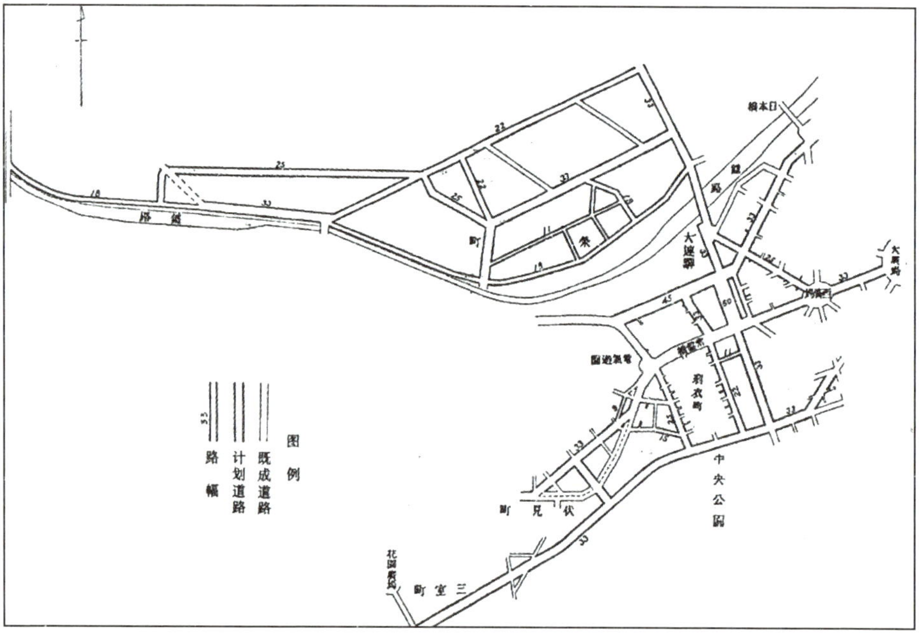

图6—35 常盘桥附近道路规划图。

图6—36 1936年，常盘桥附近完成预想图。

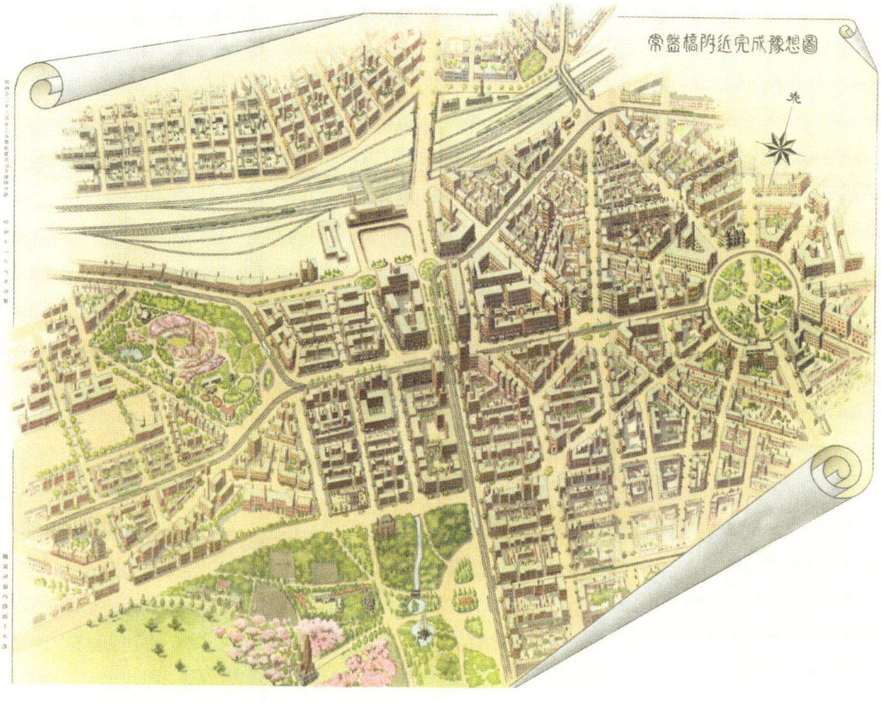

容缓。该方案的主要内容，一是为缓解北面西通（今中山路）的交通压力，从今花园广场南侧开始，经今胜利路、唐山街、武汉街到中山广场，新建一条宽33米的城市东西向主干道。二是将常盘町至伏见町路段（今中山路渤海饭店至化物所段）拓宽至33米。三是拓宽上述两条道路的联络道路至33米。四是拓宽今友好街的中山路至五惠路段为25米，即今渤海饭店至劳动公园北门段。五是新建一条从今解放路（五惠路以北路段）向北，于火车站东侧跨过铁路进入今菜市街，至今兴业街的33米宽道路。

大连火车站迁移及相应的路街规划方案，于1934年10月13日召开的第三次大连城市规划委员会上提请审议，并立即表决通过（见图6-37、图6-38）。火车站是一个城市的交通枢纽和商业中心，到上世纪30年代，沙俄当局建设的大连火车站已经完全不能适应城市的需要，急需改建。

该规划方案，一是决定将大连火车站迁址到今天的位置，二是对新火车站附近的道路进行相应的改造。大连新火车站仿照东京上野火车站所采取的航空港旅客分层进出模式设计，站房总建筑面积为8，433平方米，分为地下一层，地上二层，于1937年5月20日建成并投入使用，至今仍发挥着重要的交通作用。火车站附近道路的改造主要为两部分：一部分为铁路南侧道路的改、扩建，将今火车站前的长江路的友好街至解放路段拓宽到45米，火车站前左侧解放路至胜利桥段拓宽至33米，中山广场至青泥街段拓宽至33米，今普照街拓宽至25米。1937年11月24日，第六次规划委员会会议对上述设计做

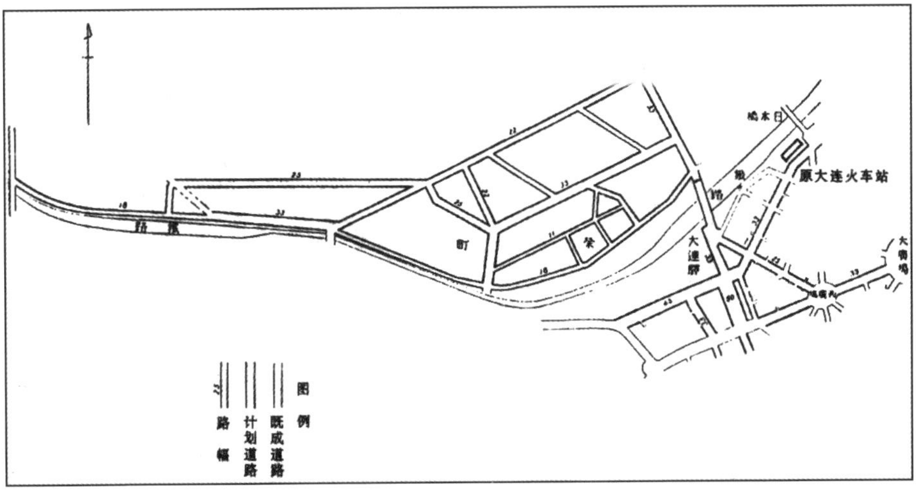

图6—37　大连站迁移相关道路规划。

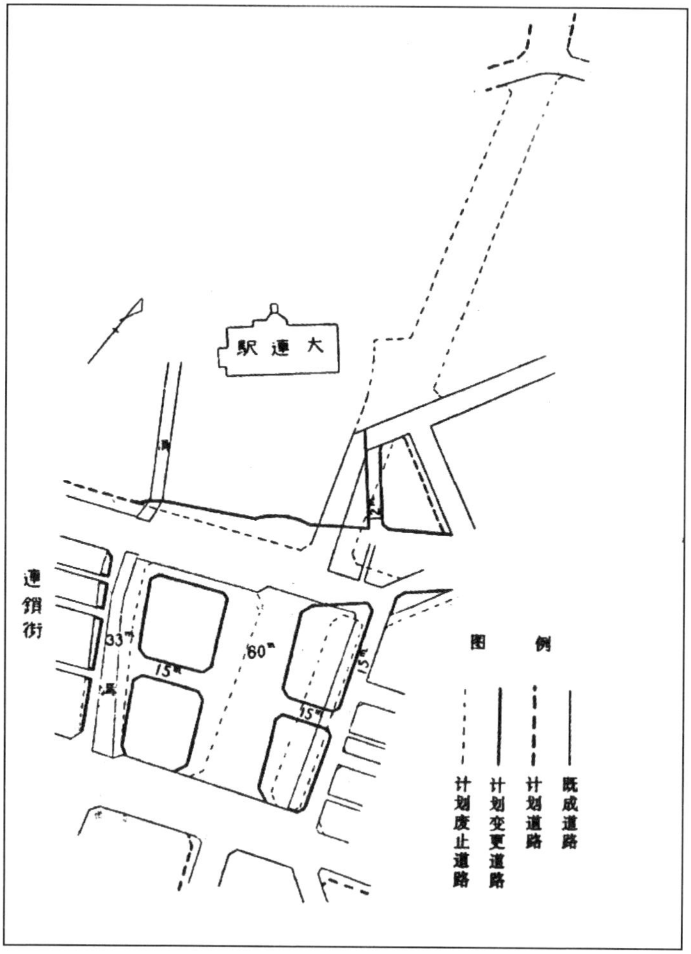

图6—38
大连站附近道路规划部分变更图。

了变更，一是车站前广场中心南北方向60米宽的道路位置向西移动，二是连锁街东侧33米宽的道路位置局部移动，三是车站前广场中部东西向的今长江路段从45米扩到67米，并且位置改动，四是车站前广场东侧道路宽度从18米改为15米，五是车站东侧道路宽度从33米改为12米，并取消了跨铁路线路。另一部分是对铁路线以北的今火车站北、北岗子、菜市街一带的填海地区的道路，参考满铁道路计划制定了规划，其道路设置为宽度33米、25米、22米、18米、11米的不同种类。

青泥洼桥与常盘桥:

这是大连城市规划建设历史上两座有名的桥。两座桥均位于从中央公园（今劳动公园）的南部山麓流向北部海湾（今大菜市）的西青泥洼河之上。常盘桥位于今大连商场步行街即青泥街与中山路十字交会处，青泥洼桥位于今胜利广场西侧街即大连火车站西侧街与长江路的交会处。

历史上常盘桥要早于青泥洼桥出现，且要比青泥洼桥出名，一直是大连城市的中心点，也是城市规划的坐标点。20世纪30年代的大连城市综合规划，就是以常盘桥为圆心，分别以16公里和10公里为半径划了两个圆，以此确定了大连城市的规划区域和未来城市的发展规模。

沙俄殖民统治时期的常盘桥是座木桥，日本统治时期，当时的民政署对此进行

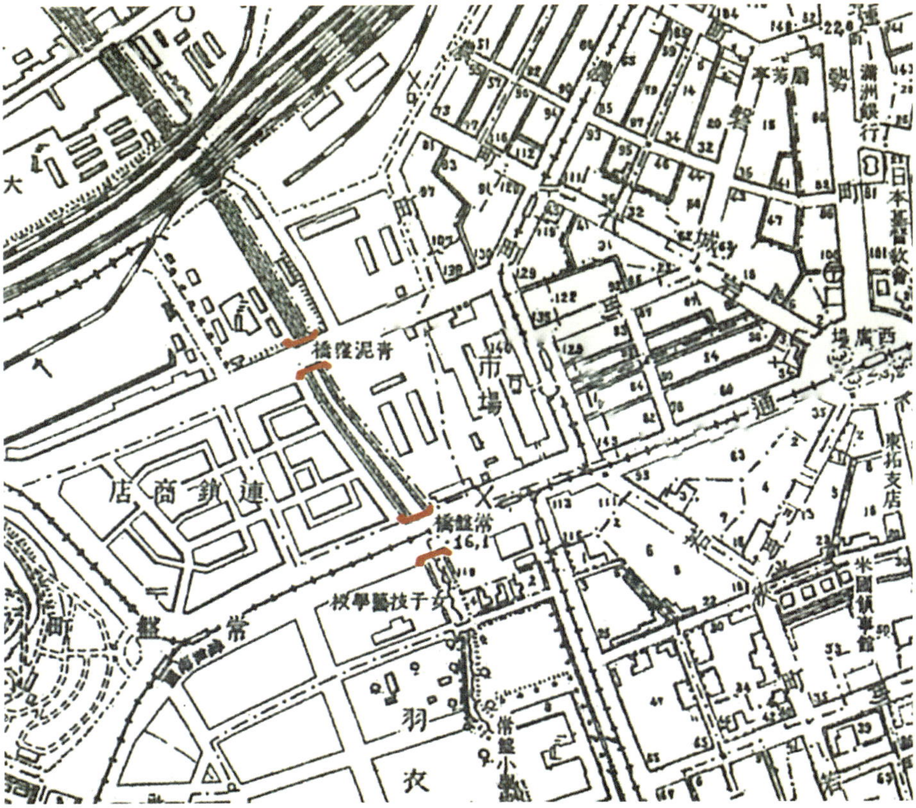

图6-39 1922年的常盘桥和青泥洼桥位置图（图中红色标记处）。

图6—40
20世纪20年代的常盘桥。

了彻底改造，建成为石拱桥。“圆拱形石桥如彩虹般横跨河上。西青泥洼河如丝的溪水潺潺流淌。该桥是大连两座彩虹桥之一。”[1]

在至今看到的日本殖民当局最早于1905年印刷的大连市地图中，常盘桥就已标明了，系连接东部旧城区（今中山区）与西部城区（今西岗区）的必经之桥，而此时的青泥洼桥还不见踪影，其地方为一片沼泽地，也就是沙俄规划的市立公园延长至铁路边的公园用地。只有到1921年的地图上才第一次出现了将信浓町（今长江路）延长至今北岗桥方向，在满铁苗圃处与青泥洼河交会处架设了一座桥梁，此桥即为青泥洼桥，但此时的地图并未标明桥名，直到1922年的地图上才将此桥标注为青泥洼桥。但此后的日本殖民时期的大连地图上对青泥洼桥的标注也是时有时无。

大连解放后，常盘桥改名为中山路桥。上世纪70年代中期以后，大连市在进行城市道路改造时，常盘桥被拆除，青泥洼桥被填埋。从此，两座见证了大连城市从无到有、从小到大沧桑巨变的桥消逝在历史的长河之中。

今天，车水马龙、昼夜喧嚣的青泥洼地区依然延续了沙俄规划和日本殖民时期作为大连城市商业中心的繁华，“青泥洼桥”或“青泥洼”也几乎成为了大连中心城区的代名词，而许许多多的历史记载都将其作为大连城市中心区唯一的“桥”，甚至错误地将常盘桥当作了青泥洼桥。随着岁月的流逝，历经风雨的常盘桥早已淡出了人们的记忆，这也许是常盘桥的名字太富于“殖民”色彩，而青泥洼桥更具乡土味道的缘故吧。

1满铁：《南满洲写真大观》，12页，1911年。

图6—41
20世纪30年代的常盘桥街景。

图6—42
1937年春，即将竣工的大连火车站，图中下部为青泥洼桥，左侧为正在铺设于青泥洼河道，并穿过青泥洼桥下的下水管道。

4. 1941年的关东州规划

大连城市规划，经过日本殖民当局承袭俄制，实施1919年的扩充规划，特别是制定实施的20世纪30年代的综合规划，其城市规划似乎已相当前瞻，城市发展前景似乎也已相当明朗。然而，这样的规划眼光还嫌短浅，视野不甚开阔，思路仍受局限，需要放眼整个大连，使规划由城区整改向城市规划转变，再由城市规划推进到地方规划乃至全域规划。所以，大连的规划应该“不单单局限于现在城市的发展，还要进一步加快农村的发展。通过城市与农村的发展，使农业与工商业结合起来，生产与消费结合起来，实现完整的国土规划。这才是城市规划领域的一大飞跃。”[1]这样的规划理念，不仅是规划本身的发展规律使然，也是日本殖民者妄图长期侵占大连，经营满洲，进而全面侵华的野心所系。因此，1935年8月、9月，在大连城市综合规划制定完成，并具体实施之际，日本殖民当局就已从日本国内招聘熟悉区域规划的专家到大连，着手起草《关东州州规划令》，以期在不久的未来，将先前制定的城市综合规划与关东州规划融为一体，达到规划大连的真正目的。

1938年2月，《关东州州规划令》公布，1941年3月正式实施。此规划令共55条，分为总则16条、对土地利用开发的统一管理10条、土地整理29条。该州规划令根据当时欧美国家流行的先进的区域规划理论，确立了全域城市与农村统筹整体规划的指导思想，对市区的构成、农耕地的创设及改良、其他土地利用开发时所必需的作为公共利益的重要设施的规划，做出了规定。由于在此之前，大连城

1关东州厅土木课：《大连都市计画概要》，第一辑，序言。

市区的基本设施框架与土地利用规划均已完成设定，故在该规划令颁布以后出台的系列规划，除了针对大连市区原有的下水道存在的弊端进行整体重新规划改善，并新建污水处理厂外，未制定其他有关大连城市区的规划，而是根据此州规划令，结合大连的实际与未来发展，主要集中对大连北部地区和南部马栏河地区的相关领域做出了详细规划，并与原大连城市区规划融为一体，从而使大连市的规划更为完整，奠定了大连未来发展的基本框架。

构筑城市建设框架是关东州州规划中最重要的环节。1934年前后，就在大连城市综合规划制定和实施之际，在城市边沿的近郊所谓新市区，无序的大规模扩张正在迅速地进行。其中在大连北部的甘井子和香炉礁一带，满铁大连港扩建工程、关东州工业土地会社为临海工业用地实施的填海造地工程、甘井子方面的大工厂地带工程等，正在紧锣密鼓地施工中，且几近完成，不久其面貌就会发生根本性的改变。唯独市区建设毫无进展。这会对关东州的发展计划造成一定的影响，特别是对作为关东州基本规划的重要内容的大连市整体布局的框架规划，如大面积的工业用地规划、码头用地规划、大连市街规划等，影响不小。因此，完全有必要对这一带的港湾、铁路、道路用地及其它各项市街设施建设进行统一规划，通过“规划决定”，总揽市街框架布局。同时，在南部大连的今三元街沿胜利路以南的白云山麓到星海湾的马栏河下游区域，以改造住宅用地为目的的市区土地整备工作也正在施工中。因而，“应该以此为契机制定各项有关规定和标准，以期在今后的市街布局上不留遗憾。”[1]

此次规划充分考虑了工业用地、码头扩建规模、大连市与临近地区的现状、土地使用面积、市街构成等因素，并根据防空、卫生方面的要求，酌情考虑加入人口分散居住和紧急疏散等项目，按照大连市未来人口饱和数为120万～130万人预计，即按照未来预测，规划和布局整个城市的框架和各种设施。

1941年所作的大连市区北部和南部马栏河地区的规划，使大连的城市架构完全成型，直到1991年3月大连高新产业园区开始建设，大连的主城区基本处于此次规划的框架之内。

1辽宁省档案馆（行政3266）：《大连市街规划书》，1939年—1940年。

（1）大连市区北部及南部马栏河地区规划

根据《关东州州规划令》，此次制定的大连市区北部及南部马栏河地区规划共分为6部分。

第一部分：港口部分的规划

系伴随着大连港的扩建，对泊船岸壁、港口各种建筑用地、港内铁路线用地及工业用地等造地工程制定的规划。香炉礁海岸和甘井子海岸的规划，与大连港扩建，即包括泊船岸壁码头、装卸场地、各种货物存放仓库内部架构及建筑用地、铁道线路用地等进行统一规划。

春柳屯（春光街）、周水屯、周家屯、金家屯及椒房屯海岸，伴随生产规模的扩大，工业用地造地工程的完成，各种城市基础设施将付诸建设（见图6-43）。

图6—43
1941年1月，关东州州规划大连铁道规划与港湾规划图。

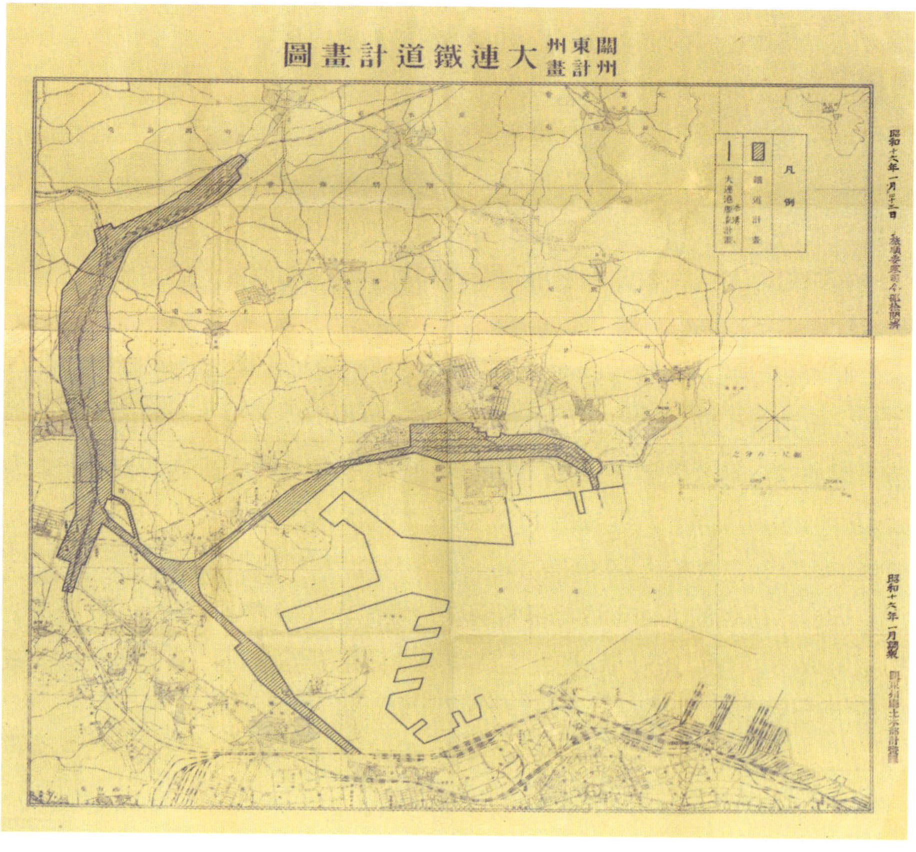

第二部分：铁路部分的规划

系随着大连港的扩建及工业用地等造地工程的完成，对今后货物运输方面要增加的设施而进行的规划（见图6-43）。

第三部分：道路和排水线路规划

系针对土地使用目的及在主干道路规划中如何合理利用土地，以达最佳土地利用效果而制定的规划。同时在关东州工业土地会社施工区域内，制定小路规划和排水规划作为补充，使这项规划更趋完备（见图6 44）。道路等级及宽度标准为：特级道路宽45米以上、一级道路宽30米以上、二级道路宽22米以上、三级道路宽18米以上、四级道路宽15米以上、五级道路宽11米以上、小路一级道路宽8米以上、小路二级道路宽5米以上（见表6-4）。

三级以上道路部分：这次规划决定中将由香炉屯至海猫屯的主干道路规划作为建设北部大连的第一要务，这样可将香炉礁新设码头与腹地连接起来，并可确定以主干道和工业区域内互通的次干道为主的路网建设把新造地、工业中心地带与腹地住宅中心区连接起来。通过这一主干道就可使北部大连与市区连为一体，使新旧两市区的运转更加顺畅，共同构成城市主体，下一步亦可考虑建设连接州内外的高速路规划。

围绕以上规划主旨，此次规划选定了两条特级道路和多条一级道路，其设计宽度均在30～45米，再与州内外交通衔接并用，将会使旧市区的功能空间得以拓展，道路交通更为合理便捷。其中，特级道路1号线即今天的华北路，从此路可出大连市直达当时的新京（今长春市）。

对其他地方的主干道路如住宅区与商业区内的干线道路、甘井子大工厂地带的道路等，从交通安全方面考虑，其设计宽度为25米。并且在道路进入市区末端及市区中心部位，即主干道路配置较为密集的区域，将道路宽度设计为18～20米。工业区域内的路街总面积要按6.6万平方米标准建设，作为区规划道路，其宽度要按18米来配置。

特级道路2号线，局部地方其宽度要设计成80米，该地段作为未来的城市中心，沿道路两旁可预留建设官衙、学校、医院及其他公共设施的用地，还要考虑今后景观建设、绿化带建设需预留拓宽用地等的要求。

其次在春柳屯方面，与工业区接壤的道路，其宽度设计为30米，并标出防火区域线，再往两侧要设计植树带，并兼做公园。

在南部大连与以前市街扩张区连接区域，包括南部山地及马栏河下游赛马场一带，因住宅用地不足，大连市决定在这里开展土地整理工作，计划从

1940年开始用10年时间完成这项工程，届时该地区将整个被纳入到关东州的统一规划之中，并以主干线为基准决定该地区的土地开发，同时该地内将建设主干道路数十条。

以上规划道路位置，要参考港湾、铁路、地势高低、与既有道路的关系等来制定，而且在重要交叉点处或重要交通要道处、火车站前等地分别设置广场，共计15处，使交通顺畅（见表6-5）。同时这些广场也可兼做防空、防火逃生之用。除遇有铁路交叉道口等特殊场合外，在其他立体交叉处，考虑经费问题，缩小了路面宽度。

表6-4 三级以上道路规划情况表

道路级别	特级道路	一级道路	二级道路	三级道路	合计
宽度	45米以上	30米以上	22米以上	18米以上	
数量（条）	2	14	28	27	71
延长米	14,005	28,554	47,051	31,090	120,700
工程费（日元）	1,268.8万	2,178.9万	2,054.4万	525万	6,027.1万

表6-5 广场规划情况表[1]

广场位置	现在位置	广场面积
特级1号线与一级道路10号线交会处	周水子前立交桥下	约11,310平方米
特级2号线与一级道路13号线交会处	香干桥下	11,310平方米
一级道路1号线富士根桥附近	中山路交马栏河桥处	约2,500平方米
一级道路3号线星之浦海水浴场入口附近	星海公园北门处	约9,500平方米
一级道路4号线6号线交会处	香炉礁立交桥下	11,310平方米
一级道路5号线在西山屯辖区内	迎客广场	约6,360平方米
一级道路7号线12号线交会处	香一街小区附近	约16,000平方米
一级道路10号线在大连到新京（今长春市）线周水子站前	周水子火车站前广场	约11,760平方米
一级道路14号线与二级道路17号线交会处	金三角广场	约7,850平方米
二级道路10号线与三级道路8号线交会处	侯一小区内	5,020平方米
二级道路17号线18号线交会处	金家街公园前	约7,090平方米
二级道路21号线与26号线立体交会处	甘井子20路公共汽车站附近	约6,200平方米
二级道路28号线于三市町内	原大连化学工业公司院内	约5,020平方米
三级道路5号线在大连到新京（今长春市）线沙河口火车站前	沙河口火车站南广场	约14,500平方米
三级道路8号线与12号线交会处	李家街小区内	约2,830平方米

1根据辽宁省档案馆（行政3266）《大连市街计划书》制作。

四级以下道路部分：此规划包括的区域主要是关东州土地会社实施土地整理的部分及与之相连接的地区和大连市正在进行的马栏河地区土地整理区域及其邻接地内的道路，即所有宽度不足18米的四级以下道路。主要内容是以干线道路为基准，对土地状况、建筑规模、种类等予以合理规划，使其各自配置在最佳的位置上（见表6-6）。

这次规划将宽度在6米以上道路划分为四个等级，根据交通繁忙情况予以适当配置。道路规划位置（见图6-44）。

表6-6　四级以下道路规划情况表

宽度（米）	16	13	8	6	合计
延长米	15，420	31，423	72，808	22，922	142，573
工程费（日元）	128.1万	258.6万	228.4万	88.4万	803.5万

排水线路部分：此规划关系到工业用地造地工程，因而有必要做出明确规划。其规划区域主要是在关东州工业土地会社施工区域内及以前水路（排水管网、明暗渠等）结合部，部分延伸到施工区域外。规划水路包括五条支河，共计八条路线。新的规划配置要考虑与原有排水管网位置、道路以及铁路等的关系，要使其分别在接近海湾处排放入海。设计水路宽度3～4米，总延长米达13,595米（见表6-7）。

表6-7　排水线路规划情况表

<table>
<tr><th>水路编号</th><th>宽度（米）</th><th>延长米</th><th>工程费（日元）</th><th>备注</th></tr>
<tr><td>1</td><td>4</td><td>1，480</td><td>441，000</td><td></td></tr>
<tr><td>2</td><td>4</td><td>995</td><td>309，000</td><td></td></tr>
<tr><td rowspan="3">3</td><td>30</td><td>530</td><td rowspan="2">680，000</td><td></td></tr>
<tr><td>10</td><td>1，275</td><td></td></tr>
<tr><td>15</td><td>635</td><td>444，000</td><td></td></tr>
<tr><td>4</td><td>10</td><td>730</td><td>336，000</td><td></td></tr>
<tr><td rowspan="2">5</td><td>22</td><td>2，095</td><td rowspan="2">2，204，000</td><td></td></tr>
<tr><td>20</td><td>1，210</td><td></td></tr>
<tr><td>6</td><td>6</td><td>1，505</td><td>633，000</td><td></td></tr>
<tr><td>7</td><td>10</td><td>1，825</td><td>572，000</td><td></td></tr>
<tr><td>8</td><td>10</td><td>1，315</td><td>188，000</td><td>暗渠间隔590米</td></tr>
<tr><td>合计</td><td></td><td>13，595</td><td>5，807，000</td><td></td></tr>
</table>

第四部分：公园绿化带规划

公园是城市规划的重要内容，九一八事变以后，日本殖民当局在中国东北的城市规划中，将公园作为国民保健设施及城市防空策略必须考虑的要素

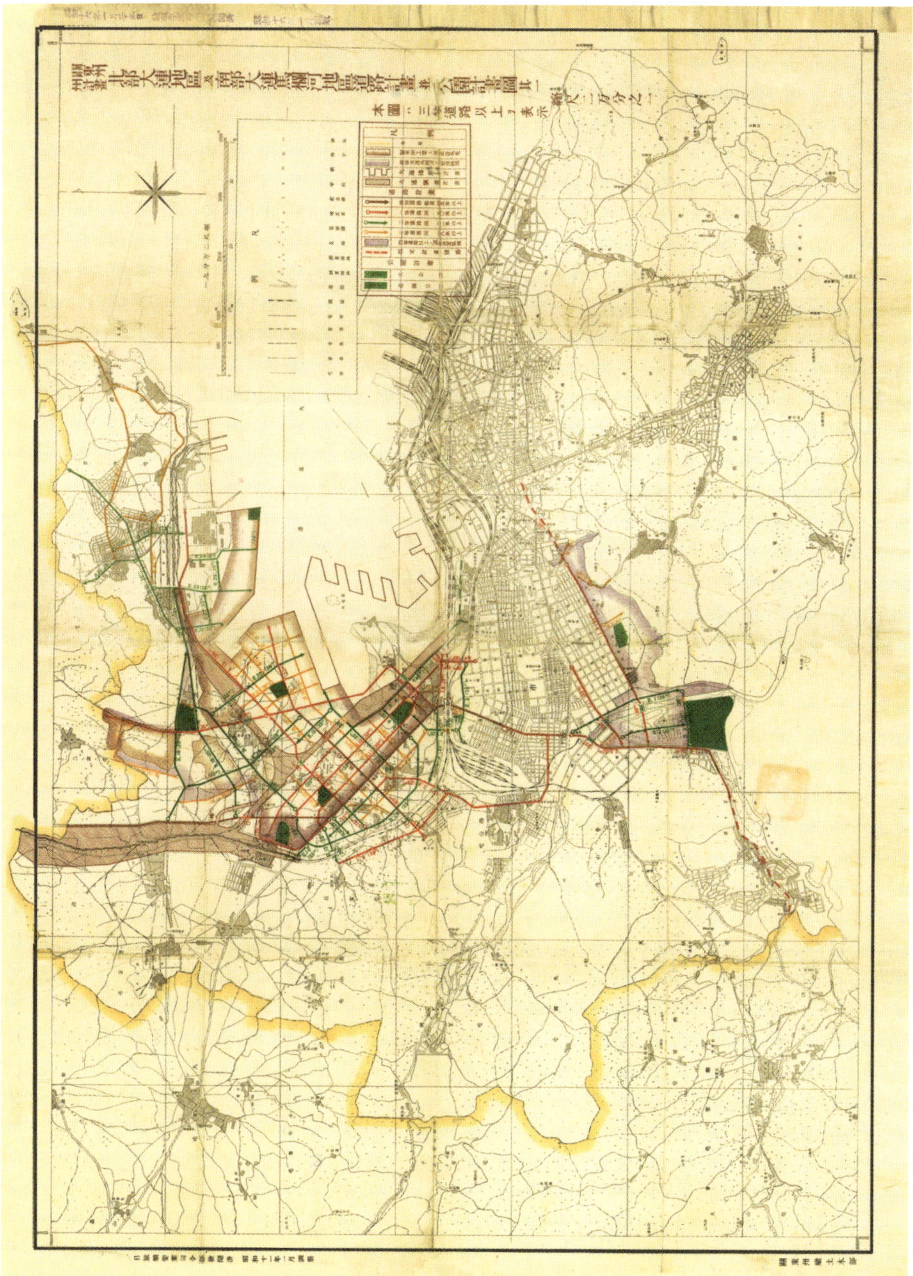

图6—44 1941年大连北部地区及南部马栏河地区道路规划及公园规划。

之一，对其给予了高度关注(见图6-44)。

此次规划公园共计59个，种类有：大公园，为居住者提供各种运动、娱乐休闲及防空用场所；近邻公园，为临近居住的老幼人员提供一般性运动、娱乐休闲及防空用场所；儿童公园，为临近居住的儿童提供运动、娱乐休闲及防空用场所。绿化带，作为带状绿地，提供安全、卫生及娱乐休闲及防空用场所(见表6-8）。大公园和近邻公园两类公园在1941年1月印制的关东州州规划之大连北部地区与南部马栏河地区规划图中，做了明确标注。其中占地面积52.9万平方米，位于马栏河入海口的大1号公园，为此次规划的最大的公园。而今天的同样位置上，为纪念大连建市百年，同时迎接香港回归祖国，1997年建成的星海广场，占地面积176万平方米，是当年规划的大公园的33倍多，为亚洲最大的城市广场（见图6-45）。占地13.81万平方米的大2号公园，即今天的金家街公园。

表6-8　公园、绿化带规划明细表

<table>
<tr><td>区域</td><td colspan="2">南部马栏河地区</td><td colspan="2">大连北部地区</td><td>合计</td></tr>
<tr><td rowspan="4">大公园</td><td>数量</td><td>1</td><td>数量</td><td>1</td><td>2</td></tr>
<tr><td>编号</td><td>大1</td><td>编号</td><td>大2</td><td></td></tr>
<tr><td>位置</td><td>台山屯地区</td><td>位置</td><td>周家屯、金家屯地区</td><td></td></tr>
<tr><td>面积</td><td>529,000m²</td><td>面积</td><td>138，100m²</td><td>667，100m²</td></tr>
<tr><td rowspan="2">近邻公园</td><td>数量</td><td>1</td><td>数量</td><td>5</td><td>6</td></tr>
<tr><td>编号
位置</td><td>近1，白云山地区</td><td>编号
位置</td><td>近2，香炉屯地区74900m²;
近3，春柳屯和周水屯地区46200m²;
近4，周水屯地区82100m²;
近5，周家屯地区60100m²;
近6，甘井屯地头填埋地内43900m²。</td><td></td></tr>
<tr><td></td><td>面积</td><td>81,600m²</td><td>面积</td><td>307,200m²</td><td>388，800m²</td></tr>
<tr><td rowspan="2">儿童公园</td><td>数量</td><td>20</td><td>数量</td><td>31</td><td>51</td></tr>
<tr><td>面积</td><td>169，500m²</td><td>面积</td><td>178，700m²</td><td>348，200m²</td></tr>
<tr><td rowspan="2">绿化带</td><td>数量</td><td>1</td><td>数量</td><td>1</td><td>2</td></tr>
<tr><td>面积</td><td>60，200m²</td><td>面积</td><td>11，800m²</td><td>72，000m²</td></tr>
<tr><td>合计面积</td><td></td><td>840，300m²</td><td></td><td>635，800m²</td><td>1,476,100m²</td></tr>
</table>

规划的儿童公园及绿化带处分别预留贮水槽、防护室、资料仓库、防护区轮廓线等消极防空设施用地，以备今后利用。儿童公园主要是针对十四五岁以下儿童，具体还可以分为少年、幼年、幼儿三个阶段。关于距离、标准面积等还要参考土地情况进行配置。绿化带宽度要在40米以上，有效距离要在600米以内，主要拟设在

位于南部大连马栏河沿岸一侧到大公园一带（宽46米，长1,309米）、和工业土地会社春柳屯地内与近邻公园相连的河沿（宽60米，长197米）各一处。

鉴于本次规划区域内土地情况，绿地按照最低标准规划，其中，南部大连马栏河区域绿地占地区总面积的百分比为10.38%，人均拥有公园绿地面积为10.38平方米（不含大型公园）；北部大连地区绿地占地区总面积的百分比为5.58%，人均拥有公园绿地面积为5.78平方米。这个数值明显偏小，无论与大连老市区及伪满洲国的其他城市相比，还是与国外城市相比，都逊色不少，不足部分寄希望在今后的规划中用公园绿地加以补足，建成完整一体的公园绿地系统。

表6-9　各类公园规划面积及招徕距离标准

类型		面积（平方米）	招徕距离
大型公园	普通公园	100，000	2公里以内
	运动公园	100，000	30分钟以内
	自然公园	100，000	1小时以内
近邻公园		700，000	1公里
儿童公园	少年公园	10，000以上	600米以内
	幼年公园	5，000	400米以内
	幼儿公园	2，000	200米以内

注：幼年及幼儿公园在选择招徕区域时，要考虑不被运河、河川、铁路、大型建筑占地或者交通繁杂场所阻断。

表6-10　规划法定公园建设工程费概算（日元）

区域	大公园	近邻公园	儿童公园	绿化带	合计
南部马栏河地区	6，906，456	441，609	1，150，927	300，584	8，699，546
北部大连地区	2，079，757	2，502，342	1，199，164	60，631	5，841，294
合计	8，986，213	2，943，951	2，350，091	361，215	14，540，840

表6-11　公园面积占区域面积的比例

区域	区域面积	公园面积	百分比	预计人口	人均拥有公园面积	备注
南部马栏河区域	300万m²	31．13m²	10.38%	3万	10.38m²	扣除不利用土地15.77万平方米占5.26%；不包括大型公园面积。
北部地区	1139.64万m²	63．58m²	5.58%	11万	5.78m²	

表6-12　大连市（旧市区部分）已有公园数量统计

人口（万人）	旧市区面积	公园面积	人均占有公园面积	公园面积占旧市区面积的比
40.330万人	4507.04万m²	338.92万m²	8.4m²	7.52%

注：人口截止到1939年3月末；旧市区内市街面积为2,346.24万平方米，公园面积占其中的14.44%。

图6—45
1997年建成的星海广场，占地面积是1941年规划的大公园面积的33倍多。

第五部分：学校用地规划

日本侵略者对殖民地的教育高度重视，这也是其妄图永久霸占殖民地的一贯做法。正如满铁首任总裁后藤新平所说："建设殖民地，首先要考虑的是修建学校，其次是兴建寺院，然后是医院。只有这样做才可以使移居过来的居民长居久安。"此次大连北部地区和南部马栏河地区的学校用地规划之详细、考虑之周密、计划之久远，就充分暴露了日本殖民当局的这一宗旨。

此次规划即指日本人的小学校或中国人的工学堂的用地规划。学校是社会公共利益的重要组成部分，随着城市人口的增加，住宅的集聚必然产生增设学校的需求。过去在没有预先规划的情况下，届时往往难以找到合适的学校用地，因而造成学校的分布极不合理，使儿童就学困难。为了避免类似问题的出现，此次作为州规划方案，预先考虑了未来人口居住数量、交通情况等，指定合适位置，并确保其用地。待将来学校建设工程确定时，依照州规划令第十条及其实施规则第六条规定，并附加一定的限制条款即可实施。

大连市内学校用地，依据实例测算基本上要在19,800～23,100平方米，此次学校用地和公园占地一样，均被纳入住宅区整体规划当中，并构成住宅区的中心，路网及相关规划一样都不能少，因此，理想的规划是以学区为单位来规划住宅区的大小。在此次规划中，学校所处的位置、就学距离一律限定在1公里以内，以0.7公里为宜，并位于学区的中央。学校用地的形状以正方形或近似矩形为宜，地势平坦或略微呈向南倾斜的缓坡，便于栽种树木。根据学校占地面积来确定学校人数，以每班50名、24个班级共1,200名学生较为合适，这样标准即为每人拥有面积20平方米，据此每座学校需用地2.4万平方米。但是，中国人学校在校学生人数定为1,650名，人均拥有面积15平方米。

表6-13　校内各种设施用地分配明细

类别	面积	备注
校舍建筑面积	3,000㎡	二层建筑（儿童人均4.125㎡）
操场	15,200㎡	普通运动场包括篮球、排球、足球、摔跤场、滑冰等场地
校园	3,300㎡	实习园、印刷厂
空地	2,500㎡	校舍周围的空地
合计	24,000㎡	

表6-14　学校用地配置表（根据1938年关东州学校一览表）

类别	人口（万）	学童数	每万人学童数	入学率
日本人	16.5008	20,795人	1,258人	99.7%
中国人	36.7041	25,885人 （适学儿童共计44,269人）	705人 （共计1,368人）	58.4%

注：日本人每1万人配备一所小学，中国人每1.5万人配备一所公学堂。

表6-15 本次规划中对指定的学校用地面积、土地整备费用概算[1]

编号		1	2	3	4	5	6	7	8	合计
位置		台山屯371号	香炉屯488外37笔	春柳屯490外47笔	周家屯162外7笔、周水屯6外3笔	周家屯712外7笔	金家屯524外5笔	金家屯134外38	周家屯517-8外1笔	八校
面积m²	国有土地	22,783	29,548	23,205	357	595	-	897	24,909	102,294
	民有土地	-	-	-	255,29	23,165	20,515	20,562	-	89,771
	合计	22,783	29,548	23,205	25,886	23,760	2,051	21,495	24,909	192,065
土地整备概算费	土地收购费	-	-	-	76,600	69,500	61,500	61,700	-	269,300
	物件补偿费	-	105,600	105,300	-	-	-	31,600	-	242,500
	整地费	113,900	101,500	13,800	25,800	28,100	10,900	38,100	15,300	347,400
	合计	113,900	207,100	119,100	102,400	97,600	72,400	131,400	15,300	347,400
备注		小学校用地	小学校用地几乎全部在工业土地会社内	小学校用地在工业土地会社区域内	工学堂用地	小学校用地在工业土地会社区域内	小学校用地大部分在工业土地会社区域内	小学校用地	工学堂用地工业在土地会社区域内	

第六部分，各种用地规划（见图6-46）

在大连北部地区，由于筑港及工业用地造地工程等原因，对土地利用开发进行统一规划是当务之急。在大连市整体规划设想中，结合该区域内工业用地的扩大，需要制定出包括其腹地在内的北部大连的用地规划。为最有效利用土地，必须严格限定土地用途。对市街各种设施的用地规划，应与本地区需求相匹配，形成井然有序的现代都市布局（见表6-16）。

1辽宁省档案馆（行政3266）：《大连市街规划书》，1939年—1940年。

表6-16 各种区域用地配置情况表[1]

种类	区域行政范围	面积（万m^2）	百分比
居住区	大连市海猫屯、甘井屯、椒房屯、金家屯、周家屯、泡崖屯、周水屯、春柳屯、石家屯、西山屯及香炉屯地域内各一部分。大连市金家屯、周家屯及香炉屯地头关东州州规划、大连港港湾规划用地内各一部分。大连市霞町（兴工街）地头填埋地内一部分。	1,310. 89	40.3%
商业区	大连市海猫屯、甘井屯、椒房屯、金家屯、周家屯、泡崖屯、周水屯、春柳屯、石家屯、西山屯及香炉屯地域内各一部分。大连市金家屯、周家屯及香炉屯地头关东州州规划、大连港港湾规划用地内各一部分。大连市霞町（兴工街）地头填埋地内一部分。	343.6	10.6%
工业区	大连市海猫屯、椒房屯、泡崖屯及周水屯地域内各一部分。大连市甘井屯、金家屯、周家屯、春柳屯及香炉屯地域内除已经规定的住宅用地和商业用地之外的其余用地。除关东州州规划、大连港港湾规划用地之外的其余用地。	1,594.14	49.1%
合计		3,248.53	

此时，区域内的春柳屯、周水屯、周家屯、椒房屯沿海一带及上述各地填埋预定海面的工程已近竣工。香炉礁码头和甘井子码头的满铁铁路线引入工程已列入规划之中。

整个地区内各种面积当中，工业用地扩大作为重点，因此所占的比重就大。居住区域在人口激增，未来市区容纳不下的情况下，必然要考虑适当向近郊发展。

商业区在本区域内占比较大，这是由于旧市区在商业用地发展方面留有余地不足，有所欠缺，借此想做一下补救，期望在大连近郊建设新的消费场所。香炉屯区域内有五条路街汇集的广场，不仅是交通要道而且还是港口腹地；春柳屯内金州到大连道路沿线地区，从工业区到交通主干道，再到金州方向、旅大北路方向，可以说是交通密集区，所以在上述两区域内分别设置了约33万平方米和约79.2万平方米的商业区。这样作为连接住宅区和商业区两区的纽带，不仅起到了缓冲的作用，同时也为今后人口的激增预留了商业用地。在周水子火车站前，作为交通要冲，决定在这里配备39.6余万平方米的商业区。另外，在金家屯现有村落的西面和椒房屯堆煤场的北面，为方便

1辽宁省档案馆（行政3266）：《大连市街计划书》，1939年—1940年。

附近居民及设置各种事务所、公共设施需要，计划在上述两地分别配备36.3万余平方米和39.6万余平方米的商业区。由于这类商业区与居民生活有密切联系，故而在主要路街、关键地方、主干道路及大面积的住宅区内，根据土地状况和道路走向，来确定商业区的配备。

表6-17　区域用地限制要求情况

区域	住宅区	商业区	工业区
住宅	可以	可以	可以
特殊餐饮店、接待、艺伎、置屋	不可以	可以	不可以
百货店、市场等大型规模使用	不可以	可以	不可以
经营性车库	不可以	可以	可以
经营性材料货场、经营性仓库	不可以	可以	可以
一般商店	可以	可以	部分不可以
工厂	少量可以	部分不可以	可以

此次规划制定的基本原则就是将整个大连市全部纳入规划，各种用地区域总面积约32.4863平方公里，占大连市总面积158.9445平方公里（含预定填埋地面积）的20.4%。除去本区域内不可用地之外，这样，大连全市各类用地比例大体为住宅用地占60%，商业用地占9%，工业用地占30%。

表6-18　大连市内可利用土地面积表（单位：平方公里）

面积	现有面积	填埋地（含预定部分）	合计
总面积	150.48	8.46	158.94
可利用面积	81.51	8.46	89.97
利用百分比	54%	100%	57%

表6-19　大连市可利用土地中各种区域面积表（单位：平方公里）

区域	指定区域内面积	指定区域外面积	全大连市	百分比
住宅区	10.0	43.8	53.82	60.4%
商业区	3.43	4.94	8.37	9.4%
工业区	15.91	11.05	26.96	30.2%
合　计	29.36	59.79	89.15	100%

注：可利用土地是指从全市行政面积中扣除山地、机场、较大河流、军事用地等一般难以使用的土地面积后，剩余的土地。

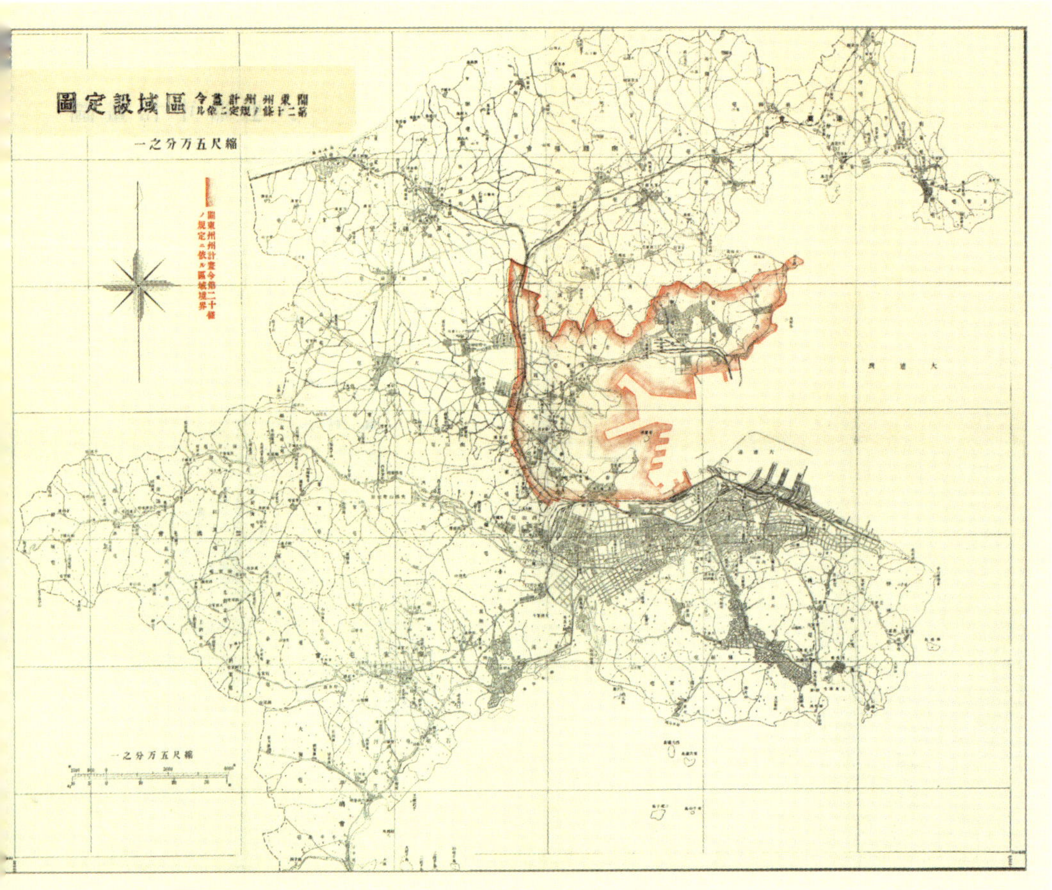

图6–46
1941年，依据关东州州规划令第20条设定的区域图。

（2）制定了大连湾工业区整地计划

1931年九一八事变之后，日本国内企业纷纷登陆中国东北，大连市区此时没有更多的工厂用地可供，许多企业因此转往其他城市设厂。于是，1938年关东州对城市对岸的甘井子一带50公顷的土地进行了整理划分，但仍然满足不了快速增长的工厂用地需要。为此，依照关东州州规划令第20条设定大连市北部地区为工业用地新区域（见图6-47）。其范围从香炉礁到甘井子海猫屯地区，具体包括海猫屯、甘井屯、椒房屯、金家屯、周家屯、春柳屯及香炉屯，总面积达984公顷（其中填海用地425公顷），其中67%为工业用地，余者为住宅、公园、铁路、商业预留地。而将大连市泡崖屯、周水屯、石家屯、西山屯及霞町

图6—47
大连湾工业用地整地计划图。

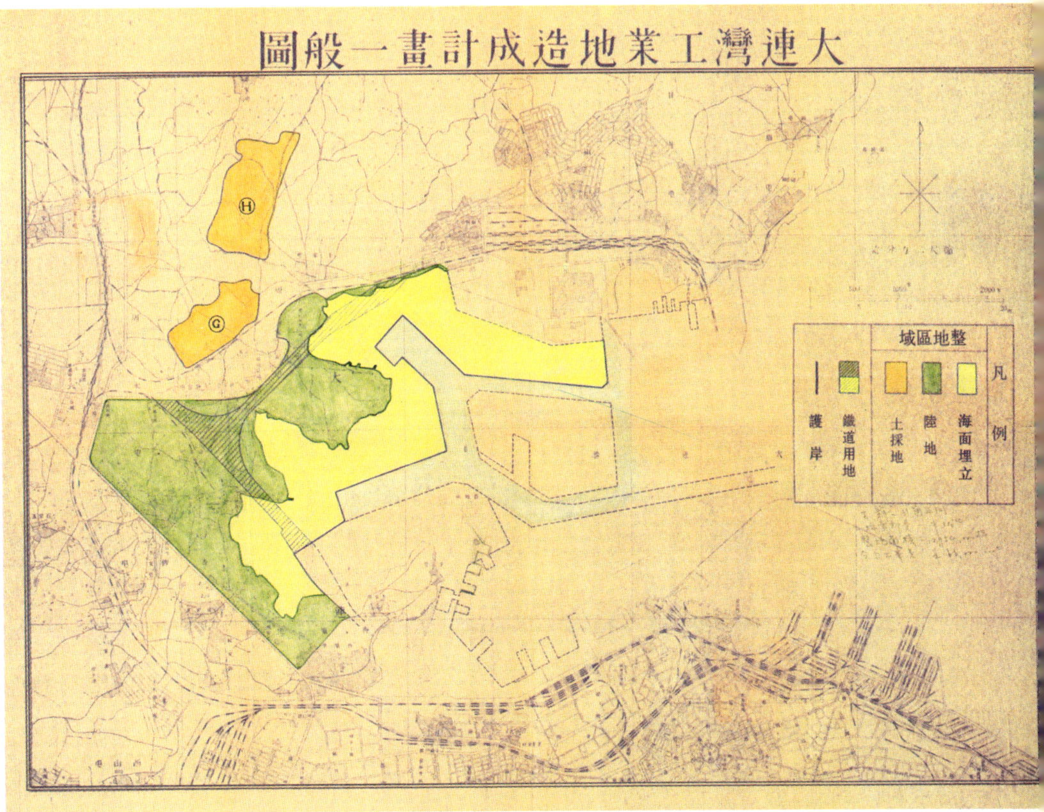

街头（现兴工街西端）填埋地各一部分，按照州规划令的规定，作为大连港港湾规划用地。

此次规划的目的就是将该地区的市政配套设施及位置、各种用地及建筑物高度等通盘考虑，体现出规划效果，以期在今后的城市市街布局时不留遗憾。

此次规划区域中陆地整理面积560公顷，其中民用地占317公顷，需迁移中国居民1,000户，为此，日本殖民当局在该区域内提供了多处搬迁集聚地。

(3) 严格规范用地标准

在设定各类用地范围的同时，根据《关东州州规划令》第20条规定，日本关东局局长兼驻伪满洲国特命全权大使梅津美治郎行使自己的特权，认为大连北部地区应属于适用城市建设法的区域，对该区域用地的规划提出了严格规范，明确要求作为建筑用地及其他公共用地，使用时需对其面积、用地内空地的大小、建筑物及公用设施位置、高度、结构等统筹考虑，并做好规划和定位，体现出前瞻性。具体要求为依据“建筑物界限线法之规定”（《关东州州规划令》第23条、《大连市建筑规则》第55条到第60条）在本区域内建造房屋时，其建筑用地要与建筑线对齐，而建筑线与道路红线之间必须有5米以上的间隔。“这一点作为州内法规，在城市建设中是至关重要的，必须严格遵守。”[1]同时，对建筑用地内建筑物的位置、面积、容积率、侧山墙间距、楼间距等也有明确的规定。比如商业用地其空地率不得小于30%，其他用地空地率不得小于40%。关于建筑物高度，规定为从建筑物房檐到地面的高度要不超过建筑物前道路宽度的1.5倍。这些要求充分体现了道路红线、建筑容积率和建筑高度三项规定构成的市政建设三大核心法规的权威所在。所谓面积规定是指最小用地面积限制；所谓容积率规定是指建筑用地内最低空地率；所谓高度规定是指建筑物的最高高度限制。建筑设备的相关规定则按大连市的相关暂行规定执行，待条件成熟后要逐步与州法令并轨执行。现有的“市街地建筑物法”不仅适用于市区内及大连近郊，同时也适用于人口急剧增长的大连远郊南关岭、叶家屯会（今凌水）及小平岛，当然也适用于大连北部地区。

1 辽宁省档案馆（日伪资料交通类—5133）：《依照关东州规划令第二十条设定新区域件》，1941年1月。

5.城市给排水工程规划与建设

（1）给水工程规划与建设

人类逐水而居。大连是一个严重缺乏饮用水源的地区。纵观大连港口与城市的选址诞生到不断壮大发展，无不与饮用水源的寻找与建设密切相关。日本侵占大连之后，殖民当局对城市的饮用水的水源地建设亦高度关注。关东州厅土木建设课课长清水本之助说："大连市能否得到长远的发展，关键是如何解决供水的水源地问题。此问题解决了，其他问题就会迎刃而解。"[1]1913年秋到1914年夏、1916年到1917年，大连市曾发生两次严重水荒，这也促使殖民当局加速了大连引水工程的步伐。

从1906年开始，日本殖民当局在大连共进行了7次上水道扩建工程和5次水库修建工程，修建了9座水库，共投资7,300多万日元，计划供水人口86万人，日最大供水7.7万立方米（见表6-20、图6-49）。其中，第五期的凌水寺、玉之浦、黄泥川、牧城塘四座水库为辅助水库，第六

1 关东州厅土木课：《大连都市计画概要》，第一辑，2页。

图6-48　龙王塘水库。（作者摄于2013年4月）

期和第七期工程是在大连1938年到1939年严重遭受旱灾的情况下于1938年开工的，其目的是引150公里外的碧流河表流水，1941年从大沙河导水工程竣工，日供水能力达7万吨，1945年计划完成第二次导水9万吨供水任务，因苏军解放大连、日本战败而停滞。

此外，为了解决城市供水的应急之用，日本殖民当局还在城区修建了大量水井（见图6-50）。

表6-20 大连上水道工程概况表

<table>
<tr><th colspan="3">项目名称</th><th>工期</th><th>计划日供水量（立方米）</th><th>计划供水人口（万）</th><th>普及率</th><th>竣工实际供水人口（万）</th><th>新建水库名称</th><th>水库蓄水面积（万公顷）</th><th>蓄水量（万立方米）</th><th>计划日取水量（立方米）</th></tr>
<tr><td rowspan="10">工程期数</td><td colspan="2">第一期工程</td><td>1906.4—1910.3</td><td>6,000</td><td>5</td><td>80%</td><td>4.1</td><td>—</td><td>—</td><td>—</td><td>—</td></tr>
<tr><td colspan="2">第二期工程</td><td>1914.4—1921.3</td><td>10,000</td><td>8.4</td><td>85%</td><td>14.6</td><td>王家店</td><td>32.9</td><td>537.6</td><td>10,000</td></tr>
<tr><td rowspan="2">第三期工程</td><td>第一阶段</td><td>1920.3—1927.3</td><td>12,000</td><td>10</td><td>88%</td><td>21.7</td><td>龙王塘</td><td>33.924</td><td>1578.3</td><td>12,000</td></tr>
<tr><td>第二阶段</td><td>1927.11—1935</td><td>—</td><td>—</td><td>—</td><td>32.7</td><td>—</td><td>—</td><td>—</td><td>—</td></tr>
<tr><td colspan="2">第四期工程</td><td>1927.4—1935.8</td><td>13,000</td><td>10</td><td>85%</td><td>32.7</td><td>大西山</td><td>29.34</td><td>1686.6</td><td>12,000</td></tr>
<tr><td colspan="2" rowspan="4">第五期工程</td><td rowspan="4">1934.4—1939.3</td><td rowspan="4">10,000</td><td rowspan="4">8.4</td><td rowspan="4">88%</td><td>53.4（1938年12月）</td><td>凌水寺</td><td>12</td><td>128.3</td><td>2000</td></tr>
<tr><td></td><td>玉之浦</td><td>28.53</td><td>468.8</td><td>4800</td></tr>
<tr><td></td><td>黄泥川</td><td>19.4</td><td>360</td><td>4000</td></tr>
<tr><td></td><td>牧城塘</td><td>20.818</td><td>425</td><td>3500</td></tr>
<tr><td colspan="2">第六期工程</td><td>1938.4—1943.3</td><td>10,000</td><td>15</td><td>88%</td><td>42</td><td>北大河
大沙河（今洼子店水库）</td><td>37.912</td><td>1,000,000</td><td>10,000
10,000</td></tr>
<tr><td></td><td colspan="2">第七期工程</td><td>1944.4—1945.8</td><td>40,000</td><td>30</td><td>88%</td><td>70</td><td>—</td><td>—</td><td>—</td><td>—</td></tr>
<tr><td colspan="11">注：日本殖民统治时期，七期上水道扩建和五期修建的共九座水库工程共投资7300多万日元，计划供水人口86万人，日最大供水量7.7万立方米。</td><td></td></tr>
</table>

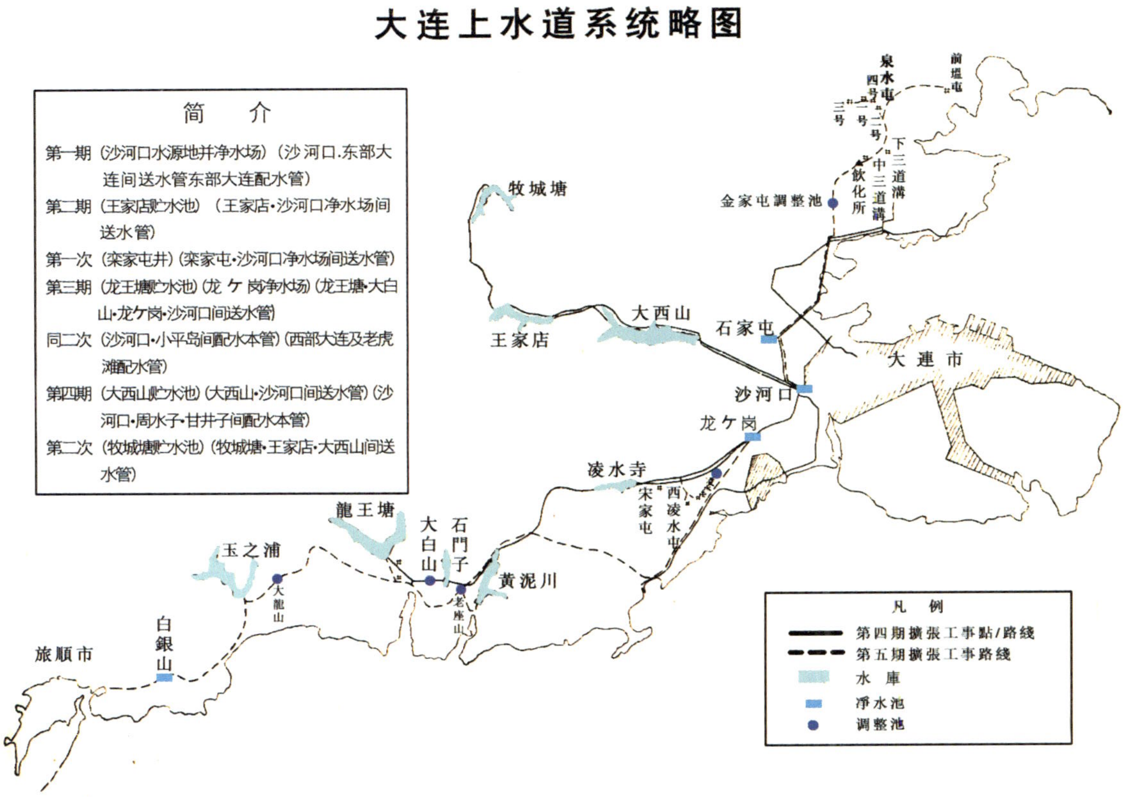

图6—49
日本殖民时期大连引水工程图。（《大连水资源调查》）

图6—50　1932年，大连市内地质及水井位置图。

大连解放后，为解决供水水源短缺问题，自1954年起，陆续开工兴建了五次大的引水工程，其中最大的引水工程是引碧流河入连一、二、三期工程，引英那河入连一、二期应急工程。

1975年10月，大连市启动碧流河引水工程。1982年，距大连市区约160公里的碧流河水库合坝蓄水，1986年竣工，共投资2.86亿元。水库最大库容9.21亿立方米，调节水量5亿立方米，规划为城市和工业供水每年3.1亿立方米，设计供水能力为每日85万立方米。投巨资实施的引碧入连工程分为一、二、三期工程，工期从1982年到1998年，分南、北两段向大连供水，北段从碧流河至大沙河洼子店，南段从洼子店至市中心。

引英（英那河）入连输水工程原计划2000年12月开始进行勘探设计，2001年9月开工建设，2003年6月10日竣工。但大连地区连续两年遭遇特大干旱，到2000年7月，唯一可向大连城市供水的碧流河水库所余水量只可供到2001年6月，鉴于城市严峻的供水形势，2000年8月23日，大连市政府果断决定“引英入连”作为应急工程提前启动实施，计划工期8个月，2000年9月29日动工，2001年5月31日正式通水。该工程始于庄河市塔岭镇英那河水库，终点为普兰店市大刘家镇洼子店受水池，全长114.5公里。设计日供水能力33万立方米，概算投资5.879亿元。

2008年11月29日，辽宁大伙房水库输水入连工程举行开工典礼，2009年5月正式开工建设。该项工程是将大伙房水库作为大连水源地的一项跨流域调水工程，是大连市有史以来投资最大、调水距离最长、施工难度最大的一项调水工程。工程全长222.17公里，途经辽阳、鞍山、营口和大连四市的九个县市区。工程以碧流河水库为界，分为南段工程和北段工程。南段工程位于大连境内，设计年调水能力为3亿立方米，其中，2亿立方米水利用引碧三期工程，富余能力送至洼子店水库，保障金州以南地区的用水需要；另1亿立方米水通过铺设输水管线和利用引碧入连工程应急输水设施，送至瓦房店市东风水库附近受水池，保障长兴岛临港工业区和瓦房店地区的用水需要。工程概算投资49.23亿元，2013年实现正式通水。工程建成后，将改善大连地区缺水状况，为大连经济社会发展提供可靠的基础保障。

(2) 1940年之前的排水工程规划与建设

城市的排水系统是其文明程度的重要标志，既体现出城市的管理水平，更体现出城市的规划设计水平。它就像一个城市的血脉一样，昼夜不息地奔流在城市的肌理中，脉络顺畅则秩序井然，生活安然，脉络梗阻则秩序混乱，困扰重重，甚至造成城市局部或全面瘫痪。纵观近年来每逢雨季，特别是遇有大雨或暴雨之际，许多大中城市下水道排泄常常出现严重问题，泄洪不及时造成雨水大面积聚集，甚至形成市民“看海”的奇观。究其原因，是建设者只顾“面子”而不顾“里子”受到的惩罚，是只重视城市地上建设而轻视地下建设遭到的“报应”，在规划之初就存在设计不合理、抵御能力不足、体量不够等问题，也有在城市改造过程中管理不到位，反复折腾的问题。

1940年之前，在启动上水道工程的同时，大连的下水道工程也在加快建设。在日本殖民统治下，大连的下水道工程建设经历了从“自然随意”排放，到调查治理污染，再到制定区域合理排放下水规划的一个过程。

1906年，“在青泥洼河以东，铁道线路以南，以大广场为中心，与放射型道路纵横相连的一带地区以及小岗子中国人地区计划铺设下水排水管道。”[1]1907年7月，拨款94万日元工程费，开工建设。1914年，总长度为112.716公里的下水道第一期铺设工程完成。其间，1909年1月，关东都督府发布命令，制定关东州下水道规则，在公设下水道的同时计划普及私设下水道，房屋所有者有义务私设下水管道及修建排水工程，因此，私建的下水设施也逐年不断地增加。1915年以后，道路开辟与下水道设施建设同步进行。作为大连市街扩张费的一部分，下水道工程费被纳入国库费或者地方费用预算支出，并且随着市街的膨胀而不断增加。到1931年，共投入工程费480余万日元，总长度超过666.55多公里的下水道管网遍布全市的每个角落，而且合流式暗渠的设置，使路面无积水存留。同时占全市总户数84%的私人家庭也被敷设了下水管线。从卫生上讲，整个城市都有如此完备的非常理想的下水道设施，这在当时的日本国内也是少有的。到1935年止，已竣工的公设的排水管道总长度为380延长公里，总工程费为296万多日元，私设的下水排水管道总长度为384延长公里，总工程费为186万多日元。

下水排放方式：

这一时期，大连的下水道排放依靠地势及其他条件，利用自然的高低落差，采用了“自然流下法”，使雨水和污水经过同一管渠以混合方式排放出去。而且从市容和卫生方面考虑，除部分雨水及下水排放口外，其余全部埋入地下，建成地下暗渠。其结构为：侧沟内每隔27～36米处，设一个泥留斗（雨水井），雨水及污水通过铸铁制泥留器过滤，内径分为150毫米、200毫米、300毫米水泥管或陶瓷管布设于路街下，与下水主管连接。联结各家各户的下水管网基本上布设的都是内径为150毫米的管子。同时，对排泄物

[1]关东州厅土木课：《大连都市计画概要》，第一辑，28页。

（生活污水）的处理是用水洗式装置直接与下水主管连接。对医院等其他特殊场所，实施用户分别就近设置化粪池等污水净化装置措施。下水主管线采用水泥管或者筑成暗渠，水泥管的内径分为300毫米、450毫米、500毫米、600毫米、750毫米、900毫米六种规格；暗渠可根据实际需要将其断面设计成半圆形、马蹄形、矩形、或者梯形（见大连下水道断面图）；结构有砖砌造、混凝土造、粗石造、钢筋混凝土造等区别。并且被埋设在主要路街的中央，为了便于通风、清理及检查，每隔55米设置一处检查井。

图6—51
雨水排放口暗渠。[大连市档案馆（H140—1）：《关东厅下水道概要》，关东厅内务局土木课，1932年。]

图6—52
正在修建的马蹄形排水暗渠。[大连市档案馆（H140—1）：《关东厅下水道概要》，关东厅内务局土木课，1932年。]

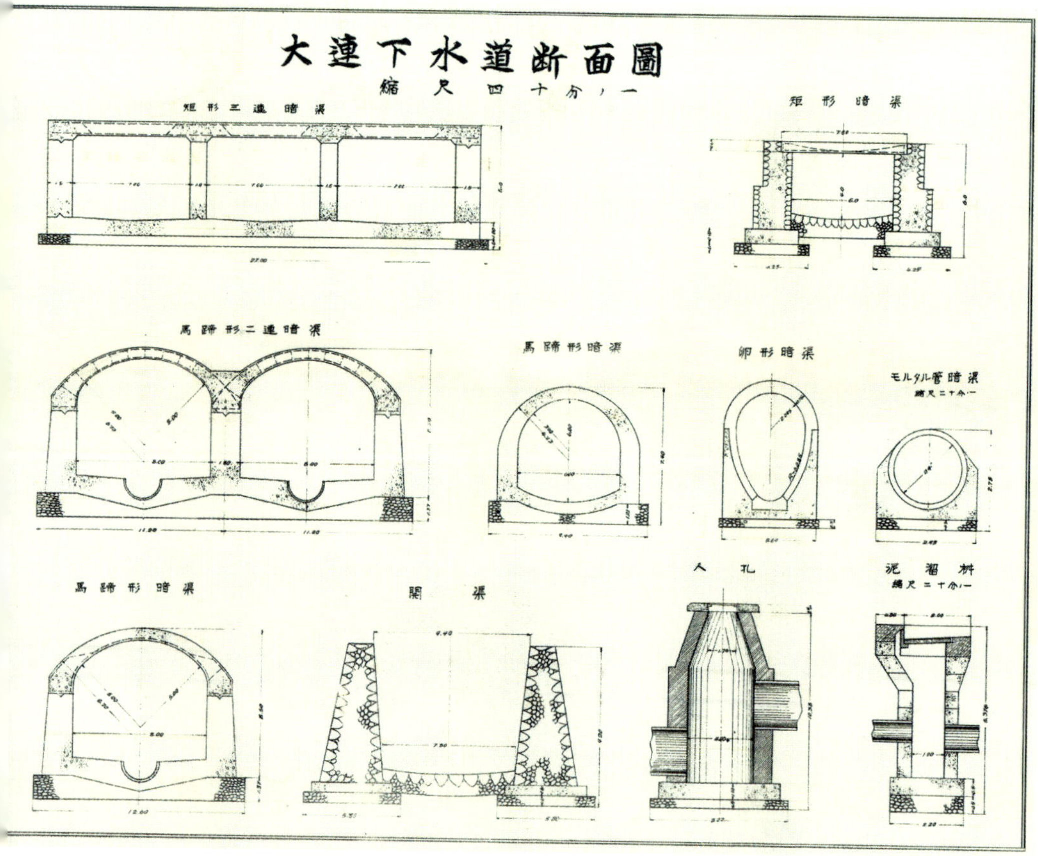

图6—53
大连下水道断面图。[大连市档案馆（H140—1）：《关东厅下水道概要》，关东厅内务局土木课，1932年。]

下水排放范围及路径：

这一时期大连市区下水道工程所做的雨水、污水向海中排放的规划，从东到西共建设了14条排水干线，“采取向就近海、河排放的方式，东面的排向寺儿沟海岸；北面的排向露西亚町海域（今黑嘴子海域）；西北排向北岗子、马家套海岸（今香炉礁海域）；西部排向马栏河；南面排向静浦（今自由河）、老虎滩海岸。”[1]其干线下水道排放范围及排出口情况，1932年关东厅内务局土木课在《关东厅下水道概要》中做了详细记述（见图6-54）。

[1]大连市档案馆（H140—1）：《关东厅下水道概要》，关东厅内务局土木课，1932年。

①寺儿沟春海街干线。位于原先被称作白石桥的千代田町（今鲁迅路二七广场到东寺儿沟）东端。暗渠从福昌华工收容所（俗称红房子）附近以东绕了一圈流出，其被埋在雨水及污水检疫所西侧的道路底下，采用的是610毫米水泥管，并通过地头海面填埋地第二号明渠排入大海。

②宝广场干线（今春海街北端16路终点处）。将日出町（今七星街）、山手町（今春德街）及千代田广场（今二七广场）以东的下水汇集到宝广场（今春海街北端）附近位于码头内的宽5尺高4.5尺的马蹄形暗渠中，与从伊势町（今友好路）以东，播磨町（今延安路）、大连神社（今中山区麒麟东巷）以东，铁道线以南，几乎整个旧大连市区排放的污水汇集于宽6尺高4.5尺马蹄形暗渠内，经过宽10尺的明渠迂回引导到小岗桥下后，再经明渠最后排入大海。而且转山腹地的雨水主要也是通过福昌华工收容所西部的溪谷经过原白石桥及小岗桥汇入明渠后再排入大海的。

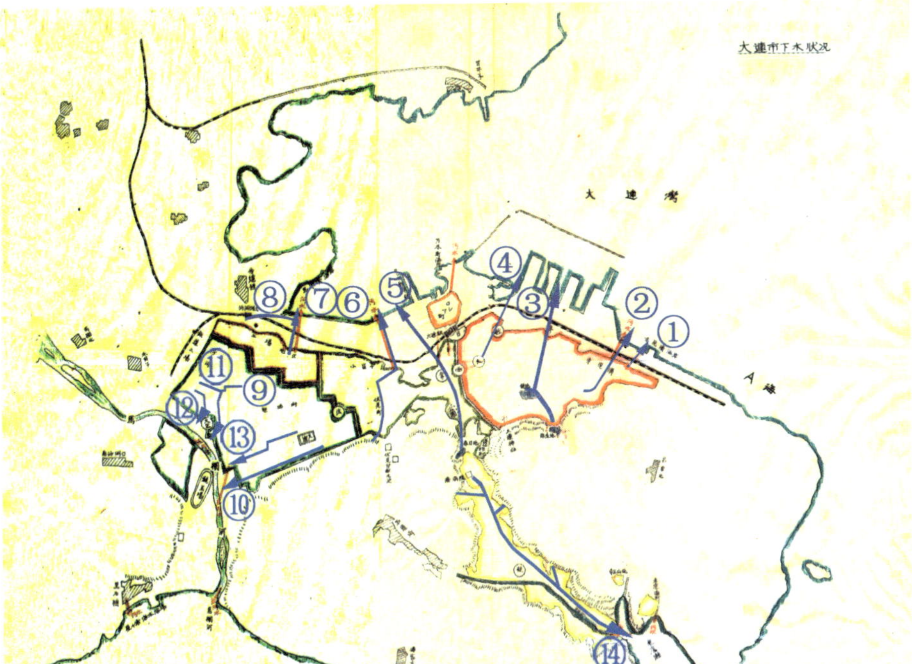

图6–54　大连市下水道状况（蓝线为后加的排水线路）。
[辽宁省档案馆（2843–00016–1）：《论大连市下水及海水浴场污染与都市净化问题》，满铁卫生研究所，1935年。]

③东广场干线（今港湾广场）。将南山山麓方面及朝日广场（今三八广场）附近流出的雨水及污水汇集到宽4尺高4.5尺的马蹄形暗渠，通过设在东广场（今港湾广场）的污水处理站与敷岛广场（今民主广场）流来的污水合流，再经宝广场（今春海街北端）从寺儿沟海岸排放出去。以镜池（今明泽湖）为主的雨水也是从东广场的处理站蜿蜒流入码头里面的宽14尺的矩形暗渠内，再从第二码头西侧排放入海。

④敷岛广场（今民主广场）干线。本干线最为复杂，它是将伊势町（今友好路）以东，纪伊町（今世纪街）以西，铁道线以南的下水通过敷岛町（今七一街）及纪伊町（今世纪街）的宽3.5尺高3.75尺的马蹄形暗渠汇入敷岛广场（今民主广场）。进入敷岛广场后，污水通过内径508毫米、610毫米及762毫米的水泥管经寺内通（今长江路民主广场至港湾广场段）到达东广场（今港湾广场）再向东进入宝广场（今春海街北端）。雨水尤其是暴雨时，则是通过打开设在敷岛广场（今民主广场）警察派出所后面的闸门将其放入宽6尺,高4.5尺的马蹄形暗渠，横穿吾妻站（今民主广场铁路东站）内，在第四码头西侧海岸排入大海。另一部分雨水则折向武藏町（今文林街）通过高4.5尺宽7尺的矩形暗渠进入码头内（今造船厂码头），再通过宽10.5尺的矩形暗渠在满洲船渠（今大连船舶重工）侧面排放出海。本条排放暗渠是由于敷岛广场（今民主广场）附近的低洼地一遇暴雨就形成积水，故而在1918年从敷岛广场（今民主广场）敷设过来的。

⑤露西亚町（今胜利桥北地区）干线。由于地处独立的丘陵地带，故雨水及污水可流向北大山通（今上海路桥北段）。在这里雨水可流入防波场，污水则通过内径914毫米的水泥管进入设在乃木町（今兆麟街）的满铁会社院内的污水处理泵站排放入海。

⑥青泥洼河干线。共分为五个区。一区从大连逢坂町（今武昌街）方面，经春日町（今解放路24中学以北路段）流入西公园（今劳动公园）；污水从八幡町（今八宝街）、若狭町（今昆明街）流出，与从壹岐町（今南山路西段）、对马町（今华昌街）、能登町（今武汉街）方面流出的污水合流，在常盘小学校南侧与雨水渠分离，经埋设在青泥洼河底的内径457毫米的水泥管排出，再在常盘桥和青泥洼桥畔与伏见台（今希望广场）方面流来的污水汇合，通过内径为610毫米的水泥管送到铁道线北侧，在此，再与小岗子方面流来的污水汇合，进入污水泵站后，通过埋设在海底的内径406毫米的铁管排入深海中。1922年，由于满铁会社要进行地头海面填埋工程，结果需要将原有铁管位置迁移。于是撤去了铁管600尺、水泥管725尺，新埋设

了内径610毫米的水泥管2,600尺，与以前埋设的排污口相比，新的排污口的位置位于稍稍偏西的海底。并且雨水通过明渠排放入海。

二区是西广场西南一带的污水，经常盘桥电车站附近的信浓町（今长江路火车站至胜利桥段）与伊势町（今友好路）以西部分的污水合流，通过设在岩代町（今普照街）、美浓町（今保安街）交叉点的入孔及污水引分口，只将污水引入内径305毫米水泥管，送到位于青泥洼桥北侧右岸的污水净化处理站进行处理，再将净化后的清水排入青泥洼河，此地的雨水也是通过高3.75尺，宽2.5尺的梯形暗渠排放到青泥洼河的。

三区是绿山方面、中央公园区域、大佛山（今绿山西侧山）东部（即配水池以东）、伏见台（今希望广场）南半部的雨水，通过常盘町（今中山路青泥洼桥段）在原冷食品厂拐角处流下，经羽衣町（今青泥街）的明渠流入青泥洼河；绿山背面的雨水则流入春日池（绿山池）。

四区是三室町（今三元街）附近到伏见台（今希望广场）西部的污水，是通过伏见町（今广和街）电车站侧面的宽4尺高4尺的马蹄形暗渠与雨水分离后向北流去。在惠比须桥（今黄河路东端）北面，小岗子南部流下来的部分污水和上述两水再次合流，通过宽6尺，高6尺的马蹄形暗渠向东导流。由于本暗渠是向东走向并呈逐步扩大形态，在原西岗桥附近变成了高8尺宽8尺的暗渠，与伏见台（今希望广场）北半部分及小岗子北部的污水合流。

五区是在铁道桥（今东关街桥）北侧只允许污水流入内径610毫米的水泥管，并沿着铁道线向东流，然后流入埋设在青泥洼河的污水管里。雨水则经过铁道桥（今东关街桥）的明渠（今通海沟）直接排放到填埋地边的海里。

⑦马家套干线。把围绕小岗子西面及圣德街（今中山公园）北面的工厂区转了一圈的下水，汇集到日吉町（长江路大同街段）中央的宽5尺高5尺的马蹄形暗渠内，然后横切铁道线，经由满铁会社施工的马家套填埋地排放入海。

⑧霞町（今兴工街）、沙河口火车站干线。秋月町（今振工街）工厂地区西部及霞町小学校（今抚顺街小学）附近一带的下水是通过布设在沙河口火车站到霞町金大干线路街沿线的内径762毫米的水泥管，再汇集到沙河口火车站侧面铁路桥下的马蹄形暗渠内，出铁道线北面的沟渠，最后从马家套海面填埋地头的海岸排入大海。

⑨源桥干线（今成仁沟与五一路交叉处机车厂一带）。圣德街（今中山公园）周围一带，通过设在电车路下的马蹄形暗渠（宽4尺高4尺）排放，

对来自沙河口神社（今兴工车站）东部工厂区的部分污水及中国人区的污水，是通过高6尺、宽4尺的马蹄形暗渠在五四广场的明渠与雨水分流，污水经埋设在明渠东侧的内径457毫米水泥管南下，沙河口工厂内的部分及绕霞町（今兴工街）住宅地一圈的雨水与上述明渠里的污水通过设在该广场侧面的污水处理所处理后流入埋设在明渠下面胶泥管排出。另外，沙河口大正通（今西安路）以东的雨水，通过明渠排放；污水则通过敷设在明渠西侧的457毫米水泥管全部排到老沟渠里，再经老沟渠排放进马栏河。本明渠是由粗石造，上宽11尺7寸，底宽10尺6寸2分，高11尺。扩张区域主要位于西部。

⑩大正广场（今解放广场）干线。沙河口大正通（西安路）以东，经过源桥干线的所有中央部分的下水，都是通过设在本广场的内径为914毫米水泥管送到源桥再经明渠排出的。雨水走的是明渠，而污水则是在该广场分叉后通过向南的508毫米水管进入干线再流入沟渠。该广场以西的污水，经过内径914毫米水泥管至五一路分流，雨水横穿广场西侧的发电所院内暗渠，通过内径3尺5寸的马蹄形暗渠排入马栏河。污水经五一路分叉后，于解放广场508毫米污水管排放到马栏河。

⑪五一桥干线。沙河口工厂一部及西町（今黄河路西段）一带的下水通过西沙河口的高6尺宽6尺的马蹄形暗渠导流。雨水从沙河口净水场栅栏外起，横穿该净水地后通过水道桥畔高7尺宽6尺的暗渠排放到马栏河；污水是在净水地栅栏外分叉后流入内径762毫米的水泥管到解放广场，并在此折向上述508毫米管道内从明沟排入马栏河。

⑫台山干线。本干线绕工厂区一圈后通过内径457毫米水泥管中排入马栏河。

⑬五四路干线。大佛山（今绿山西侧山）一部、花园町（今花园广场）、水仙町（今水仙街）、堇町（今纪念街）附近的下水，通过原埋设在星之浦（星海公园）汽车道下的内径914毫米的水泥管汇合后，将其导入到埋设在大连运动场（原体育场）北侧的宽6尺高6尺的马蹄形暗渠内，再与长者町（今人民广场）西部高地、圣德街（今中山公园）东部、大连运动场南部的下水合流，在早苗小学校（今大连市教师进修学院）前面，流入宽7尺高7尺到芙蓉町（今联合路南段）后变为高8尺宽8尺的马蹄形暗渠内迂回前行一段后，进入高7尺宽7尺拓宽成二连的马蹄形暗渠。上藤町（今白山路南段）以西的下水，通过高宽各8尺的二连马蹄形暗渠到达马栏河。本干线作为西部扩张市街住宅区下水的主要干线，是大连市最大的下水干线暗渠。大

佛山以西、白云山方面的雨水，准备在市街计划决定区域的上端开凿放水沟渠，并将其全部排入马栏河。

⑭自由河干线。武昌桥和疗养院以南的下水，通过布设在通往老虎滩街的电车道旁边的下水管排放的。雨水是经岭前小学（今桃源小学）附近的桃源桥下排放到与老虎滩路并行的明渠里，再可随时排放到紫川（今自由河）里。污水向东行进，通过高4尺宽4尺的马蹄形暗渠在静浦（今自由街）电车站东侧排入大海。

修建雨水排放调节池：

大连市区背负南山，北朝大连湾，丘陵高地凸起，地质结构为硅岩及粘板岩，土壤多为砂交黏土。年降水量较少，且70%集中在6月～9月。降雨时短时就可达到径流，常引发洪水泛滥，因此需要筑造较长的暗渠。为调

图6—55　1909年建成的镜池雨水调节池。

图6—56　今儿童公园明泽湖。（摄于2012年）

图6—57　1921年建成的弥生池雨水调节池。

图6—58　今大连植物园映松池。（摄于2012年）

节山洪之需，当局在山麓设置蓄水池、在市内布设铁管、在重要场所设置水槽等，这样既满足了排洪需要，积蓄的雨水还可用于夏季道路洒水和绿地浇灌之用。另外，修建的蓄水调节池可以使被雨水从山上携带而下的泥土和沙石得以沉淀，避免了其大量流入海港，淤塞港池，有效保证了港口功能的正常发挥和航道的畅通。修建的蓄水池主要有三处：一是镜池（今儿童公园明泽湖）（见图6-55），位于今儿童公园内，于1909年修建，聚水面积1,047,628平方米，水深最大超过4米，最大贮水量8万余吨。本蓄水池地处大连东部住宅区的中央位置，在堤坝周围可植树，区域风景优美，成为周边居民散步的好去处，冬季亦可做滑冰场。二是弥生池（见图6-57），又称映松池，位于今植物园内，1921年10月修建，聚水面积约289,710平方米,水深超过6米,最大蓄水量4.5万余吨。此蓄水池是在镜池、明泽湖雨水调节池建成12年之后，因其调节能力不足的情况下而筑造的。堰堤构造为土坝，周边栽种樱花等树种，风光秀丽。三是春日池（今绿山下的绿山池），位于中央公园（今劳动公园）内，于1924年8月修建，聚水面积363,000余平方米，水深超过8.8米，最大蓄水量5.5万余吨，堰堤构造为土坝，周边植树，是理想的休闲散步之地。

建设两处污水处理分所：

随着市街的发展和生活水平的提高，其中生活污水的排放也逐年增多，合流至下水排放将容易污染海域。因此，在第一期下水工程阶段，于1913年，实验性的在青泥洼桥下的大连川（河）畔建造了小型的污水处分所。其结构为钢筋混凝土造，有净化槽、贮渣槽，净化后的污水流入青泥洼河底的水泥管排放出去。污水主要来自美浓町（保安街）、岩代町（普照街）交叉点汇集的全部污水。其流域主要覆盖伊势町（友好路北段）、近江町（友好路南段）以西，越后町（玉光街）以北，面积达287,495平方米的区域内,人口为10,792人，按人均日排污水量4立方尺、日排放12小时计算，污水量为1立方尺/每秒，每日处理污水1,187.12立方米，沉渣量17立方米。

另一处为沙河口污水处理分所。位于市内沙河口兴工街五四广场东北侧，于1914年由满铁建成投入使用。其目的为保护南部盐场和海水浴场（今星海湾）不遭来自机车厂一带工厂及中长街住宅区等污水的污染。污水处理厂占地7,200平方米，处理区域面积168公顷，日处理能力约700吨。住宅地一带的下水依靠分流法，几乎将雨水全部通过明渠排放，只有极少部分与工厂内的下水合流，并全都在处理所净化后经源桥干线排放到马栏河里。本处理所是仿照1890年英国的卡梅伦氏在曼彻斯特市使用的方法筑造的，工艺先进，采取生物过滤方式，处理后的污水无色清洁，效果远优于青泥洼河污水处理分所。这在亚洲仅次于1912年投入使用的东京三河岛污水处理厂，也是到1945年日本战败为止伪满洲国境内唯一的一所污水处理厂（其他城市建立的均为医院的净化槽）。

市区下水道工程存在的主要问题：

鉴于当时的财政状况、事业性质，并结合地势等情况，大连市的下水道采取了合流法排放。而且，14条排放口可以说是随意就近入海排放。位于马栏河上的两处污水处理所处理的污水，经化验“所谓经过设施处理过的污水与未经任何处理的污水看不出有什么差别”[1]。随着城市人口的不断增加、工业的发展和生活水平的提高，加之水洗便所使用量呈快速增长的趋势，“这些令人心惊胆战的、有着很大危险性的城市的污水，被原封不动地、大量地排放到了近岸的海水浴场里”[2]，使大连附近海水污染日趋严重；而且污物随意漂浮，不仅对环境卫生不利，对鱼、贝类的繁殖生长也造成了恶劣影响。据满铁卫生研究所卫生科长、医学博士儿玉得三和所长、医学博士安东洪次于1935年7月所写的报告《大连下水及海水浴场污染与都市净化问题》记述，在1934年八九月及1935年5月对星之浦（今星海湾至星海公园一带）和老虎滩海水浴场污染状况调查结果表明，星海方面（见图6-59），从马栏河排放的污水在退潮时，以河口为中心向海面方向形成了一条清晰的黄褐色分界线，由这条分界线围出了一个面积很大的污染区。从学术角度来看，这个污染区内外的细菌群落数和大肠杆菌指数等有显著的差异。这个扩散区域随着风速、风向、潮汐的变化而不断改变。最严重的时候，马栏河入口以西的星海湾临海浴场，形成了一条长时间的污染带，且污染范围不断扩大。老虎滩海水浴场几乎全被污染（见图6-60）。虎滩湾内，最严重的时候比星海方面的海面污染面积还大，仅有南部的部分尚可做海水浴场之用。

造成问题的根本原因就是污水处理得不彻底，下水没有经过净化处理就被排放出去，尽管实验性地建设了青泥洼河和沙河口两处污水处理分所，但其处理能力远远不够，这就使得河、海不可能不被污染。因此，解决这一问题是大连城市环境卫生方面最紧要的任务。只有逐渐改进下水处理方法，不

1辽宁省档案馆（文教2843）：《大连市下水及海水浴场污染与都市净化问题》，满铁卫生研究所，1937年7月。

2同上。

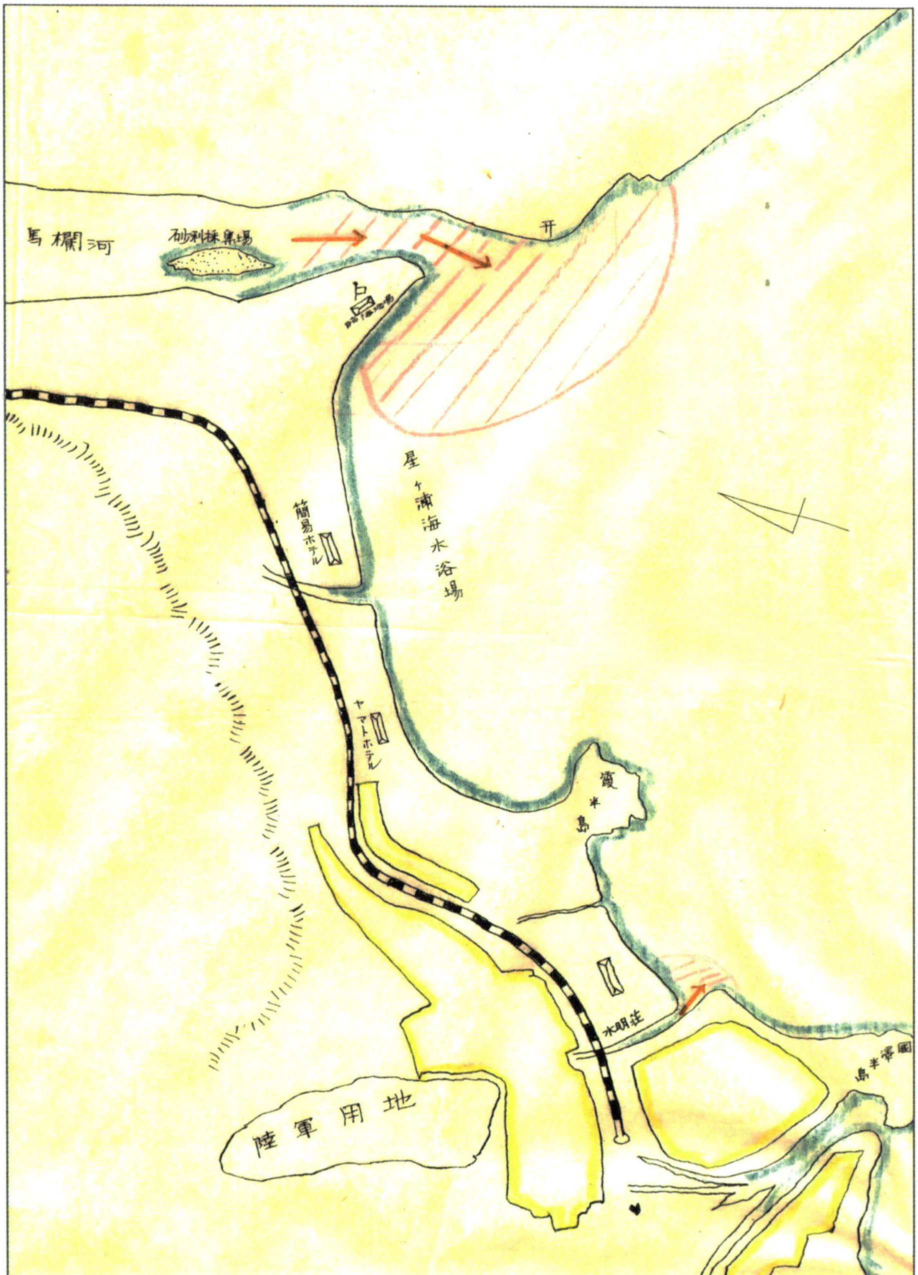

图6–59 1934年、1935年，星海浴场海水污染状况。图中红线区域为污染区。
[辽宁省档案馆（文教2843）：《大连市下水及海水浴场污染与都市净化问题》，满铁卫生研究所，1937年7月。]

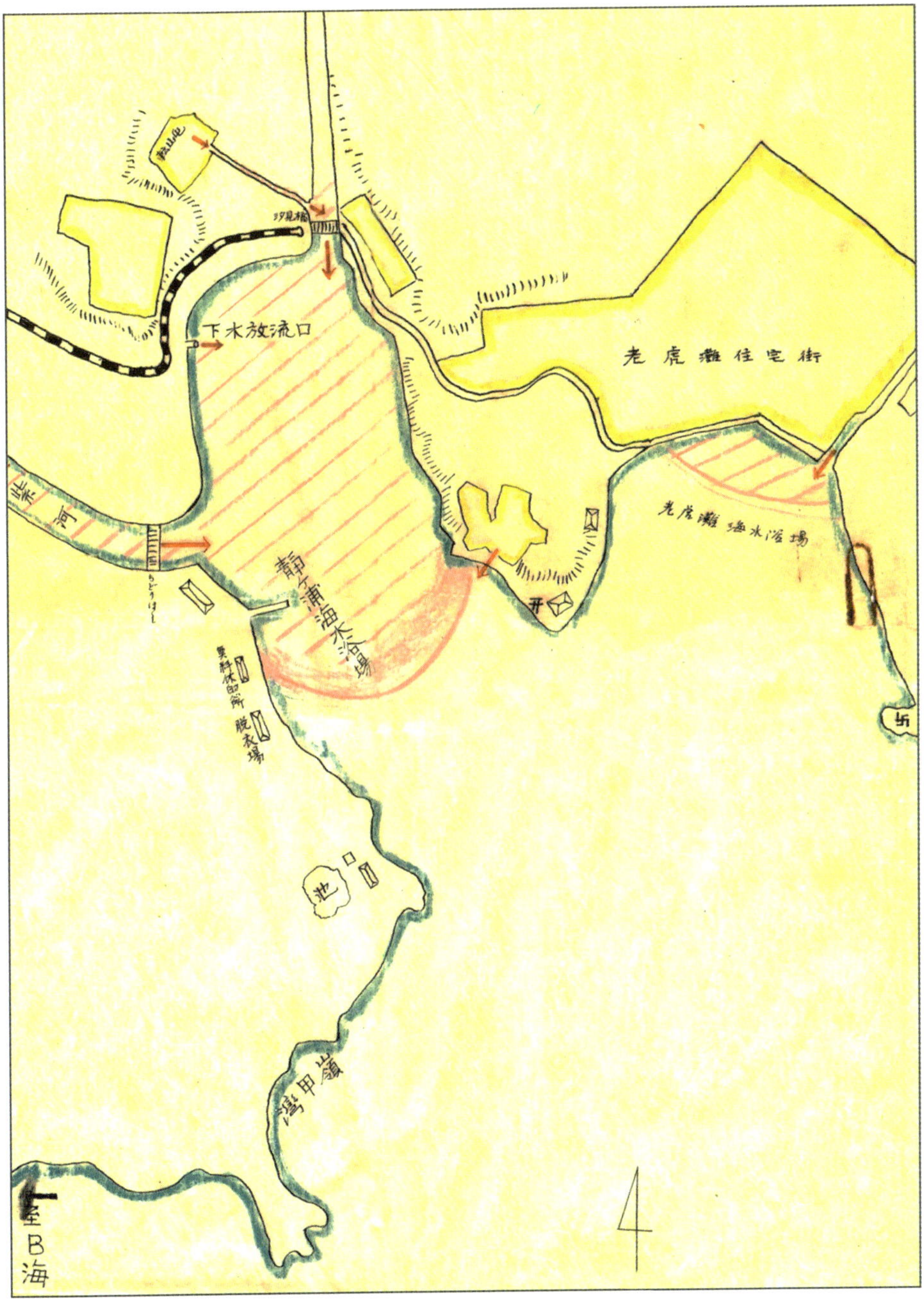

图6-60 1934年、1935年，老虎滩海水浴场污染状况。图中红线区域为污染区。[辽宁省档案馆（文教2843）：《大连市下水及海水浴场污染与都市净化问题》，满铁卫生研究所，1937年7月。]

仅使海、河得以净化，同时使人们希望的大量使用水便而产生的生活污水的处理问题得以解决，对伤寒、痢疾等传染病的预防才会取得显著成效。

城市排污口选址调查：

为有效制定处置大连市下水的应对方法和策略，关东厅从1927年至1931年，开展了历时5年的对大连市区附近沿海岸线无障碍的地方进行了污水排放的可行性调查研究，包括对大连近海的潮流调查、对已有污水量的调查及依据区域性人口密度确定污水处理所和排污口位置的选定等等。根据这一研究，遴选了地势上有落差的地方作为今后排污口的预定位置，并对其附近海域水面以下4～10尺的潮流情况进行了调查，最后得出综合评定结果。

关于大连市南部海岸排污口选址的调查情况。一是黑石礁附近。涨潮时，海水从预定地基点沿海岸直达凌水河口附近，落潮时海水向东流，再度通过预定地点向东退去，直至国泽半岛（今黑石礁）的南面。第二次涨潮时，潮水向小平岛方向流去。这期间从凌水河口到黑石礁、国泽半岛及海滨一带的海水都遭到了污染。得出的结果是，黑石礁附近属排污不良地区，如果不安装净化设备，污水根本无法实现正常排放。二是金沙滩附近和傅家庄附近。涨潮时，海水在马栏河口前向西流去，直到星海公园的突端附近，待进入落潮时，海水再开始慢慢向左回转，流向东南方。在落潮阶段，岸边的海水沿海岸向东流进，在二坨子岛和傅家庄之间通过后进入涨潮阶段，此后海水继续向东南流去，并流向外海。这样，从星海公园至金沙滩、银沙滩、傅家庄一带的沿海附近都遭到了污染。尤其是一旦有东南、南、西南风时，其受害程度更甚，因此将西大连一带的污水简单排放到这里是绝对不可能的，必须经适当的净化处理方可。三是老虎滩附近。涨潮阶段，海水沿海岸向西流，在傅家庄和预定地的中间地带进入落潮阶段，随后向东行进，流向外海。在落潮阶段，海水继续东流到达（虎滩）港口前，与从港内流出来的水势汇合时，被从棒棰岛方向来的落潮压入港内，形成环流流向后改变方向流向东南，且环流后的海水流速加快，带走污物，从而避免或减少了可能造成的污染，并与棒棰岛方面来的落潮合流流向外海。对于选定的石槽屯南面的第二备用排污口，调查结论也大致相同。其结果是老虎滩附近排污预定地状况全部良好。

关于大连市北部海岸的排污口选址的调查情况。一是东寺儿沟附近。涨潮阶段，海水只能到达海上锚地附近而到不了港口。然后进入落潮阶段，海水开始向右转半圈后向三山岛方向流去。落潮阶段，海水沿海岸经黄白嘴东流，在该处的突端右转，并在黄白嘴到棒棰岛之间形成环流往来流动，随后借着涨潮出黄白嘴向西北流去，流向南三山岛。这样，大连港口以西水域就没有受到污染。其结论是，东寺儿沟排污口预定地附近状况良好，来自东大连的污水可以在自此以东的适当地方选择排污口，没有任何问题。二是海猫岛附近。海水在涨落潮时皆沿甘井子防波堤和老龙头之间，以极其缓慢的速度流动，常造成这一附近海域的污染。其结论是，此地不适合排污。三是老龙头附近。涨潮时到小盐岛角前便进入落潮期，然后向右转往东流，在柳树屯无线电信所和大连码头的连线附近进入第二次涨潮期，其尖端在到达棉花岛角时进入第二次落潮期，并依次向港外流去。在落潮阶段海水向东方流出，流至大连码头北面时进入涨潮期，在棉花岛角方向向西北流去，并借着再次落潮的势头向东进，流出外海。其间，如遇东南、南、西南风，海水很长时间在这一带转悠，则柳树屯方面的海岸将会受到一定的污染，但是，由于这里海水较深，可降低受污染程度。因此，作为大连市扩张区域的甘井子方面即北部大连地区的排污口，除这里外，其他地方都是合适的。其结论是，污染就止于从老龙头的突端到南三山岛之间的连线以北这个范围，老龙头附近水质全部良好。

依据这次全面深度调查，日本殖民当局于1941年3月实施关东州州计划时，对大连市区的下水道进行了全面规划和整改。

日本殖民当局为了更好地解决大连城市的排水问题，通过深入调查，反复研究，而后利用大连近海海流及深海洋流的运动规律来确定城市的排污口，使城市污水随着海流排放，进而被洋流带入深海，达到了自我净化的目的。

日本是一个岛国，其对海洋的运动规律的认识和把握要比大陆国家更为深刻和先进。这种充分尊重、掌握和利用大自然运动规律，事半功倍地解决城市污水排放问题，进而解决城市发展中出现的矛盾和问题的方法，对今天及其以后大连城市的排水问题的解决，特别是近年来辽宁沿海经济带的开发开放过程中出现的大量填海造地现象对近海海流的影响而产生的排污问题的解决不无启迪作用。即使在今天污水处理技术相当先进的情况下，亦是有积极的借鉴意义。

(3) 1941年关东州规划中的大连下水道规划

虽然1935年之前大连市的公共下水道管网布设已经近乎完备了，然而，其生活排泄物及污水净化处理设施却未能完成，绝大多数污水未经任何处理，直接从沿岸各排污口排向近海，从而使大连市民的健康受到严重影响。1927年至1931年，日本殖民当局针对大连排污造成的问题进行了详细调查，并掌握了排污口的选址状况，但是，全市的下水道整改工程迟迟未见进展，市民的健康状况持续下降。据日本殖民当局1939年的统计资料显示，每年大连市消化系统传染病发生率都比较高，是日本国内各大城市的两倍。

表6-21 大连市传染病发生率和日本主要城市发生率对比（每万人口中患者数）[1]

疾病＼城市	大连市	东京市	大阪市	名古屋市	京都市	神户市	横滨市
痢疾	17.41	25.40	17.27	2.47	16.29	16.20	8.61
肠炎	23.72	3.47	9.08	6.32	11.22	8.32	4.77
伤寒	1.54	0.61	0.80	0.67	0.67	0.67	0.58
猩红热	3.09	9.08	7.79	1.89	11.50	4.32	5.80
白喉	6.84	6.70	7.89	2.84	6.74	5.88	8.57
合计	52.60	45.26	42.83	14.19	46.42	35.39	28.33

表6-22 大连市内传染病患者数统计[2]

年份＼疾病	肠炎	伤寒	痢疾	霍乱	水痘	白喉	猩红热	红疹	流行性脑膜炎	再归热	合计
1939年	1,357	88	996	0	8	391	177	10	25	13	3,065
1938年	552	65	804	0	6	393	298	11	15	5	2,149
1937年	345	15	481	3	29	391	410	5	13	4	1,696
1936年	529	38	661	0	30	206	288	10	11	3	1,776
1935年	294	51	720	0	28	182	314	13	17	8	1,627

鉴于此，1938年2月，《关东州州规划令》公布后，关东州州规划评议会制定了市区整体的下水道计划。其目的就是使城市污水能够得到完全的净化处理后，再通过一定的设施排向深海。该规划于1941年1月25日得到日本

1辽宁省档案馆（行政类3339号）：《关东州规划大连下水道决定件》，1941年。
2同上。

驻伪满洲国特命全权大使梅津美治郎的同意，以关东局告示第31号发布。

此规划下水排放区域主要位于旧市区，总面积约为6,353.4公顷。该项工程计划从1940年开始，用5年时间完成。工程概算费用为500万日元，其中，管理费为33万日元，工程费为467万日元。一部分费用由受益者承担，另一部分费用由财政支付，其余部分通过发行债券的方式加以解决（见表6-23、表6-24）。

表6-23　下水排放工程执行年度分配情况（单位：万日元）[1]

年度＼科目	工资	杂费	需用费	工程费	合计
1940年	2.652	1.7048	0.6432	25	30
1941年	3.8	2.7339	0.4661	83	90
1942年	3.8	2.7339	0.4661	113	120
1943年	3.8	2.7339	0.4661	123	130
1944年	3.8	2.7339	0.4661	123	130
合计	17.852	12.6404	2.5076	467	500

表6-24　下水排放年度工程费安排（单位：万日元）[2]

年度＼区域	东部排放区	南部排放区	西部排放区	马栏河污水处理场	合计
1940年	—	—	25	—	25
1941年	—	—	53	30	83
1942年	22	13	10	68	113
1943年	30	—	14	79	123
1944年	30	—	—	93	123
合计	82	13	102	270	467

此规划根据地势地貌将下水排放区域划分为三个区（见图6-61）。依靠地势形成自然落差流淌的地区，采用水泥管材并结合马蹄形暗渠输送污水；通过污水泵加压输送的地区，则采用铝质管材。在三个排放区内只有西部排放区的污水是经过新建的马栏河污水处理厂处理的，主要是采用污泥清除法。东部、西部两个排放区和南部排放区以城区南部的东山、南山、绿山、莲花山一线山脉为分水岭，东部和西部以今天的中山区麒麟东巷—友好路（友好广场）—胜利桥—胜利街—造船厂为界。

1辽宁省档案馆（行政类3339号）：《关东州规划大连下水道决定件》，1941年。
2同上。

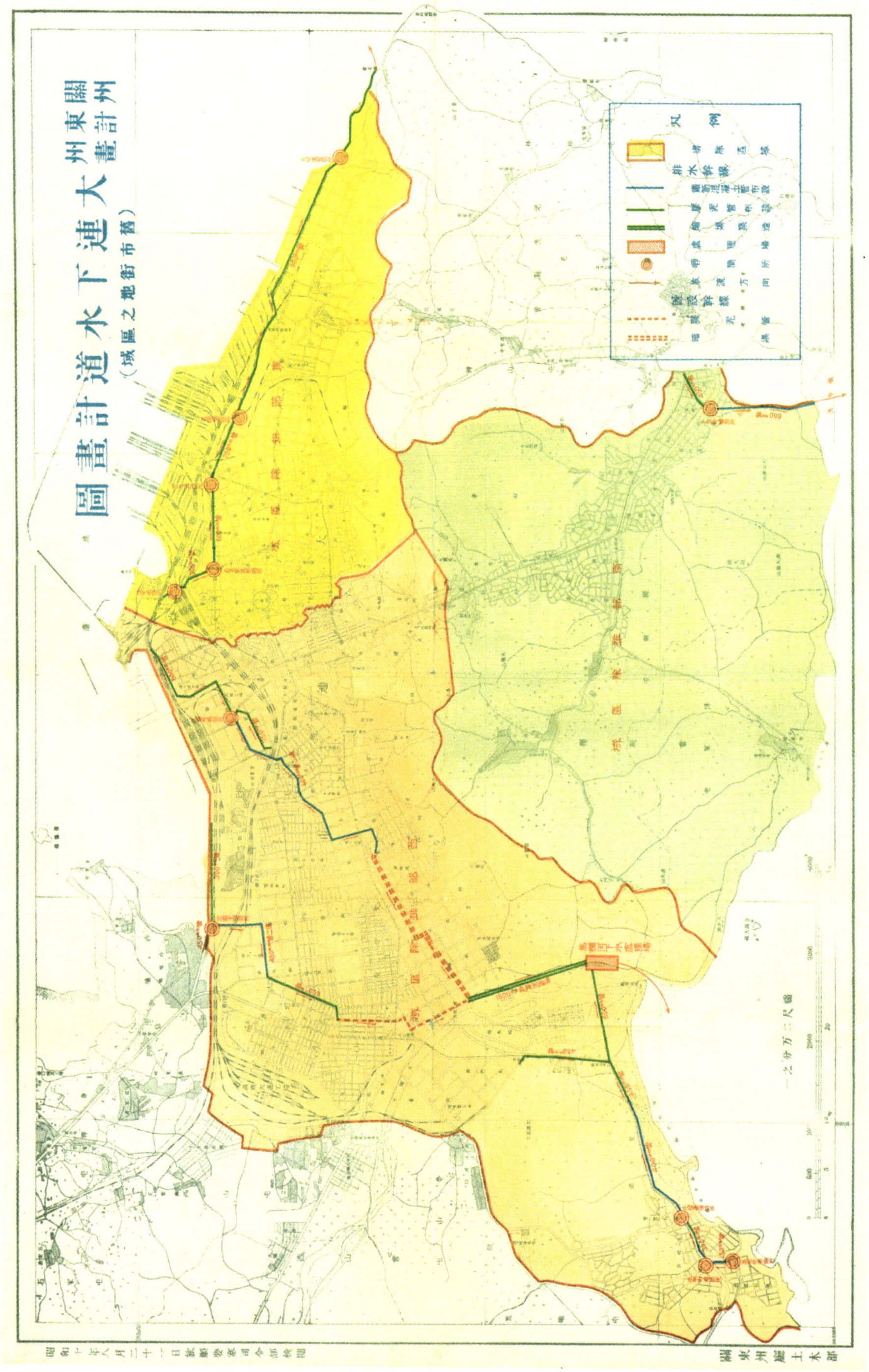

图6—61　1941年，关东州州规划大连下水道规划图。

东部下水排放区主要集中在今天的中山区主城区，其面积约1,065公顷，计划污水排放量晴天一昼夜为13,000立方米，雨天要达到晴天的4倍。其污水排放区管线走向是：从滨海街→民主广场→港湾广场→春和街北端小广场→寺儿沟，通过设在上述各处的污水泵站依次输送到老尖沟排放入海，通过海水的退潮作用，带入南三山岛以南排入深海。

西部下水排放区主要集中在今天的西岗区、沙河口区，包括中山区的武昌街一带、昆明街地区、友好广场、友好路至胜利桥和胜利街以西地区，面积约3,004公顷，污水排放量预计晴天一昼夜为30,000立方米，雨天要达到晴天的4倍。污水排放方式是：菜市街一带的污水先汇集到设在该街的污水泵站，北岗子一带的污水先汇集到设在北岗子的污水泵站，再分别将上述两地的污水用污水泵输送到马栏河污水处理厂，进行净化处理。

今中山公园以南地区、沙河口部分地区及莲花山地区，依靠地势形成的自然落差流淌至马栏河污水处理场。黑石礁、星海公园等地的污水也都是先汇集到设在当地的污水泵站后，再用污水泵输送到马栏河污水处理厂，进行净化处理。

南部下水排放区主要是今天的武昌街以南的解放街沿线地区、石道街八一路沿线地区、傅家庄地区、老虎滩地区，面积约2,284.4公顷，晴天一昼夜的排放量预计为3,000立方米，雨天要达到晴天的4倍。其污水排放是先将该区域内的所有污水汇集到解放路末端的虎滩极地馆附近的污水泵站，再排放到老虎滩的菱角湾，通过海水的洋流作用带入深海。

此次大连城市排水系统规划方案，系日本殖民统治完结前对大连城市排水系统所做的最后设计。经查阅近年来有关大连城市排水工程的研究资料，均未曾发现对此方案的评述，研究者利用的最新历史资料表明，其所知晓和掌握的档案资料时间到1932年为止，足可见此次排水工程规划方案档案资料的珍贵。经与大连市排水处的工程技术人员交流，认真比较了大连老城区目前正在使用的排水系统后，专家们认为，虽然1941年所做的此次排水规划没有实施，但是，日本殖民当局所做的此次大连城市排水系统设计具有极其重要的借鉴价值。此次规划的东部和南部地区排水路线与今天城市的排水路线吻合，而西部则大不相同：今天，俄罗斯风情街一带和火车站以西的城市污水均集中到了春柳污水处理厂，经过处理后从春柳河排入梭鱼湾海域；黑石礁区域的下水排向了凌水河方向。在今后的大连老城区排水系统改造时，此次规划设计可作为重要的参考。

6.日本殖民统治时期大连城市规划的特点

(1) 承袭俄制,亦有变化

1904年5月，日本侵略者从战败的沙俄殖民者手中接过大连。在规划和建设大连伊始，日本殖民当局就决定全盘承袭沙俄殖民当局对大连城市的规划，大到多核心、开放式、放射状的城市总体布局，小到筑坝蓄水、建造房屋的材料要求等，都按沙俄的设计理念和整体规划办理。

其实，对大连“承袭俄治时期规划”，日本殖民当局内部起初存在着众多非议，甚至争论还相当激烈，即使是在承袭俄治时期规划前提下而进行城市建设的过程中，也不断有意见分歧，并不时按照“日式”特点加以改造。归结起来就是认为沙俄的大连城市规划采取多核心放射状，表面看起来像一幅画，非常美丽，但当车流加大时，容易汇聚一处、形成拥堵；道路太宽、绿地公园太大，等等；这些都不适合日本人的特点。因此，日本殖民当局在对大连城市进行规划时，根据自己的民族风格、生活习惯、地域观念、思维方式、文化传统和对具体或单体建筑设计的独特理解，做了许多改变。

一方面，是对当年沙俄的达里尼城市规划的局部调整，主要体现在欧洲人街区的规划中。

首先，公园绿地面积大量减少。沙俄殖民统治时期制订的达里尼市规划中，公共绿地达1平方公里，占总用地的16%，人均17平方米以上。其中，城市花园面积较大，为80.2公顷，分为上花园和下花园。这个花园从南山而下，跨过萨哈洛夫大街（今鲁迅路）直逼莫斯科大街（今人民路），东西大致越过今三八广场，以今安阳街和朝阳街合围。日本当局沿袭了沙俄当局用东部城区深度超过6.39米的大沟筑坝蓄水的规划设想，就地形地势修建雨水调节池，但却在20世纪20年代将这一大片绿地花园一分为二，上为最大贮水量4.5万吨的弥生池，即今植物园，下为最大贮水量8万吨的镜之池，即今儿童公园明泽湖，二者以地下暗渠相通，上面则建筑了大量高级住宅（今南山日本风情街区）。这就使花园从一大面变为“两个点”，演变成今天的格局，不仅花园面积大大减少，也使大连失去了一大景观。

沙俄当局规划的城市公园和苗圃（今劳动公园的前身），为了将欧洲人街区和中国人街区完全隔开，从南部山麓（今绿山）跨过莫斯科公路（今中山路）一直延伸到了北部海边。而日本当局为了发展商业，将位于西通街（今中山路）北的公园部分改建为连锁商业区，即今天青泥洼商业区的前身，将沙俄当局规划的硕大的城市公园一分为二，南部为中央公园（今劳动公园），北部为电气游园，后改为小村公园，再后来改为大连动物园，而后逐渐被蚕食。今天的劳动公园面积已大大缩小，而动物园也于1995年10月15日被整体搬迁，此处的树木园林从此荡然无存，今天被高30多层的多栋全玻璃幕墙大楼所取代，成为大连主干道中山路上从东向西一眼望去的端景，给已经热闹拥挤的青泥洼陡添了无限压抑。

另外，被日本殖民当局从沙俄当局的大连规划图上抹掉的公园还有位于今天二七广场的占地4.8公顷的英国花园、位于欧洲人街区北部铁路线附近（今民生小学附近）的占地1.8公顷的教堂花园和占地2公顷的西北公园（原行政区教堂学校院内）。随着大连大公园（今劳动公园）以西地块的规划与建设，虽然也陆续在规划中设计了圣德公园（今中山公园），以及1941年遵循《关东州州规划令》在北部大连和南部马栏河下游规划中，设计了两个大公园和六个近邻公园，但当时大连市的人口已经快速向70万攀升，公共绿地的规划与人口成几十倍的急速增加相比，成效可谓微乎其微了。

日本殖民统治时期对沙俄当局所规划的大连公园绿地的蚕食，是十分令人惋惜的。时代发展到21世纪的今天，对于惜绿如金，把环境视为生命的人们来讲，回首110多年前大连那幅真正意义上的花园和绿地星罗棋布的园林城市美景，更应珍惜今天来之不易的一草一木。

其次，萨姆索洛夫林荫道被缩减，景观大道消失。沙俄当局规划的萨姆索洛夫林荫道（今七一街前身）是一条宽89.46米的景观大道，面积达2.9公顷，其端景是海港码头对面的大黑山。而日本当局于1910年就将其中部敷岛广场（今民主广场）到码头的北部长门町（今大连港码头）段改作为电车库和满铁电气部，阻隔了景观大道的视线。敷岛广场到大广场（今中山广场）段则于1911年将沟壑填平，一直保持街头公园状态，彻底抛弃了沙俄当局规

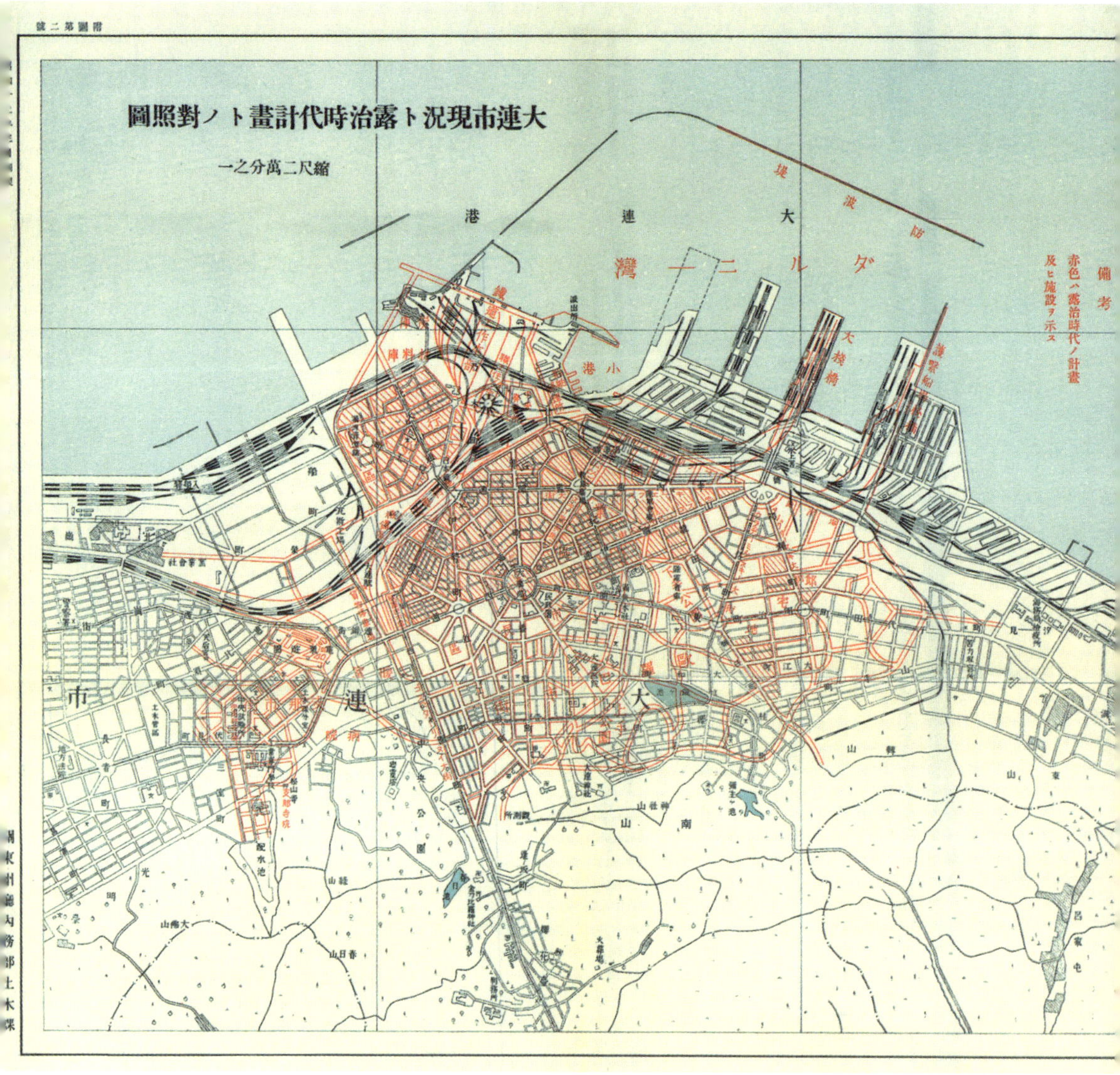

图6–62　1937年大连市现状与沙俄时期大连规划对照图。红色为沙俄殖民当局规划，黑色为日本殖民当局规划。[关东州厅土木课：《大连都市计画概要》第一辑，附图2]

划的视觉走廊的设想，也使一处城市规划的杰作永远地停留在了设计的图纸上。

第三，部分道路被改变。1907年日本殖民当局在进行大连城市规划时，对1905年以前沙俄当局已经确定的今天人民路中山路以北的道路形状，日本殖民当局给予承袭。而对于该主干道路以南的道路规划，则直线道路给予保留，大部分弯曲的道路被变更设计为直线，特别是不仅将沙俄当局设计的南山别墅区的弯曲道路变为直线，而且还将道路的宽度缩小了（见图6-62）。1919年前后，日本殖民当局在大连城市西部规划次级道路时采用了美式棋盘状布局，最大限度地满足了交通和空间有效利用的需求。更为典型的是今天的胜利桥，当年沙俄设计的木桥宽度为54米，日本殖民当局年轻的设计师认为只要16.4米就足够了，经过激烈地争吵，最后确定为22米，否则，当时的有轨电车在桥上通过时就非常拥挤。1992年，城建部门在胜利桥两侧建造了两条钢结构人行天桥，拆除了原有人行道，并重新铺筑沥青混凝土；2006年9月，又将桥西侧加宽为四车道。疏港路建成之前，胜利桥一直是大连港货物运输的主要通道。

另一方面，在城市西部街区总体布局上与沙俄殖民时期有很大区别。虽然日本殖民当局在大连西部的城市规划中也设计了五个以上的广场，但其数量与面积都远远低于东部，西部广场的核心凝聚力量亦远远小于东部，代之而起的是五条东西主干道横贯其间，广场退居到了次席。虽然西部为数不多的广场也呈现出了一定的放射性，广场与广场之间的斜线道路的连接在某种程度上增加了此种性能，但其放射性的光芒相比城市东部的广场已经暗淡了许多。而在西部城区的整体结构性布局上，日本殖民当局也基本采取了棋盘式方块状的方式。日本殖民当局之所以在城市西部规划时采取不同于沙俄殖民当局的城市东部规划方式，其原因主要就是大连城市西部的地势相比东部要平坦许多，且地域相对较宽广，采用棋盘式方块状总体结构布局，就会大大提高土地的利用效率，也会大大减少城市的建设成本。关于这一特点，在前文分析1919年大连城市扩充规划时已作论述。

（2）城市规划制定之时，先行立法

纵观日本殖民当局对大连40年殖民统治时期的城市规划与建设，突出的特点是，每项规划实施前，都要根据规划者的意图先行确定并公布法规或条令，大到该项目的总体设想，小到建筑物的高度和用材，均做出了严格而详

细的规定，以便在执行时正确运用不走样。“在开始各种技术规划的同时，建立相关的法规，两者并行推进，然后，逐渐扩大规划的进展。”[1]而不是随时起意，更不会“先斩后奏”。

1905年1月，日俄战争在辽东半岛的战事刚刚结束，大连城市建设就已开始。为了把大连建成“满洲经营的根据地”，日本辽东守备军司令官神尾光臣命令1904年分别从东京大学土木专业和建筑专业毕业的仓塚良夫与前田松韵等人，制定大连城市规划建设的相关规定，于当年4月1日公布了辽东守备军令第11号《大连市街房屋建筑管理临时规则》、第13号《大连市专管地区设定规则》，成为日本入侵大连以来，最早的城市规划法规。其第11号令明确规定：“着眼于未来的发展，从而房屋的防火、保温以及外观上均采用耐火材料建成，使其成为永久性建筑物。因此木制房屋全部成为临时建筑”，[2]以避免像刚刚沦为日本殖民地的朝鲜半岛釜山和仁川等地那样，蜂涌出现许多层次较低的临时建筑。为了使此项规定能够有效实行，1908年，“为了振兴普通市民的财力，强制实行永久性建筑，保证建筑资金，当局忍痛割爱，随后从正金银行斥资300万日元实行低息长期贷款。进而在市内开设各种金融机构，解决了建筑资金困难的问题。普通市民也舍弃了有弊端的木制建筑，大都采用了永久性建筑。从而，使该规则极其顺利地实施。”[3]1919年6月11日，关东厅发布第21号令，公布实行城市扩充规划。在此之前，6月9日，关东厅发布第17号令，公布修改制定的《大连市建筑规则》，“对商业区、工厂区、住宅区以及混合区都规定了建筑物的限制，对面向城市道路和广场的建筑物，以及其卫生、耐火、外观、保安等做出限制，对建筑线的规定作了区分，一般从道路边界线退后45厘米。规定房屋全部采用石材，砖瓦结构，若是钢筋混凝土结构，在商业区的房屋高度至少要在二层楼以上。”[4]这种规定使大连严格按照规划实施的分区特色和建筑物规范保留下来，而且具有示范作用，对日本国内实行此类规则产生了积极影响。

1935年9月，为了制定关东州规划，当局从日本内务省招聘了城市规划东京地方委员会事务官西村辉一到大连，委托其制定基本法规。西村针对关东州内的特殊情况，在进行深入细致调查研究的基础上，采用最新的区域规划理论，起草了《关东州州规划令》方案，并于1938年获通过正式公布，

1关东州厅土木课：《大连都市计画概要》第一辑，86页。
2关东州厅土木课：《大连都市计画概要》第一辑，30页。
3同上。
4关东州厅土木课：《大连都市计画概要》第一辑，31页。

1941年3月正式施行。从起草到公布长达三年时间，从公布到正式实施又是三年，可见当局对制定此规划令的高度重视。该规划令对关东州市区的构成、农耕地的创设及改良和其他土地利用开发时所必需的重要公共设施的规划做出了严格规定，这为关东州规划的实施起到了有效保障作用。

（3）城市规划的制定建立在全面调研的基础上

如果说日本殖民当局1919年实施的大连城市扩充规划是“应急之作”的话，那么20世纪30年代的城市综合规划则可谓有备而为、成竹在胸。研究日本殖民当局所做的大连历年市街规划图，不难发现其间的许多变化，而20世纪30年代之前的变化尤为突出。有的地方“朝令夕改”，如对东花园的规划前后几次变化，1906年的市街地图中继承了沙俄的上花园、下花园的设计，1911年的规划图中，此地被设计为一个调蓄洪水池和城市的第二水源地，而东公园则与陆军卫戍病院设计为一体（位于今天的友谊医院位置）。在1921年的规划图中，原东公园所在地方设计为洒水用贮水池，公园及其绿地则消失殆尽。直到1931年的规划图中，设计成弥生池（今植物园）和镜池（今明泽湖），两者间用地下暗渠相连，这种设计一直沿用到今天。1919年的扩充规划对城市的急速发展也没有做出更科学的预判。因此，30年代的城市综合规划做了长达五年的基础工作，对大连的人口、交通、水文、气象、地质地貌、矿藏、植被、物产、海洋及岸线资源、对内对外贸易、国内国际运输等等，进行了全面的调查，充分摸清了大连的整个“家底”，并进行了认真分析研究，在此基础上经过反复论证，提出相对合理的解决办法，最终做出决策，提出了大连城市综合规划，并对城市未来的发展做出了准确的预判。这一点在现存的历史档案资料中尤为突出，对大连人文环境、自然地理、资源条件、未来发展等的调查研究，集中体现在以满铁调查科为主，于20世纪30年代形成的八卷18编的档案资料、书籍报告中，这些基础资料的翔实与全面，分析论证的严密与规范，有理有据的推测与研判，令人感叹，对大连今天的经济发展，特别是城市规划与建设仍具有极其重要的借鉴参考作用。

在进行长时间深入调研的同时，关东州厅成立了专门咨询机构——大连城市规划委员会，成员由日本国内和大连的规划、造园、建筑专家组成，对大连城市综合规划及其每一个单独规划均进行认真仔细研究、反复讨论对比，好中选优，之后提出最终方案。1941年实施关东州规划之际，当局成立了规划评议会，由其对每一个规划方案认真审议评判后，再按照程序提交关东局局长进行审批。

关于大连火车站的迁移方案，1932年8月22日，大连城市规划委员会第一次会议讨论了缓解常盘桥（今中山路与青泥街大连商场步行街交会处）附近的交通问题。1934年3月6日，规划委员会第二次会议继续讨论缓解常盘桥的交通问题时，引出了大连火车站的迁移问题。1934年10月13日，第三次会议就大连火车站的迁移位置，以及随着火车站的迁移而制定的城市道路的规划问题进行了专题讨论，并做出了决定。而大连火车站则在1924年就开始了设计方案的征集竞赛活动。在众多参选方案中，从东京高等工业学校毕业刚刚两年的满铁建筑课职员小林良治的设计方案中选。但由于经费及位置等原因，一直未开工建设。直到11年后，采用了满铁建工课建筑系长太田宗太郎的设计

图6-63
1932年建成的东京上野火车站。（作者摄于2011年11月）

图6-64
1937年建成的大连驿。（今大连火车站）

方案。此方案与太田宗太郎设计的1932年建成的东京上野火车站相似，均采取了上出、下进的空港式两层架构，使人流、物流、车流立体式错位运行，输送效率达到最大化，只是大连火车站的规模远大于上野火车站。大连火车站迁移位置确定后，1935年开工建设，1937年6月1日建成通车，成为大连的标志性建筑。从发起设计方案竞赛到火车站最终建成，历时13年之久。（见图6-63、图6-64）

再比如，大连为丘陵地貌，建设用地中填埋地占有相当的比例，特别是大连湾海边的规划建设用地多为填埋地，日本殖民当局规定填海所造之地或陆地填埋之地，需填埋之后自然沉降多年，方可根据其实际情况，确定是否作为建设用地开工建设。

上述事实说明，20世纪30年代，无论是大连城市的整体综合规划，还是单体建筑设计，都是经过长期认真的调研，反复论证，审慎决策的结果，也只有这样经历过反复“打磨”的规划和设计才能经得起时间的检验。

（4）以人口增长为主线，对城市未来扩展做出长远预判

大连城市规模的每一次扩充均与其人口的增长密切相关，而日本殖民当局均做到了提前预判。

1919年之前，大连城市规模的扩大，是因人口的迅速增加而被迫做出的选择。1919年实施的扩充规划，大连的城市区面积从16.67平方公里扩大到35.58平方公里。日本殖民当局依据此面积，以1925年的大连城市人口密度推算，如果每人平均59.5平方米，未来大连人口的饱和度为31万人。到1929年，当大连的人口达到26万，正向31万的饱和点迅速迈进之时，当局马上启动了综合城市规划的制定工作，于1934年确定了规划，设定了城市发展规模，以1922年到1931年10年间大连的人口增加率为基准，以1935年年末的人口为基点，人口密度（每人城市用地面积）标准设定为市内66.1平方米，近郊165.3平方米、远郊为330.6平方米，若按人口直线增加计算，市区人口密度到1942年4月左右就会达到饱和状态，到1967年时，整个近郊就会达到饱和状态，到1976年时，远郊也会达到饱和状态，即41年后的1976年，大连整个区域都将达到饱和状态。

现代一般城市规划，包括人口预测在内的设定都在10年，最远也就以20年为限，其间往往“朝令夕改”。然而，上世纪30年代的大连城市综合规划却做出了41年后的准确预测，且还有充分的预留空间，这一方面暴露了日本妄想永久占领大连的企图，另一方面，其高度的前瞻性也不能不引人关注。这也为今天的城市规划，包括城市战略性远景规划提供了现实范例。为了适应日益激烈的全球化竞争

形势，促进经济社会快速发展，在提出的城市化发展战略之际，针对主城区、新市区、经济先导开发区等等不同区域，根据其产业发展形态、本地自然资源状况、交通环境等因素，确定特色功能定位的同时，准确预测每个功能区直至全域人口的增长趋势及其饱和度，是必须做出的现实选择，并应主动采取经济的、行政的措施加以有效控制应对，唯此，方可使战略选择落到实处。否则，只顾经济的“腾飞”，甚至超常规跃进，放任人口的“自然”增长，进而带来交通、环境、资源等种种压力，再好的发展战略也只能是欲速则不达，仍然走不出先发展后治理的老路。

（5）先行试验，大连成为日本及其殖民地近代城市规划建设的重要节点

在日本及其殖民地近代城市规划的历史中，大连处于重要节点，扮演了先行先试的角色。

1895年中日甲午战争之后，根据《马关条约》第二条之约定，日本侵占了中国的宝岛台湾，台湾成为日本的第一个殖民地。1896年，儿玉源太郎就任第四任台湾总督。曾参与中日甲午战争结束后23万回国士兵检疫工作的后藤新平，因出色完成任务而受到儿玉源太郎的欣赏和宠信，于是，被邀请随其一道到台湾。学医出身的后藤新平受聘担任台湾总督府卫生顾问，以其专业特长，在推动医疗卫生发展的同时，着手于台湾地区自来水和地下水道的建设规划。1898年，儿玉源太郎提携后藤新平为台湾总督府民政长官。曾任日本内务省卫生局长的后藤新平，在台湾任职的9年间，邀请曾参与日本全国给排水工程审查和设计工作的英国人巴尔顿，对台湾全岛的给排水设施进行调查，并起草了台北市的城区设计方案，提出了排水管道的铺设应与城市道路的改造同时进行的建议。从建设台湾城市的给排水设施开始，后藤新平主导了对台北等城市的街区规划改造，港口、铁路建设以及城市基础设施建设。这是日本对第一个殖民地城市的规划和建设，也是其近代城市规划与建设的开始。

1904年5月，日本侵占大连。之后，日本军政当局即制定了“承袭俄制”的大连规划建设方针，并调派东京大学土木、建筑专业的毕业生参与大连的规划建设。1907年3月5日，成立不到一年的满铁总部由东京迁至大连，4月1日，满铁正式开始营业。首任满铁总裁后藤新平随之从台湾转赴大连，到1908年7月卸任满铁总裁，在不足两年的时间里，在制定满铁发展方向，实行“大连中心主义”政策的同时，后藤新平和满洲军总参谋长儿玉源太郎继续日本军政当局“承袭俄制”的大连规划政策，参与了大连的城市规划，特别是大连西部沙河口一带满铁工厂的规划建

设，即使城市的工厂远离城市中心，生活区与生产区隔开，也使大连的城市规模扩大到西部。

在日本殖民当局规划建设大连近20年后，1923年9月1日，日本发生了7.9级的关东大地震，东京几乎被夷为平地。在之后的东京重建中，刚刚担任日本内务大臣的后藤新平提出四条建设方针，其中之一就是“采用欧美最新的城市规划”理念和做法，自然，沙俄当时运用欧美先进理念设计的大连城市规划被吸收借鉴。其间，参加大连城市规划与建设的许多工程师和技术人员返回东京，其经验和做法为东京重建计划的完成发挥了积极作用。

1931年，震惊中外的九一八事变发生。1932年，日本殖民当局开始规划建设伪满洲国首都新京（今长春，下同）。此时，参与大连规划建设和东京重建的大批工程技术人员来到新京，带来了积累的近代城市规划与建设的实践经验，其规划都留下了许多模仿大连等城市规划的印迹，使新京成为日本殖民当局津津乐道的作品。

这里所说的模仿大连城市规划，既有参照沙俄殖民时期大连的城市规划方案，也有借鉴日本殖民时期大连城市规划经验。有俄国专家学者通过研究认为，新京规划图的基础就是日本殖民当局“拿了份俄国的达里尼市建设规划图，将这座城市进行了大幅度的重新规划，以前的中国旧城街区大多被破坏，只有八分之一得以保存下来。其结果是，像达里尼市一样，街心公园一样的圆形广场之间以宽阔笔直的大街相连”。[1]比如，新京所规划的放射性广场——今南广场、人民广场、站前广场，就与大连的广场相似。再比如，前文所述的今天长春南湖公园的设计构想，就有来自沙俄殖民当局对达里尼市南山下来的雨水进行收集而筑坝成湖（今植物园和儿童公园之湖），进而发挥其防洪减灾、避免港口淤塞、绿化洒水、休闲公园、冬季滑冰、调节局部气候等功能的规划理念。

从上述城市的规划建设历史不难看出，沙俄殖民当局对大连的规划设想与日本殖民当局对大连的规划建设实践，对东京大地震后的重建和新京的建设发挥了直接作用。特别是沙俄和日本殖民当局在大连规划和建设过程中所创造的众多“第一”，对其后的城市规划与建设影响深远。比如，在沙河口满铁工厂附近设置的防止污染马栏河入海口海水的中国东北第一座城市污水处理厂；承袭俄制而进一步实行的分区规划与完善的建筑规则法令；在长期全面调研基础上形成的综合性城市规划；建立在国土规划理念上的关东州规划等等。这些均早于日本国内的先进的规划理论与实践，使大连在其殖民地城市规划史上和日本国内城市规划史

1克拉京·尼古拉·彼得罗维奇：《达里尼——东亚的欧式城市》，载《建筑遗产》，2003（45）。

上均占据了独特的地位。

再者，前文已有所阐述，在着手制定1930年代大连城市综合规划时成立的大连规划委员会，其专家成员均参与了多个城市的规划咨询工作。比如，折下吉延既是1923年日本震后恢复重建的复兴局公园课课长，也参与了奉天（今沈阳）、哈尔滨、青岛的城市规划，而其长期居住大连（1932-1946年），为大连的城市规划尤其是公园规划建设出谋划策。这样，就使众多城市在制定规划时，可以站在更高的层级上广开视野，相互借鉴，避免缺陷，集思广益，好中选优。大连的城市规划制定自然享受了这样的“优厚待遇”，其经验也同样被别的城市所共享。

新中国成立后，1958年，首次对城市进行了总体规划，称为“58规划”。当时大连城市区建成面积70.54平方公里，人口80万，其定位是以发展机械、化工为主的工业城市。此次规划城市用地规模102平方公里，人口规模130万。改革开放后，1980年以港口、工业、旅游城市发展为目标进行城市总体规划，以中心四区为重点，用地规模118平方公里，人口规模140万，此规划时限到2000年为20年，1985年经国务院批准实施，称为“80规划”。1990年提出建设国际性城市的目标，并对“80规划”进行调整，称为“90规划”。20世纪90年代中期，大连市提出城市发展“不求最大,但求最佳”的口号，精心打造花园城市。为了控制城市的规模,实施了三项措施:一是控制人口规模,提高人口素质；二是控制建筑规模,完善城市功能；三是控制产业规模,提高企业水平。进入新世纪，为建设现代化国际名城，大连制订了近期（1999年—2005年）、远期（2006年—2020年）和远景（2020年以后）发展目标。2003年，大连市提出建设“大大连”战略，制定了到2020年实现“大大连”建设目标的全面规划。实施“西拓北进”，调整大连的空间布局。把大连城区西拓到旅顺、北进到金州，构筑“两城三星”组团式城市空间布局。“两城”即大连主城区与大连新市区。主城区由中山区、西岗区、沙河口区、甘井子区和旅顺口区组成；新市区由金州区、开发区、保税区、金石滩度假区、“双D港”、大窑湾港组成。“三星”即庄河市、瓦房店市、普兰店市三个卫星城。主城区要突出典雅优美风貌，新市区要体现现代风格，三个卫星城要特色鲜明、功能互补。要逐步形成以“两城”为中心，以“三星”为节点，以小城市和小城镇为基础，沿黄、渤海岸两条轴线呈“V”字形放射状的城镇体系。到2020年，城市用地达到1,000平方公里，城市化率达到85%。2009年7月1日，国务院通过了《辽宁沿海经济带发展规划》，并进一步明确了大连的核心地位和龙头作用。2010年4月，大连提出实施全域城市化发展战略，重新审视城市规划修编和新一轮土地利用规划修编工作，进一步完善经济社会发展总体规划，沿黄渤两海、沈大和丹大两线“V”字形拓展，进一步拉大城市框架，按照主城区组团、新市区组团、渤海区域城市组团和黄海区域城市组团的组团式、链条式发展的思路，加快推进全域城市化和城乡一体化。

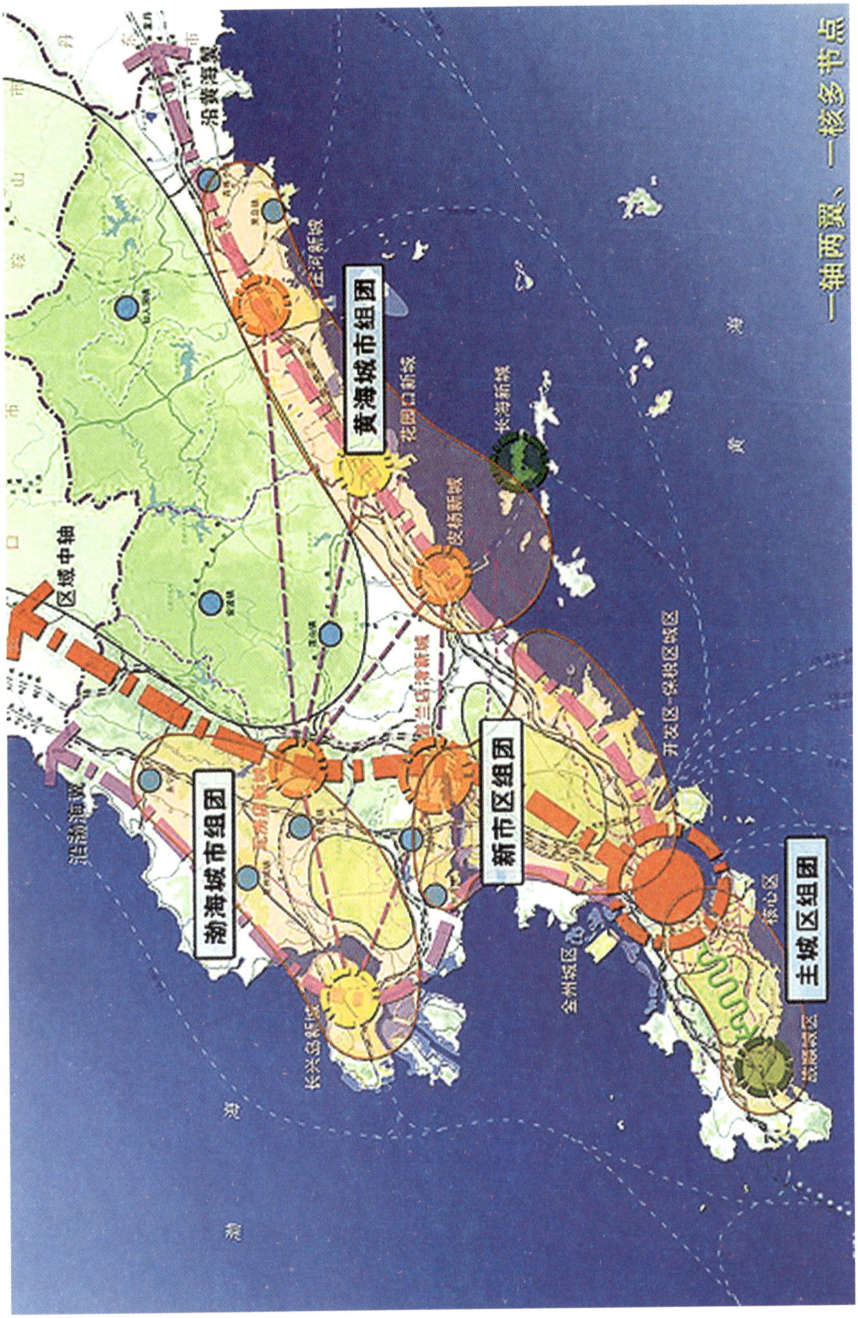

图6—65　大连城市组团发展图。

附录：
价值连城的二百多张照片

2010年春节之前的一个深夜，我的手机铃声突然响了起来，映入眼帘的是一个格外陌生的号码，我茫然接通信号，那头传来了一个非常熟悉的声音，是远在万里之外的俄语翻译王璐从圣彼得堡打来的电话。她激动地告诉我一个出人意料的好消息：在圣彼得堡一位90多岁的老太太家里，珍藏有100多年前大连开埠建市时的200多张照片。她正准备前去查看。

我简直不敢相信自己的耳朵！我知道这些照片对远在万里之遥的大连这座城市意味着什么。2009年工作组首次赴俄罗斯征集档案，收获的全部大连开埠建市的文件中，竟然没有一张原版照片。我判断在圣彼得堡发现的这些照片一定会填补大连档案的空白，也许还将改写大连的历史记录。大连将会因这些照片而第一次掀起自己的“盖头”来，以崭新鲜活的形象呈现100多年前的真实画面，因这些照片而使自己历史的容颜变得更加清晰、生动。这是100多年来，多少人苦苦寻找的答案，终于即将揭晓，怎能不令人兴奋！对于它们的价值，我只能用脱口而出的四个字“价值连城”来形容了。我立即要求王璐无论如何也要见到这些照片，即使花高价也要想方设法获得这些照片。

与王璐通完电话，已是大连的凌晨，此时，圣彼得堡是晚上8点。我久久无法入睡。这200多张照片为何会在一位90多岁的老人家里？它有着怎样的经历呢？具体都是些什么内容呢？随着王璐的简要描述，我的思绪穿越百年时空，飞到了大连湾畔那个热火朝天的港湾。

附图1—1
尼古拉一家在达里尼市。

110多年前，在达里尼城市和港口建设如火如荼地进行之时，有一个人的身影总是忙碌在各个工地、重大活动现场、各大公园中、建成的街道上、成片的楼房前……他频频举起自己手中的照相机，用娴熟高超的摄影技术记录下了大连开埠建市一个个难忘的瞬间。既有紧张的施工场面、繁忙的工厂劳作、隆重的开港仪式、庄严的宗教祈祷、竣工庆典、整齐列队的检阅、春节的走访慰问、街头的治安巡逻等工作照片，也有轻松的公园游乐、惬意的郊外散步、愉快的家庭聚会等生活场景；既有建成后的达里尼市政厅、市长官邸、达里尼宾馆、轮船公司大楼、花园、动物园画面，也有已经建成的行政街全景和已经平整成型的欧洲区莫斯科大街等照片，还有自己的妻子和孩子等人在达里尼市生活的情景，等等。其中，工作照片随同大连湾商港和城市建设进展情况的报告定期上报给沙俄财政部长维特。这个紧张忙碌拍摄照片的年轻人正是达里尼建设的工程师普拉多波波夫•尼古拉•米哈伊洛维奇。

日俄战争后，尼古拉和家人回到了圣彼得堡市。第二次世界大战时，居住在圣彼得堡市一条小河边的民宅遭到了法西斯德国飞机的狂轰滥炸，居民们纷纷逃离。待战争结束，人们返回小河边的家园时，看到的是尼古拉家的小房唯一幸免于难，其余全被战火焚毁。尼古拉急忙进屋查找，值钱的东西已被一扫而光，却意外寻得了40多年前自己在远东城市达里尼工作和生活时拍摄的200多张照片集结的两本相册。在尼古拉夫妇去世后，曾与他们一起生活的尼古拉妻子玛莉亚的侄女瓦莲金娜一直保存着这两本相册。

瓦莲金娜的外甥、圣彼得堡气象学院教授爱德华对历史遗存一直保持着浓厚的兴趣，也非常愿意与人共享爱好，切磋观点，交流经验。几年前，他从自己的姨妈瓦莲金娜保存的100多年前的照片中选择了几张挂到了社交网站上，偶然间被研究远东城市历史的圣彼得堡建筑艺术研究院的博士斯维特兰娜女士发现。她第一时间与爱德华取得联系，见到了100多年前拍摄的大连开埠建市时的照片，并用到了自己的研究论文、学术交流和讲座之中。

2010年春节之前，翻译王璐受市档案局之托，只身前

附图1—2
瓦莲金娜（右）和其外甥爱德华与110多年前尼古拉拍摄的两本照片相册。（2010年2月5日，王璐摄于瓦莲金娜位于圣彼得堡的家中）

往圣彼得堡俄罗斯国家历史档案馆和国家海军档案馆查找有关大连的历史档案。当她经人介绍请求斯维特兰娜博士帮助共同前往档案馆查找档案时，博士告知了她100多年前尼古拉所拍照片之事，王璐忽然感到眼前一亮，按照出国前的约定（如遇重要档案判断不准是否取舍时，不管何时，打长途电话给我来决定），她第一时间从圣彼得堡打电话给我，于是，就出现了本文开头的一幕。

当王璐辗转找到瓦莲金娜的家时，已经90多岁高龄的老人慷慨地答应了王璐的要求，委托她的外甥爱德华扫描了一套电子版照片免费送给了王璐。尽管没有说服瓦莲金娜老人将照片原版捐给大连，或是卖给大连，但这已经是个巨大的收获了。感谢王璐为大连这座城市做出的贡献！

如今，这些弥足珍贵、价值连城、历经风雨保留至今的照片，成为大连开埠建市的生动写照。

附图1—3
2014年9月3日，作者（右）终于在圣彼得堡市瓦莲金娜老人的家里看到珍藏了110多年的大连开埠建市时的两本相册，此时老人已去世一年多。左为老人的外甥爱德华，中为老人的侄女伊莲娜。

寻找大连建市之初的真正规划师

一个城市的过去深刻地影响着她的现在和未来。而城市建设之初的规划对城市肌理的生成与延续、文脉的累积与传承举足轻重。其中，规划师的作用至为关键。

（一）谁是大连建市之初的真正规划者

2009年，第一次赴俄罗斯征集大连历史档案取得重大成果之后，因为需要将征集回来的全是俄文的档案资料尽快翻译成中文的缘故，我有幸结识了在大连开发区俄资企业工作的王璐。从黑龙江大学俄语系毕业后，王璐曾在俄罗斯圣彼得堡市生活工作了14年，回国后到大连发展。她对遥远的圣彼得堡充满感情，也非常热爱第二故乡大连。在抓紧翻译征集回来的俄文档案资料之时，她向我推荐了两本当代俄罗斯城市规划史研究学者撰写的有关沙俄殖民时期远东城市建设的书，一本作者为俄罗斯远东哈巴罗夫斯克学者尼•彼•克拉京，一本作者为圣彼得堡建筑艺术研究院斯维特兰娜博士。克拉京和斯维特兰娜分别在其《达里尼——东亚的欧式城市》与《达里尼：社会——城建规划及设计决议》论文中，对远东城市达里尼（今大连市）的城市规划盛赞有加的同时，都不约而同地提到一个人——斯科里莫夫斯基。文中简要地提到斯科里莫夫斯基受其导师推荐，于1899年8月来到远东城市达里尼参与建设。当他发现了圣彼得堡所做的达里尼城市规划的缺陷之后，立马上报。中东铁路公司副董事长、达里尼商港和城市建设的负责人盖尔别茨要求其重新制作达里尼市的规划图。斯科里莫夫斯基于很快于1900年5月27日，制作出了第一张达里尼城市规划图，得到了沙俄当局的肯定并予以执行。在这个规划图上，达里尼市呈现出多核心、辐射状的街区布局，也就是今天大连中心城区的街区结构形态。这说明达里尼城市规划另有其人，这个人可能就是斯科里莫夫斯基。这引起了我的高度关注！在此之前，长期以来，许多学者和研究者认为大连建市之初的规划师是大连当时的市长、沙俄总工程师萨哈洛夫，也有人认为大连建市之初的规划师是德国人，亦有说是法国人，还有人认为今胜利桥以北为沙俄规划，以南系日本人规划……真正是谁规划了110多年前的大连城市呢？这个对大连历史、现在和未来至关重要的基本问题如果搞不清楚，那么大连建设与发展之路上似乎就总有一个谜底没有解开，一些问题就永远没有答案。

但是，克拉京在文章中讲到，关于斯科里莫夫斯基的信息仅仅知道上述提到的点滴，还有斯科里莫夫斯基1904年回到圣彼得堡市，在皇家建筑师协会作了一场有关远东城市达里尼市规划的报告，其他有关斯科里莫夫斯基的信息则知之甚少。斯维特兰娜博士在论文中除引用斯科里莫夫斯基的达里尼城市规划论述外，对斯科里莫夫斯基的其他信息一点也未提及。

一定要找到斯科里莫夫斯基的档案，成为之后档案征集工作的一个主要目标之一。唯有如此才能解开大连城市规划的真正谜底。

（二）一次关键性的会见

2012年7月，第二次赴俄罗斯征集档案。为了能亲眼见证110多年前尼古拉拍摄的大连开埠建市的200多张照片，查看照片中是否还有其他有价值的信息，如有可能，最理想的就是将原版照片征集回连，为此，出国前，我已经让翻译王璐通过爱德华约好了与现珍藏照片的其姨妈瓦莲金娜在圣彼得堡见面，并让征集处认真制作了一份捐赠证书，准备颁发给瓦莲金娜“惠存”；同时精心备好了一份中国高级茶叶作为礼品以感谢瓦莲金娜“慷慨无私”的捐赠。但是，当我们满怀希望、不远万里和王璐分头赶到了圣彼得堡后，却怎么也联系不上瓦莲金娜老人，几经打听后，才从老人的外甥爱德华处得知，老人和她的女儿到圣彼得堡郊外度假去了，暂时不可能回来会见我们，再说老人已经93岁了，脑子有时还不清醒，此时没有要见我们的意愿。后来爱德华委婉地告诉我们，老人的女儿也许是怕我们“纠缠”索要照片原件的缘故，所以改变了主意，放弃了之前的见面约定。见证奇迹的时刻就这样擦肩而过，此生恐怕再也没有机会见到这些对大连来说价值连城的原

附图2-1
2012年7月13日，离开圣彼得堡市的前一天晚上，作者（中）与圣彼得堡建筑艺术研究院斯维特兰娜博士（左四）和圣彼得堡气象学院爱德华教授（左二）会谈后合影。左一为翻译王璐，右一为征集处长王学毅。

版照片了，真是令人大失所望！

近在咫尺，却难以相见；不远万里而来，却将空手而归，总让人不大甘心。于是，我在离开圣彼得堡前的晚上，临时决定会见爱德华和斯维特兰娜。一是感谢两位之前对征集工作的帮助；二是与其交流对档案中记载的重要事件的看法；三是请他们继续帮助查找有价值的档案。会见地点选在了我们居住的圣彼得堡奥林匹克酒店一楼咖啡厅。二人如约前来，斯维特兰娜还带来了她近期发表在杂志上的有关沙俄时期远东城市规划的最新研究论文。在深入探讨了有关俄罗斯如何确定一个城市建市之日、沙皇尼古拉二世何时命名达里尼城市之名等问题后，我们谈到了斯维特兰娜所撰写的有关达里尼市规划的论文里提到的斯科里莫夫斯基的情况。斯维特兰娜说她对斯科里莫夫斯基知之甚少，但她提到了一个非常重要的情况，那就是以前为了写论文，她曾经在俄罗斯历史档案馆查找沙俄时期远东城市的档案，看到过斯科里莫夫斯基的档案，但是，很遗憾不记得其档案的卷宗和文件号了，需要她回家后认真查找，之后回答我们。另外，我把在克拉京所写的论文索引中看到的斯科里莫夫斯基1904年在圣彼得堡皇家建筑师协会所作的有关达里尼市规划的报告一事告诉了斯维特兰娜，这份报告发表在当年3月的《建筑师》杂志上，希望她能为我们找到这本杂志。斯维特兰娜答应找找看。

后来的事实说明，这次会见是在关键时刻举行的一次关键性的会见。

回国后的第三个月的一天，斯维特兰娜给翻译王璐发来电子邮件，通报了一个令人振奋的消息，她在俄罗斯历史档案馆查到了那本我要的110多年前皇家建筑师协会主办的《建筑师》杂志，并将所要的那篇文章复印后传了过来；同时，传来的还有她在该馆查到的斯科里莫夫斯基的个人档案。真是东方不亮西方亮，功夫不负有心人！

当务之急，是抓紧时间翻译斯维特兰娜博士传过来的斯科里莫夫斯基的个人档案，以及1904年斯科里莫夫斯基在圣彼得堡皇家建筑师协会发表的那份对大连城市规划至关重要的报告。110多年前，大连湾畔那个寂静的小渔村如何在规划师挥动的画笔尖被瞬间描绘成了一座远东的港口城市？又是如何在轰鸣的机器声中被打造成了令人瞩目的欧式繁华都市？而这一切又与斯科里莫夫斯基本人究竟有何关系？这一个个建市之初的谜底即将解开，这一刻值得期待！

（三）终于找到了大连建市之初的真正规划师

斯维特兰娜传过来的斯科里莫夫斯基的个人档案，全部为手写俄文，国内的翻译基本看不明白。所以只好又请斯维特兰娜将其打印成现代俄文，再传过来。

1904年2月，斯科里莫夫斯基在圣彼得堡皇家建筑师协会所作的《论达里尼市规划图的设计》的报告（后发表在当年4月该协会主办的建筑与技术美学杂志《建筑师》上）首先被翻译出来，令我眼前一亮。斯科里莫夫斯基在报告中详细介绍了他为何要改变在圣彼得堡所做的萨哈洛夫签名的达里尼市规划，深入阐述了他制订达里尼城市规划的设想、方法、原理。大连城市为何规划成今天的模样之谜被基本揭开。

但是，仅凭斯科里莫夫斯基个人所做的报告还不能确切地完全证明他就是大连建市之初的真正规划者。这时他的个人档案就显得尤为重要。2013年2月，春节过后，斯维特兰娜打印的现代俄文《斯科里莫夫斯基个人档案》传到，经翻译后，我们从中获取了大量信息：1862年10月，斯科里莫夫斯基出生于波兰卡里什州图尔斯克县斯威尼采村，信仰天主教，在德国慕尼黑高等综合技术学校毕业后，前往圣彼得堡皇家艺术学院学习，毕业后获得Ⅲ级高级艺术家称号。档案中还有他学习期间的各门学科成绩单等等，时间截止到1895年。而此时，大连正处在甲午战争的灾难之中。除此之外，没有关于斯科里莫夫斯基的其他信息。这份档案其实就是斯科里莫夫斯基的大学学历档案，根本看不出他与大连的城市规划有何直接的关系，更无法证明斯科里莫夫斯基就是大连建市之初的规划者，不免让人失望。

就在我们大感困惑之时，斯维特兰娜博士传过来了斯科里莫夫斯基的第二份档案。以前查找的有关达里尼港口和城市建设的档案一般都在俄罗斯国家历史档案馆的中东铁路公司、沙俄财政部、沙俄外交部卷宗中，以及俄罗斯国家海军档案馆中，这份档案是在俄罗斯国家历史档案馆的内务部卷宗中发现的，非常难得。至于斯科里莫夫斯基为何被沙俄内务部招聘，目前没有此方面的档案资料，仍是一个待解之谜。不管怎样，关键是要第一时间知晓这第二份档案的内容。3月14日，这份档案被全部翻译出来，重要信息立即呈现出来：1899年5月1日，斯科里莫夫斯基被派往远东参加达里尼市建设；1903年12月，达里尼市市长萨哈洛夫在斯科里莫夫斯基因缩编而离开达里尼市时向其颁发的证书，证明斯科里莫夫斯基亲自设计了达里尼市规划图，并几乎制定了达里尼市所有国有建筑的设计图，评价其为伟大杰出的建筑师；斯科里莫夫斯基的家庭状况等等，时间跨度为1899年至1912年。这份档案是官方记录斯科里莫夫斯基在达里尼市工作的重要文件，充分证明了斯科里莫夫斯基就是达里尼城市的真正规划师（见图5-11、5-12）。

至此，大连建市之初的真正规划师被找到了，困扰了大连城市建设与发展的百年之惑终于解开了！

但是，除找到斯科里莫夫斯基的个人文书档案外，没有发现其照片，大连建市之初的规划师长什么模样一概不知，这不能不说是一个极大的缺憾。

（四）万里之遥的视频通话

2011年8月，中央电视台中文国际频道《走遍中国》栏目组拍摄《外国人眼中的红色中国》专题片。因华东师范大学冷战史专家沈志华教授推荐，在赴美采访之前，摄制组来连采访拍摄抗美援朝的素材。拍摄之余，我与摄制组编导刘彦臣谈起了赴国外征集大连开埠建市档案的经历，以及征集回来的档案对历史、现在和未来的价值，引起了他的极大兴趣，随即酝酿拍摄以此为题的专题片，在《走遍中国》栏目播出。不想这件事居然成了。2013年2月22日，这部专题片正式开拍。

为了央视拍摄专题片的最佳效果，我和刘编导商量，既然现在去不了俄罗斯现场拍摄，可否与万里之遥的瓦莲金娜远程视频通话，聊聊200多张照片之事，寻机拍摄。但是，几经与爱德华联系商量，他就是不答应，说是自己一年多与老人没见面了，不好打扰，我和摄制组只好作罢。最后，我提议可否与爱德华或斯科里莫夫斯基的孙子视频通话，来寻找拍摄的机会，刘编导提出与爱德华视频通话意义不大，如能与斯科里莫夫斯基的孙子视频通话也许可取得好的效果。之前听爱德华说他在网上找到了现生活在波兰华沙的斯科里莫夫斯基的孙子，但因第二次世界大战的破坏，斯科里莫夫斯基的孙子手头没有其祖父的任何信息，也在千方百计搜寻，还想向我们索要其祖父的档案，所以，我们也就一直没有和斯科里莫夫斯基的孙子联系。此时，刘编导提醒：这本身就是一大亮点，如果拍摄成功，足以说明大连档案征集工作力度之大了。

我赞同刘编导的想法，于是，从圣彼得堡爱德华处要来了斯科里莫夫斯基孙子的电子邮件地址，每天发信与其联系，说明缘由，但一直未见回音。3月6日，拍摄进行到第十天，斯科里莫夫斯基孙子回了封邮件，将他家唯一的三张历史老照片传过来，但声明不敢确定照片中的人就是其祖父斯科里莫夫斯基，并没有回答是否可以视频通话。焦急之中，我们决定寄去其祖父的部分档案和达里尼城市建设的几张照片，以便“吊吊其胃口”。也许是这个动作和诚意打动了他，这一招果然奏效，3月12日晚，斯科里莫夫斯基的孙子发来邮件答应第二天中午（华沙时间）可以视频通话。

就在摄制组拍摄任务即将结束，第二天就要返回北京的前一天，3月13日晚8点10分，我们与远在万里之遥的大连建市之初的规划师斯科里莫夫斯基的孙子接通了视频。

这是一个等待已久的时刻，也是一个见证奇迹的时刻，更是一个记入历史的时刻！画面中出现了一位体形高大的老人，似乎也正在焦急地等待通话的开始。在一个多小时的视频通话中，我们得知他叫杰兹•斯科里莫夫斯基，今年已经77岁了，

附图2—2
2013年3月20日晚，作者（右）与远在波兰华沙的斯科里莫夫斯基孙子杰兹·斯科里莫夫斯基网络视频通话。中央电视台国际频道《走遍中国》摄制组见证了此次交流，并予以全程拍摄。2013年6月6日黄金时间晚8:00，CCTV4《大连密档》专题片向全球播出。

是波兰一位著名的电影导演；同时确认了他的姑姑和父亲均生于达里尼市。杰兹告诉我们，他的祖父从远东城市达里尼市回国后，继续在家乡波兰参加城市规划建设工作，不幸于1923年因事故去世。他的父亲则在第二次世界大战中被法西斯德国军队杀害。他已得知其祖父的墓地在哪儿，但还从没有去过。因为二战的原因，除此之外，有关他的祖父及其家族的其他信息一概不知了。当晚，我们向其展示了他的祖父规划的达里尼市的规划图、110多年前大连开埠建市的老照片，以及今天大连的市容照片等等。看到这些图像，杰兹非常激动，迫不及待地提出可否马上就把这些照片和地图传给他，并答应等春暖花开即刻前往其祖父墓地并将拍的照片传给我们。我答应了其要求。双方约定共同寻找其祖父的照片，并要经常联系，及时交流信息。第二天，我们将杰兹索要的资料分批传给了他。

摄制组对一个多小时的视频通话进行了全程拍摄。这次视频通话既节省了费用，又取得了意想不到的成果，开创了运用现代网络传媒征集档案的新途径。

此次视频通话和之后的事实说明，摄制组的拍摄对全面征集斯科里莫夫斯基的档案起到了关键的促进作用。

（五）千呼万唤始出来——斯科里莫夫斯基现真容

3月19日晚，就在视频通话后一周，杰兹•斯科里莫夫斯基传来其祖父的五张照片，并附有照片后面详尽的文字说明。其中两张为在达里尼市的生活照，一张为来达里尼市之前照片，一张为离开达里尼市之后回到国内的照片。从事后的网络交流得知，这些照片是杰兹从网上搜索到了1923年其祖父去世的当地新闻报道，之后，又赶赴祖父的墓地，向墓园的守护者偶然打听到有户人家也常来为祖父扫墓，他通过守墓人想方设法联系到这户人家，进而惊奇的发现其是他祖父的姐姐家族的人，并迅速与这个近百年没有交往的亲戚取得了联系，喜出望外地从这位亲戚家得到了110多年前斯科里莫夫斯基在达里尼市的照片。这说明杰兹的积极性已经完全被调动起来了，他在想尽一切办法和渠道寻找其祖父的信息。真是功夫不负有心人，令我们十分感动！

附图2—3 1886年，24岁时的卡基米尔·戈莫多罗维奇·斯科里莫夫斯基。

十天之后的3月28日，杰兹网传过来两张其祖父墓地的照片。墓地残留着冬雪，这说明杰兹已等不及到春暖之际再给我们寄照片了，他的心情和我们一样地急切。

在最近的网络交流中，杰兹告诉我们，其祖父曾参加过北欧芬兰的城市规划和俄罗斯北高加索的城市建设，现在有波兰学者和俄罗斯学者专门研究斯科里莫夫斯基的城市规划艺术，他将前往当地的档案馆查找其祖父的信息……期待这一切好消息能尽快传回大连！

这样，有了个人档案、论述达里尼市规划的学术报告、110多年前的照片，还有其去世的信息，斯科里莫夫斯基的形象就生动全面、立体丰满地呈现了出来。至此，有关大连建市之初规划师的寻找工作取得了重大而圆满的成果！这对大连城市和生活在这座城市的人们是一件意义非同寻常的大事。这不但是大连档案征集工作的又一重大突破，填补了大连历史档案的空白，纠正了历史误传，改写了大连历史记述，了却了百年来众多研究关心大连的人们的一个心愿，也开启了研究大连城市建设与发展的一个新航程。通过对斯科里莫夫斯基规划作品、规划艺术、规划思想、设计理念及其生平的研究，对过去110多年来大连城市的规划与建设的认识将会更加清晰而深刻，为现在和未来大连城市建设与发展将提供重要的基础参考，并起到积极的借鉴作用。

附图2—4
1902年，卡基米尔·戈莫多罗维奇·斯科里莫夫斯基与妻子罗莎、女儿克拉拉（站立者）、儿子斯塔尼斯拉夫在达里尼市。

后记

2009年深秋，在国家档案局和俄罗斯国家档案署的协调下，第一次带队远赴俄罗斯查寻大连失落的记忆，竟然使我渐渐对档案产生了不同以往的深刻认识。

随着工作的深入，一个让人深感不安的事实呈现在面前——那就是由于国内历史档案的缺失，特别是开埠建市等档案的空白，大连这个仅有100多年历史的城市的过去竟然没有一个清晰、准确、全面的概念，对其历史的阐释往往靠传说和故事来推定，尤其是对具有历史传承性的城市规划建设和发展而言，许多现实问题的解决不知其“所以然”，如鲠在喉，困惑不已。这对于建设现代化国际性城市的大连，不能不令人遗憾！这也吸引了在这座城市已经工作生活了近20年的我的目光：这座城市从何而来？她为何这般模样？她的往昔对现在和未来会产生怎样的影响？于是，一种责任感和探求的欲望油然而生。

查找档案是一件非常辛苦的工作。位于圣彼得堡市的俄罗斯国家历史档案馆、国家海军档案馆、圣彼得堡大学，位于莫斯科的俄罗斯联邦国家档案馆、军事历史档案馆、影片照片档案馆、经济档案馆等见证了我们的劳作；日本东京的国立公文书馆、外交史料馆、防卫研究所、亚洲经济研究所、早稻田大学、东京大学，以及北海道大学等留下了我们的足迹，英国国家档案馆、大英图书馆、德国国家档案馆、慕尼黑工业大学档案馆、法国国家档案馆、韩国国会图书馆等出现过我们奔波的身影……找回来本就属于这座城市的档案，也就找回了这座城市曾经失落的记忆。这仅仅只是一个开始，是第一步。而要在浩如烟海的历史档案中去粗取精地获得研究成果，廓清城市肌理，接续城市文脉，探究发展规律，服务现实和未来，难度就更大了，要求也就更高了。好在这件事苦中有乐。那一页页发黄的文件，一幅幅黑白照片，一张张规划图纸，分明就是价值连城的“真金白银”。只是要有人将这些“真金”精心地擦拭出来，方能使其闪闪发光。于是，我就偶然做了回挖“宝”者，紧紧抓住当下以经济建设为中心，以城市化发展为突破口这一主线，将这些看似普通的纸张和图片承载的历史印记一个个有序地贯穿起来，使死档案变成活资料，加上自己的 “拙见”，形成了一个相对完整的体系，写就了这部《大连开埠建市》，呈献给那些关心和生活在这座城市的人们。至于其他大量档案资料的发掘工作则只好留待以后了。

亲历这项填补大连历史空白，唤回大连遗失记忆，为城市现在和未来的建设与发展提供基础参考的寻找之旅，见证一个个奇迹的发生，感受一次次惊喜的出现，体验一幕幕发掘研究的乐趣，是一件值得回味的事情。

人的一生能够做成一件真正对历史有价值、于社会有益之事实属不易，而有机会为自己工作、生活的这座城市贡献绵薄之力，深感荣幸。感谢生活给了我这个不期而至的难得机遇！

由于本人水平有限，加之时间之紧迫，书中恐有一些瑕疵，恳请读者谅解并提出宝贵意见。

在写作的过程中，市委常委、秘书长张世坤给予热情的关心和积极的鼓励，王学毅带领的档案征集处的同事们分担了部分资料的翻译、照片的拍摄、图纸的修补等基础工作，王璐、刘华荣、周磊、张丹等分别翻译了大量的俄文与日文档案资料，陆伟教授、刘连岗等均给予了大力帮助，恕不一一列出。在此，一并深表谢意！

作　者

2013年5月5日

主要参考书目

[俄]列沃什科•斯维特兰娜•谢尔盖耶夫娜. 满洲的俄罗斯建筑. 俄罗斯：哈巴罗夫斯克“私人收藏”出版社，2003.

[俄]尼•彼•克拉京. 达里尼——东亚的欧式城市. 建筑遗产. 俄罗斯：“URSS”出版集团，2003（45）.

[日]越泽明. 中国东北都市计画史. 黄世孟，译. 台北:大佳出版社，1991.

主要档案资料来源

俄罗斯联邦国家档案馆

俄罗斯国家历史档案馆

俄罗斯国家海军档案馆

俄罗斯国家经济档案馆

俄罗斯国家影片照片档案馆

俄罗斯国家军事历史档案馆

俄罗斯叶利钦总统图书馆

圣彼得堡尼古拉家族瓦莲金娜家庭档案

日本国立公文书馆

日本国会图书馆

日本外交史料馆

日本防卫研究所

日本亚洲经济研究所

早稻田大学图书馆

东京大学图书馆

英国国家档案馆

大英图书馆

法国国家档案馆

德国国家档案馆

慕尼黑工业大学档案馆

韩国国会图书馆

波兰斯科利莫夫斯基家族档案

辽宁省档案馆

吉林省档案馆

大连市档案馆

1860 年的大连

1902 年的大连

1932 年的大连

2002 年的大连